Nimtz • Strafrecht für Polizeibeamte • Band 2

Strafrecht für Polizeibeamte

Band 2:
Delikte gegen das Vermögen und gegen Gemeinschaftswerte

von
Dr. Holger Nimtz
Leitender Regierungsdirektor

VDP | VERLAG DEUTSCHE POLIZEILITERATUR GMBH
Buchvertrieb

Bibliografische Information der Deutschen Nationalbibliothek

Die Deutsche Nationalbibliothek verzeichnet diese Publikation in der Deutschen Nationalbibliografie; detaillierte bibliografische Daten sind im Internet über http://dnb.d-nb.de abrufbar.

www.VDPolizei.de

5. überarbeitete Auflage 2018

Satz: VDP GMBH Buchvertrieb, Hilden
Druck und Bindung: Griebsch & Rochol Druck, Hamm
Printed in Germany
ISBN 978-3-8011-0817-5

Vorwort

Der vorliegende Band 2 „Strafrecht für Polizeibeamte" verfolgt ebenso wie Band 1 (Grundlagen und Delikte gegen Personen) das Ziel, den Bedürfnissen der Polizeistudenten/-schüler nach Systematik, Klarheit und Begrenztheit des Stoffes gerecht zu werden, ohne praxisrelevante Bereiche zu ignorieren. Der Lernende soll in die Lage versetzt werden, strafrechtlich relevante Sachverhalte zu erkennen und folgerichtig zu beurteilen. Damit wird die notwendige Basis für das polizeiliche Einschreiten gelegt.

Die vielen positiven Rückmeldungen zu Band 1 und zu den Vorauflagen dieses Buches bestätigen, dass meine Systematik das Lernen ideal unterstützt: Den Erläuterungen der Straftatbestände sind schematische Darstellungen nebst Definitionen vorangestellt. Dies gewährleistet einen schnellen Überblick für die polizeiliche Praxis und die Prüfungsvorbereitung. Ausgangspunkt der Darstellung ist der Standpunkt der Rechtsprechung. Wesentliche rechtswissenschaftliche Streitstände werden dargestellt, im Übrigen wird auf abweichende Meinungen verwiesen. Die zahlreichen Vertiefungshinweise erleichtern das Selbststudium. Sie dienen auch der wissenschaftlichen Durchdringung des Stoffes und sind Hilfen für Seminar-/Projekt- und Thesisarbeiten. Die Hinweise zu Übungsfällen und die Kontrollfragen ermöglichen eine stringente Lernkontrolle.

Neben einer Aktualisierung des gesamten Bandes wurden für die vorliegende 5. Auflage zusätzlich aufgenommen:

- Änderungen durch das Gesetz zur Stärkung des Schutzes von Vollstreckungsbeamten und Rettungskräften vom 23.05.2017 mit den Neuerungen bei §§ 113–115 und § 323c StGB;
- Einführung des § 315d StGB durch das Gesetz zur Strafbarkeit nicht genehmigter Kraftfahrzeugrennen vom 30.09.2017,
- Einführung §§ 265c–265e StGB durch das Gesetz zur Strafbarkeit von Sportwettbetrug und der Manipulation von berufssportlichen Wettbewerben vom 11.04.2017,
- Ergänzung des § 244 StGB durch das Gesetz vom 17.07.2017, Wohnungseinbruchsdiebstahl in dauerhaft genutzten Privatwohnungen.

Der Übungsfall im dritten Teil zeigt den methodisch korrekten Transfer des Lernstoffes in ein juristisches Gutachten.

Lob, Kritik und Anregungen werden auch weiterhin gerne entgegengenommen!

holger.nimtz@fhoev.nrw.de

Köln, im August 2018 Holger Nimtz

Inhaltsübersicht

Abkürzungen/Literatur

A	Auflage
a.A.	andere(r) Ansicht
Abk.	Abkürzung
abl.	ablehnend
Abs.	Absatz
abw.	abweichend
a.E.	am Ende
AG	Amtsgericht
a.l.i.c	actio libera in causa
Alt.	Alternative
Anl.	Anlage
Aufl.	Auflage
BA	Blutalkohol, wissenschaftliche Zeitschrift für die medizinische und juristische Praxis (zitiert nach Jahr und Seite)
BayObLG	Bayerisches Oberstes Landesgericht
BayObLGSt	Entscheidungen des Bayerischen Obersten Landesgerichts in Strafsachen (zitiert nach Jahr und Seite)
Bd	Band
BGB	Bürgerliches Gesetzbuch
BGH	Bundesgerichtshof
BGHSt	Entscheidungen des Bundesgerichtshofs in Strafsachen (zitiert nach Band und Seite)
BGHSt-GrSen	Entscheidungen des Großen Senates des Bundesgerichtshofs in Strafsachen (zitiert nach Band und Seite)
BR-Drs.	Bundesratdrucksache
BT-Drs.	Bundestagsdrucksache
BtMG	Betäubungsmittelgesetz
Burmann/Heß/Hühnermann/Jahnke	Burmann/Heß/Hühnemann/Jahnke, Straßenverkehrsrecht, Kommentar, 25. Auflage, München 2018 (zitiert mit Bearbeiter)
BVerfG	Bundesverfassungsgericht
BVerfGE	Entscheidungen des Bundesverfassungsgerichts (zitiert nach Band und Seite)
DAR	Deutsches Autorecht (zitiert nach Jahr und Seite)
DPolBl	Deutsches Polizeiblatt (zitiert nach Heft und Seite)
DRiZ	Deutsche Richterzeitung (zitiert nach Jahr und Seite)
EMRK	Europäische Menschenrechtskonvention

FeV	Verordnung über die Zulassung von Personen zum Straßenverkehr (Fahrerlaubnisverordnung)
f./ff.	folgende/fortfolgende
FHöV	Fachhochschule für öffentliche Verwaltung
Fi, Fischer	Fischer, Strafgesetzbuch, Kommentar, 65. Auflage, München 2018
FN	Fußnote
FZV	Verordnung über die Zulassung von Fahrzeugen zum Straßenverkehr
GA	Goltdammer's Archiv, Archiv für Strafrecht (zitiert nach Jahr und Seite)
GewO	Gewerbeordnung
GewSchG	Gewaltschutzgesetz
GG	Grundgesetz für die Bundesrepublik Deutschland
ggf.	gegebenenfalls
GS	Großer Senat
Hentschel/König/Dauer	Hentschel/König/Dauer, Straßenverkehrsrecht, Kommentar, 44. Auflage, München 2017 (zitiert mit Bearbeiter)
h.L.	herrschende Lehre
h.M.	herrschende Meinung
Hoja	Hoja (Hrsg.), Verkehrsrecht, Studienbegleitendes Skript für die Ausbildung an den Landespolizeischulen und den Verwaltungsfachhochschulen der Länder – Fachbereich Polizei, Eltville 2009
HS	Halbsatz
i.S.d.; i.S.v.	im Sinne des / von
i.V.m.	in Verbindung mit
JA	Juristische Arbeitsblätter (zitiert nach Jahr und Seite)
JGG	Jugendgerichtsgesetz
Joecks	Joecks/Jäger, Studienkommentar StGB, 12. Auflage, München 2018
JR	Juristische Rundschau, (zitiert nach Jahr und Seite)
JURA	Juristische Ausbildung, (zitiert nach Jahr und Seite)
JuS	Juristische Schulung, Zeitschrift für Studium und Ausbildung (zitiert nach Jahr und Seite)
JZ	Juristenzeitung, (zitiert nach Jahr und Seite)
KG	Kammergericht
KOK	Kriminalobermeister
Krey	Krey/Hellmann/Heinrich, Strafrecht Besonderer Teil, Band 1, 16. Auflage, München 2015
Kühl	Kühl, Strafrecht Allgemeiner Teil, 8. Auflage, München 2017
KV	Körperverletzung

Lackner/Kühl; La/Kü	Lackner/Kühl, Strafgesetzbuch, Kommentar zum Strafgesetzbuch, 28. Auflage, München 2014
LG	Landgericht
Lit.	Literatur
Lkw	Lastkraftwagen
LSD	Lysergsäurediäthylamid
MDR	Monatsschrift für deutsches Recht (zitiert nach Jahr und Seite)
MMR	MultiMedia und Recht, Zeitschrift (zitiert nach Jahr und Seite)
Müko	Joeks/Miebach (Hrsg.), Münchener Kommentar zum Strafgesetzbuch, Großkommentar, München 2010 (zitiert mit Bearbeiter)
NJW	Neue Juristische Wochenschrift (zitiert nach Jahr und Seite)
Nr.	Nummer
NRW	Nordrhein-Westfalen
NStZ	Neue Zeitschrift für Strafrecht (zitiert nach Jahr und Seite)
NStZ-RR	NStZ-Rechtsprechungsreport
NZV	Neue Zeitschrift für Verkehrsrecht (zitiert nach Jahr und Seite)
obj.	objektiv(e)
OLG	Oberlandesgericht
Owi	Ordnungswidrigkeit
OWiG	Gesetz über Ordnungswidrigkeiten
Patzak/Bohnen	Patzak/Bohnen, Betäubungsmittelrecht, 3. Auflage, München 2015
PK	Polizeikommissar
PolG	Polizeigesetz
RG	Reichsgericht
RGSt	Entscheidungen des Reichsgerichts in Strafsachen (zitiert nach Band und Seite)
RiStBV	Richtlinien für das Straf- und Bußgeldverfahren
Rn.	Randnummer(n)
Rspr.	Rechtsprechung
s.	siehe
S.	Satz, Seite
Sch/Sch	Schönke/Schröder, Strafgesetzbuch, Kommentar, 29. Auflage, München 2014 (zitiert mit Bearbeiter)
Schmidt I	Strafrecht – Besonderer Teil I: Straftaten gegen die Person und die Allgemeinheit, 19. Auflage, Grasberg 2018
Schmidt II	Strafrecht – Besonderer Teil II: Straftaten gegen das Vermögen, 19. Auflage, Grasberg 2018
SK	Systematischer Kommentar zum Strafgesetzbuch, Loseblattsammlung (zitiert mit Bearbeiter)
StGB	Strafgesetzbuch

StPO	Strafprozessordnung
stRspr	ständige Rechtsprechung
str.	streitig
StRR	Strafrechtsreport (zitiert nach Jahr und Seite)
StV	Strafverteidiger, (zitiert nach Jahr und Seite)
StVG	Straßenverkehrsgesetz
StVO	Straßenverkehrsordnung
SVR	Straßenverkehrsrecht, (zitiert nach Jahr und Seite)
tA	technische Aufzeichnung
v.	von, vom
Var.	Variante
vgl.	vergleiche
Vorbem.	Vorbemerkungen
VRS	Verkehrsrechtssammlung, Entscheidungen aus allen Gebieten des Verkehrsrechts (zitiert nach Band, Jahr und Seite)
VwVfG	Verwaltungsverfahrensgesetz
W-Beulke	Wessels/Beulke/Satzger, Strafrecht Allgemeiner Teil, 47. Auflage, Heidelberg 2017
W-Hettinger	Wessels/Hettinger/Engländer, Strafrecht Besonderer Teil 1, 41. Auflage, Heidelberg 2017
W-Hillenkamp	Wessels/Hillenkamp, Strafrecht Besonderer Teil 2; Straftaten gegen Vermögenswerte, 40. Auflage, Heidelberg 2017
wistra	Zeitschrift für Wirtschaft, Steuer, Strafrecht (zitiert nach Jahr und Seite)
ZJS	Zeitschrift für das Juristische Studium
z.N.	zum Nachteil
ZStW	Zeitschrift für die gesamte Strafrechtswissenschaft (zitiert nach Band, Jahr und Seite)
zust.	zustimmend
ZWE	Zeitschrift für Wohnungseigentumsrecht (zitiert nach Jahr und Seite)

1. Teil

Delikte gegen das Vermögen

1 Diebstahlsdelikte

1 • ***Aufsatz-Literatur:*** *Rönnau JuS 2016, 114-117 (Grundwissen Strafrecht: Vermögensdelikte im weiteren und engeren Sinne); Kretschmer JA 2015, 105-108 (Das Tatbestandsmerkmal Sache im Strafrecht); Rönnau JuS 2009, 1088 (Grundwissen Strafrecht: Gewahrsam); Schramm JuS 2008, 678 und 773 (Grundfälle zum Diebstahl); Fehling/Faust/Rönnau JuS 2006, 18 (Durchblick: Grund und Grenzen des Eigentums- und Vermögensschutzes); Börner JURA 2005, 389 (Zum Stand der Zueignungsdogmatik in den §§ 242, 246 StGB); Graul JuS 2000, 215 (Zum Tier als Sache im Sinne des StGB).*

• **Übungsfälle:** *JURA 2016, 311-319 (§§ 242, 243, 244 StGB. Rücktritt vom Versuch); Krack/Gasa JuS 2008, 1005 (Referendarexamensklausur: Vermögensdelikte).*

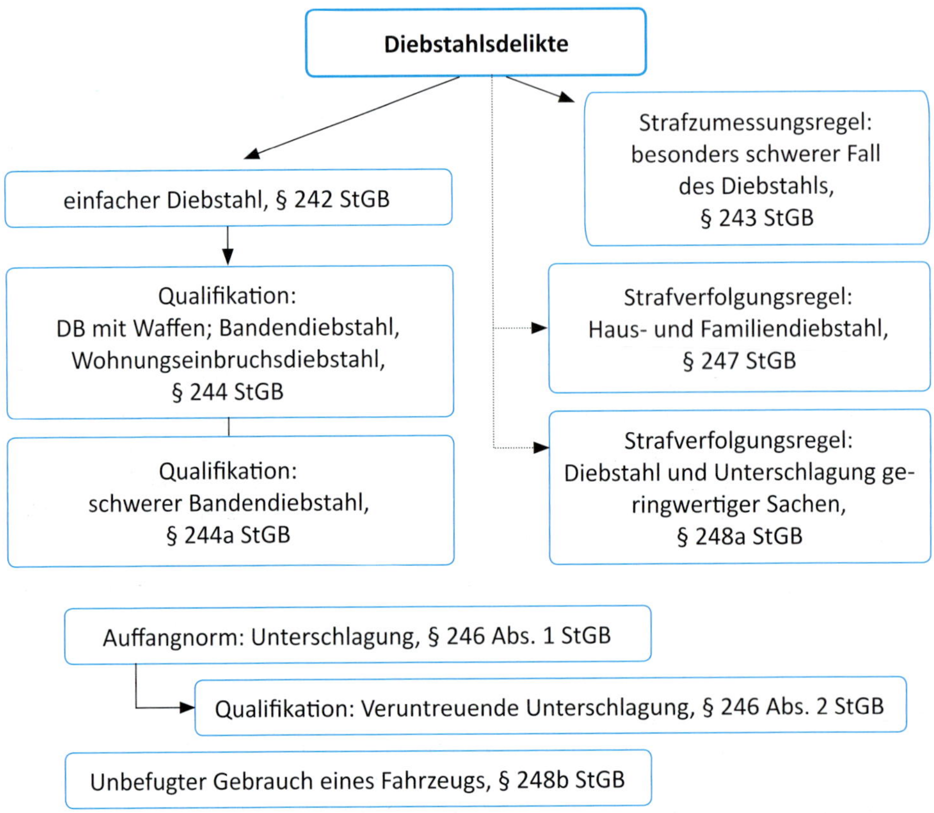

2 **Überblick**

§ 242 StGB bildet das Grunddelikt der Diebstahlsdelikte. Geschützt ist die Eigentümerposition ohne Rücksicht auf den wirtschaftlichen Wert der Sache. Als bloße Strafzumessungsregel bestimmt § 243 StGB schwerere Strafe. Vorsatz-Qualifikationen sind § 244 StGB (Diebstahl mit Waffen, Bandendiebstahl, Wohnungseinbruchsdiebstahl) und § 244a StGB (Schwerer Bandendiebstahl). Der Vorsatz des Täters muss sich dabei auf alle Tatbestandsmerkmale des Grunddeliktes und der Qualifikation beziehen.

§ 246 StGB (Unterschlagung) ist Auffangtatbestand für rechtswidrige Zueignungen ohne Gewahrsamsbruch.

Der Eigentumsschutz ist lückenhaft; insbesondere hinsichtlich der Fälle, bei denen der Täter die weggenommene Sache nur gebrauchen will. § 248b StGB (Unbefugter Gebrauch eines Fahrzeuges) schließt diese Lücke nur partiell als Auffangtatbestand bei Gewahrsamsbruch ohne Zueignungsabsicht.

Strafverfolgung 3

Diebstahlsdelikte sind grundsätzlich Offizialdelikte. Deren Verfolgung ist im öffentlichen Interesse, sie werden von Amts wegen verfolgt (ex officio = von Amts wegen). Ausnahmen vom Offizialprinzip sind in § 247 StGB und § 248a StGB normiert:

- **§ 247 StGB – Haus und Familiendiebstahl**

  Ist durch einen Diebstahl oder einer Unterschlagung ein Angehöriger, der Vormund oder der Betreuer verletzt oder lebt der Verletzte mit dem Täter in häuslicher Gemeinschaft, so wird die Tat nur auf Antrag verfolgt. Es gelten für die Antragstellung die § 77 ff. StGB. Angehörige sind gemäß § 11 Abs. 1 Nr. 1 StGB Verwandte und Verschwägerte gerader Linie, der Ehegatte, der Lebenspartner, der Verlobte, auch im Sinne des Lebenspartnerschaftsgesetzes, Geschwister, Ehegatten oder Lebenspartner der Geschwister, Geschwister der Lebenspartner, und zwar auch dann, wenn die Ehe oder die Lebenspartnerschaft nicht mehr besteht oder wenn die Verwandtschaft oder Schwägerschaft erloschen ist, ferner Pflegeeltern und Pflegekinder.

- **§ 248a StGB – Diebstahl und Unterschlagung geringwertiger Sache**

  Einfacher Diebstahl und Unterschlagung werden nur auf Antrag verfolgt, wenn es sich um eine geringwertige Sache handelt. Geringwertig ist nach h. M. eine Sache, wenn ihr objektiver Verkaufswert ca. 25 € nicht übersteigt.[1] Nicht geringwertig sind Sachen ohne erkennbaren Verkehrswert, bei denen der Wert für den Täter aber in den funktionellen Möglichkeiten liegt, so bei Führerscheinen oder Ausweisen.

  Der Strafantrag ist entbehrlich, wenn die Staatsanwaltschaft wegen des besonderen öffentlichen Interesses an der Strafverfolgung ein Einschreiten für geboten hält. Es handelt sich also um ein relatives Antragsdelikt.[2]

Polizeiliche Kriminalstatistik 4

Die Diebstahlsdelikte dominieren wie in den Vorjahren die Polizeiliche Kriminalstatistik 2017, die Anzahl insgesamt ist mit rund 2 Millionen Diebstahlsdelikten aber rückläufig. Auffallend ist der erstmalige Rückgang des Wohnungseinbruchsdiebstahls von 2016 auf 2017 um 23 %.[3] Die Aufklärungsquote beim Wohnungseinbruch hat sich 2017 auf 17,8 % verbessert (2014: 15,9 %; 2016: 16,9 %).[4] Durch Kundendiebstähle entstand 2017 ein Schaden von 2,2 Milliarden Euro.[5]

Nach einer Studie des Handelsforschungsinstituts EHI Retail Institute bleiben 95 % aller Diebstähle im Handel unentdeckt.[6]

1 Fischer § 248a, Rn. 3 m.w.N.; a.A. OLG Zweibrücken NStZ 2000, 536; Henseler StV 2007, 323 = 50 €.
2 Vgl. Erläuterungen zu Antragsdelikten Band 1, Rn. 81.
3 BKA, PKS 2017 Jahrbuch.
4 BKA, PKS 2017 Jahrbuch, S. 5.
5 EHI Retail Institute Köln, www.handelsdaten.de (aufgerufen am 10.5.2018).
6 Vgl. Handelsstudie von 2010; www.ehi.org.

1.1 Diebstahl, § 242 StGB

5
- ***Aufsatz-Literatur:*** *Kudlich JA 2017, 428 (Die Wegnahme in der Fallbearbeitung); Schramm JuS 2008, 678 und 773 (Grundfälle zum Diebstahl); Rönnau JuS 2007, 806 (Die Zueignungsabsicht §§ 242, 249 StGB); Streng JuS 2007, 422 („Die Katze im Sack" – Überlegungen zur subjektiven Konkretisierung des Zueignungsobjektes); Schnabel NStZ 2005, 18 (Telefon-, Geld-, Prepaid-Karte und Sparcard); Hellmann JuS 2001, 353 (Zur Strafbarkeit der Entwendung von Pfandleergut und der Rückgabe dieses Leerguts unter Verwendung eines Automaten).*
- ***Leitentscheidungen:*** *BVerfGE 50, 205 (Bestrafung des Bagatelldiebstahls ist verfassungsgemäß); BGH 16, 190 (Wegnahme Pkw beinhaltet nicht zwingend Zueignungsabsicht auf die darin befindlichen Sachen); BGHSt 16, 271 (Beobachten des Täters beim Diebstahl); BGHSt 17, 88 (Moos-Raus-Fall: zum Tatbestandsirrtum hinsichtlich der Rechtswidrigkeit der Zueignung); BGHSt 19, 387 (Wegnahme einer Dienstmütze eines Kameraden zum Zwecke der Abgabe bei der Kleiderkammer); BGHSt 22, 45 (Abgrenzung zum § 248b StGB bei Wegnahme eines Pkw).*
- ***Übungsfälle:*** *Blaue JuS 2018, 113 (§§ 242, 246 StGB); Dinter JuS 2018, 212 (§§ 242, 246 StGB); JA 2015, 24 (242, 25 II, 22,23); JURA 2009, 147; JuS 2009, 625 (Diebesfalle); JuS 2008, 810 (Absicht rechtswidriger Zueignung); JuS 2007, 132 (§§ 242, 251, 224 StGB); JuS 2007, 348 (§§ 242, 263, 258 StGB); JuS 2004, 1075 (§§ 242, 243, 244 StGB); JuS 2004, 982 (§§ 242, 249, 252 StGB); JuS 2004, 885 (§§ 242, 263; 267 ff StGB); JuS 2004, 312 (§§ 242, 263; 259; 223 StGB); JuS 2003, 263 (§§ 242, 253, 240 StGB); JuS 2003, 1097 (§§ 248b, 242, 263 StGB).*

6

Diebstahl, § 242 StGB

I. Tatbestandsmäßigkeit
   1. Objektiver Tatbestand
      a) fremde, bewegliche Sache
      b) Wegnahme
   2. Subjektiver Tatbestand
      a) Vorsatz
      b) Absicht rechtswidriger Zueignung
      ggf. 3. Qualifizierung nach §§ 244, 244a StGB

II. Rechtswidrigkeit

III. Schuld

IV. Besonderheiten
   Strafzumessungsvorschrift§ 243 StGB

V. Ergebnis

Fremd ist eine Sache, wenn sie nicht im Alleineigentum des Täters und nicht herrenlos ist.

Beweglich ist eine Sache, wenn sie fortbewegt werden kann.

Sache ist jeder körperliche Gegenstand, ungeachtet des Aggregatzustandes.

Wegnahme ist der Bruch fremden und die Begründung neuen Gewahrsams.

Gewahrsam ist die von einem Herrschaftswillen getragene tatsächliche Sachherrschaft (BGHSt 8, 275).

Zueignung ist die Begründung des Eigenbesitzes unter Ausschluss des Berechtigten mit dem Willen, wie ein Eigentümer über die Sache zu verfügen (BGHSt 1, 264).

Rechtswidrig ist die Zueignung, wenn sie im Widerspruch zur rechtlichen Eigentumsordnung steht (LK-Ruß § 242, Rn. 68).

Überblick 7

Der Diebstahl nach § 242 StGB ist das Grunddelikt der Diebstahlsdelikte. Geschützt ist durch die Vorschrift das Eigentum als Teil des Vermögens im weiteren Sinne. Zur Vollendung reicht objektiv die Wegnahme, zu einer tatsächlichen Zueignung muss es nicht gekommen sein, dazu reicht die Absicht des Täters (sogenannte überschießende Innentendenz, „erfolgskupiertes Delikt"). Dadurch wird die Strafbarkeit vorverlagert. Es muss nicht dazu kommen, dass der Täter die Sache bereits seinem eigenen Vermögen einverleibt hat, es reicht die Wegnahme der Sache.

Tatobjekt: fremde, bewegliche Sache 8

Tatobjekt ist eine fremde bewegliche Sache. Fremd sind alle Gegenstände, die nicht im Alleineigentum des Täters sind und nicht herrenlos sind. Maßgeblich sind zivilrechtliche Eigentumsregeln. Unerheblich ist, ob die Sachen illegal erworben wurden.

Beispiele

Von Eheleuten gemeinsam erworbener Fernseher; vom Dealer erworbene Betäubungsmittel.

Herrenlos sind Sachen, an denen Eigentum entweder noch nie bestanden hat oder aufgegeben wurde (Dereliktion, § 959 BGB). Es gelten die Regeln der §§ 958–964 BGB.

Beispiele

Das angefahrene Wild (§ 960 Abs. 1 S. 1 BGB: Wilde Tiere sind herrenlos, solange sie sich in der Freiheit befinden. Sie werden aber fremd, wenn der Jagdausübungsberechtigte von seinem Aneignungsrecht Gebrauch macht, vgl. § 1 Abs. 1 BJagdG); dagegen sind gezähmte, entlaufende Tiere nicht herrenlos (aber: § 960 Abs. 3 BGB: Ein gezähmtes Tier wird herrenlos, wenn es die Gewohnheit ablegt, an den ihm bestimmten Ort zurückzukehren).

Tageszeitung, die auf der Parkbank zurückgelassen wird; Hausmüll (§ 959 BGB: Eine bewegliche Sache wird herrenlos, wenn der Eigentümer in der Absicht, auf das Eigentum zu verzichten, den Besitz der Sache aufgibt).

Verlorene oder verlegte Sachen verbleiben im Eigentum des Berechtigten.

Sachen im Sinne von § 242 StGB sind entsprechend dem Zivilrecht, § 90 BGB, alle körperlichen Gegenstände. Im Gegensatz dazu sind gemäß § 90a S. 1 BGB Tiere keine Sachen im Sinne des BGB. Sie werden aber rechtlich den Sachen gleichgestellt. Diese zivilrechtliche Festlegung ist nach h.M. auf das Strafrecht nicht übertragbar, da der Sachbegriff nach dem Zweck des Strafgesetzbuches auszulegen sei.[7] Im Strafrecht gelten generell Tiere als Sachen. Ob man nun der zivilrechtlichen oder der strafrechtlichen Regel folgt, Tiere sind taugliche Tatobjekte bei § 242 StGB.

Datenträger sind Sachen, nicht dagegen die Daten selbst.

Beweglich ist die Sache, wenn sie zumindest – etwa zum Zwecke der Wegnahme – beweglich gemacht werden kann.

Tathandlung: Wegnahme 9

Wegnahme ist das konstituierende Tatbestandsmerkmal der Diebstahlsdelikte. Erforderlich ist der Bruch fremden und die Begründung neuen Gewahrsams. Der Begriff des Gewahrsams ist abzugrenzen vom Eigentum und vom Besitz.

---

7 Fischer § 242, Rn. 3 m.w.N.

- **Eigentum**

  Eigentum als dingliches Recht bestimmt sich nach zivilrechtlichen Regeln. Damit gemeint ist die rechtliche Sachherrschaftsbeziehung. Gemäß § 929 S. 1 BGB ist zur Übertragung des Eigentums an beweglichen Sachen die Einigung zwischen den Personen und die Übergabe der Sache erforderlich. Der Eigentumserwerb kann auch ohne diese Einigung und Übergabe allein durch Gesetz erfolgen.

  Beispiele

  Maler fertigt ein Bild mit geliehener Farbe (Eigentumsübergang an der Farbe nach § 950 BGB); Erbschaft (§ 1922 BGB).

  Durch Diebstahl ändert sich das Eigentumsverhältnis nicht, der Geschädigte bleibt weiterhin Eigentümer.

- **Besitz**

  Besitz bestimmt sich ebenfalls nach zivilrechtlichen Regeln. Gemäß § 854 Abs. 1 BGB wird der Besitz durch die Erlangung der tatsächlichen Gewalt erworben. Im Gegensatz zum Eigentum handelt es sich also um die Beschreibung eines tatsächlichen Herrschaftsverhältnisses zu einer Sache. Eigentümer und Besitzstellung sind oftmals nicht identisch.

  Beispiel

  Bei einer Verkehrskontrolle wird A mit dem von B entliehenen Pkw angehalten. A ist unmittelbarer Besitzer des Fahrzeuges, Eigentümer ist B. In der Zulassungsbescheinigung ist als Halter der Vater von B eingetragen, was die Eigentümerstellung des B nicht berührt.

- **Gewahrsam**

  Gewahrsam ist keine zivil-, sondern eine strafrechtliche Kategorie. Unter Gewahrsam ist – ähnlich dem zivilrechtlichen Besitz – das tatsächliche Herrschaftsverhältnis über eine Sache zu verstehen. Besitz ist jedoch gemäß § 857 BGB vererblich, Gewahrsam nicht. Damit hat der Erbe im Erbfalle zwar per Gesetz Besitz, aber (noch) nicht zwingend Gewahrsam an den Sachen des Erblassers. Umgekehrt hat der Besitzdiener (§ 855 BGB) zwar keinen Besitz, aber sehr wohl Gewahrsam. Daher sind Besitz und Gewahrsam begrifflich sauber zu trennen. Der Gewahrsam bestimmt sich nach h.M. nach den konkreten Umständen des Einzelfalls und den Anschauungen des täglichen Lebens, mithin nach der Verkehrsauffassung.[8] Ausreichender „gelockerter" Gewahrsam ist gegeben, wenn der Gewahrsamsinhaber zwar keine direkte Einflussmöglichkeit auf die Sache hat, diese aber nach allgemeiner Anschauung der Person zugeordnet wird.

  Beispiele

  Gegenstände in der Wohnung, in der sich der Gewahrsamsinhaber z.Zt. nicht aufhält; Fahrzeug im Parkhaus des Flughafens, der Gewahrsamsinhaber befindet sich aber im Ausland.

  Steht die Sache im Gewahrsam mehrerer Personen, liegt Mitgewahrsam vor.

  Beispiele

  Gegenstände im Haushalt der Eheleute (gleichrangiger Mitgewahrsam); Werkzeug in der Kfz-Werkstatt (Gewahrsam der Mitarbeiter: untergeordneter Mitgewahrsam; Gewahrsam des Inhabers: übergeordneter Mitgewahrsam).

8 BGHSt 16, 271; 22, 182.

Der Gewahrsam endet mit dem Tod. Nicht jedoch schon dann, wenn man nicht mehr in der Lage ist, gegen den Gewahrsamsverlust vorzugehen.

Beispiel
Der nach einem Verkehrsunfall schwer verletzte Lkw-Fahrer hat Gewahrsam am Transportgut.

Gewahrsam besteht auch nicht mehr an verlorenen Sachen. Ist der Aufbewahrungsort aber bekannt, wie etwa bei vergessenen Sachen, besteht noch gelockerter Gewahrsam.

Bruch fremden Gewahrsams als erster Teilakt der Wegnahmehandlung liegt vor, wenn der Täter die Verfügungsgewalt des alten Gewahrsamsinhabers aufgehoben hat. Begründung neuen Gewahrsams als zweiter Teilakt der Wegnahmehandlung liegt schließlich vor, wenn der Täter neuen – meist eigenen – Gewahrsam begründet hat. Beide Elemente der Wegnahmehandlung werden oft zeitgleich erfüllt, dies ist jedoch nicht zwingend, wie folgendes Beispiel zeigt. 10

Beispiel
A entnimmt eine Bohrmaschine aus dem Regal eines Baumarktes, geht damit auf das Außengelände des Marktes und schmeißt sie in einem unbeobachtete Moment über den Zaun (= Bruch fremden Gewahrsams). Er holt sie bei Eintritt der Dämmerung nach Geschäftsschluss dort ab (= Begründung neuen Gewahrsams).

Gewahrsam ist bei kleinen Gegenständen schon gebrochen und neu begründet, wenn sie eingesteckt werden. Denn die Kleidung bilde dann eine „Gewahrsamsenklave" in einem generellen Gewahrsamsraum, wie er etwa ein Kaufhaus ist.[9] Eine Beobachtung, ggf. auch mittelbar durch Videokamera, durch den Gewahrsamsinhaber oder seines Vertreters (etwa eines Kaufhausdetektivs) stehen der Wegnahme nicht entgegen. Dies folgt aber nicht aus der inhaltsleeren Formel, Diebstahl sei kein „heimliches Delikt". Vielmehr eröffnet die Beobachtung lediglich die Möglichkeit, die Sache wiederzuerlangen. Zudem ist in der Beobachtung kein tatbestandliches Einverständnis zu sehen, zu der es einer ausdrücklichen oder konkludenten Erteilung bedürfte.

Eine tatsächliche Einwilligung in die Wegnahme schließt nach h.M. nicht erst die Rechtswidrigkeit, sondern bereits den Tatbestand aus. Man spricht dann vom tatbestandsausschließendem Einverständnis anstatt von rechtfertigender Einwilligung. 11

Beispiel
In einer Arztpraxis werden wiederholt Taschendiebstähle verübt. Um den Täter zu überführen legt Kommissar A einen mit Silbernitratlösung behandelten Geldschein in die Jackentasche an der Garderobe. Täter X entnimmt den Geldschein, dabei verfärbt sich partiell die Haut an den Händen. So wird X überführt.

Bei dieser sogenannten Diebesfalle liegt keine Wegnahme i.S.v. § 242 StGB vor, da der Schein mit Einverständnis von KOK A entnommen wurde. Der Täter sollte ihn zum Zwecke der Überführung an sich nehmen. Damit hat sich X aber des versuchten Diebstahls strafbar gemacht.

Nach sozialer Anschauung hat ein Kunde nach Passieren der Kasse Alleingewahrsam an dem Inhalt des Wagens und seinen mitgebrachten Gegenständen. Hat er Waren nicht bezahlt, liegt ein Gewahrsamsbruch ohne Einverständnis, mithin Wegnahme vor.

Vollendet ist der Diebstahl mit der Erfüllung aller objektiven Tatbestandsmerkmale, also mit der Wegnahme einer fremden beweglichen Sache. Beendet ist er, wenn der Gewahr- 12

9 BGHSt 26, 24.

sam eine gewisse Festigung und Sicherung erreicht hat.[10] Es kommt auf die Umstände des Einzelfalles an.

Beispiele

Diebesgut wird in ein Versteck/in die Wohnung gebracht; bei kleineren Gegenständen im Rahmen des Ladendiebstahls genügt das Verlassen des Geschäftes bei entsprechender Entfernung vom Herrschaftsbereich.

Die Unterscheidung zwischen Voll- und Beendigung ist wichtig für die Differenzierung von Raub und räuberischem Diebstahl.[11] Zudem ist zu beachten, dass Beihilfe zum Diebstahl bis zur Beendigung der Tat möglich ist, danach kommt Begünstigung in Betracht.[12]

13 Die Prüfung des Tatbestandsmerkmales „Wegnahme" erfolgt grundsätzlich in 5 Schritten, wobei Schritte 3 und 4 in einfach gelagerten Fällen zusammenzufassen sind:

1
- Einleitung („Die Sache müsste weggenommen worden sein")

2
- Definition Wegnahme

3
- Definition Gewahrsam
- Subsumtion (Feststellung, wer ursprünglich Gewahrsam hatte)

4
- Definition Gewahrsamsbruch + Begründung neuen Gewahrsams
- Subsumtion

5
- Ergebnis

Beispiel

Formulierungsbeispiel beim Fahrraddiebstahl[13]:

„A müsste das Fahrrad weggenommen haben (1). Wegnahme ist der Bruch fremden und die Begründung neuen Gewahrsams (2). Unter Gewahrsam ist die von einem Herrschaftswillen getragene tatsächliche Sachherrschaft zu verstehen. Der Gewahrsam an einer Sache bestimmt sich nach der Verkehrsauffassung. O hatte das Fahrrad am Hochschulparkplatz abgestellt. Auch wenn er während der Vorlesungen keinen direkten Zugriff auf das Fahrrad hat, ist es nach der Verkehrsauffassung ihm zuzuordnen, somit in seinem – gelockerten – Gewahrsam (3). Bruch fremden Gewahrsams liegt vor, wenn der Täter die Verfügungsgewalt des alten Gewahrsamsinhabers aufgehoben hat. Begründung neuen Gewahrsams liegt schließlich vor, wenn der Täter neuen – meist eigenen – Gewahrsam begründet hat. Indem A mit dem Fahrrad fortfuhr, hat er O's Gewahrsam aufgehoben und Eigengewahrsam am Fahrrad begründet (4). A hat das Fahrrad weggenommen (5)."

10 BGHSt 8, 390.
11 Siehe dazu Rn. 113.
12 Siehe dazu Rn. 23.
13 Zahlenangaben in Klammern sollen nur die 5 Prüfschritte illustrieren, gehören aber nicht ins Gutachten.

Subjektiver Tatbestand 14

Der subjektive Tatbestand setzt sich zusammen aus dem Vorsatz und der Absicht rechtswidriger Zueignung. Der Täter muss zunächst den objektiven Tatbestand mindestens mit Eventualvorsatz erfüllen. Dies bedeutet, er muss zumindest für möglich halten und billigend in Kauf nehmen, eine fremde bewegliche Sache wegzunehmen. Der Vorsatz muss sich dabei nicht auf eine konkrete Sache beziehen, es reicht, dass der Täter „irgendetwas Stehlenswertes" mitnehmen möchte. Unerheblich ist dabei auch, dass sich der vorher gefasste Diebstahlvorsatz während der Tat verengt oder erweitert. Entscheidend ist die einheitliche Tat.

Beispiel
A ist zu Besuch bei Bekannten. Dort will er am liebsten Geld entwenden, sieht aber nur Gelegenheit, einige CDs mitzunehmen. Dabei wird er erwischt.

A hat sich gemäß § 242 StGB strafbar gemacht, die Verengung des Vorsatzes ist nicht relevant.

Zudem muss der Täter in Absicht rechtswidriger Zueignung handeln. Zueignung ist die Begründung des Eigenbesitzes unter Ausschluss des Berechtigten mit dem Willen, wie ein Eigentümer über die Sache zu verfügen.[14] Das Wesen der Zueignung besteht darin, dass entweder die Sache selbst oder der in ihr verkörperte Sachwert vom Täter dem eigenen Vermögen einverleibt wird; sogenannte Vereinigungsformel.[15] 15

Beispiel
Putzfrau P entwendet ein Sparbuch, hebt 200 € ab und legt es sodann – wie von Anfang an geplant – wieder an den ursprünglichen Platz.

P hat sich zwar nicht das Sparbuch selbst, aber den dadurch verkörperten Sachwert (200 €) zugeeignet. Sie hat sich gemäß § 242 StGB strafbar gemacht.

Anders ist der Fall zu bewerten, wenn eine Geldautomatenkarte (Codekarte) entwendet und lediglich benutzt wird.

Beispiel
Putzfrau P entwendet ein Codekarte und merkt sich die vom Berechtigten notierte Geheimnummer, hebt am Geldautomaten 200 € ab und legt die Karte sodann – wie von Anfang an geplant – wieder an den ursprünglichen Platz.

P hat sich nicht die Codekarte zugeeignet. Die Karte verkörpert auch selbst keinen Sachwert, sondern fungiert lediglich als „Schlüssel" zum Girokonto. Daher scheidet Diebstahl aus. Die Verfügung am Geldautomaten stellt jedoch einen Computerbetrug gemäß § 263a StGB dar.[16] Das Entwenden der Karte ist mithin Vorbereitungshandlung dazu.

Die Zueignung des Tatobjektes muss aber nicht tatsächlich erfolgen. Vielmehr reicht die Absicht dazu. Damit wird die Strafbarkeit vorverlagert. 16

Beispiel
A steckt im Kaufhaus eine CD in Zueignungsabsicht ein. Damit hat er eine fremde bewegliche Sache weggenommen, der Diebstahl ist vollendet. Unbeachtlich ist, dass er noch nicht frei über die CD verfügen kann, er kann (noch) nicht wie ein Eigentümer mit der Sache verfahren; eine Zueignung liegt – noch – nicht vor. Trotzdem hat sich A gemäß § 242 StGB strafbar gemacht.

---

14 BGHSt 1, 264.
15 RGSt 61, 233.
16 Vgl. dazu Rn. 193.

Die beabsichtigte Zueignung ins eigene Vermögen oder das eines anderen (= Drittzueignung) umfasst zwei Komponenten: die An- und die Enteignung. Der Zueignungsbegriff grenzt § 242 StGB zum einen von der grundsätzlich straflosen Gebrauchsanmaßung oder Sachentziehung, zum anderen von der bloßen Sachbeschädigung ab.[17]

- **Aneignung**
  Aneignung ist die – zumindest vorübergehende – Einverleibung in den eigenen Besitz. Das ist zu verneinen bei bloßer Sachentziehung, etwa wenn die Sache weggenommen wird, nur um sie – direkt – zu zerstören. Dieses Merkmal dient insbesondere der Abgrenzung zur straflosen Sachentziehung bzw. zur Sachbeschädigung. Aneignung ist auch zu bejahen, wenn der Täter die Sache als angeblich eigene an den Berechtigten zurückgibt.

Beispiel
A entwendet einen MP3-Player, um ihn am Folgetag als angeblich gekauften wieder umtauschen.

Aneignung liegt vor, weil A den MP3-Player nicht als den des Berechtigten, sondern als eigenen zurückgibt. Daher liegt keine bloße Gebrauchsanmaßung vor. A hat sich wegen Diebstahls strafbar gemacht. Die spätere Rückgabe stellt einen Betrug dar.

- **Enteignung**
  Enteignung ist die dauerhafte Ausschließung des ehemaligen Gewahrsamsinhabers. Sie ist zu verneinen bei bloßer Gebrauchsanmaßung. Insofern ist der Eigentumsschutz lückenhaft.

Beispiel
A nimmt ohne Erlaubnis das Fahrrad von B, um damit zur Universität zu fahren. Er beabsichtigt, es am Abend wieder zurückzustellen.

A hat sich mangels Enteignungswillen nicht gemäß § 242 StGB strafbar gemacht. In Betracht kommt aber eine Strafbarkeit gemäß § 248b StGB (Unbefugter Gebrauch eines Fahrzeugs).

Vor dem Hintergrund eines angeblichen Bedürfnisses zur Ahndung von i.d.R. straflosen Gebrauchsanmaßungen wird die Enteignungskomponente ausweitend bejaht.

Beispiele
A nimmt ein Buch aus der Buchhandlung unbemerkt mit nach Hause, liest es, und stellt es nach einer Woche wieder an den alten Platz. Zudem nutzt er unbemerkt den – neuwertigen – Rasenmäher des Nachbarn über einen Zeitraum von einem Jahr regelmäßig.

In beiden Fällen hat sich A nach der h.M. des Diebstahls schuldig gemacht. Denn er hat einerseits den Sachwert des Buches entzogen, der sich nach dem Neuverkaufswert richtet.[18] Zudem hat er den Rasenmäher durch die ständige Benutzung über einen längeren Zeitraum ebenfalls beeinträchtigt, welches der Enteignung nahe kommt. Es soll hier in besonderem Maße auf die im Einzelfall erfüllte Beeinträchtigungen ankommen. Vor dem Hintergrund, dass § 242 StGB ein Zueignungsdelikt ist und Gebrauchsanmaßungen nur in den Fällen des § 248b StGB bei Kraftfahrzeugen und Fahrrädern unter Strafe gestellt sind, muss die h.M. kritisch gesehen werden.

17 Joecks StGB Vor § 242, Rn. 21.
18 OLG Celle NJW 1967, 1921.

- **Objektive Rechtswidrigkeit der beabsichtigten Zueignung**

Die beabsichtigte Zueignung muss zudem rechtswidrig sein. Dies ist als normatives Tatbestandsmerkmal bereits im Tatbestand zu prüfen; der Vorsatz des Täters muss sich auch auf diese Rechtswidrigkeit beziehen. Rechtswidrigkeit ist anzunehmen, wenn für den Täter kein Rechtsgrund zur Erlangung der Sache besteht, die erstrebte Zueignung also der materiellen Eigentumsordnung widerspricht. Umgekehrt ist die Zueignung nicht rechtswidrig, wenn der Täter einen fälligen, einredefreien Anspruch auf die weggenommene Sache hat. Dann hat er nämlich gemäß § 985 BGB einen Herausgabeanspruch. 17

Beispiel
Der A löst die Verlobung mit B auf, da B sich einem anderen zugewandt hat. In der Trennungsphase entwendet A einen Ring der B, den A ihr zur Verlobung geschenkt hatte.

Nach § 1301 S. 1 BGB hat A gegen B einen Herausgabeanspruch auf den Ring. Denn demnach kann jeder Verlobte von dem anderen die Herausgabe desjenigen, was zum Zeichen der Verlöbnisses geschenkt wurde, verlangen, wenn die Eheschließung unterbleibt. A hat sich nicht wegen Diebstahls strafbar gemacht.

Nimmt der Täter irrig einen solchen Anspruch an, handelt er im vorsatzausschließenden Tatbestandsirrtum nach § 16 StGB.[19]

Beispiel
A hat B 50 € geliehen, B zahlt jedoch nicht fristgerecht zurück. A nutzt einen günstigen Augenblick und entwendet aus B's Portmonee einen 50 €-Schein.

A hat zwar einen Anspruch auf die Wertsumme von 50 €, jedoch nicht auf den konkret entwendeten Geldschein. Daher könnte man die Rechtswidrigkeit der Zueignung annehmen. Nimmt A irrig an, einen Anspruch auf den 50-€-Schein zu haben, handelt er in einem vorsatzausschließenden Tatbestandsirrtum, § 16 Abs. 1 StGB. Vorzugswürdiger ist es, bei Geld nach der Geldsummentheorie die Rechtswidrigkeit der Zueignung entfallen zu lassen, wenn der Täter einen fälligen Anspruch auf die Wertsumme des weggenommenen Scheins hat.[20] Nach beiden Ansichten hat sich A nicht nach § 242 StGB strafbar gemacht.

Die Prüfung der Absicht rechtswidriger Zueignung sollte – wie die Wegnahme – in 5 Schritten erfolgen: 18

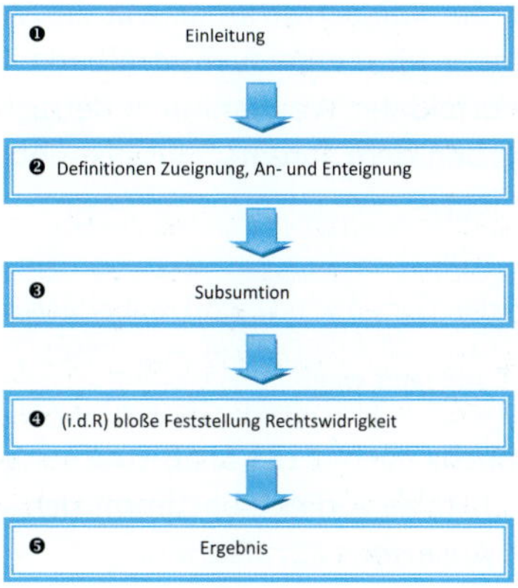

19 Vgl. zum Tatbestandsirrtum Band 1, Rn. 372 – 377.
20 SK-Hoyer § 242, Rn. 3.

Beispiel
Formulierungsbeispiel beim Fahrraddiebstahl:[21]
„A müsst zudem in der Absicht rechtswidriger Zueignung gehandelt haben (1). Zueignung ist die Begründung des Eigenbesitzes unter Ausschluss des Berechtigten mit dem Willen, wie ein Eigentümer über die Sache zu verfügen. Der Täter muss also mit Aneignungsabsicht und Enteignungswillen handeln. Dies bedeutet, dass er die Sache zumindest vorübergehend dem eigenen Vermögen einverleiben und dem Berechtigten dauerhaft entziehen will (2). A hat das Fahrrad weggenommen, um es dauerhaft als eigenes zu nutzen und damit den Berechtigten O von der Nutzung völlig auszuschließen (3). Da er auch keinen Rechtsanspruch auf das Fahrrad hatte (4), handelte A in der Absicht rechtswidriger Zueignung (5)."

19 **Trickdiebstahl**

Diebstahl und Betrug schließen sich gegenseitig aus: nur eines von beiden kann einschlägig sein. Die Einordnung kann problematisch sein beim trickreichen Vorgehen des Täters.

Beispiele
A will seiner Frau einen wertvollen Ring schenken, hat aber nicht das nötige Geld. Daher lässt er sich beim Juwelier J einen entsprechenden Ring zeigen. Unter dem Vorwand, die Farbe bei Tageslicht besser beurteilen zu können, geht er mit der Erlaubnis von J an die geöffnete Ladentür. Dies macht er tatsächlich nur, um mit dem Ring, aber ohne zu bezahlen, besser fliehen zu können. So geschieht es.

A will sodann seinem Sohn einen MP3-Player schenken, hat aber nicht das nötige Geld. Daher versteckt er einen MP3-Player unter sonstigen Waren im Einkaufswagen und geht an die Kasse im Elektronikmarkt. Die Kassiererin erkennt dies nicht, A kann ohne Bezahlung des MP3-Players die Kasse passieren.

Hinsichtlich des Ringes liegt in der Übergabe durch J noch keine Gewahrsamsübertragung, sondern nach der Verkehrsauffassung lediglich eine Gewahrsamslockerung. Denn auch bei Übergabe des Ringes zur Ansicht wird dieser allgemein weiterhin dem J zugeordnet. Der Gewahrsamsbruch erfolgte, als A aus dem Geschäft lief. In Bezug auf den MP3-Player fehlte es der Kassiererin am für § 263 StGB erforderlichen Verfügungsbewusstsein. Sie wusste nicht, dass sie über das Gerät verfügte. Sogenannter Sicherungsbetrug scheidet daher aus. Als A den MP3-Player in den Einkaufswagen versteckte, hat er den Gewahrsam des Ladenbesitzers gelockert. Bruch des Gewahrsams lag mit dem Passieren des Kassenbereichs vor. In beiden Fällen hat A sich wegen (Trick-)Diebstahls gemäß § 242 StGB strafbar gemacht.

20 **Versuch**

Gemäß § 242 Abs. 2 StGB ist der Versuch strafbar. Mit der Wegnahme ist das Delikt vollendet. Dann ist kein Raum mehr für die Versuchsstrafbarkeit. Der Versuch kommt daher zunächst im unmittelbaren Vorfeld der Wegnahme in Betracht. Es gelten die allgemeinen Regeln der §§ 22 ff. StGB. Neben dem Tatentschluss ist entscheidend, ob unmittelbares Ansetzen i.S.v. § 22 StGB vorliegt.

Beispiel
A geht in Diebstahlsabsicht in den Garten von O. Dort will er gerade den Kaninchenstall öffnen, um einen wertvollen Zuchtrammler zu entnehmen, als er den heimkehrenden O mit dem Auto vorfahren hört. Er gibt sein Vorhaben auf und läuft weg.

A hat sich des Hausfriedensbuchs nach § 123 StGB strafbar gemacht. Ob auch eine Strafbarkeit wegen versuchten Diebstahls vorliegt, bestimmt sich nach §§ 22, 23 StGB. Diese ist wohl mangels unmittelbaren Ansetzens abzulehnen.

21 Zahlenangaben in Klammern sollen nur die 5 Prüfschritte illustrieren, gehören aber nicht ins Gutachten.

Eine Versuchsstrafbarkeit ist darüber hinaus im Stadium zwischen Bruch fremden und Begründung neuen Gewahrsams möglich.

Beispiel
A entnimmt eine Bohrmaschine aus dem Regal eines Baumarktes, geht damit in das Außengelände und schmeißt sie in einem unbeobachteten Moment um den Zaun. Er will nach Geschäftsschluss die Maschine dort abholen, wird zuvor jedoch von einer Funkstreifenwagenbesatzung festgestellt, bei denen er auf Nachfrage ein Geständnis ablegt.

A hat mit dem Wurf fremden Gewahrsam gebrochen, aber noch keinen neuen begründet. Versuchsstrafbarkeit ist zu bejahen.

Das Verstecken von Waren im Geschäft zum Zwecke der späteren Wegnahme soll lediglich eine Vorbereitungshandlung zum Diebstahl sein.[22]

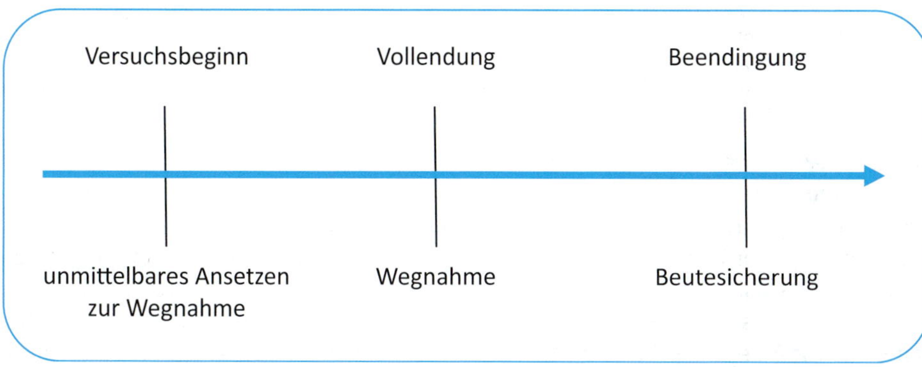

Diebstahl durch Unterlassen 21

Hat der Täter eine besondere Rechtspflicht, den Verlust von Gegenständen zu verhindern, kann er sich wegen Diebstahls durch Unterlassen strafbar machen, da § 242 StGB die Drittzueignung genügen lässt. Es gelten die allgemeinen Regeln für das unechte Unterlassungsdelikt.[23]

Beispiel
Polizeikommissar P beobachtet den Diebstahl eines Kraftrades. Da er dabei als Täter seinen Schwager erkennt, unternimmt er nichts.

P macht sich nach §§ 242, 13 StGB (Diebstahl durch Unterlassen) und §§ 258, 258a, 13 StGB (Strafvereitelung im Amt durch Unterlassen) strafbar.

22 Fischer § 242, Rn. 19.
23 Vgl. zum Aufbau und zur Systematik des unechten Unterlassungsdeliktes Band 1, Rn. 232 ff.

22 **Beteiligung**

Für Mittäterschaft und mittelbare Täterschaft gelten die allgemeinen Regeln.[24] Letztere liegt vor, wenn der Täter über die Eigentümerstellung der Sache täuscht oder Zwang ausübt.

> **Beispiel**
> A bittet Jugendlichen B, einen Ball vom Nachbargrundstück zu holen, der A gehöre und versehentlich über den Zaun geschossen worden sei. B holt den Ball. Tatsächlich ist es der Ball des Nachbarn. Danach fordert er ihn unter Androhung von Schlägen auf, ihm im Kaufhaus eine Tafel Schokolade zu entwenden.

A hat sich in beiden Fällen wegen Diebstahls in mittelbarer Täterschaft gemäß §§ 242, 25 Abs. 1 Alt. 2 StGB strafbar gemacht. Zum einen übte er Irrtums-, zum anderen Zwangsherrschaft aus.

23 Anstiftung und Beihilfe sind nach allgemeinen Regeln möglich.[25]

Problematisch ist jedoch die Abgrenzung zwischen (sukzessiver) Beihilfe zum Diebstahl und Begünstigung. Beihilfe ist immer bis zur Beendigung der Tat möglich, wenn also der Gewahrsam eine gewisse Festigung und Sicherung erreicht hat.[26] Aber schon ab nach der Wegnahme (= Vollendung) ist auch Begünstigung möglich.

> **Beispiel**
> A hat eine Baumaschine aus einem Baucontainer entwendet.
> a) B hat ihm beim Tragen geholfen.
> b) A schafft es, die Maschine alleine aufzuladen und sie an seiner Garage abzuladen. Da er Durchsuchungsmaßnahmen fürchtet, hilft ihm B am nächsten Tag, die Maschine zu einem anderen Versteck zu bringen.
> c) A schleppt die Maschine bis zu seinem Anhänger. Jetzt merkt er, dass er sie alleine nicht aufladen kann. B kommt hinzu und hilft ihm.

Im Fall a) hat sich B wegen Beihilfe zum Diebstahl strafbar gemacht, da er bei der Wegnahmehandlung geholfen hat; Begünstigung *noch nicht* möglich.

Im Fall b) hat sich B wegen Begünstigung strafbar gemacht, da der Diebstahl schon beendet war; Beihilfe ist *nicht mehr* möglich.

Fraglich ist, wie die Abgrenzung im Fall c) zu erfolgen hat. Eine Mindermeinung will in diesen Fällen regelmäßig wegen sukzessiver Beihilfe bestrafen, da er die Tathandlung tatsächlich fördere. Diese Täter dürften sich nicht der eventuell milderen Strafe wegen Begünstigung entziehen.[27] Die h.M. lässt Beihilfe wie auch Begünstigung zu, entscheidend sei die Willensrichtung des Handelnden: Will er die Beendigung fördern, liegt Beihilfe vor, will er die Vorteile sichern, Begünstigung.[28]

Damit hat B sich je nach persönlicher Willensrichtung entweder wegen Beihilfe zum Diebstahl oder wegen Begünstigung strafbar gemacht.

24 **Konkurrenzen**

§ 242 StGB wird von schweren Begehungsweisen des Diebstahls und von den Raubdelikten konsumiert. § 246 StGB ist Auffangtatbestand, wenn es an der Wegnahme fehlt.

---

24 Vgl. dazu Band 1, Rn. 312 ff.
25 Vgl. dazu Band 1, Rn. 336 ff.
26 BGHSt 8, 390.
27 Sch/Sch-Stree § 257, Rn. 8.
28 Vgl. BGHSt 4, 132.

1.2 Besonders schwerer Fall des Diebstahls, § 243 StGB

- **Aufsatz-Literatur:** *Zopfs JURA 2007, 421 (Der besonders schwere Fall des Diebstahls [§ 243 StGB]); Henseler StV 2007, 323 (Die Geringwertigkeit im Sinne der §§ 243 Abs. 2 und 248a StGB); Eckstein JA 2001, 548 (Rechtsprechungsklassiker – Regelbeispiel und Versuch); Gropp JuS 1999, 1041 (Der Diebstahlstatbestand unter besonderer Berücksichtigung der Regelbeispiele).* 25
- **Leitentscheidungen:** *BGH NStZ 2015, 397 (Gewerbsmäßigkeit beim Diebstahl)*
- **Übungsfälle:** *Bischoff/Janzen JA 2018, 57; JA 2016, 106 (§§ 242, 243, 185, error in persona, aberratio ictus); JURA 2010, 312 (§§ 242, 243, 244 StGB); JuS 2004, 1075 (§§ 242, 243, 244 StGB).*

Besonders schwerer Fall des Diebstahls, § 243 StGB 26

I. Tatbestandsmäßigkeit

Tatbestand des § 242 StGB

II. Rechtswidrigkeit

III. Schuld

IV. Besonderheiten

Strafzumessungsvorschrift § 243 StGB

a) kein Ausschluss wegen Geringwertigkeit der Sache, § 243 Abs. 2 StGB

b) Regelbeispiele:

Nr. 1: einbrechen, einsteigen, eindringen mittels falscher Schlüssel/anderes Werkzeug, verborgen halten in umschlossenen Raum

Nr. 2: verschlossenes Behältnis, andere Schutzvorrichtung

Nr. 3: gewerbsmäßig

Nr. 4: Kirchendiebstahl

Nr. 5: Bedeutung für Wissenschaft, Kunst pp.

Nr. 6: Ausnutzung von Hilflosigkeit, Unglücksfall, gemeine Gefahr

Nr. 7: bestimmte Waffen und Sprengstoff

c) ggf. unbenannter bes. schwerer Fall

V. Ergebnis

Umschlossener Raum ist ein Raumgebilde, das dazu bestimmt ist, von Menschen betreten zu werden und das mit Vorrichtungen zur Abwehr des Eindringens Unbefugter umgeben ist (BGHSt-GrSen 1, 158).

Einbrechen ist die gewaltsame Aufhebung der Umschließung.

Einsteigen ist jedes nur unter Schwierigkeiten mögliche Eindringen durch eine zum ordnungsgemäßen Eintritt nicht bestimmte Öffnung (vgl. Fi § 243, Rn. 6).

Falscher Schlüssel ist ein nicht (mehr) zur Öffnung bestimmter Schlüssel

Beuteerhaltungsabsicht ist jeder nicht zur ordnungsgemäßen Öffnung bestimmte Gegenstand, mit dem man auf den Schließmechanismus einwirken kann.

Behältnis ist ein zur Aufnahme von Sachen dienendes und sie umschließendes Raumgebilde, das nicht dazu bestimmt ist, von Menschen betreten zu werden (BGHSt-GrSen 1, 163

Gewerbsmäßig stiehlt, wer in der Absicht handelt, sich durch die Diebstahlsdelikte eine regemäßige Einnahmequelle zu verschaffen.

Überblick 27

§ 243 StGB ist keine Qualifikation des Diebstahls, sondern eine Strafzumessungsvorschrift, systematisch daher hinter der Schuld zu prüfen. Die Zuordnung als Strafzumessungsvorschrift hat zudem zur Folge, dass deren Vorliegen lediglich ein Indiz für einen besonders schweren Fall ist, welches widerlegt werden kann. Genannt werden nur Beispiele. Ein besonders schwerer Fall des Diebstahls kann auch aus anderen Gründen bejaht werden. Diese Einordnung führt gegenüber den Qualifikationen zu einer flexibleren Anwendungsmöglichkeit. Erkauft wird diese flexiblere Handhabung aber mit einer im Gegensatz zu Qualifikationstatbeständen erhöhten Rechtsunsicherheit. Denn nur durch Herausbildung der Rechtsprechung ist absehbar, wann ein unbenannter Fall des § 243 StGB vorliegt.

Grund für die durch § 243 StGB verschärfte Strafbarkeit ist die verwerflichere Begehungsweise als beim einfachen Diebstahl. Bei Diebstahl geringwertiger Sachen ist ein besonders schwerer Fall nur nach Art der Varianten § 243 Abs. 1 Nr. 1 – 6 StGB ausgeschlossen. Im Übrigen ist er aber auch bei geringwertigen Sachen möglich. Zunächst ist zu klären, ob ein Regelbeispiel einschlägig ist. Wird dies verneint, erfolgt die Prüfung, ob trotzdem ein (unbenannter) besonders schwerer Fall des Diebstahls vorliegt.

28 **Regelbeispiele**

Ist ein Regelbeispiel erfüllt, besteht die widerlegbare Vermutung, dass es sich um einen besonders schweren Fall des Diebstahls handelt, der eine erhöhte Strafe rechtfertigt.

- **Nr. 1 (Einbruchdiebstahl im weiteren Sinne)**
  Erfasst ist nicht nur der Einbruch im engeren Sinne, darüber hinaus auch die Tathandlungen Einsteigen, Eindringen mittels falscher Schlüssel oder nicht zur ordnungsgemäßen Öffnung bestimmten Werkzeuges und das Verborgenhalten.

Beispiele
Hineinklettern durch ein geöffnetes Fenster, Öffnen der Tür mit einem nach Auszug heimlich zurückbehaltenen Schlüssel, Öffnen der Tür mittels Dietrich, Verstecken im Ladenlokal bis nach Geschäftsschluss.

Geschützt ist als Oberbegriff der umschlossene Raum. Darunter sind zunächst Gebäude zu fassen. Dabei handelt es sich um ein Bauwerk, das mit dem Boden fest verbunden und durch Wände und Dach abgegrenzt ist. Auch Zirkuszelte sind davon erfasst.[29] Darüber hinaus sind umschlossen alle Raumgebilde, die mit Vorrichtungen versehen sind, die ein Eindringen Unbefugter abwehren sollen und tatsächlich ein Hindernis bilden. Umschlossen heißt dabei nicht verschlossen.[30] Erforderlich ist, dass nicht jedermann frei und ungehindert Zutritt hat.

Beispiele
Eingezäunter Garten, Lagerplatz; mit Mauern umgebener Innenhof, Friedhöfe zu Nachtzeit, Wohnwagen, Pkw-Innenraum.

Dienst- und Geschäftsräume sind Raumgebilde, die vorübergehend oder dauernd gewerblichen, künstlerischen, wissenschaftlichen Zwecken oder Tätigkeiten dienen, die im öffentlichen Interesse liegen.

Beispiele
Amtsräume des Rathauses, Polizeiwache, Gebäude des Militärs, Geschäftslokal, mobiler Verkaufswagen.

---

29 RGSt 10, 103.
30 BGHNJW 1954, 1897.

Einbrechen setzt eine gewisse Kraftentfaltung voraus, die beim bloßen Hochschieben eines Zaunes nicht gegeben ist. Einsteigen ist das Hineingelangen in die Räumlichkeit auf einem dafür nicht vorgesehenen Weg.

Falsch ist ein Schlüssel, der nachgemacht oder vom Berechtigten entwidmet wurde. Dies ist der Fall, wenn er nicht mehr zur Öffnung des Schlosses bestimmt ist.

Beispiel
A behält einen Schlüssel nach dem Auszug aus der Mietwohnung.

Einbruchdiebstahl in eine Wohnung ist nicht von § 243 StGB, sondern von § 244 StGB erfasst. Zur Abgrenzung siehe im Einzelnen Rn. 45.

- **Nr. 2 (Diebstahl besonders gesicherter Sachen)**

  Verschlossene Behältnisse sind in Ergänzung der Nr. 1 solche, die nicht dazu bestimmt sind, von Menschen betreten zu werden.

  Beispiele
  Geldkassette, Kofferraum eines Pkw, Koffer, Briefkasten, Registrierkasse.

  Andere Schutzvorrichtungen sind solche, die bestimmt und geeignet sind, die Wegnahme zu erschweren.

  Beispiele
  Wegfahrsperre eines Pkw, Fahrradschloss, nicht: das Sicherungsetikett an einem Kleidungsstück, da es nicht die Wegnahme erschweren, sondern erkennbar machen soll.[31]

- **Nr. 3 (Gewerbsmäßiger Diebstahl)**

  Gewerbsmäßiges Handeln setzt voraus, dass der Täter durch die Diebstähle eine regelmäßige Einnahmequelle erstrebt. So kann dieses Merkmal bereits beim ersten Diebstahl erfüllt sein. Erfolgt die Entwendung einer Sache allein deshalb, um mit ihr die Tatbeute aus einem vorangegangenen Diebstahl besser verwerten zu können, scheidet gewerbsmäßiges Vorgehen mangels Erschließung einer weiteren Einnahmequelle insoweit aus.

  § 28 StGB ist entsprechend anwendbar. Das hat zur Folge, dass die Gewerbsmäßigkeit bei jedem Beteiligten vorliegen muss, der nach §§ 242, 243 StGB bestraft werden soll.

- **Nr. 4 (Kirchendiebstahl)**

  Diebstahl von Gegenständen, die der religiösen Verehrung dienen bzw. die dem Gottesdienst gewidmet sind, stört den öffentlichen Frieden in besonderem Maße. Voraussetzung der Nr. 4 ist, dass die betreffende Sache aus einer Kirche entwendet wird.

- **Nr. 5 (Gemeinschädlicher Diebstahl)**

  Erfasst ist der Diebstahl von Gegenständen, die im öffentlichen Interesse und damit besonders schutzwürdig sind. Voraussetzung ist, dass sie sich in einer öffentlichen Sammlung befinden oder öffentlich ausgestellt sind und zudem von Bedeutung für Wissenschaft, Kunst, Geschichte oder für die technische Entwicklung sind.

---

31 Vgl. dazu Fischer § 243, Rn. 15 m.w.N.

- **Nr. 6 (Diebstahl bei Hilflosigkeit, Unglücksfall und gemeiner Gefahr)**
  Hilflosigkeit liegt vor, wenn das Opfer der abstrakten Gefahr des Todes oder der schweren Gesundheitsbeschädigung ausgesetzt ist, ohne die Möglichkeit eigener oder fremder Hilfe.[32] Unglücksfall ist ein plötzlich eintretendes Ereignis, das erhebliche Gefahr für Menschen oder Sachen mit sich bringt.[33] Gemeine Gefahr ist eine konkrete Gefahr für eine unbestimmte Zahl von Menschen oder zahlreichen Sachen von mindestens insgesamt hohem Wert.[34]

- **Nr. 7 (Schusswaffen- und Sprengstoffdiebstahl)**
  Diese Variante soll dem Umstand Rechnung tragen, dass beim Waffen- und Sprengstoffdiebstahl ein überdurchschnittlicher Unrechts- und Schuldgehalt vorliegt.[35] Zu beachten ist, dass der Täter i.d.R. anschließend das Dauerdelikt des unerlaubten Waffenbesitzes, §§ 28 Abs. 1, 52 Abs. 3 WaffG erfüllt.

  Mit dem Diebstahl der genannten Tatobjekte ist nicht zwingend § 244 Abs. 1 Nr. 1a StGB (Diebstahl mit Waffen) erfüllt, da dort das Mitführen einer einsatzbereiten Waffe erforderlich ist.[36] § 243 Abs. 1 Nr. 7 StGB erfasst also die Fälle, bei denen Schusswaffen entwendet werden, die nicht einsatzbereit sind, weil z.B. die Munition fehlt.

29 **Unbenannter besonders schwerer Fall**
Durch die Formulierung „in der Regel" wird deutlich, dass die besondere Strafschärfung des § 243 StGB auch in den dort nicht genannten Fällen eintreten kann. Darin unterscheiden sich Strafzumessungsvorschriften von Qualifikationen: Strafbewährt sind bei Qualifikationen ausschließlich die jeweils dort genannten Tatbestände. § 243 StGB als Strafzumessungsvorschrift ist in der Anwendung flexibler, da auch nicht explizit genannte Umstände einen besonders schweren Fall begründen können.

Beispiele
Wertvolle Diebesbeute, hoher Schaden, Diebstahl durch Amtsträger (so auch Polizeibeamte), Diebstahl mit „echtem", aber entwendetem Schlüssel.

30 **Ausschlussgrund „geringwertige Sache"**
Schließlich ist zu beachten, dass ein besonders schwerer Fall gemäß § 243 Abs. 2 StGB bei den Regelbeispielen § 243 Abs. 1 S. 2 Nr. 1 – 6 StGB zwingend ausgeschlossen ist, wenn sich die Tat auf eine geringwertige Sache bezieht. Seiner ratio legis nach gilt der Ausschlussgrund auch für die unbenannten schweren Fälle nach § 243 Abs. 1 S. 1 StGB.[37] Geringwertig ist nach h.M. eine Sache, wenn ihr objektiver Verkaufswert ca. 25 € nicht übersteigt.[38] Bei Diebstahl mehrerer Sachen ist der Gesamtwert entscheidend. Nicht geringwertig sind Sachen ohne erkennbaren Verkehrswert, bei denen der Wert für den Täter aber in den funktionellen Möglichkeiten liegt, so bei Führerscheinen oder Ausweisen. Entscheidend ist nicht nur der tatsächliche Wert der Sache, sondern auch die entsprechen-

32 Fischer § 221, Rn. 7.
33 In Anlehnung an BGHSt 3, 66.
34 Fischer § 243, Rn. 22.
35 BT-Drs. 11/2834, 10.
36 Vgl. im Einzelnen Rn. 42.
37 La/Kü § 243 Rn. 4.
38 Fischer § 248a, Rn. 3 m.w.N.; a.A. OLG Zweibrücken NStZ 2000, 536; Henseler StV 2007, 323 = 50 €.

de Tätervorstellung.[39] Es muss sich bei dem Tatobjekt also tatsächlich wie auch nach der Vorstellung des Täters um eine Sache im (Gesamt-) Wert von weniger als ca. 25 € handeln.

Vorsatz 31

Der Vorsatz muss sich auf alle Merkmale beziehen, somit auch auf die Geringwertigkeit der Sache. Da es sich nicht um Tatbestandsmerkmale handelt, ist § 16 StGB nur entsprechend anzuwenden.

Versuch 32

Da es sich bei § 243 StGB lediglich um eine Strafzumessungsvorschrift handelt, ist die Versuchsstrafbarkeit umstritten. Denn die Versuchsregeln der §§ 22 ff. StGB sind nicht direkt anwendbar, da sie nach dem Wortlaut die „Tat" betreffen, wobei die Verwirklichung der Tatbestandsmerkmale der Strafnorm gemeint ist. Aber bei § 243 StGB handelt es sich eben nicht um eine Strafnorm, bei den dort genannten Merkmalen nicht um Tatbestandsmerkmale. Es sind 3 Grundfälle auseinanderzuhalten:

- **Regelbeispiel versucht, Wegnahme erfüllt**

  Nach h.M. ist § 243 StGB nicht allein aufgrund des Versuchs des Regelbeispiels erfüllt. Erst eine Gesamtbewertung könnte zu diesem Ergebnis führen.

  Beispiel

  A will in einen Kiosk einbrechen. Zu seiner Verwunderung stellt er fest, dass der Inhaber vergessen hat, den Hintereingang abzusperren. Er nutzt die Gelegenheit und entwendet 10 Stangen Zigaretten und eine Flasche Schnaps.

  Ob § 243 StGB erfüllt ist, kann sich nach h.M. nicht schon aufgrund der Regelwirkung, sondern nur aufgrund einer Gesamtbetrachtung ergeben.[40] Vorliegend hat sich A lediglich wegen § 242 StGB strafbar gemacht, da keine besonderen Umstände die Tat zum besonders schweren Fall machen.

- **Regelbeispiel versucht, keine Wegnahme**

  Auch hier, wie im Beispiel zuvor, stellte sich die Frage, inwiefern § 243 StGB bei der Strafzumessung zu berücksichtigen ist.

  Beispiel

  A will in einen Kiosk einbrechen. Als er gerade dabei ist, die Hintertür aufzubrechen, wird er auf frischer Tat festgenommen.

  Hier gilt das Gleiche wie in der ersten Variante. Da nach einer Gesamtbetrachtung keine besonderen Umstände vorliegen, ist A nach dem Strafrahmen des §§ 242, 22, 23 StGB zu bestrafen.

- **Regelbeispiel erfüllt, keine Wegnahme**

  Beispiel

  A will in einen Kiosk einbrechen. Als er gerade das über das Dachfenster eingestiegen ist, wird er im Ladenlokal von alarmierten Polizeibeamten festgenommen.

  Hier ist die Indizwirkung des besonders schweren Falles gegeben, da das Regelbeispiel tatsächlich erfüllt wurde. A ist nach §§ 242, 243, 22, 23 StGB wegen versuchten Ein-

39 BGHSt 26, 104.
40 Joecks StGB § 243, Rn. 42 m.w.N.

bruchsdiebstahls zu bestrafen. Obwohl es sich bei § 243 StGB nicht um einen Tatbestand handelt, richtet sich der Versuchsbeginn nach den allgemeinen Regeln des § 22 StGB.

Dies bedeutet, dass schon mit Erfüllung des Regebeispiels nach einer Gesamtbetrachtung mit der Wegnahme unmittelbar angesetzt wird, der Versuchsbeginn liegt vor. [41]

33 **Beteiligung**

Da es sich bei dem Merkmal „gewerbsmäßig“ um ein täterbezogenes Regelbeispiel handelt, ist nach h.M. § 28 Abs. 2 StGB analog anwendbar.

Beispiel

A stiehlt gewerbsmäßig in Kaufhäusern. B hilft ihm dabei ab und zu, handelt aber selbst nicht gewerbsmäßig.

A ist strafbar nach §§ 242, 243 StGB. B ist unter Anwendung von § 28 Abs. 2 StGB in Durchbrechung der Akzessorietät nach § 242, 27 StGB zu bestrafen.[42]

34 **Konkurrenzen**

Aufgrund des Charakters der Vorschrift als Strafzumessungsvorschrift kann es keine eigenen Konkurrenzen geben. Es gelten die Konkurrenzen zu § 242 StGB.[43]

41 Schramm JuS 2008, 777.
42 Siehe zu § 28 StGB Band 1, Rn. 357 ff.
43 Siehe Rn. 24.

1.3 Diebstahl mit Waffen, Bandendiebstahl, Wohnungseinbruchsdiebstahl, § 244 StGB

- ***Aufsatz-Literatur:*** *Bosch JURA 2018, 50 (Die Strafbarkeit des Wohnungseinbruchsdiebstahls); Zopfs JURA 2007, 510 (Examinatorium zu den Qualifikationstatbeständen des Diebstahls [§§ 244, 244a StGB]); Fischer NStZ 2003, 569 (Waffen, gefährliche und sonstige Werkzeuge nach dem Beschluss des Großen Senats); Altenrain JURA 2001, 836 (Der Beschluss des Großen Senats zum Bandendiebstahl).* 35
- ***Leitentscheidungen:*** *BGHSt 52, 257 (Gefährliches Werkzeug); BGHSt GrS 48, 197 (Schreckschusspistole ist eine Waffe); BGHSt-GrSen 46, 321 (Bande umfasst mindestens 3 Personen; auch ortsabwesendes Mitglied kann Tatbestandsmäßigkeit begründen); BGHSt 30, 44 (Dienstwaffen-Fall: Mitführen einer Schusswaffe durch Polizeibeamten bei der Tatausführung erfüllt den Tatbestand des § 244 StGB); BGH NStZ 2013, 202 (Bandendiebstahl bei Beteiligung nur an einem Teilakt).*
- ***Übungsfälle:*** *Schmitt-Leonardy JuS 2017, 436 (Der „Bling-Bling-Ring"); Theile/Gatter JURA 2014, 104 (Der skrupellose Heimwerker: Eine Bohrmaschine zum Nulltarif); JURA 2010, 312 (§§ 242, 243, 244 StGB); JuS 2008, 1086 Fortgeschrittenenklausur); JuS 2007, 40 (§§ 263, 244, 259, 123 StGB).*

36

Diebstahl mit Waffen, Bandendiebstahl. Wohnungseinbruchsdiebstahl, § 244 StGB

I. Tatbestandsmäßigkeit
   1. Objektiver Tatbestand
      a) objektiver Tabestand des § 242 StGB
      b) **§ 243 Abs. 1 Nr. 1**: Beisichführen von Waffe *oder* anderes gefährliches Werkzeug
      oder
      sonstiges Werkzeug oder Mittel
      oder
      § 243 Abs. 1 Nr. 2: Mitglied einer Diebes-/Räuberbande
      oder
      § 243 Abs. 1 Nr. 3: in Wohnung
      - einbrechen *oder* einsteigen *oder*
      - eindringen mittels falscher Schlüssel oder nicht zur ordnungsmäßigen Öffnung bestimmten Werkzeug *oder*
      - sich verborgen halten
      § 243 Abs. 4: dauerhaft genutzte Privatwohnung
   2. Subjektiver Tatbestand
      a) Vorsatz
      b) Absicht rechtswidriger Zueignung
      c) ggf. Verwendungsabsicht (bei sonstigem Werkzeug oder Mittel)

II. Rechtswidrigkeit
III. Schuld
IV. Ergebnis

Gefährliche Werkzeuge i.S.v. § 244 StGB sind Gegenstände, die ihrer Art nach ein erhebliches Verletzungspotenzial aufweisen und in der konkreten Tatsituation waffenvertretende Funktion haben (vgl. Fi § 244, Rn. 24).

Sonstiges Werkzeug oder Mittel sind beliebige Gegenstände, ohne dass es auf die objektive Gefährlichkeit ankommt (Fi § 244, Rn. 25).

Beisichführen bedeutet, dass der Täter den Gegenstand bei Begehung der Tat derart bei sich haben muss, dass er ihn jederzeit, ohne nennenswerten Zeitaufwand zum Einsatz bringen könnte (vgl. Sch/Sch § 244, Rn. 6).

Bande ist eine Gruppe von mindestens 3 Personen, die sich ausdrücklich oder stillschweigend zur Verübung fortgesetzter Diebes- oder Raubtaten verbunden hat (vgl. Fi § 244, Rn. 34).

Wohnungen sind abgeschlossene überdachte Räume, die Menschen zumindest vorübergehend der Unterkunft dienen (Fi § 244, Rn. 46).

Gewalt ist der physisch vermittelte Zwang zur Überwindung eines geleisteten oder erwarteten Widerstandes.

37 **Überblick**

§ 244 StGB qualifiziert den einfachen Diebstahl bei besonders gefährlichen bzw. das Opfer belastenden Tathandlungen. Seit 1998 ist der Wohnungseinbruch in § 244 StGB integriert und nicht mehr bloß Regelbeispiel in § 243 StGB. 2017 erfuhr die Vorschrift eine weitere Änderung: seitdem ist der Einbruch in eine dauerhaft genutzte Privatwohnung qualifiziert als Verbrechen strafbar. Wenn der Täter zur Tatausführung in die Wohnung und damit in die räumliche Intimsphäre eindringt, ist dies für Opfer oft außerordentlich belastend. Die Änderung dient daher dem Opferschutz.

Im Gegensatz zum besonders schweren Fall des Diebstahls ist § 244 StGB eine (Vorsatz-) Qualifikation. Damit kommt eine Bestrafung gemäß § 244 StGB ausschließlich in Betracht, wenn einer der dort genannten Tatbestände erfüllt ist – sie sind nicht nur Regelbeispiele.

38 **Waffen**

„Waffe“ wird in § 244 Abs. 1 Nr. 1a StGB dem Oberbegriff „gefährliches Werkzeug“ zugeordnet. Waffen sind – losgelöst vom waffenrechtlichen Begriff – alle Gegenstände, die zum Angriff oder zur Verteidigung bestimmt und geeignet sind, Verletzungen beizubringen.

Beispiele

Schusswaffen, Stilette, Kampfmesser, Schlagstöcke, Stahlruten, Schlagringe, Butterflymesser; Molotow-Cocktails.

Scheinwaffen sind davon nicht erfasst, da sie nicht objektiv gefährlich sind. Aber eine geladene (nicht ungeladene[44]) Schreckschusspistole soll nach der Rechtsprechung eine Waffe in diesem Sinne sein.[45] Ebenso Gaspistolen, soweit das Gas nach vorne ausströmt.[46]

Bei Messern kommt es auf die Zweckbestimmung an. Dolche und Stilette sind als Waffen anzusehen, nicht dagegen Küchen- oder Taschenmesser.

39 **Gefährliches Werkzeug**

Gefährliche Werkzeuge unterscheiden sich von den Waffen in ihrer Zweckbestimmung: Sie sind gerade nicht als Angriffs- oder Verteidigungsmittel konzipiert. Die Konkretisierung dieses Tatbestandsmerkmals ist problematisch, die Formulierung des Tatbestandes ist missglückt. Eine in jeder Hinsicht stimmige Auslegung des Begriffs kann es nicht geben.[47] Dies aus folgenden Gesichtspunkten:

- Zunächst könnte man annehmen, dass der Begriff des gefährlichen Werkzeuges ebenso zu bestimmen wäre, wie in § 224 Abs. 1 Nr. 2 StGB. Nach dieser Vorschrift sind gefährliche Werkzeuge solche, die in der konkreten Verwendung erhebliche Verletzungen herbeigeführt haben. Es wird also hier an die Verwendung des Gegenstandes angeknüpft. Da aber bei § 244 StGB eine Verwendung des gefährlichen Werkzeuges nicht gefordert wird, sondern ein bloßes Mitführen zur Strafbarkeit ausreicht, kann die konkrete Verwendung nicht zur Bestimmung herangezogen werden.
- Da eine Verwendungsabsicht nicht gefordert wird, müsste die abstrakt-objektive Gefährlichkeit des Gegenstandes ausschlaggebend sein. Dies führt aber zu einer Ausuferung des Tatbestandes, da auch gewöhnlich mitgeführte Alltagsgegenstände gefährlich eingesetzt werden können. Zudem wäre jeder Diebstahl, bei dem der Täter ein Aufbruchswerkzeug mitführt, nach § 244 StGB zu bestrafen.

44 BGH NStZ-RR 2004, 169.
45 BGHSt-GrSen 48, 197; a.A. Fischer § 244, Rn. 8.
46 BGHSt 45, 92.
47 BGHSt 52, 257.

Nach einem Beschluss des Bundesgerichtshofs vom 3.6.2008[48] ist der Konflikt nur gesetzgeberisch zu lösen, hat sich jedoch zunächst an folgenden Überlegungen zu orientieren: Angesichts des eindeutigen Wortlautes und der Systematik des Gesetzes verbiete sich ein Rückgriff auf subjektive Kriterien im Sinne eines „Verwendungsvorbehaltes" oder eines „Widmungsaktes". Maßgeblich seien allein objektive Kriterien. Demnach sei jedenfalls ein Taschenmesser ein gefährliches Werkzeug im Sinne von § 244 Abs. 1 Nr. 1a StGB.

Nach alledem können allgemein gefährliche Werkzeuge i.S.v. § 244 StGB definiert werden als Gegenstände, die ihrer Art nach ein erhebliches Verletzungspotenzial (objektive Waffenähnlichkeit) aufweisen und in der konkreten Tatsituation waffenvertretende Funktion (objektive Zweckbestimmung) haben.[49] Entscheidet dabei ist also die konkrete Tatsituation.

Beispiele
Taschenmesser, Pfefferspray[50], Baseballschläger, Knüppel, Elektroschockgeräte, Tapetenmesser, Stichwerkzeug, Hammer, Ketten, Schraubendreher beim Ladendiebstahl; aber nicht: Schraubendreher beim Einbruchsdiebstahl.

Sonstiges Werkzeug oder Mittel 40
Gemeint sind körperliche Gegenstände, denen keine Gefährlichkeit anhaftet.

Beispiele
Seil, Tuch, Klebeband, auch Scheinwaffen: ungeladene Schusswaffe, Waffenattrappe.

Diese Gegenstände müssen in Gebrauchsabsicht mitgeführt werden. Als subjektives Tatbestandsmerkmal erfolgt die Prüfung im subjektiven Tatbestand, nach dem allgemeinen Vorsatz und der Absicht rechtswidriger Zueignung, siehe Rn. 46.

41

bloßes Mitführen	Mitführen in Verwendungsabsicht	verwenden
• Waffe • sonstiges gef. Werkzeug	• sonstiges Werkzeug • Mittel	• Waffe • sonstiges gefährliches Werkzeug
↓	↓	↓
§ 244 I Nr. 1a StGB (§ 250 I Nr. 1a StGB bei Grunddelikt §§ 249; 253, 255; 252 StGB)	§ 244 I Nr. 1b StGB (§ 250 I Nr. 1b StGB bei Grunddelikt §§ 249; 253, 255; 252 StGB)	§ 250 II Nr. 1 StGB

48 BGHSt 52, 257.
49 Fischer § 244, Rn. 23 f.
50 BGH NStZ-RR 2007, 375.

42 **Beisichführen**

Waffe, Werkzeug oder Mittel muss der Täter bei sich führen. Vorausgesetzt wird, dass der Gegenstand einsatzbereit ist bzw. in Kürze gemacht werden kann.[51]

Beispiele
Ungeladene Schusswaffe im Hosenbund, dabei geladenes Magazin in der Hosentasche.
Nicht: Messer im Rucksack.[52]

Der Gegenstand muss während des Diebstahls, also mindestens zeitweise im Zeitraum vom unmittelbaren Ansetzen zur Wegnahme bis zur Vollendung, mitgeführt werden. Stiehlt der Täter eine einsatzbereite Waffe, so ist das Merkmal erfüllt.

Das Merkmal ist inhaltlich so zu verstehen wie das „Mit-sich-Führen" in § 30a Abs. 2 Nr. 2 BtMG.

43 Für Berufswaffenträger, wie etwa Polizeibeamte, sieht das Gesetz keine Ausnahmen vor. Bedenken dagegen könnte sich aus dem Aspekt ergeben, dass die Gefährlichkeitsvermutung bei Berufswaffenträger nicht ohne Weiteres gegeben ist. Da aber mit der Variante die abstrakte Gefährlichkeit des Mitführens einer Waffe bei der Tat bestraft werden soll, wird eine Restriktion (Beschränkung) des Tatbestandes von der h.M. abgelehnt.[53]

Beispiel
Auf dem Heimweg nach dem Dienst entwendet POK A unter Mitführung seiner Dienstwaffe eine Flasche Schnaps.

A hat sich gemäß §§ 242, 244 Abs. 1 Nr. 1a StGB strafbar gemacht.

44 **Bandendiebstahl**

Nach der Grundsatzentscheidung des Bundesgerichtshofes setzt der Begriff der Bande den Zusammenschluss von mindestens 3 Personen voraus, die sich mit dem Willen verbunden haben, künftig für eine gewisse Dauer mehrere selbständige, im Einzelnen noch ungewisse, Straftaten des im Gesetz genannten Deliktstyps zu begehen. Ein „gefestigter Bandenwille" oder ein „Tätigwerden in einem übergeordneten Bandeninteresse" ist nicht erforderlich.[54] Sie müssen sich zur fortgesetzten Begehung – noch nicht zwingend konkretisierter – Diebstahls- oder Raubtaten verbunden haben. Es reicht auch eine lose Verbindung mit wechselnden Mitgliedern. Nach der o.g. Grundsatzentscheidung reicht aus, wenn nur 2 Bandenmitglieder die Tat ausführen, § 244 StGB ist schon dann – für die beiden – erfüllt. Der Tatbestand des Bandendiebstahls setzt nicht voraus, dass wenigstens 2 Bandenmitglieder örtlich und zeitlich den Diebstahl zusammen begehen. Es reicht aus, wenn ein Bandenmitglied als Täter und ein anderes Bandenmitglied beim Diebstahl in irgendeiner Weise zusammenwirken. Die Wegnahmehandlung selbst kann auch durch einen bandenfremden Täter ausgeführt werden. Damit kann auch der im Hintergrund wirkende Bandenchef den Tatbestand begründen.

Beispiel
A, B und C begehen regelmäßig Einbruchsdiebstähle in Elektronikmärkten. Bandenchef A, der alles organisiert und das Einbruchswerkzeug besorgt hat, bleibt zu Hause und gibt Anweisungen, C ist bei der neuerlichen Tat erkrankt. B begibt sich auf Weisung von A allein zum Geschäft, entwendet hochwertige Elektronikgeräte und bringt sie sofort zu A's Wohnung, wo dieser schon auf ihn wartet.

51 BGHSt 31, 105.
52 BayObLG NJW 1999, 2535.
53 BGHSt 30, 44; W-Hillenkamp BT II, Rn. 258.
54 BGH-GrSen 46, 321.

A und B haben sich wegen Bandendiebstahls gemäß § 242, 244 Abs. 1 Nr. 2 StGB strafbar gemacht. Dass A nicht selbst vor Ort war, ist für die Strafbarkeit unerheblich.

Wohnungseinbruchsdiebstahl 45

Im Zuge des 6. Strafrechtsreformgesetzes wurde 1998 der Wohnungseinbruchsdiebstahl aus dem Anwendungsbereich des § 243 StGB herausgenommen und dem Qualifikationstatbestand des § 244 StGB zugeordnet. Damit wollte der Gesetzgeber dem erhöhten Sicherheitsbedürfnis der Bevölkerung und der besonderen Schwere des Eingriffs in die Privatsphäre Rechnung tragen.

Durch das 55. Gesetz zur Änderung des Strafgesetzbuches wurde die Vorschrift 2017 erneut verschärft. Nach § 244 Abs. 4 StGB ist die Tat seitdem ein Verbrechen, wenn der Täter den Einbruchdiebstahl in eine dauerhaft genutzte Privatwohnung begeht.

Tragendes Merkmal der Wohnung ist im Gegensatz zu sonstigen umschlossenen Räumen, wie Gebäuden, Dienst- oder Geschäftsräumen i.S.v. § 243 StGB, die Zweckbestimmung, als Unterkunft zu dienen.

Nunmehr sind also folgende Einbruchssphären – nach stärker werdendem Schutz der Privatsphäre – auseinanderzuhalten:

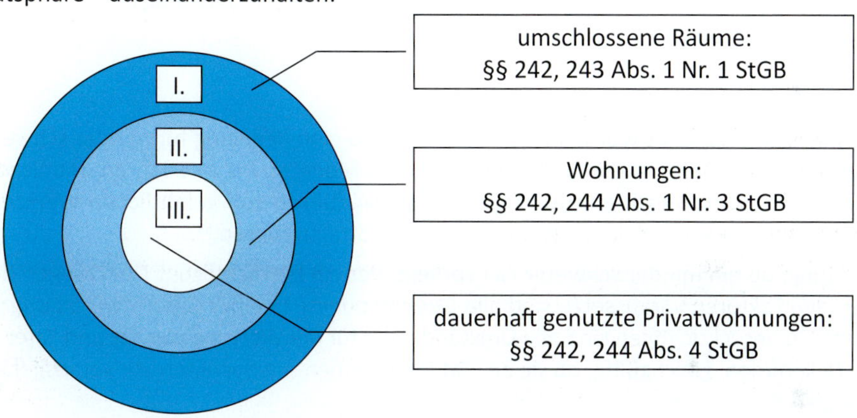

Beispiele

I: Schuppen, Garage, Kellerverschläge in einem Mehrfamilienhaus, Gartenhaus; Kiosk, Ladenlokal, Gaststätte

II: möbliert vermietetes Zimmer, Hotelzimmer, Zimmer in Wohnheimen, Wohnmobil,

III: bewohnte Wohnungen und Wohnhäuser einschließlich nicht getrennter Nebenräume.

Diese Strafschärfung ist dogmatisch in zweierlei Hinsicht kritisch zu sehen. Zum einen ist der unterschiedliche Schutz von Wohnungen und dauerhaft genutzten Privatwohnungen nicht ohne Weiteres eingängig. Zum anderen ist die Diskrepanz zu Hausfriedenbruch, § 123 StGB, frappierend. Denn dieser ist mit Freiheitsstrafe von lediglich *bis zu* einem Jahr oder mit Geldstrafe zu bestrafen. Geht der Täter in eine Wohnung, um eine Kleinigkeit zu stehlen, ist die Tat dagegen als Verbrechen mit einer Freiheitsstrafe *nicht unter* einem Jahr zu bestrafen.[55] Andererseits dürfte die Einstufung als Verbrechen dazu führen, gegen Täter leichter Untersuchungshaftbefehle zu erlangen. Zudem wurde die Möglichkeit der

55 Zum Letzteren so auch Fischer § 244 Rn. 55.

Standort- und Funkzellendatenabfrage in § 100g Abs. 2 Satz 2 lit.g StPO auf diese Verbrechensalternative des Wohnungseinbruchsdiebstahls ausgedehnt, was die Ermittlungsmöglichkeiten gegen organisierte Wohnungseinbruchsbanden deutlich erhöht.

Die Tathandlungen: Einbrechen, Einsteigen, mit einem falschen Schlüssel eindringen oder sich verborgen halten, entsprechen denen des Einbruchsdiebstahls nach § 243 StGB.

46 **Subjektiver Tatbestand**

Es reicht Eventualvorsatz.

Bei § 244 Abs. 1 Nr. 1b StGB (Beisichführen eines sonstigen Gegenstandes oder Mittels) muss als zusätzliches subjektives Tatbestandsmerkmal die Verwendungsabsicht hinzukommen. Der Täter muss den Gegenstand in der Absicht mitführen, ggf. den Widerstand einer Person durch Gewalt oder Drohung mit Gewalt zu verhindern oder zu überwinden.

Der Gewaltbegriff ist seit jeher im Streit. Nach der neueren Rechtsprechung ist Gewalt zu bejahen, wenn eine Kraftanstrengung beim Täter zu einer körperlich empfundenen Zwangswirkung beim Opfer führt, um dessen wirklichen oder erwarteten Widerstand zu brechen.[56]

Eine Drohung ist das Inaussichtstellen eines Übels, auf dessen Verwirklichung der Täter Einfluss zu haben vorgibt.

47 **Minder schwerer Fall**

Mit Wirkung v. 5.11.2011 wurde in § 244 Abs. 3 StGB eine Regelung für minder schwere Fälle eingeführt.[57] Dann ist die Freiheitsstrafe von 3 Monaten bis zu 5 Jahren. Damit soll insbesondere den Auslegungsschwierigkeiten bei Mitführen von gefährlichen Werkzeugen begegnet werden und damit zu angemessenen Strafen führen.[58]

Zur Prüfung, ob ein minder schwerer Fall vorliegt, der ein beträchtliches Überwiegen der mildernden Faktoren voraussetzt, sind alle Gesichtspunkte in einer Gesamtwürdigung zu erörtern. Zu berücksichtigen sind alle Umstände, die für die Wertung von Tat und Täter in Betracht kommen, gleichgültig, ob sie der Tat innewohnen, sie begleiten, ihr vorausgehen oder folgen.[59]

Ein minderschwerer Fall ist beim Einbruch in eine dauerhaft genutzte Privatwohnung ausgeschlossen.

Konkurrenzen

§ 244 StGB verdrängt §§ 242,243 StGB. Andererseits wird § 244 StGB von §§ 249 ff., 255 StGB verdrängt. Mit Delikten des Waffengesetzes besteht i.d.R. Tatmehrheit.

---

56 Vgl. BVerfG NJW 95, 1141 (Sitzblockadeentscheidung).
57 44. Gesetz zur Änderung des StGB vom 1.11.2011; BGBl. I S. 2130.
58 Vgl. BT. Drs. 17/4143, 7, 8.
59 Fischer § 46 Rn. 85 mit Hinweis auf stRspr.

1.4 Annex: Unbefugter Gebrauch eines Fahrzeuges, § 248b StGB

- ***Aufsatz-Literatur:*** *Jahn JuS 2015, 82-84 (Strafrecht BT: Unbefugter Gebrauch eines Fahrzeugs); Ludwig/Lange JuS 2000, 446 (Mutmaßliche Einwilligung und willensbezogene Delikte –Gibt es ein mutmaßliches Einverständnis?).* 48
- ***Leitentscheidungen:*** *BGH NStZ 2015, 396 (Gebrauchsanmaßung bei Fahrzeugen); BGHSt 11, 47 (Ingebrauchnehmen auch bei Fahrten ohne Ausnutzung der Motorkraft).*
- ***Übungsfälle:*** *JuS 2003, 1097 (§§ 248b, 242, 263 StGB).*

49

Unbefugter Gebrauch eine Fahrzeuges, § 248b StGB

I. Tatbestandsmäßigkeit
 1. Objektiver Tatbestand
  a) Kraftfahrzeug oder Fahrrad
  b) Ingebrauchnehmen
  c) gegen den Willen des Berechtigten
 2. Subjektiver Tatbestand
  Vorsatz
II. Rechtswidrigkeit
III. Schuld
IV. Besonderheiten
 Antragsdelikt, § 248b Abs. 3 StGB
V. Ergebnis

Kraftfahrzeuge sind Fahrzeuge, die durch Maschinenkraft bewegt werden, Landkraftfahrzeuge nur insoweit, als sie nicht an Bahngleise gebunden sind (§ 248b Abs. 4 StGB).

Ingebrauchnehmen ist das vorübergehende Ingangsetzen des Fahrzeuges (BGH NStZ 82, 420).

Gegen den Willen des Berechtigten handelt, wer die Tathandlung gegen den ausdrücklichen, erkennbaren oder mutmaßlichen Willen verübt.

Berechtigter ist jeder, der als Eigentümer oder kraft sonstigen Rechts befugt ist, das Fahrzeug zu nutzen.

Überblick 50

Die Vorschrift schützt die von § 242 StGB nicht erfasste Gebrauchsanmaßung (furtum usus) im speziellen Fall des Kraftfahrzeug-/Fahrradgebrauchs. Es handelt sich um ein absolutes Antragsdelikt, zur Strafverfolgung ist ein Strafantrag also zwingend erforderlich.

Tatobjekte 51

Nach der Legaldefinition in § 248b Abs. 4 StGB sind von der Norm durch Maschinenkraft angetriebene Fahrzeuge erfasst, sofern sie nicht an Bahngleise gebunden sind. Ebenso erfasst sind Fahrräder.

Beispiele
Pkw, Motorrad, Motorboot, Flugzeug.

Tathandlung 52

Nach h.M. ist sowohl das Ingebrauchnehmen wie auch das Ingebrauchhalten vom Tatbestand erfasst, sodass es eines Gewahrsamsbruchs nicht zwingend bedarf.[60] Erforderlich ist aber die Benutzung des Fahrzeuges als Fortbewegungsmittel.

Beispiel
A hat sich einen Pkw gemietet. Er benutzt ihn über die vereinbarte Mietdauer hinweg und gibt ihn erst einen Tag später ab.

Ihre Strafdrohung richtet sich gegen den, der ein Kraftfahrzeug oder ein Fahrrad gegen den Willen des Berechtigten in Gebrauch nimmt. Dass dies jedoch allein mittels der den

60 BGHSt 11, 47; Fischer § 248b, Rn. 4.

technischen Eigenschaften des Fahrzeugs eigentümlichen Triebkräfte geschehen müsste, kann den Worten: „in Gebrauch nimmt“ nicht entnommen werden. Denn auch derjenige, der etwa in einem unbewacht dastehenden Kraftwagen nächtigt oder Diebesgut darin versteckt, gebraucht oder benutzt ihn; er verwendet ihn aber nicht als Beförderungsmittel. Aus dieser vergleichenden Gegenüberstellung ergibt sich daher nichts dafür, dass unter „Ingebrauchnehmen“ die Benutzung zur Fortbewegung mittels der bestimmungsmäßigen Triebkräfte verstanden werden müsste. Die Nichtverwendung des Ausdruckes „Inbetriebsetzen“ kann ein Anzeichen dafür sein, dass es nicht darauf ankommt, ob bei einem Kraftfahrzeug der Motor angelassen, er also „in Betrieb gesetzt“ wird. Hiernach liegt also ein „Ingebrauchnehmen“ im Sinne des § 248b StGB jedenfalls dann vor, wenn der Täter ein Kraftfahrzeug oder ein Fahrrad zu seiner Fortbewegung benutzt. Dass dies mittels der dem technischen Wesen des Fahrzeugs eigentümlichen Triebkräfte geschieht, ist nicht erforderlich.[61]

Die Tathandlung muss schließlich gegen den – ausreichend mutmaßlichen – Willen des Berechtigten erfolgen. Das Einverständnis des Berechtigten schließt bereits den Tatbestand aus.
Die Gebrauchsanmaßung unterscheidet sich vom Diebstahl durch den Willen des Täters zur Rückführung der entwendeten Sache in den Herrschaftsbereich des bisherigen Gewahrsamsinhabers. Bei Fahrzeugen muss der Wille des Täters im Zeitpunkte der Wegnahme dahin gehen, den Berechtigten in eine solches Lage zu versetzen, dass er seine ursprüngliche Verfügungsgewalt über das Fahrzeug ohne besondere Mühe wieder ausüben kann.[62]

53 **Subjektiver Tatbestand**

Eventualvorsatz genügt. Nimmt der Täter irrig an, der Erlaubende sei Berechtigter, handelt er gemäß 16 StGB unvorsätzlich.

54 **Versuch**

Vollendet ist die Tat mit dem Ingangsetzen zur Fahrt, beendet bei Fahrtende. Versuch nach § 248b Abs. 2 StGB strafbar.

> **Beispiel**
> A nimmt irrig an, Berechtigter sei nicht einverstanden (= untauglicher Versuch).

55 **Beteiligung**

Es gelten die allgemeinen Regeln.

56 **Strafverfolgung**

Die Tat wird ausschließlich auf Antrag verfolgt, § 248b Abs. 3 StGB.

57 **Konkurrenzen**

Gemäß § 248b Abs. 1 StGB ist das Delikt formell subsidiär („... wenn die Tat nicht in anderen Vorschriften mit schwerer Strafe bedroht ist.“). Bei Diebstahl und Unterschlagung tritt also § 248b StGB zurück.

§ 248b StGB erfasst auch den Verbrauch der Betriebsstoffe des Fahrzeuges.

Tateinheit ist dagegen möglich mit §§ 222, 229, 315c, 316 StGB oder § 21 StVG, da diese Delikte eine andere Schutzrichtung verfolgen.

61 BGHSt 11, 47.
62 BGH NStZ 2015, 396 (397).

1.5 Annex: Unterschlagung, § 246 StGB

- ***Aufsatz-Literatur:*** *Ambos GA 2007, 127 (Gewahrsamslose „Zueignung" als Unterschlagung?); Börner JURA 2005, 389 (Zum Stand der Zueignungsdogmatik in den §§ 242, 246 StGB); Basak GA 2003, 108 (Die Tathandlung der Unterschlagung usw.); Duttge/Sotelsek JURA 2002, 526 (Die 4 Probleme bei der Auslegung des § 246 StGB); Kudlich JuS 2001, 767 (Zueignungsbegriff und Restriktion des Unterschlagungstatbestands); Cantzler JA 2001, 567 (Gelöste, ungelöste und neugeschaffene Probleme bei der Unterschlagung nach dem 6. StRG); Wallau JA 2000, 348 (Sachbeschädigung als Zueignung); Jäger JuS 2000, 1167 (Unterschlagung nach dem 6. Strafrechtsreformgesetz); Ast NStZ 2013, 305 (Das Einverständnis als Vermögensverfügung – Der „Tankbetrug" als Bezinunterschlagung).* 58
- ***Leitentscheidungen:*** *BGHSt-GS 14, 38 (Tatbestandslösung: Wiederholte Zueignung tatbestandslos).*
- ***Übungsfälle:*** *Blaue JA 2018, 113 (Ein hundsgemeiner Coup); Dinter JA 2018, 212 („Nicht wie es scheint..."); JURA 2008, 305 (§§ 246, 263, 266 StGB); JuS 2008, 345 (§§ 246, 263, 306a 240, 164 StGB); JuS 2006, 988 (§§ 246, 244, 259 StGB).*

59

Unterschlagung, § 246 StGB

I. Tatbestandsmäßigkeit
   1. Objektiver Tatbestand
      a) fremde bewegliche Sache
      b) sich oder Dritten zueignen
      ggf. Qualifikation § 246 II: c) anvertraut
   2. Subjektiver Tatbestand
      Vorsatz
II. Rechtswidrigkeit
III. Schuld
IV. Besonderheiten
   ggf. Antragsdelikt gemäß §§ 247, 248a StGB
IV. Ergebnis

Fremd ist eine Sache, wenn sie nicht im Alleineigentum des Täters und nicht herrenlos ist.

Beweglich ist eine Sache, wenn sie fortbewegt werden kann.

Sache ist jeder körperliche Gegenstand, ungeachtet seines Aggregatzustandes.

Anvertraut ist eine Sache, wenn dem Täter Gewahrsam in dem Vertrauen eingeräumt wird, dass er die Gewalt über die Sache nur im Sinne des Eigentümers ausüben werde.

Zueignung ist die Begründung des Eigenbesitzes unter Ausschluss des Berechtigten mit dem Willen, wie ein Eigentümer über die Sache zu verfügen (BGHSt 1, 264).

Überblick 60

§ 246 StGB ist Auffangtatbestand für die Zueignungsdelikte. Bestraft wird die Zueignung ohne Gewahrsamsbruch. Geschützt ist das Eigentum. Bei Unterschlagung geringwertiger Sachen ist ein Strafantrag erforderlich, sofern nicht die Staatsanwaltschaft wegen des besonderen öffentlichen Interesses an der Strafverfolgung ein Einschreiten von Amts wegen für geboten hält, § 248a StGB. Bei Haus- und Familienunterschlagung ist stets ein Strafantrag erforderlich, § 247 StGB.[63]

63 Siehe zur Strafverfolgung im Einzelnen Rn. 3.

61 **Tatobjekt**
Das Tatobjekt der fremden, beweglichen Sache entspricht dem beim Diebstahl, vgl. Rn. 8.

62 **Tathandlung: rechtswidrige Zueignung**
Im Gegensatz zum Diebstahl, bei dem die Zueignung lediglich angestrebt werden braucht, muss sie bei § 246 StGB nach dem Wortlaut zur Vollendung kommen; die Norm ist ein Erfolgsdelikt. Erforderlich ist aber nach h.M. nicht die tatsächliche dauernde Enteignung und auch nicht die Aneignung durch den Täter oder einen Dritten. Nach der sogenannten Manifestationstheorie muss die Zueignung nach außen erkennbar sein. Demnach liegt Zueignung vor, wenn der Zueignungswille durch eine nach außen erkennbare Handlung des Täters betätigt wird.[64]

Beispiele
Verbrauch, Verpfändung, pflichtwidrige Nichtrückgabe bei erheblicher Wertminderung, Verschweigen des Besitzes auf ausdrückliche Nachfrage, Verkauf.

Nicht ausreichend: bloße vertragswidrige Weiterbenutzung; bloßes Unterlassen der Rückgabe.

63 Zur Zueignung im Rahmen des Tankens an Selbstbedienungstankstellen vgl. Rn. 172.

Die Zueignung muss zudem rechtswidrig sein. Dies ist als normatives Tatbestandsmerkmal bereits im Tatbestand zu prüfen. Die Zueignung kann insbesondere gerechtfertigt sein durch (mutmaßliche) Einwilligung des Berechtigten. Zudem ist die Zueignung nicht rechtswidrig, wenn der Täter einen fälligen, einredefreien Anspruch auf die Sache hat. Dann hat er gemäß § 985 BGB einen Herausgabeanspruch. Nimmt er irrig einen solchen Anspruch an, handelt er im vorsatzausschließenden Tatbestandsirrtum nach § 16 StGB.[65]

64 Wiederholte Zueignung ist nach der von der h.M. vertretenden Tatbestandslösung nicht vom Tatbestand des § 246 StGB erfasst.[66]

Beispiel
Der Dieb verkauft Diebesgut an einen Hehler. Der Verkauf erfüllt nicht den Tatbestand des § 246 StGB. Hehlerei scheidet aus, da der Verkäufer selbst Vortäter ist. Der Verkauf ist straflos.

65 **Qualifikation § 246 Abs. 2 StGB: Veruntreuende Unterschlagung**
Die Tat wird mit schwerer Strafe geahndet, wenn das Tatobjekt dem Täter anvertraut wurde. Dies ist der Fall, wenn die Sache gerade in dem Vertrauen übergeben wurde, dass der Besitzer im Interesse des Eigentümers handelt.

Beispiele
Leihvertrag, Mietvertrag eines Pkw, bei Eigentumsvorbehalt gelieferte Sachen bis zur vollständigen Bezahlung.

66 **Subjektiver Tatbestand**
Ausreichend ist Eventualvorsatz. Er muss sich auch auf das Tatbestandsmerkmal der Rechtswidrigkeit der Zueignung erstrecken.

---

64 Vgl. BGHSt 1, 264; Fischer § 246, Rn. 6 m.w.N.
65 Vgl. zum Tatbestandsirrtum Band 1, Rn. 372 ff.
66 BGHSt-GrSen 14, 38.

Versuch und Beteiligung 67

Gemäß § 246 Abs. 3 StGB ist der Versuch strafbar. Es gelten die allgemeinen Regeln. Das Anvertrautsein ist ein besonderes persönliches Merkmal im Sinne von § 28 Abs. 2 StGB. Es ist daher anderen Teilnehmenden nicht zuzurechnen.[67]

Konkurrenzen 68

Gemäß § 246 Abs. 1 a.E. StGB besteht formelle Subsidiarität. Dies bedeutet, dass die Vorschrift zurücktritt, wenn die Tat nicht in anderen Vorschriften mit schwererer Strafe bedroht ist. Dies gilt auch für die veruntreuende Unterschlagung und den Versuch.

67 Vgl. dazu Erläuterungen Band 1, Rn. 363 ff.

1.6 Klausur- und Praxishinweise: Diebstahlsdelikte

69 **§ 242 StGB**

Neuralgische Punkte bei der Diebstahlsprüfung sind regelmäßig das Tatbestandsmerkmal „Wegnahme“ und der Zueignungsbegriff. In der Regel geht es dabei um extensive Ausdehnung des Tatbestandes, um vermeintliche Strafbarkeitslücken zu schließen. Es ist erforderlich, die beiden Bereiche sicher zu beherrschen.

Die Merkmale fremd, beweglich und Sache sind regelmäßig nur festzustellen.

Bei dem praxiswichtigen Fall des Diebstahls geringwertiger Sachen ist auf Einholung des Strafantrages zu achten.

Wird beim Täter Beute festgestellt, besteht die Möglichkeit der Beschlagnahme als Beweismittel gemäß §§ 94, 98 StPO und vor allem als Verfallsgegenstand im Rahmen der Rückgewinnungshilfe nach §§ 111b StPO i.V.m. § 73 StGB.

70 **§ 244 StGB**

Hier ist die Problematik, was unter einem gefährlichen Werkzeug im Sinne des Tatbestandes zu verstehen ist, immer noch nicht vollständig geklärt und daher klausurträchtig. In der Praxis ist im Zweifelsfall eine entsprechende Anzeige nach § 244 StGB zu fertigen.

In der Praxis ist insbesondere bei Wohnungseinbruchsdiebstählen zu beachten, dass das Eindringen in die Privatsphäre des Opfers oftmals als sehr belastend empfunden wird. Andererseits ist durch sorgfältige Aufnahme des Tatortes später potenziellen Betrugshandlungen durch das Opfer zum Nachteil der Versicherung vorzubeugen.

Besonders zu beachten ist die Änderung der Vorschrift im Jahr 2017. Der Einbruchsdiebstahl in eine dauerhaft genutzte Privatwohnung stellt nunmehr ein Verbrechen dar!

71 **§ 246 StGB**

Bei der Unterschlagung ist oft der Qualifikationstatbestand des § 246 StGB erfüllt, was regelmäßig nicht hinreichend bedacht wird.

Da es sich bei § 246 StGB um einen Auffangtatbestand handelt, ist die Vorschrift tatbestandlich oft erfüllt, tritt aber hinter anderen Delikten zurück. Daher sind stets zuvor andere Zueignungsdelikte zu prüfen. Sind diese erfüllt, bedarf es in der Klausur hinsichtlich des § 246 StGB nur eines feststellenden Satzes.

Des Weiteren ist zu beachten, dass die Strafantragserfordernisse der §§ 247, 248a StGB auch für die Unterschlagung gilt.

Lernkontrolle „Diebstahlsdelikte“

1	Erläutern Sie die Systematik der Diebstahlsdelikte.
2	Prüfen Sie gutachterlich das Tatbestandsmerkmal Wegnahme an einem selbst gewählten Beispiel.
3	Nennen Sie die Problematiken der Absicht rechtswidriger Zueignung beim Diebstahl.
4	Grenzen Sie Trickdiebstahl und Sachbetrug voneinander ab.
5	Stellen Sie Inhalt und Rechtsgrund der §§ 247, 248a StGB an Beispielen dar.
6	Skizzieren Sie die Tathandlungen beim (Wohnungs-)Einbruchsdiebstahl.
7	Was ist ein gefährliches Werkzeug i.S.v. § 244 StGB?
8	Erläutern Sie die Problematiken des Bandendiebstahls i.S.v. § 244 StGB.
9	Erklären Sie die Manifestationstheorie im Zusammenhang mit der Unterschlagung.
10	Bilden Sie ein Beispiel für die veruntreuende Unterschlagung.

2 Raub- und Erpressungsdelikte

72 • ***Aufsatz-Literatur:*** *Brand JuS 2009, 899 (Die Abgrenzung von Raub und räuberischer Erpressung am Beispiel des Forderungserpressung).*

• ***Leitentscheidungen:*** *Maier/Percic NStZ-RR 2010, 129 u.166 (Rechtsprechung des BGH zu den Raubdelikten).*

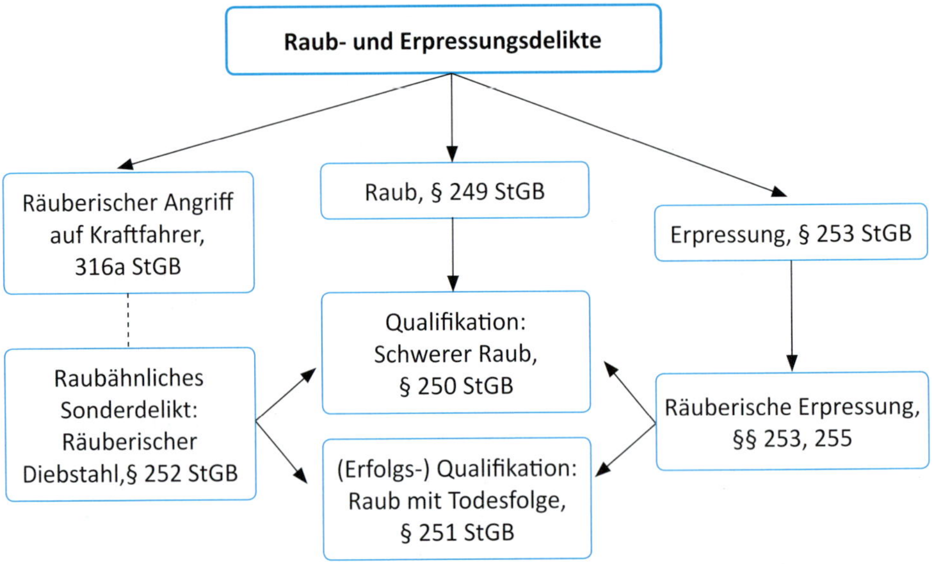

73 **Überblick**

Raubdelikte sind allesamt Verbrechen, da ihre Mindeststrafandrohung über 1 Jahr liegt, vgl. § 12 Abs. 1 StGB. § 249 StGB ist das Grunddelikt, § 250 StGB eine vorsatzbedürftige Qualifikation. § 251 StGB (Raub mit Todesfolge) dagegen ist ein erfolgsqualifiziertes Delikt. Das bedeutet, dass hinsichtlich des Todeserfolges kein Vorsatz erforderlich ist, es reicht insofern Fahrlässigkeit in Form der Leichtfertigkeit. § 252 StGB (räuberischer Diebstahl) ist ein selbstständiges, raubähnliches Sonderdelikt. Aus der Formulierung „wird gleich einem Räuber bestraft" in § 252 a.E. StGB folgt, dass sowohl die Strafandrohungen als auch die Qualifikationstatbestände der §§ 249, 250, 251 StGB für § 252 StGB gelten. § 253 StGB (Erpressung) ist ein Vergehen. Die Vorschrift stellt die Vermögensschädigung durch Einsatz von Nötigungsmitteln[68] unter Strafe. Werden dabei Raubmittel[69] eingesetzt, handelt es sich um eine räuberische Erpressung. Wie bei § 252 StGB gelten auch bei § 255 StGB die Qualifikationstatbestände §§ 250, 251 StGB.

74 **Polizeiliche Kriminalstatistik**

Rund 39 000 Raubdelikte (einschließlich räuberische Erpressung und räuberischen Angriffs auf Kraftfahrer) wurden 2017 registriert, die Aufklärungsquote betrug ähnlich wie in den Vorjahren 55,1 %.[70]

68 Gewalt oder Drohung mit einem empfindlichen Übel, vgl. Band 1, Rn. 565 ff.
69 Gewalt gegen eine Person oder Drohung mit gegenwärtiger Gefahr für Leib oder Leben, vgl. Rn. 79 ff.
70 BKA, PKS 2017 Jahrbuch, S. 5.

2.1 Raub, § 249 StGB

- ***Aufsatz-Literatur:*** *Magnus NStZ 2018, 67 (Der räumlich-zeitliche Zusammenhang des § 249 StGB); Brand JuS 2009, 899 (Die Abgrenzung von Raub und räuberischer Erpressung am Beispiel der Forderungserpressung); Walter NStZ 2008, 548 (Zurechnung statt Schuld? Sukzessive Beteiligung bei Mord, Raub und Raub mit Todesfolge-Besprechung von BGH NStZ 2008, 280); Swoboda JuS 2008, 862 (Gewaltbegriff).* 75
- ***Leitentscheidungen:*** *BGHSt 17, 88 (Moos-raus-Fall); BGHSt 18, 329 (Handtaschenraub); BGHSt 20, 32 (zur Aufrechterhaltung der zu anderen Zwecken verübten Gewalt); BGH NStZ 2013, 471 (Raub – Ausnutzen vorangegangener Nötigung).*
- ***Übungsfälle:*** *Wieneck JA 2018, 38 („Fußballfans sind doch keine Verbrecher – oder doch?"); JA 2016, 189 (Abgrenzung Raub und räuberischer Diebstahl, schwerer räuberischer Diebstahl); JuS 2015, 621 (Abgrenzung Raub, räuberischer Diebstahl); JURA 2009, 946 (§§ 249, 253, 255, 263 StGB); JuS 2009, 541 (§§ 249, 211, 258).*

76

Raub, § 249 StGB

I. Tatbestandsmäßigkeit
   1. Objektiver Tatbestand
      a) fremde, bewegliche Sache
      b) Wegnahme
      c) mit Raubmittel
         - Gewalt gegen eine Person *oder*
         - Drohung mit gegenwärtiger Gefahr für Leib oder Leben
      d) Finalität zwischen Wegnahme und Raubmittel
      ggf. Qualifikationen nach §§ 250, 251 StGB
   2. Subjektiver Tatbestand
      a) Vorsatz
      b) Absicht rechtswidriger Zueignung

II. Rechtswidrigkeit

III. Schuld

IV. Ergebnis

Fremd ist eine Sache, wenn sie nicht im Alleineigentum des Täters und nicht herrenlos ist.

Beweglich ist eine Sache, wenn sie fortbewegt werden kann.

Sache ist jeder körperliche Gegenstand, ungeachtet des Aggregatzustandes.

Wegnahme ist der Bruch fremden und die Begründung neuen Gewahrsams.

Gewahrsam ist die von einem Herrschaftswillen getragene tatsächliche Sachherrschaft (BGHSt 8, 275).

Gewalt ist der physisch vermittelte Zwang zur Überwindung eines geleisteten oder erwarteten Widerstandes.

Gegenwärtig ist die Gefahr, wenn sie nach menschlicher Erfahrung und natürlicher Weiterentwicklung der gegebenen Sachlage jederzeit in einen Schaden umschlagen kann (BGHSt 5, 373).

Zueignung ist die Begründung des Eigenbesitzes unter Ausschluss des Berechtigten, mit dem Willen, wie ein Eigentümer über die Sache zu verfügen (BGHSt 1, 264).

Überblick 77

§ 249 StGB schützt das Eigentum und die persönliche Freiheit. Die Vorschrift ist strukturell eine Kombination zwischen qualifizierter Nötigung und Diebstahl. Qualifiziert ist die Nötigung, da die Nötigungsmittel des § 240 StGB (Gewalt oder Drohung mit einem empfind-

lichen Übel) nicht ausreichen. Erforderlich sind vielmehr die *Raub*mittel „Gewalt gegen eine Person“ und „Drohung mit gegenwärtiger Gefahr für Leib oder Leben“.
Raub ist ein zweiaktiges Delikt: Die Raubmittel werden eingesetzt, *um* eine fremde bewegliche Sache wegzunehmen. Dabei können aber beide Akte zeitlich zusammenfallen.

Beispiel
A schlägt O nieder und reißt dabei kräftig O's Handtasche an sich.

Systematisch sieht die ständige Rechtsprechung Raub als einen Sonderfall der räuberischen Erpressung an. Raub liegt in Abgrenzung vor, wenn das vermögensschädigende Verhalten äußerlich ein „Wegnehmen“ ist, vgl. dazu Rn. 152.

78 **Wegnahme einer fremden, beweglichen Sache**
Es gilt das beim Diebstahl bereits Dargestellte, vgl. Rn. 8 ff.

79 **Raubmittel „Gewalt gegen eine Person“**
Der körperliche Zwang muss sich gegen den Körper einer Person richten. Sie kann sich auch gegen einen Dritten (etwa Begleiter oder Helfer des Gewahrsamsinhabers) wenden.[71] Gewalt gegen Sachen ist nur dann tatbestandlich erfasst, wenn sie sich mittelbar gegen den Körper einer Person richtet.

Beispiel
Der Täter sperrt das Opfer ein, um Gegenstände zu entwenden.[72]

Zudem ist die Absicht erforderlich, den gegen die Wegnahme geleisteten Widerstand zu brechen oder erwarteten Widerstand zu verhindern.

80 Die Gewaltanwendung muss zum Zwecke der Wegnahme erfolgen. Sie muss ihre also regelmäßig vorausgehen, mindestens jedoch zeitlich zusammenfallen. Gewaltanwendung nach der Wegnahme reicht nicht aus.

81 Wenn List und Schnelligkeit die Tat prägen, liegt keine Wegnahme mit Gewalt vor. Die bloße Überwindung einer dem üblichen Halten oder Tragen einer Sache dienenden Kraft, die vom Gewahrsamsinhaber nicht als „Widerstand“ gerade gegen Wegnahme ausgeübt wird, genügt daher in der Regel nicht.[73]

Beispiel
A fährt mit dem Fahrrad von hinten an Fußgängerin O heran. Auf gleicher Höhe angekommen, zieht er geschickt die Umhängetasche von O's Schulter und fährt schnell davon.

A hat keinen Raub, sondern lediglich einen Diebstahl begangen.

Nutzt der Täter eine geschaffene Zwangslage zur Wegnahme aus, lehnt die h.M. Raub mangels Verknüpfung zwischen Wegnahme und Gewalt ab.

Beispiel
(nach BGHSt 41, 123): A sticht O aus Wut nieder; aufgrund eines danach gefassten Entschlusses nimmt er O's Armbanduhr vom Handgelenk.

A nutzt lediglich die Fortwirkung der Gewalt aus, verübte sie aber nicht zum Zwecke der Wegnahme. Er hat sich nur wegen gefährlicher Körperverletzung und Diebstahls strafbar gemacht.

---

71 Vgl. schon RGSt 69, 327.
72 BGHSt 20, 194.
73 Fischer § 249, Rn. 4b.

Raubmittel „Drohung mit gegenwärtiger Gefahr für Leib oder Leben" 82

Ob der Täter die Drohung tatsächlich wahrmachen will oder kann, ist unerheblich. Es kommt darauf an, ob der Täter will, dass das Opfer die Verwirklichung für möglich hält, sie mithin den Anschein der Ernstlichkeit erweckt. Unerheblich ist daher, dass der Bedrohte erkennt, dass der Täter die Drohung nicht wahrmachen kann.

> **Beispiel**
> A droht B mit einer Spielzeugpistole. B erkennt die Täuschung und lässt sich aus Angst trotzdem sein Geld wegnehmen.

A hat sich gemäß §§ 249, 250 Abs. 1 Nr. 1b StGB strafbar gemacht.

Die Drohung kann sich auch gegen Dritte richten.

> **Beispiel**
> A droht dem O, er werde seine kleine Schwester verprügeln, wenn O nicht duldet, dass A ihm 3 € aus dem Portemonnaie entnimmt.

Finalität 83

Die Raubmittel müssen gerade zur Wegnahme eingesetzt werden, sogenannte Finalität. Dazu reicht es, dass der Täter die zunächst zu anderen Zwecken verübte Gewalt aufrecht erhält und nunmehr als Mittel der Wegnahme nutzt.

> **Beispiel**[74]
> A übt Gewalt aus, um B zu küssen. Dabei bemerkt er eine Armbanduhr an ihrem Handgelenk. Unter Aufrechterhaltung der Gewalt entwendet er die Uhr.

A hat sich wegen Raubes strafbar gemacht. Anders ist es, wenn die zuvor zu anderen Zwecken verübte Gewalt lediglich zur Wegnahme ausgenutzt wird.

> **Beispiel**
> A gerät mit C in Streit und gibt ihm mit voller Wucht 2 Ohrfeigen. Als C versucht sich mit der linken Hand zu schützen, springt seine Jacke auf und A erkennt in der Hemdtasche C's Portemonnaie. Unter Ausnutzung der gerade verübten Gewalt entnimmt A dem Portemonnaie des C das darin befindliche Geld.

Dieser Sachverhaltsschilderung kann nicht entnommen werden, dass A die ausgeübte Gewalt oder eine Drohung mit gegenwärtiger Gefahr für Leib oder Leben als Mittel eingesetzt hat, um die Wegnahme zu ermöglichen. Damit fehlt es an der erforderlichen finalen Verknüpfung zwischen einer Nötigungshandlung und der Wegnahme. A hat sich nur gemäß § 223 und § 242 StGB strafbar gemacht.[75]

Finalität der Handlung bestimmt sich aus der Sicht des Täters, ist somit ein subjektives Element. Aufgrund der besonderen Prägung, die das Merkmal dem objektiven Tatbestand gibt, ist eine Prüfung im objektiven Tatbestand vertretbar und üblich.

Subjektiver Tatbestand 84

Vorsatz muss sich sowohl auf die Diebstahlshandlung als auch auf den Einsatz des Raubmittels beziehen. Zur Absicht rechtwidriger Zueignung siehe Rn. 15 ff.

---

74 Nach BGHSt 20, 32.
75 Vgl. BGH NStZ 2009, 325.

85 **Versuch**

Da es sich beim Raub um ein Verbrechen handelt, ist der Versuch gemäß § 23 Abs. 1 StGB stets strafbar. Versuchsbeginn liegt beim unmittelbaren Ansetzen zum Raubmitteleinsatz, vollendet ist die Tat mit der Wegnahme. Setzt der Täter lediglich zur Wegnahme an, ohne gleichzeitig ein Raubmittel einzusetzen, liegt Versuch zum Raub nicht vor.

86 **Beteiligung**

Insbesondere ist Mittäterschaft möglich in der Form, dass ein Täter wegnimmt, der andere das Raubmittel einsetzt. Im Übrigen gelten die allgemeinen Grundsätze.

Bei der Teilnahme ist insbesondere die sogenannte Auf- und Abstiftung relevant. Bei der Abstiftung ist der Täter zu einem schwereren Delikte entschlossen, der Teilnehmer rät zu einem leichteren Delikt.

Beispiel
B will einen Raub begehen, Freund F rät ihm, lediglich einen Diebstahl zu begehen.

B war schon zu einem Diebstahl entschlossen, Anstiftung scheidet daher aus. In Betracht kommt allenfalls psychische Beihilfe durch A.

Bei der Aufstiftung ist der Täter zu einem geringeren Delikt entschlossen, der Anstifter weckt den Tatentschluss für ein schwerwiegenderes Delikt.

Beispiel
B will einen Diebstahl begehen, A rät ihm, eine Waffe einzusetzen.

Fraglich ist, ob A wegen Anstiftung zum Raub bestraft werden kann. Bedenken dagegen resultieren aus dem Gedanken, dass B ja zu einem Teil des Deliktes bereits tatentschlossen war. Nach h.M. liegt eine Anstiftung zum Tatganzen vor, wenn die Anstifterhandlung eine wesentliche Erhöhung des Unrechtsgehaltes bewirkt.[76] Da der Unrechtsgehalt des Raubes (Verbrechen) wesentlich höher ist als der des Diebstahls (Vergehen), ist A nach der h.M. wegen Anstiftung zum Raub zu bestrafen.

87 **Konkurrenzen**

§§ 242, 243, 240 StGB werden von § 249 StGB verdrängt; es liegt Gesetzeseinheit vor. Wegen des besonderen Schutzzweckes im Hinblick auf die Privatsphäre wird § 244 StGB nur insoweit verdrängt, als dass es sich nicht um einen Wohnungseinbruchsdiebstahl handelt. § 255 StGB wird ebenfalls von § 249 StGB verdrängt. Tateinheit liegt vor mit §§ 223, 224 StGB.

76 Vgl. BGHSt 19, 339 für die Aufstiftung von Raub zu schweren Raub.

2.2 Schwerer Raub, § 250 StGB

- ***Aufsatz-Literatur:*** *Jahn JuS 2018, 85 (Scheinwaffenproblematik beim Raub); Eisele JuS 2017, 369 (Beisichführen eines gefährlichen Werkzeuges); Kudlich NStZ 2017, 582 (Zum objektiv ungefährlichen Drohmittel als Raubmittel); Baumanns JuS 2005, 405 (Hinweis auf eine bei sich geführte Waffe als „Verwenden" i.S. des § 250 II Nr. 1 StGB?); Erb JuS 2004, 653 (Schwerer Raub nach § 250 II Nr. 1 StGB durch Drohen mit einer geladenen Schreckschusspistole); Fischer NStZ 2003, 569 (Waffen, gefährliche und sonstige Werkzeuge nach dem Beschluss des Großen Senats).* 88
- ***Leitentscheidungen:*** *BGHSt 52, 257 (Gefährliches Werkzeug); BGHSt-GrSen 48, 197 (Schreckschusspistole ist eine Waffe); BGHSt GrS 46, 321 (Bande umfasst mindestens 3 Personen); BGH NStZ 2013, 37 (Verwenden eines gefährlichen Werkzeuges).*
- ***Übungsfälle:*** *Moldenbauer JA 2017, 915 („Besuch bei Mama"); JURA 2010, 73 (§§ 249, 250, 251, 227, 223, 224 StGB)*

89

Schwerer Raub, § 250 StGB

I. Tatbestandsmäßigkeit
   1. Objektiver Tatbestand
      a) objektiver Tabestand des § 249 StGB
      b) Abs. 1 **Nr. 1a**: Beisichführen von Waffe *oder* anderem gefährlichen Werkzeug
         oder
         Nr. 1b: sonstiges Werkzeug oder Mittel
         oder
         Nr. 1c: eine andere Person in die Gefahr einer schweren Gesundheitsschädigung bringen
         Nr. 2: Mitglied einer Diebes-/Räuberbande
      oder
         Abs. 2 Nr. 1: Verwenden von Waffe oder anderes gefährliches Werkzeug
         Nr. 2: Bandenraub + Waffe mitführen
         Nr. 3: andere Person
         – körperlich schwer misshandeln
         – in Gefahr des Todes bringen
   2. Subjektiver Tatbestand
      a) Vorsatz
      b) Absicht rechtswidriger Zueignung
      c) ggf. Verwendungsabsicht (bei sonstigem Werkzeug oder Mittel)

II. Rechtswidrigkeit

III. Schuld

IV. Ergebnis

Waffe ist jeder Gegenstand, der zum Angriff oder zur Verteidigung bestimmt ist.

Andere gefährliche Werkzeuge i.S.v. § 250 StGB sind Gegenstände, die aus Sicht eines objektiven Beobachters bei der konkreten Tatausführung keine andere als eine waffenvertretende Funktion haben können (vgl. Fi § 250, Rn. 8a).

Sonstiges Werkzeug oder Mittel sind beliebige Gegenstände ohne dass es auf die objektive Gefährlichkeit ankommt (Fi § 244, Rn. 25).

Bei sich führen bedeutet, dass der Täter den Gegenstand bei Begehung der Tat derart bei sich haben muss, dass er ihn jederzeit, ohne nennenswerten Zeitaufwand zum Einsatz bringen könnte (vgl. Sch/Sch § 244, Rn. 6).

Bande ist eine Gruppe von mindestens 3 Personen, die sich ausdrücklich oder stillschweigend zur Verübung fortgesetzter Diebes- oder Raubtaten verbunden hat (vgl. Fi § 244, Rn. 34).

Verwenden ist der zweckgerichtet Einsatz des Gegenstandes als Nötigungsmittel zur Herbeiführung der Wegnahme.

90 **Überblick**

§ 250 StGB qualifiziert den einfachen Raub bei besonders gefährlichen bzw. das Opfer belastenden Tathandlungen. Es gelten die bei § 244 gemachten Ausführungen.

Wegen der Verweisung in § 252 StGB („... wird gleich einem Räuber bestraft ...") gilt die Qualifikationstatbestand § 250 StGB auch bei § 252 StGB.

91 **§ 250 Abs. 1 Nr. 1 a StGB: Waffen und gefährliche Werkzeuge bei sich führen**

Es gilt das bei § 244 StGB Dargestellte, vgl. Rn. 38 ff.

92 **§ 250 Abs 1 Nr. 1 b StGB: Sonst ein Werkzeug oder Mittel bei sich führen**

Gemeint sind körperliche Gegenstände, denen keine Gefährlichkeit anhaftet, insbesondere Scheinwaffen. Diese Gegenstände müssen in Gebrauchsabsicht mitgeführt werden. Als subjektives Tatbestandsmerkmal erfolgt die Prüfung im subjektiven Tatbestand, nach dem allgemeinen Vorsatz und der Absicht rechtswidriger Zueignung.

Beispiele

Seil, Tuch, Klebeband, ungeladene Schusswaffe, Waffenattrappe, K.-O.-Tropfen.[77]

Aufgrund der hohen Straferwartung ist § 250 StGB restriktiv auszulegen. Daher fallen solche Gegenstände aus dem Anwendungsbereich der Vorschrift, die nur Täuschungswirkung entfalten, indem das Opfer Erklärungen oder konkludente (schlüssige) Vorspiegelungen des Täters über die Eigenschaft des Gegenstandes ernst nimmt.[78] Diesen Gegenständen fehlt die objektive Scheinwirkung, sodass sie nicht taugliche Tatwerkzeuge im Sinne von § 250 StGB sein können.[79]

Beispiele

Ein kurzes Plastikrohr, ein Lippenpflegestift, ein dünnes Metallrohr, das jeweils mit verbaler Drohung (verdeckt) an den Körper des Opfers gehalten wird.

93 Waffe, Werkzeug oder Mittel muss der Täter in den Tatvarianten § 250 Abs. 1 Nr. 1a und 1b StGB bei sich führen. Vorausgesetzt wird, dass der Gegenstand einsatzbereit ist bzw. in Kürze gemacht werden kann.[80]

Beispiele

Ungeladene Schusswaffe im Hosenbund, dabei geladenes Magazin in der Hosentasche.
Nicht: Messer im Rucksack.[81]

Der Gegenstand muss während des Raubes, also mindestens zeitweise im Zeitraum vom unmittelbaren Ansetzen zur Wegnahme bis zur Beendigung, mitgeführt werden. Stiehlt der Täter eine einsatzbereite Waffe, so ist das Merkmal erfüllt. Das Merkmal ist inhaltlich zu verstehen wie in das „Mit-sich-Führen" in § 30a Abs. 2 Nr. 2 BtMG.

94 **§ 250 Abs. 1 Nr. 1c StGB: Gefahr einer schweren Gesundheitsschädigung**

Es reicht die konkrete Gefahr, dass das Opfer in eine ernste langwierige Krankheit verfällt oder dass seine Arbeitskraft erheblich beeinträchtigt wird. Auch für diese Variante ist (Gefährdungs-)Vorsatz erforderlich, es handelt sich nicht um eine Erfolgsqualifikation.

95 **§ 250 Abs. 1 Nr. 2 StGB: Bandenraub**

Nach der Grundsatzentscheidung des Bundesgerichtshofes sind zur Erfüllung des Merkmals Bande mindestens 3 Personen erforderlich.[82] Sie müssen sich zur fortgesetzten Bege-

77 BGH NStZ 2009, 505.
78 Vgl. Sch/Sch-Eser § 244, Rn. 13.
79 Kritisch dazu Fischer § 250, Rn. 10a.
80 BGHSt 31, 105.
81 BayObLG NJW 1999, 2535.
82 BGH-GrSen 46, 321.

hung – noch nicht zwingend konkretisierter – Diebstahls- oder Raubtaten verbunden haben. Es ist ein übereinstimmender „Wille zur Bindung für die Zukunft und für eine gewisse Dauer“ erforderlich.[83] Es reicht auch eine lose Verbindung mit wechselnden Mitgliedern. Nach der o.g. Grundsatzentscheidung reicht aus, wenn nur 2 Bandenmitglieder die Tat ausführen, § 250 StGB ist schon dann – für die beiden – erfüllt.

§ 250 Abs. 2 Nr. 1 StGB: Waffen und gefährliche Werkzeuge verwenden 96

Die Mindeststrafe ist nochmals erhöht, wenn der Täter eine Waffe oder ein gefährliches Werkzeug verwendet. Verwenden heißt zweckgerichteter Gebrauch. Es muss zur raubspezifischen Nötigung, also zur Gewaltanwendung oder zur Drohung mit Gewalt gebraucht werden. Eine Schussabgabe ist für die Verwendung nicht erforderlich.

Beispiel

A ist maskiert und steht dem Opfer allein gegenüber. Er hält mit einer Hand einen Baseballschläger aus Metall schräg vor seiner Brust.

Das Verwenden zur Drohung setzt voraus, das das Opfer das Nötigungsmittel als solches erkennt und die Androhung seines Einsatzes wahrnimmt. Danach hat A, indem er dem Opfer in der dargestellten Weise mit dem Baseballschläger entgegengetreten ist, den Tatbestand des § 250 Abs. 2 Nr. 2 StGB objektiv verwirklicht. Durch das Halten des Baseballschlägers schräg vor den Oberkörper droht er konkludent damit, bei Widerstand und Nichtbefolgen seiner (künftigen) Forderung mit diesem zuzuschlagen.

§ 250 Abs. 2 Nr. 2 StGB: Bandenraub mit Waffen 97

Eine weitere Qualifikation mit erhöhter Mindeststrafe kombiniert die Varianten des Bandenraubes mit dem Raub unter Führen von Waffen aufgrund der besonderen Gefährlichkeit. Es gilt das oben Beschriebene.

§ 250 Abs. 2 Nr. 3 StGB: Schwere körperliche Misshandlung, Lebensgefahr 98

Der Qualifikationstatbestand ist erfüllt, wenn die körperliche Integrität des Opfers mit erheblichen Folgen für die Gesundheit oder in einer Weise beeinträchtigt ist, die mit erheblichen Schmerzen verbunden ist.[84]

Bei Raub mit Lebensgefährdung muss diese konkret sein. Es handelt sich um eine vorsatzbedürftige Qualifikation, nicht um eine Erfolgsqualifikation nach § 18 StGB.

Subjektiver Tatbestand 99

Eventualvorsatz ist ausreichend. Dieser muss auch beim gesundheitsgefährdenden Raub gemäß § 250 Abs. 1 Nr. 1c StGB als Gefährdungsvorsatz gegeben sein.

Versuch und Beteiligung 100

Da es sich bei dem Delikt um ein Verbrechen handelt, ist der Versuch stets strafbar. Es gelten die allgemeinen Regeln.

Rät der Teilnehmer dem zum Raub entschlossenen Täter zur Mitnahme einer Waffe, macht sich dieser strafbar wegen Anstiftung zum Deliktsganzen, also wegen Anstiftung zum schweren Raub. Vgl. im Übrigen zur Auf- und Abstiftung schon Rn. 86.

Konkurrenzen 101

Innertatbestandlich schließen sich die Varianten des § 250 Abs. 1 Nr. 1a und Nr. 1b StGB einander aus. § 250 Abs. 1 StGB tritt hinter § 250 Abs. 2 StGB zurück. Gegenüber § 250 Abs. 2 Nr. 3a StGB tritt § 223 StGB zurück.

83 BGHSt NStZ 2004, 398.
84 BGH NStZ- RR 2007, 175.

2.3 Raub mit Todesfolge, § 251 StGB

102 • ***Aufsatz-Literatur:*** *Jäger JA 2018, 152 (Tötung als typische Fluchtgefahr bei Raub- und Erpressungsversuch?); Walter NStZ 2008, 548 (Zurechnung statt Schuld? Sukzessive Beteiligung bei Mord, Raub und Raub mit Todesfolge – Besprechung von BGH NStZ 2008, 280); Herzberg JZ 2007, 615 (Zum Merkmal „durch den Raub" in § 251 StGB und zum Rücktritt vom tödlichen Raubversuch).*

• ***Leitentscheidungen:*** *BGHSt-GrSen 39, 100 (Mord und Raub mit Todesfolge stehen in Tateinheit zueinander); BGH NStZ 2010, 33 (Zurechnung der Todesfolge bei Mittäterschaft).*

• ***Übungsfälle:*** *Schöder ZJS 2018, 162 (Tödliche Missgunst unter Tierfreunden); Börner JA 2017, 832 („Zorn braucht Zaster").*

103

Raub mit Todesfolge, § 251 StGB

I. Tatbestandsmäßigkeit

1. Tatbestand des Grunddeliktes (alternativ §§ 249, 252, 255 StGB)

2. Verwirklichung der Erfolgsqualifikation, § 18

a) Erfolgseintritt: Tod

b) Tatbestandsspezifischer Gefahrzusammenhang zwischen Grunddelikt und schwerer Folge

c) wenigstens Leichtfertigkeit hinsichtlich Tod

II. Rechtswidrigkeit

III. Schuld

insbesondere:
Subjektive Sorgfaltspflichtverletzung in besonders hohem Maße bei subjektiver Vorhersehbarkeit hinsichtlich der schweren Folge

IV. Ergebnis

Leichtfertig handelt der Täter, wenn er die ihm obliegenden Sorgfaltspflichten in einem besonders hohen Maß missachtet oder sich in gleichgültiger Weise über die Möglichkeit der Todesfolge hinwegsetzt.

104 **Überblick**

§ 251 StGB ist ein erfolgsqualifiziertes Delikt. Das Verbrechen ist erfüllt, wenn zum vorsätzlich begangenen Grunddelikt ein wenigstens leichtfertig herbeigeführter Tod eines anderen tritt. Daraus folgt, dass § 251 StGB auch erfüllt ist, wenn der Tod vorsätzlich herbeigeführt wurde. Dann wird § 212 StGB durch § 251 StGB qualifiziert.

Das Grunddelikt ist bei § 251 StGB nach dem Wortlaut der (schwere) Raub. Wegen der Verweisungen in §§ 252, 255 StGB („.. wird gleich einem Räuber bestraft ...") qualifiziert die Vorschrift aber auch den räuberischen Diebstahl und die räuberische Erpressung.

105 **Tod eines anderen durch das Grunddelikt**

Der Tod eines anderen, entweder des Opfers des Grunddeliktes oder eines Unbeteiligten, muss durch das Grunddelikt eingetreten sein. Dies geschieht in aller Regel durch die Nötigungshandlungen des Grunddeliktes vom Versuchsbeginn bis zur Vollendung des Grunddeliktes.

Tatbestandlicher Gefahrzusammenhang 106

Bloße Kausalität zwischen Grunddelikt und Todesfolge reicht nach h.M. nicht aus. Vielmehr bedarf es eines besonderen Gefahrzusammenhanges. Der Tod muss sich als Folge des tatbestandsspezifischen Risikos darstellen.

> **Beispiel**
> O wird von Täter O verfolgt. O läuft vor ein Auto und verunglückt tödlich.

Nach BGHSt 22, 362 liegt kein tatbestandlicher Gefahrzusammenhang vor.

Leichtfertigkeit 107

Der Tod muss wenigstens leichtfertig herbeigeführt worden sein, er kann also auch vorsätzlich herbeigeführt werden. Ist Letzteres der Fall, qualifiziert § 251 StGB den § 212 StGB. Zu prüfen ist dann aber, ob ggf. ein Raubmord i.S.v. § 211 StGB vorliegt.

Leichtfertigkeit ist eine besonders schwere Form der Fahrlässigkeit. Aufgrund des hohen Strafrahmens des § 251 StGB sind besondere Anforderungen an die Leichtfertigkeit zu stellen, die sich von denen der einfachen Fahrlässigkeit deutlich unterscheiden.[85] Die Begehung des Grunddeliktes reicht für sich alleine noch nicht aus, um Leichtfertigkeit zu bejahen.

Versuch 108

Versuch des Deliktes ist in 2 Arten denkbar:

- **Erfolgsqualifizierter Versuch**[86]
  Todesherbeiführung bei der Tathandlung, aber keine Wegnahme.

  > **Beispiel**
  > Versehentlich löst sich beim Bedrohen ein Schuss, bei dem das Opfer tödlich verletzt wird. Der Täter flieht ohne Beute.

  Rücktritt vom erfolgsqualifizierten Versuch ist nach h.M. möglich. Der Täter ist dann nach §§ 249, 250, 22, 23 und § 222 StGB strafbar.

- **Versuch der Erfolgsqualifikation**
  Die vom Vorsatz erfasste Todesherbeiführung tritt nicht ein.

  > **Beispiel**
  > Auf das Opfer wird während der Tathandlung mit bedingtem Todesvorsatz geschossen, überlebt aber.

Beteiligung 109

Mehrere Beteiligte sind nach § 251 StGB strafbar, auch wenn nur einer die direkte Todesursache gesetzt hat, wenn es sich nicht um einen Exzess handelt und den anderen Beteiligten auch Leichtfertigkeit vorgeworfen werden kann.[87]

Konkurrenzen 110

§ 222 StGB wird wegen Gesetzeskonkurrenz verdrängt, ebenso § 250 StGB.

Tateinheit ist möglich mit §§ 212, 211 StGB bei vorsätzlicher Herbeiführung der Todesfolge.[88]

---

85 So auch Fischer § 251, Rn. 7.
86 Siehe ausführlich dazu in Band 1, Rn. 280 ff.
87 Vgl. zur Mittäterschaft BGH NStZ 2010, 33.
88 BGHSt-GrSen 39, 100.

2.4 Räuberischer Diebstahl, § 252 StGB

111 • ***Aufsatz-Literatur:*** *Dehne-Niemann NStZ 2015, 251-255 (Räuberischer Diebstahl eines nicht beutebesitzenden Vortatmittäters?); Dehne-Niemann JuS 2008, 589 (Tatbestandslosigkeit der Drittbesitzerhaltungsabsicht und Beteiligungsdogmatik); Dehne-Niemann JURA 2008, 742 (Wissenswertes zum räuberischen Diebstahl [§ 252 StGB]); Küper JURA 2001, 21 (Vollendung und Versuch beim räuberischen Diebstahl).*

• ***Leitentscheidungen:*** *BGHSt 6, 248 (Gehilfe der Vortat ist tauglicher Täter des § 252 StGB, wenn er sich im Besitz der Beute befindet); BGHSt 21, 379 (Raub taugliche Vortat).*

• ***Übungsfälle:*** *Brand/Freitag JuS 2017, 235 (Bankraub mit Hindernissen); Rienhoff JA 2016, 745 (Pulp Fiction – Die Diner Szene); JA 2016, 189 (Abgrenzung Raub und räuberischer Diebstahl, schwerer räuberischer Diebstahl); Theile/Gatter JURA 2014, 104 (Der skrupellose Heimwerker: eine Bohrmaschine zum Nulltarif).*

112

Räuberischer Diebstahl, § 252 StGB

I. Tatbestandsmäßigkeit
   1. Objektiver Tatbestand
      a) Vortat: vollendeter Diebstahl oder Raub
      b) auf frischer Tat betroffen
      c) Anwendung von Raubmittel
         - Gewalt gegen eine Person *oder*
         - Drohung mit gegenwärtiger Gefahr für Leib oder Leben
   2. Subjektiver Tatbestand
      a) Vorsatz
      b) Beuteerhaltungsabsicht

ggf. Qualifikation nach § 250, 251 StGB

II. Rechtswidrigkeit

III. Schuld

IV. Ergebnis

Auf frischer Tat betroffen ist der Täter, wenn er noch am Tatort oder in dessen unmittelbarer Nähe nach der Tatausführung wahrgenommen oder bemerkt wird.

Beuteerhaltungsabsicht liegt vor, wenn der Täter mit dem Willen handelt, eine Gewahrsamsentziehung zu verhindern.

Gewalt ist der physisch vermittelte Zwang zur Überwindung eines geleisteten oder erwarteten Widerstandes.

Drohen ist das Inaussichtstellen der Gewalt.

113 **Überblick**

Die Vorschrift schützt das Vermögen sowie die persönliche Freiheit und umschreibt einen selbstständigen, raubähnlichen Tatbestand. Im Gegensatz zum Raub, wobei Raubmittel zum Zwecke der Wegnahme eingesetzt werden, erfolgt bei § 252 StGB der Raubmitteleinsatz zur Beuteerhaltung nach erfolgter Wegnahme.

Wegen der Verweisung in § 252 StGB („... wird gleich einem Räuber bestraft ...") gelten die Qualifikationstatbestände §§ 250, 251 StGB auch bei § 252 StGB.

Beispiel
T stiehlt im Kaufhaus eine CD. Als er am Ausgang des Geschäftes vom Kaufhausdetektiv angehalten wird, schlägt T ihn mittels eines Schlagringes nieder.

T hat sich eines schweren räuberischen Diebstahls schuldig gemacht gemäß §§ 252, 250 Abs. 2 Nr. 1 StGB in Tateinheit mit einem Verstoß gegen das WaffG.

Vortat

114 Nach h.M. kann entgegen dem Wortlaut Vortat neben Diebstahl auch ein Raub sein, da er alle Merkmale des Diebstahls enthält. Keine tauglichen Vortaten sind Betrug und (räuberische) Erpressung, da es an der Zueignungskomponente mangelt.[89]

115 Die Vortat muss mindestens vollendet sein, ein Versuch reicht nach dem Wortlaut nicht aus. Entscheidend ist also der Zeitpunkt der Wegnahme bei Raub oder Diebstahl.

Auf frischer Tat betroffen

116 Der Täter muss am Tatort oder in dessen unmittelbarer Nähe bemerkt worden sein. Die Vortat muss vollendet, darf aber noch nicht beendet sein. Wird das Raubmittel vor der Vollendung eingesetzt (mithin vor der Wegnahme), liegt Raub vor. Wird es nach der Beendigung eingesetzt, liegt neben der Vortat lediglich Körperverletzung bzw. Nötigung vor.

Fraglich ist, ob das Merkmal schon erfüllt ist, wenn der Täter zwar noch nicht tatsächlich betroffen wurde, jedoch durch die Gewaltanwendung dem Bemerktwerden zuvorkommt.

> **Beispiel**
> T ist nachts in eine Villa eingestiegen und hat wertvollen Schmuck eingesteckt. Als er das Gebäude verlassen will, kommt der Hausherr nach Hause. Noch bevor dieser T entdeckt, schlägt T ihn nieder und flieht.

Nach einer einschränkenden Meinung ist das Merkmal nur erfüllt, wenn der Täter tatsächlich wahrgenommen bzw. bemerkt wird. Eine andere Auslegung sei mit dem Wortlaut nicht vereinbar.[90] Nach h.M. reicht bereits aus, dass der Täter dem Bemerktwerden durch Gewaltanwendung zuvorkommt. Denn das Betreffen auf frischer Tat setzt lediglich ein raum-zeitliches Zusammenkommen, aber nicht zwingend auch ein tatsächliches Wahrnehmen voraus.[91] Nur eine so weit gefasste Auslegung verhindert Strafbarkeitslücken. T hat sich strafbar gemacht nach §§ 242, 244 Abs. 1 Nr. 3, 252 StGB.

Gleiches muss konsequenterweise gelten, wenn der Täter zwar wahrgenommen, aber nicht als Dieb erkannt wird. Auch dann ist ein „betroffen sein" zu bejahen.

> **Beispiel**
> Nach einem Diebstahl flüchten A und B mit einem PKW. Sie werden 1 Minute nach Beginn der Flucht von einer Polizeistreife angehalten, die von der Tat der beiden nichts weiß. Um nicht festgenommen zu werden, schießen A und B auf den Streifenwagen.
> A und B haben sich nach §§ 242, 252, 250 Abs. 2 Nr. 1, 25 Abs. 2 StGB strafbar gemacht.

Anwendung von Raubmitteln

117 Tathandlung ist die Anwendung von Gewalt gegen eine Person bzw. die Drohung mit gegenwärtiger Gefahr für Leib oder Leben. Dies entspricht den Raubmitteln bei § 249 StGB, vgl. Rn. 79.

Subjektiver Tatbestand

118 Neben den Vorsatz hinsichtlich des Diebstahls/Raubes, das Betreffen auf frischer Tat und dem Raubmitteleinsatz muss die Beuteerhaltungsabsicht treten. Der Täter muss den zielgerichteten Willen haben, die Gewaltanwendung oder Drohung einzusetzen, um sich den Besitz des gestohlenen/geraubten Gutes zu erhalten. Allein die Absicht, unerkannt zu entkommen, reicht nicht aus.

---

89 BGHSt 41, 203.
90 Vgl. Geppert JURA 1990, 556.
91 BGHSt 26, 96; 28, 230.

119 **Versuch**

Da bereits eine vollendete Wegnahme vorliegen muss, ist Versuch insbesondere denkbar, wenn der Einsatz des Nötigungsmittels im Versuch steckenbleibt.[92]

Beispiel
T stiehlt im Kaufhaus eine CD. Als er am Ausgang des Geschäftes vom Kaufhausdetektiv angehalten wird, will T ihn niederschlagen. Als er gerade zum Schlag ausholt, wird er von einem Passanten überwältigt.

120 **Beteiligung**

Täter des § 252 StGB ist zunächst derjenige, der (Mit-)Täter der Vortat war.[93] Wenn bei Mittäterschaft nur einer der Täter im Besitz der Beute ist und Gewalt anwendet, müssen sich die anderen sein Handeln gemäß § 25 Abs. 2 StGB zurechnen lassen, soweit kein Mittäterexzess besteht.
Hilft ein an der Vortat Unbeteiligter bei der Anwendung von Gewalt, so liegt Beihilfe zum räuberischen Diebstahl vor.

Beispiel
Dieb D flieht nach einem Ladendiebstahl mit der Beute, wird jedoch vom Kassierer verfolgt und eingeholt. Der sich wehrende D ruft einem zufällig vorbeikommenden Bekannten B zu, er solle ihm helfen, den Kassierer „loszuwerden". B erkennt sofort die Situation und stößt den Kassierer nieder.

D hat sich wegen Beihilfe zum räuberischen Diebstahl strafbar gemacht.

Umstritten ist, inwiefern der Gehilfe der Vortat tauglicher Täter des § 252 StGB sein kann.

Beispiel
A begeht einen Ladendiebstahl, B steht „Schmiere". Als A hinter der Kasse vom Kaufhausdetektiv angesprochen wird, übergibt er schnell die Ware an B. B flieht und stößt dabei einen Passanten nieder, damit er mit der Beute fliehen kann.

Nach älterer Rechtsprechung des Bundesgerichtshofes soll der Gehilfe der Vortat tauglicher Täter sein, wenn er bei der Gewaltanwendung im Besitz der Beute ist und mit Beuteerhaltungsabsicht handelt.[94] Nach h.M. soll nur ausschließlich der (Mit-)Täter der Vortat tauglicher Täter des § 252 StGB sein.[95] Denn Täter von § 252 StGB kann nur sein, wer selbst die Elemente Diebstahl und Einsatz des Raubmittels verwirklicht bzw. wem diese gemäß § 25 Abs. 2 StGB als Mittäter zugerechnet werden können. Da beim Gehilfen der Vortat diese nicht gemäß § 25 Abs. 2 StGB zugerechnet werden können, ist er nicht tauglicher Täter des § 252 StGB.

Nach § 252 StGB kann sich daher aber der Mittäter strafbar machen, der zwar am Diebstahl beteiligt, aber bei seinem Einsatz des Raubmittels nicht selbst im Besitz der Beute war. Der nicht beutebesitzende Mittäter handelt dann in Selbstbesitzerhaltungsabsicht, wenn er sich den Besitz des anderen Mittäters zurechnen lassen kann.[96]

Beispiel:
A und B begehen mittäterschaftlich den Diebstahl eines Laptops, A trägt das Beutegut aus der Wohnung. Als sie vom Eigentümer an der Flucht gehindert werden, schlägt B den Eigentümer nieder.

92 BGHSt 14, 115.
93 Vgl. Sch/Sch-Eser § 252, Rn. 10 m.w.N.
94 BGHSt 6, 248.
95 Fischer § 252, Rn. 11; W-Hillenkamp BT 2, Rn. 373a; Joecks § 252, Rn. 8; Lackner § 252, Rn. 6; BGH StV 91, 349.
96 BGH Beschluss v. 16. 9.2014 – 3 StR 373/14

Hier hat B auch in Besitzerhaltungsabsicht gehandelt, obwohl A den Laptop trug. Er muss sich den Besitz des A gemäß den allgemeinen Mittäterschaftsregeln nach § 25 Abs. 2 StGB zurechnen lassen.

Konkurrenzen 121

§§ 242, 244, 240 StGB werden im Wege der Gesetzeskonkurrenz von § 252 StGB verdrängt. Wenn der Diebstahl vollendet, danach der Raubmitteleinsatz zum Erhalt der Beute dagegen nur versucht wurde, liegt Tateinheit mit dem versuchten räuberischen Diebstahl vor.

Wird Gewalt eingesetzt zur Wegnahme wie auch zur Beuteerhaltung nach der Wegnahme, geht § 249 StGB vor.

2.5 Räuberischer Angriff auf Kraftfahrer, § 316a StGB

122 • ***Aufsatz-Literatur:*** *Baur NZV 2018, 103 (Überlegungen zu einer schutzgutbezogenen Interpretation des räuberischen Angriffs auf Kraftfahrer); Dehne-Niemann NStZ 2008, 319 (Zur Neustrucksturierung des § 316a StGB: Der räuberische Angriff auf „Noch-nicht-Kraftfahrer" – Besprechung von BGH, Beschluss vom 25.9.2007); Krüger NZV 2008, 234 (Zum „Ausnutzen der besonderen Verhältnisse des Straßenverkehrs" im Sinne von § 316a StGB); Steinberg NZV 2007, 545 (§ 316a StGB – Perspektiven einer begrüßenswerten auslegungsmethodischen Trendwende); Wolters GA 2002, 303 („Neues" vom räuberischen Angriff auf Kraftfahrer?); Ingelfinger JR 2000, 225 (Zur tatbestandlichen Reichweite des räuberischen Angriffs auf Kraftfahrer und zur Möglichkeit des strafbefreienden Rücktritts vom Versuch).*

• ***Leitentscheidungen:*** *BGHSt 49, 8 (zur einschränkenden Auslegung „Ausnutzung der besonderen Verhältnisse des Straßenverkehrs"); BGH NStZ 2015, 653 (zum Angriff auf die Entschlussfreiheit des Führers eines Kraftfahrzeugs durch eine vorgetäuschte Polizeikontrolle).*

• ***Übungsfälle:*** *JA 2008, 605 (§§ 316a, 227, Versuchsproblematiken); JuS 2008, 236 (§§ 316a, 177, 231 StGB); JuS 2005, 1010 (§ 316a StGB und AT-Problematiken).*

123

Räuberischer Angriff auf Kraftfahrer, § 316a StGB

I. Tatbestandsmäßigkeit

1. Objektiver Tatbestand

a) Angriff verüben auf

- Leib, Leben *oder*
- Entschlussfreiheit für Leib oder Leben

eines Kfz-Führers oder Mitfahrers

b) unter Ausnutzung der besonderen Verhältnisse des Straßenverkehrs

2. Subjektiver Tatbestand

a) Vorsatz

b) Absicht zur Begehung einer Tat nach §§ 249, 250, 252, oder §§ 253, 255 StGB

ggf. (Erfolgs-)Qualifikation § 316a Abs. 3: wenigstens leichtfertige Todesherbeiführung

II. Rechtswidrigkeit

III. Schuld

IV. Ergebnis

Verüben eines Angriffs ist jede feindselige Einwirkung auf Leib, Leben oder Entschlussfreiheit des Opfers. Eine Verletzung des Opfers ist nicht erforderlich (BGH NStZ 2003, 35.

Führen eines Kraftfahrzeuges setzt voraus, dass das Fahrzeug in Bewegung gesetzt wird oder dass es unter Handhabung seiner technischen Vorrichtungen während der Fahrbewegung gelenkt wird.

Ausnutzung der besonderen Verhältnisse des Straßenverkehrs liegt vor, wenn die sich aus dem fließenden Straßenverkehr ergebende, ihm eigentümliche Gefahrenlage für den Kraftfahrzeugverkehrsteilnehmer ausgenutzt wird (vgl. Fi § 316a, Rn. 9).

Leichtfertig handelt der Täter, wenn er die ihm obliegenden Sorgfaltspflichten in einem besonders hohen Maß missachtet oder sich in gleichgültiger Weise über die Möglichkeit der Todesfolge hinwegsetzt.

124 **Überblick**

§ 316a StGB ist eingeordnet im 28. Abschnitt des Strafgesetzbuches unter den gemeingefährlichen Straftaten, denn die Vorschrift schützt nach h.M. neben dem Eigentum und der körperlichen Unversehrtheit die Sicherheit des Straßenverkehrs, kann aber jedenfalls vorrangig als individualschützender qualifizierter Raubtatbestand angesehen werden. [97]

97 So auch Sch/Sch-Cramer/Sternberg-Lieben, § 316a, Rn. 1; SK-Wolters/Horn § 316a, Rn. 2.

Angriff auf Leib, Leben oder Entschlussfreiheit eines Kfz-Führers oder Mitfahrers 125

Angriff ist jede feindselige Handlung, die auf die Verletzung der genannten Rechtsgüter gerichtet ist. Auf einen Erfolg kommt es dabei nicht. Er kann auch durch den Fahrer erfolgen, wenn er sich gegen einen Mitfahrer richtet. Der Angriff auf die Entschlussfreiheit muss nicht mit Raubmitteln durchgeführt werden, es reicht insofern auch der Einsatz von Nötigungsmitteln im Sinne von § 240 StGB. Der Angriff muss „verübt" werden. Dies bedeutet, dass das bloße Ansetzen nicht ausreicht, sondern die Ausführung ist erforderlich.

Auf die Entschlussfreiheit eines Kraftfahrzeugführers wird bereits dann durch einen Angriff eingewirkt, wenn der Täter eines geplanten Raubes eine Polizeikontrolle vortäuscht und sich der Geschädigte dadurch zum Anhalten gezwungen sieht. Fälle dieser Art unterscheiden sich substanziell vom bloßen Vortäuschen allgemein motivierender Umstände – wie beispielsweise die Angabe eines falschen Fahrziels gegenüber einem Taxifahrer, um einen Raub zu begehen. Denn derm Kraftfahrzeugführer ist bei der Einwirkung durch das Haltezeichen eines Polizeibeamten kein Ermessen eingeräumt; er ist vielmehr bei Androhung von Geldbuße verpflichtet, Haltezeichen Folge zu leisten.[98]

Ausnutzung der besonderen Verhältnisse des Straßenverkehrs 126

Nach Ansicht des Bundesgerichtshofes hat eine enge, am Schutzzweck der Norm orientierte Auslegung zu erfolgen.[99] Erforderlich ist die Ausnutzung der besonderen Gefahrenlage, die sich durch die Teilnahme am fließenden Straßenverkehr ergibt. Es reicht also nicht, dass der Angriff erst nach einem Verkehrsvorgang erfolgt.

Beispiel
A dirigiert Taxifahrer B in eine einsame Sackgasse. Als das Fahrzeug steht und der B kassieren möchte, schlägt A im Fahrzeug auf ihn ein und nimmt das Portemonnaie mit.

A hat sich lediglich eines Raubes in Tateinheit mit einer Körperverletzung gemäß §§ 249, 223 StGB strafbar gemacht, da nicht die besonderen Verhältnisse des Straßenverkehrs i.S.v. § 316a StGB ausgenutzt wurden. Genauso ist der Fall zu beurteilen, wenn das Opfer an eine einsame Stelle dirigiert wird und das Fahrzeug bereits verlassen hat, ehe es niedergeschlagen wird.

Anders sind Fälle des verkehrsbedingen Haltens zu beurteilen. Tathandlungen bei dieser Verkehrssituation sind regelmäßig als Ausnutzungshandlungen gemäß § 316a StGB zu werten.

Beispiel
Als Taxifahrer B an einer roten Ampel hält, schlägt A auf ihn ein. Sodann entwendet er das Portemonnaie und flieht.

A hat sich strafbar gemacht gemäß § 316a StGB in Tateinheit mit § 223 StGB.

Subjektiver Tatbestand 127

Zunächst ist bedingter Vorsatz hinsichtlich des Führens eines Fahrzeuges, des Angriffs und des Ausnutzens der besonderen Verhältnisse des Straßenverkehrs nötig.

98 BGH NStZ 2015, 653 (654).
99 BGHSt 49, 8.

Darüberhinaus muss der Täter in der Absicht handeln, einen Raub, einen räuberischen Diebstahl oder eine räuberische Erpressung zu begehen. Dieser Entschluss kann auch erst während der Fahrt gefasst worden sein und braucht nicht klar umrissen zu sein.

Vollendet ist die Tat mit Verübung des Angriffs.

128 **Erfolgsqualifikation § 316a Abs. 3 StGB**

Eine nicht vorsatzbedürftige Qualifikation enthält § 316a Abs. 3 StGB. Das qualifizierte Verbrechen ist erfüllt, wenn zum vorsätzlich begangenen Grunddelikt ein wenigstens leichtfertig herbeigeführter Tod eines anderen tritt.

Der Tod muss wenigstens leichtfertig herbeigeführt worden sein, er kann also auch vorsätzlich herbeigeführt werden. Leichtfertigkeit ist eine besonders schwere Form der Fahrlässigkeit. Aufgrund des hohen Strafrahmens des § 316a Abs. 3 StGB (Lebenslange Freiheitsstrafe oder Freiheitsstrafe nicht unter 10 Jahren) sind besondere Anforderungen an die Leichtfertigkeit zu stellen, die sich von denen der einfachen Fahrlässigkeit deutlich unterscheiden. Die Begehung des Grunddeliktes reicht für sich alleine noch nicht aus, um Leichtfertigkeit zu bejahen.

129 **Versuch**

Da die Tathandlung im Verüben eines Angriffs ohne Rücksicht auf den Erfolg liegt, ist der Raum für eine Versuchshandlung relativ gering.

Beispiele
Herausziehen einer Waffe, das Ansetzen zur Aussprechen einer Drohung.

130 **Beteiligung**

Für die Teilnahme gelten die allgemeinen Regeln.

131 **Konkurrenzen**

Tateinheit liegt vor mit §§ 249 ff., 255, 316, 315c, 223 StGB.

2.6 Erpressung, § 253 StGB

- ***Aufsatz-Literatur:*** *Ebel JURA 2008, 256 (Das Näheverhältnis beim Dreiecksbetrug und bei der Dreieckserpressung); Ebel JURA 2007, 897 (Der Verzicht auf das Exklusivitätsdogma bei der Dreieckserpressung und beim Deiecksbetrug); Rönnau JuS 2005, 481 („Der Lösegeldbote" – Täter oder Opfergehilfe bei der Erpressung?); Arzt JZ 2001, 1052 (Zur Strafbarkeit des Erpressungsopfers); Eggert NStZ 2001, 225 (Chantage – Ein Fall der Beschränkung des Notwehrrechts?); Wallau JR 2000, 312 (Der „Mensch" in §§ 240, 241, 253 und die Verletzung der Rechte juristischer Personen).* 132
- ***Leitentscheidungen:*** *BGHSt 4, 105 („Dirnen-Fall": Vorsatz hinsichtlich der Rechtswidrigkeit der Bereicherung); BGH NStZ 2013, 710 (Keine Erpressung einer Prostituierten bei abgenötigtem Geschlechtsverkehr).*
- ***Übungsfälle:*** *JuS 2015, 908 (§§ 253, 242 , 240 StGB); JuS 2009, 830 (§§ 253, 263, 224 StGB); Jus 2003, 263 (§§ 242, 253, 240 StGB).*

Erpressung, § 253 StGB

I. Tatbestandsmäßigkeit
1. Objektiver Tatbestand
a) Nötigungshandlung
Gewalt
oder
Drohung mit einem empfindlichen Übel
b) Nötigungserfolg
Handeln, Dulden oder Unterlassung
c) Vermögensschaden
2. Subjektiver Tatbestand
a) Vorsatz
b) Absicht, sich oder einen Dritten zu Unrecht zu bereichern

II. Rechtswidrigkeit
1. ggf. Rechtfertigungsgründe
2. Verwerflichkeitsprüfung § 253 Abs. 2 StGB
- verwerflicher Zweck
- verwerfliches Mittel
- Zweck/Mittel-Relation

III. Schuld

IV. Ergebnis

133

Gewalt ist der physisch vermittelte Zwang zur Überwindung eines geleisteten oder erwarteten Widerstandes.

Drohung ist das Inaussichtstellen eines künftigen Übels, auf dessen Erfolg der Drohende Einfluss hat oder zu haben vorgibt.

Empfindliches Übel ist jede, über bloße Unannehmlichkeiten hinausgehende Einbuße an Werten bzw. die Zufügung von Nachteilen.

Vermögensschaden liegt vor, wenn der wirtschaftliche Gesamtwert gemindert wird.

Rechtswidrigkeit der Bereicherung ist gegeben, wenn der Täter kein Anspruch auf den Vermögensvorteil hat.

Verwerflich ist, was sozial unerträglich und wegen seines grob anstößigen Charakters sozialethisch in besonders hohem Maße zu missbilligen ist.

134 **Überblick**

Erpressung ist Nötigung mit Herbeiführung eines Vermögensschadens in Absicht rechtswidriger Bereicherung. Die Struktur von § 253 StGB entspricht daher der von § 240 StGB zuzüglich dem Vermögensschaden und der Absicht rechtswidriger Bereicherung wie beim Betrug. In der Lehre wird zur Abgrenzung zu §§ 242 StGB vorwiegend angenommen, das abgenötigte Verhalten müsse sich als Vermögensverfügung darstellen. Nach Ansicht des Bundesgerichtshofes ist dies jedoch nicht erforderlich.

Geschütztes Rechtsgut ist in erster Linie das Vermögen, daneben ist auch die Freiheit der Willensentschließung und Willensbetätigung geschützt.

Wie § 240 StGB ist auch § 253 StGB ein „offener" Tatbestand: Die Rechtswidrigkeit ist wegen der Weite des Tatbestandes nicht durch dessen Erfüllung indiziert. Sie muss vielmehr immer gesondert festgestellt werden, § 253 Abs. 2 StGB.

135 **Erpressungsmittel Gewalt**

Der Gewaltbegriff ist seit jeher in Streit. Nach der neueren Rechtsprechung ist Gewalt zu bejahen, wenn eine Kraftanstrengung beim Täter zu einer körperlich empfundenen Zwangswirkung beim Opfer führt um dessen wirklichen oder erwarteten Widerstand zu brechen.[100] Die Kraftentfaltung des Täters muss dabei keine bestimmte Intensität besitzen. Geringfügige körperliche Energie, wie das Anbringen einer Metallkette an 2 Torpfosten oder die Betätigung des Gaspedals eines Kraftfahrzeuges, kann für die Annahme von Gewalt ausreichen.

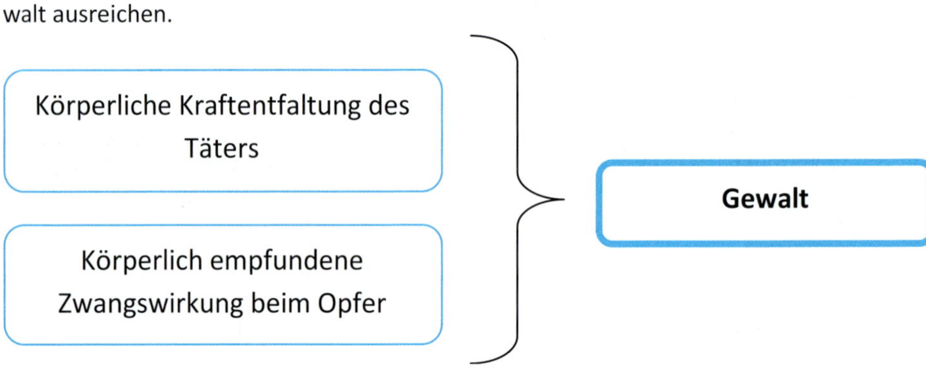

136 Gewalt kann in der Erscheinungsform des vis absloluta oder vis compulsiva auftreten:

- vis absoluta = Ausschaltung der Willensbildung oder Unmöglichmachung der Willensbetätigung

  Beispiele
  Betäubung, Fesselung.

- vis compulsiva = willensbeugende Gewalt

  Beispiel
  Bedrohung mit einer Schusswaffe.

100 Vgl. BVerfG NJW 95, 1141 (Sitzblockadeentscheidung).

Drohung mit empfindlichem Übel 137

Drohung ist das Inaussichtstellen eines Übels, auf dessen Verwirklichung der Täter Einfluss zu haben vorgibt.

Die Drohung kann auch mit einem Unterlassen erfolgen, denn auch dies kann ein empfindliches Übel darstellen.

Unerheblich ist, ob das Unterlassen rechtlich erlaubt oder geboten ist. Entscheidend ist allein, dass die Drohung sozialwidrig als Druckmittel zum Zweck der Willensbeugung eingesetzt wird.[101]

Empfindlich ist das Übel, wenn der drohende Verlust oder der zu befürchtende Nachteil geeignet ist, einen besonnenen Menschen zu dem mit der Drohung erstrebten Verhalten zu bestimmen.[102] Unbesonnene Reaktionen durch besonders Ängstliche sind nicht erfasst.[103] Die Drohung kann sich auch gegen Dritte richten. 138

Erster Nötigungserfolg = Handeln, Dulden oder Unterlassen 139

Entgegen dem Wortlaut muss nach einer weit verbreiteten Literaturmeinung der Nötigungserfolg in einer Vermögensverfügung liegen.[104] Begründet wird dies mit der Nähe zum Betrug und der notwendigen Abgrenzung zur Wegnahme beim Raub, vgl. dazu im Einzelnen Rn. 151.

Zweiter Nötigungserfolg = Vermögensschaden 140

Der Begriff des Vermögensschadens entspricht dem beim Betrug.

Subjektiver Tatbestand 141

Eventualvorsatz ist ausreichend. Zudem muss der Täter handeln, um sich oder einen Dritten zu Unrecht zu bereichern. Die Rechtswidrigkeit der Bereicherung ist subjektives Tatbestandsmerkmal mit der Folge, dass bei einem Irrtum hierüber ein Tatbestandsirrtum nach § 16 StGB vorliegt.

> **Beispiel**
> A meint irrig, einen Zahlungsanspruch gegen B zu haben, der aber nicht bezahlt. Um an sein Geld zu kommen, droht A, B's Seitensprung öffentlich zu machen. Daraufhin zahlt B.

A kommt ein Tatbestandsirrtum gemäß § 16 StGB zugute, er macht sich nicht gemäß § 253 StGB strafbar.[105] Sein Verhalten ist strafbar gemäß § 240 StGB.[106]

Verwerflichkeit 142

Der Tatbestand ist weit gefasst. Eine Einschränkung erfährt er durch das Erfordernis der ausdrücklichen Rechtswidrigkeitsfeststellung. Die Tat ist rechtswidrig, wenn die Beziehung zwischen angestrebtem Zweck und Einsatz des Mittels als verwerflich anzusehen ist.

101 Vgl. BGHSt 31, 195.
102 Sch/Sch-Eser § 240, Rn. 20.
103 Joecks, StGB § 240, Rn. 26.
104 Vgl. Sch/Sch-Eser § 253, Rn. 8 m.w.N.
105 Siehe zum Tatbestandsirrtum Band 1, Rn. 372 ff.
106 Vgl. zur Nötigung Band 1, Rn. 562 ff.

Die Verwerflichkeit nur des Zwecks oder nur des Mittels ist Indiz für die Gesamtverwerflichkeit. Dabei meint Verwerflichkeit einen erhöhten Grad sittlicher Missbilligung.[107]

Verwerflicher Zweck ist nur der unmittelbare Nötigungserfolg, weitere Fernziele des Täters bleiben unberücksichtigt.[108] Der Zweck heiligt also nicht die Mittel.[109]

143 **Versuch**

Versuchte Erpressung ist gemäß § 253 Abs. 2 StGB strafbar. Versuch ist insbesondere gegeben, wenn es trotz nötigenden Verhaltens nicht zum Vermögensschaden kommt.

Beispiel
Der 15-jährige A droht seinem Klassenkameraden B, dessen Eltern einen tatsächlich begangenen Diebstahl des B mitzuteilen, wenn er ihm am nächsten Tag nicht 5 € übergibt. B zahlt nicht, sondern offenbart sich seinen Eltern.

144 **Beteiligung**

Täterschaft und Teilnahme ist nach den allgemeinen Regeln möglich. Anstiftung ist möglich, auch wenn der Anstifter keine eigene Bereicherung will.

Beispiel
A ist knapp bei Kasse. Sein Freund F schlägt ihm vor, den B zu erpressen. A findet die Idee klasse. Er droht seinem Klassenkameraden B, dessen Eltern einen tatsächlich begangenen Diebstahl des B mitzuteilen, wenn er ihm am nächsten Tag nicht 5 € übergibt. B zahlt daraufhin.

A ist strafbar nach § 253 StGB, F hat sich einer Anstiftung nach §§ 253, 26 StGB schuldig gemacht.

145 **Konkurrenzen**

Wiederholungen von Drohungen stellen insgesamt nur eine Tat dar.[110] Gesetzeskonkurrenz liegt vor mit §§ 240 StGB und 241 StGB, sodass nur § 253 StGB anwendbar ist. § 241 StGB tritt auch hinter versuchter Erpressung zurück.

107 BGHSt 17, 331.
108 BGHSt 5, 246, 35; Fischer § 240, Rn. 42, 44.
109 Joecks § 240, Rn. 33
110 Vgl. BGHSt 41, 368.

2.7 Räuberische Erpressung, §§ 253, 255 StGB

- ***Aufsatz-Literatur:*** *Brand NJW 2018, 246 („Geldüberlassung am Geldautomaten als räuberische Erpressung); Eisele JuS 2017, 1030 (Versuchte räuberische Erpressung mit Todesfolge); Brand JuS 2009, 899 (Die Abgrenzung von Raub und räuberischer Erpressung am Beispiel der Forderungserpressung); Arzt JZ 2001, 1052 (Zur Strafbarkeit des Erpressungsopfers).* 146
- ***Leitentscheidungen:*** *BGH NStZ 2015, 461 (Konkludente Drohung bei räuberischer Erpressung); BGHSt 7, 252 („Portemonnaie-Fall": Bei der Abgrenzung von Raub und räuberische Erpressung kommt es auf die innere Willensrichtung des Opfers nicht an).*
- ***Übungsfälle:*** *JA 2015, 263 (Abgrenzung Raub und räuberische Erpressung); JURA 2009, 946 (§§ 249, 253,255, 263 StGB); JuS 2008, 430 (Lebensmittelerpressung- §§ 253, 255, 223, 314 StGB); JURA 2007, 224 (§§ 185, 303, 253, 255, 240 StGB); JuS 2005, 440 (§§ 253, 255, 259, 315b StGB).*

147

Räuberische Erpressung, §§ 253, 255 StGB

I. Tatbestandsmäßigkeit
   1. Objektiver Tatbestand
      a) Nötigungshandlung (=Raubmitteleinsatz)
         Gewalt gegen eine Person
         oder
         Drohung mit gegenwärtiger Gefahr für Leib oder Leben
      b) Nötigungserfolg
         Handeln, Dulden oder Unterlassung
      c) Vermögensschaden
   2. Subjektiver Tatbestand
      a) Vorsatz
      b) Absicht, sich oder einen Dritten zu Unrecht zu bereichern
II. Rechtswidrigkeit
III. Schuld
IV. Ergebnis

Gewalt ist der physisch vermittelte Zwang zur Überwindung eines geleisteten oder erwarteten Widerstandes.

Drohung ist das Inaussichtstellen eines künftigen Übels, auf dessen Erfolg der Drohende Einfluss hat oder zu haben vorgibt.

Gegenwärtig ist die Gefahr, wenn sie nach menschlicher Erfahrung und natürlicher Weiterentwicklung der gegebenen Sachlage jederzeit in einen Schaden umschlagen kann (BGHSt 5, 373).

Vermögensschaden liegt vor, wenn der wirtschaftliche Gesamtwert gemindert wird.

Rechtswidrigkeit der Bereicherung ist gegeben, wenn der Täter kein Anspruch auf den Vermögensvorteil hat.

Überblick 148

Erpressung ist Nötigung mit Herbeiführung eines Vermögensschadens in Absicht rechtswidriger Bereicherung. Räuberische Erpressung ist als Qualifikationstatbestand zu § 253 StGB eine Erpressung mit dem Einsatz von Raubmitteln: Gewalt gegen eine Person oder Drohung mit gegenwärtiger Gefahr für Leib oder Leben. Geschütztes Rechtsgut ist in erster Linie das Vermögen, daneben ist auch die Freiheit der Willensentschließung und Willensbetätigung geschützt. Aus der Formulierung „wird gleich einem Räuber bestraft" in

§ 255 a.E. StGB folgt, dass sowohl die Strafandrohungen, als auch die Qualifikationstatbestände der §§ 249, 250, 251 StGB auf für §§ 253, 255 StGB gelten.

Entgegen § 253 StGB ist § 255 StGB kein „offener" Tatbestand, die Rechtswidrigkeit muss also nicht explizit festgestellt werden. Denn der Einsatz von Gewalt gegen eine Person und Drohung mit gegenwärtiger Gefahr ist immer verwerflich.

149 **Raubmittel „Gewalt gegen eine Person"**
Der körperliche Zwang muss sich gegen den Körper einer Person richten, siehe Rn. 79 ff.

150 **Raubmittel „Drohung mit gegenwärtiger Gefahr für Leib oder Leben"**
Gegenwärtig ist die Gefahr, wenn sie nach menschlicher Erfahrung und natürlicher Weiterentwicklung der gegebenen Sachlage jederzeit in einen Schaden umschlagen kann.

Beispiel
Bedrohen eines Kassierers mit einer Schusswaffe.

Gegenwärtig sind auch Dauergefahren, der Schaden braucht nicht mit Sicherheit unmittelbar bevorzustehen. Es genügt, dass eine Dauergefahr über einen längeren Zeitraum in dem Sinne gegenwärtig ist, dass sie jederzeit – alsbald oder später – in einen Schaden umschlagen kann.[111]

Beispiel
Drohung mit Vergiftung von Lebensmitteln.

Ob der Täter die Drohung tatsächlich wahr machen will oder kann, ist unerheblich. Es kommt darauf an, ob der Täter will, dass das Opfer die Verwirklichung für möglich hält. Die Drohung kann sich auch gegen Dritte richten.

Beispiel
A droht dem O, er werde seine kleine Schwester verprügeln, wenn O ihm nicht sofort 5 Euro aushändigt.

151 Die Drohung muss nicht ausdrücklich erfolgen; sie kann auch durch schlüssiges Verhalten vorgenommen werden. Erforderlich ist insoweit, dass der Täter die Gefahr für Leib oder Leben deutlich in Aussicht stellt, sie also durch ein bestimmtes Verhalten hinreichend erkennbar macht. Es genügt dagegen nicht, wenn das Opfer nur erwartet, der Täter werde es an Leib oder Leben schädigen. Das bloße Ausnutzen der Angst eines Opfers vor einer Gewaltanwendung enthält für sich genommen noch keine Drohung.

Beispiel:
A beobachtet, wie O erfolglos eine goldene Kette verkaufen will. Er tritt anschließend an ihn heran und fordert O in aggressivem, keinen Widerspruch duldendem, Ton auf, ihm in eine kleine Seitenstraße zu folgen. O kam der Aufforderung des A – nach seiner Kenntnis hatte er den Ruf, gewaltbereit zu sein und andere Jugendliche „abzuziehen" – nach. Dort verlangte A in demselben aggressiven Ton, ihm die Geldkette zu geben. O übergab schließlich die Kette.[112]

Hier hat A durch sein Auftreten konkludent gedroht. Er hat sich nach §§ 253, 255 StGB strafbar gemacht.

111 Vgl. Fischer § 255, Rn. 2.
112 Nach BGH NStZ 2015, 461.

Erster Nötigungserfolg = Handeln, Dulden oder Unterlassen; Abgrenzungsproblematik zum Raub 152

Entgegen dem Wortlaut muss nach einer weit verbreiteten Literaturmeinung der Nötigungserfolg in einer Vermögensverfügung liegen.[113] Begründet wird dies mit der Nähe zum Betrug und der notwendigen Abgrenzung zur Wegnahme beim Raub. Nach ständiger Rechtsprechung des Bundesgerichtshofes ist eine Vermögensverfügung nicht erforderlich, bei Raub liege zugleich eine (räuberische) Erpressung vor.[114]

Beispiel
A schlägt B nieder, und entwendet sein Portemonnaie.

Nach Ansicht des Bundesgerichtshofes liegt neben dem Raub auch räuberische Erpressung vor. Die Abgrenzung der Delikte habe nach dem objektiven Erscheinungsbild zu erfolgen: Beim Nehmen liege das speziellere Delikt des Raubes vor, bei einem Geben liege (räuberische) Erpressung vor. Da A sich das Portemonnaie genommen hat, ist A wegen Raubes zu bestrafen. Die ebenfalls verwirklichte räuberischer Erpressung wird vom Raub verdrängt. Nach der Literaturmeinung ist dagegen die innere Willensrichtung entscheidend, demnach erfordert §§ 253, 255 StGB eine Vermögensverfügung. Diese Vermögensverfügung kann aber nicht schon wie beim Betrug gegeben sein, wenn sie „frei von Zwang" erfolgt. Denn aufgrund des Raubmitteleinsatzes kann von Freiwilligkeit in diesem Sinne keine Rede sein. In Abgrenzung zur Wegnahme wird für eine Vermögensverfügung im Sinne von §§ 253, 255 StGB für entscheidend gehalten, ob das Opfer eine echte Auswahl zwischen Alternativen zu haben glaubt, ob es sich vorstellt, Einfluss auf den Gewahrsamsverlust zu haben. Dann entfällt die Wegnahme auf Grund eines wirksamen Einverständnisses. Hält das Opfer den Gewahrsamsverlust wegen der Übermacht des Täters für unausweichlich, ist ein Einverständnis unwirksam und eine Wegnahme gegeben.[115] Auf dieser Grundlage fehlt eine Vermögensverfügung im Beispielsfall: es liegt nach der Literaturmeinung (ausschließlich) Raub vor. Die unterschiedlichen Ansichten kommen hier nicht zu abweichenden Ergebnissen.

Zu abweichenden Ergebnissen kommen die Ansichten im folgenden Beispiel:

Beispiel
A bedroht Kassierer K mit einer Schusswaffe und fordert die Herausgabe der Tageseinnahmen. K, der nach seiner Ansicht den Gewahrsamsverlust am Geld aufgrund der ungesicherten Kasse nicht verhindern kann, gibt das Geld heraus.

Nach der Rechtsprechung liegt aufgrund des objektiven Erscheinungsbildes räuberische Erpressung vor. Nach der Literatur ist mangels Vermögensverfügung Raub anzunehmen.

Der Meinungsstreit wird insbesondere relevant, wenn beim Raubmitteleinsatz die Zueignungsabsicht fehlt:

Beispiel
A schlägt am Taxistand den neben seinem Fahrzeug stehenden Taxifahrer B nieder, um mit seinem Taxi nach Hause fahren zu können. In der Nähe seines Wohnortes stellt er das Taxi an einem dortigen Taxistand ab.

113 Vgl. Sch/Sch-Eser § 253, Rn. 8 m.w.N
114 BGHSt 7, 252; 14, 386; 25, 225; 41, 123.
115 Joecks § 255, Rn. 4.

Nach Ansicht des Bundesgerichtshofes liegt Raub mangels Zueignungsabsicht nicht vor, jedoch das allgemeine Delikt der räuberischen Erpressung. Nach der Literatur liegt Raub mangels Zueignungsabsicht und räuberische Erpressung mangels Vermögensverfügung nicht vor. Demnach wäre A gemäß §§ 223, 248b StGB zu bestrafen.

Für das Erfordernis einer Vermögensverfügung spricht zunächst der Gedanke, dass der Erpressung im System der Vermögensdelikte als selbstständiger Deliktstypus eine bestimmte, gegenüber den anderen Tatbeständen gleicher Schutzrichtung abgegrenzte Aufgabe zugewiesen werden muss. Weiterhin wird angeführt, der Verzicht auf das Element der Selbstschädigung bewirke, dass die Erpressung im Ergebnis als Grundtatbestand aller mit Nötigungsmitteln begangenen Angriffe auf fremdes Vermögen im weitesten Sinne erscheint. Wenn man in § 255 StGB die allgemeinere Vorschrift sieht, sei § 249 StGB praktisch überflüssig. Für die strafrechtliche Tatbeurteilung ist aber letztlich der Wortlaut des Gesetzes die wichtigste und ausschlaggebende Orientierungsmarke. Diese verbietet nicht nur wortlautüberschreitende Bestrafung, sondern auch wortlautunterschreitende Nichtbestrafung. Zugleich wird ein lückenloser Schutz des Vermögens gegen jede Form der Gewaltanwendung erreicht und damit die Gleichbehandlung von Taten gewährleistet, die im Hinblick auf die jeweils aufgewendete kriminelle Energie gleichwertig sind. Aufgrund des Wortlautes der Norm und der Vermeidung von Wertungswidersprüchen sprechen daher die besseren Argumente für die Ansicht der Rechtsprechung.

Zweiter Nötigungserfolg = Vermögensschaden

Der Begriff des Vermögensschadens entspricht dem beim Betrug, vgl. Rn. 175 ff.

153 **Subjektiver Tatbestand**

Eventualvorsatz ist ausreichend. Zudem muss der Täter handeln, um sich oder einen Dritten zu Unrecht zu bereichern. Die Rechtswidrigkeit der Bereicherung ist subjektives Tatbestandsmerkmal mit der Folge, dass bei einem Irrtum hierüber ein Tatbestandsirrtum nach § 16 StGB vorliegt.

Beispiel

A meint irrig, einen Zahlungsanspruch gegen B zu haben, der aber nicht bezahlt. Um an sein Geld zu kommen, droht A, B's Seitensprungs öffentlich zu machen. Daraufhin zahlt B.

A kommt ein Tatbestandsirrtum gemäß § 16 StGB zugute, er macht sich nicht gemäß § 253 StGB strafbar.[116] Sein Verhalten ist strafbar gemäß § 240 StGB.[117]

154 **Versuch**

Versuchte räuberische Erpressung ist gemäß § 23 Abs. 1 StGB strafbar. Versuch ist insbesondere gegeben, wenn es trotz nötigenden Verhaltens nicht zum Vermögensschaden kommt.

Beispiel

Der 15-jährige A droht seinem Klassenkameraden B Prügel an für den Fall der Weigerung, ihm 5 € zu übergeben. B zahlt nicht, sondern offenbart sich seinen Eltern.

Lediglich Versuch soll auch dann vorliegen, wenn das Opfer nur auf Anraten der eingeschalteten Polizei zahlt; war die Furcht vor Verwirklichung der Drohung mitbestimmend, ist Vollendung anzunehmen.[118]

116 Siehe zum Tatbestandsirrtum Band 1, Rn. 372 ff.
117 Vgl. zur Nötigung Band 1, Rn. 560 ff.
118 BGH NJW 1997, 265.

Beteiligung 155

Täterschaft und Teilnahme sind nach den allgemeinen Regeln möglich. Anstiftung ist möglich, auch wenn der Anstifter keine eigene Bereicherung will.

> **Beispiel**
> A ist knapp bei Kasse. Sein Freund F schlägt ihm vor, den B zu erpressen. A findet die Idee klasse. Er droht seinem Klassenkameraden B Prügel an für den Fall der Weigerung, ihm 5 € zu übergeben. B zahlt daraufhin.

A ist strafbar nach §§ 253, 255 StGB, F hat sich einer Anstiftung nach §§ 253, 255, 26 StGB schuldig gemacht.

Konkurrenzen 156

Wiederholungen von Drohungen stellen insgesamt nur eine Tat dar.[119] Gesetzeskonkurrenz liegt vor mit §§ 240 StGB und 241 StGB, sodass nur §§ 253, 255 StGB anwendbar sind. § 241 StGB tritt auch hinter versuchter Erpressung zurück.

119 Vgl. BGHSt 41, 368.

2.8 Klausur- und Praxishinweise: Raub- und Erpressungsdelikte

157 **§ 249 StGB**

Weil § 249 StGB ein zweiaktiges Delikt ist, bietet sich für Klausurersteller an, mittäterschaftliche Begehung zu konstruieren.

Mit der Prüfung von § 249 StGB sollte vor der Erörterung von §§ 242, 240 StGB begonnen werden, die im Falle der Bejahung des § 249 StGB nur noch kurz erwähnt werden müssen.

Prüfungsrelevant ist weiterhin die Abgrenzung zu §§ 253, 255 StGB. Stellt sich diese Frage, sollte mit der Prüfung des Raubes begonnen werden. Wird dieser nämlich bejaht, bedarf es keiner weiteren Erörterung der räuberischen Erpressung mehr. Denn nach der Rechtsprechung ist Raub lex specialis, nach der Literaturmeinung liegt dann keine Vermögensverfügung vor.

158 **§ 250 StGB**

Die Problematik des gefährlichen Werkzeuges stellt sich hier ebenso wie bei § 244 StGB. Da der juristische Diskurs trotz höchstrichterlicher Urteile nicht abgeschlossen ist, ist das Problem klausurträchtig.

159 **§ 251 StGB**

Das Merkmal der Leichtfertigkeit darf nicht ungeprüft bejaht werden. Als höchste Form der Fahrlässigkeit steht es dem Eventualvorsatz bereits sehr nahe und bedarf sorgfältiger Abwägung. Die Formulierung „wenigstens leichtfertig" in § 251 StGB bedeutet, dass die Norm auch erfüllt ist bei vorsätzlicher Todesherbeiführung. In diesem Fall wird auch Mord gegeben sein, beide Delikte stehen in Tateinheit nebeneinander. Regelmäßig sollte in diesem Fall mit der Prüfung des Raubes begonnen werden, um im Mordtatbestand bei den Merkmalen Habgier oder Verdeckungs-/Ermöglichungsabsicht auf den Raub verweisen zu können. In den Fällen, bei dem der Tötungsvorsatz verneint wird, sollte dagegen mit der Prüfung der möglichen Tötungsdelikte als schwerere Delikte begonnen werden.[120]

Dass das Opfer zum Zeitpunkt der Wegnahmehandlung bereits tot ist, berührt die Strafbarkeit nach § 251 StGB nicht. Zwar können Tote keinen Gewahrsam haben. Es entspricht jedoch der ständigen Rechtsprechung des Bundesgerichtshofes, dass der Raub mit Todesfolge – ungeachtet des Todeseintritts – mit der von Zueignungsabsicht getragenen Gewahrsamerlangung durch den Täter an der Raubbeute vollendet ist.[121]

160 **§ 252 StGB**

Zu beachten ist insbesondere, dass die Qualifikationstatbestände der §§ 250, 251 StGB auch für § 252 StGB gelten.

161 **§§ 253, 255 StGB**

Die Qualifikationstatbestände §§ 253, 255 StGB gelten auch hier. Erfahrungsgemäß bereitet der Aufbau der (räuberischen) Erpressung regelmäßig Schwierigkeiten. Es ist klar zu trennen zwischen dem Nötigungsmittel und dem Nötigungserfolg.

Die Abgrenzung zu § 249 StGB ist ein weiterer wichtiger Gesichtspunkt bei der Bearbeitung der räuberischen Erpressung, siehe bereits oben bei Rn. 157.

120 Schmidt/Priebe, Rn. 431.
121 BGH NStZ-RR 2010, 33.

Lernkontrolle „Raub- und Erpressungsdelikte“

1	Stellen Sie die Abgrenzung zwischen Raub und räuberischer Erpressung dar.
2	Erläutern Sie den Unterschied zwischen Raub und räuberischem Diebstahl.
3	Was ist unter „Finalität“ beim Raubtatbestand zu verstehen?
4	Erklären Sie den Gewaltbegriff in § 249 StGB.
5	Skizzieren Sie die Problematik des Einsatzes von „Scheinwaffen“.
6	Was ist unter „Leichtfertigkeit“ zu verstehen?
7	Bilden Sie je ein Beispiel für den erfolgsqualifizierten Versuch und den Versuch der Erfolgsqualifikation bei § 251 StGB.
8	Nennen Sie die Abgrenzungskriterien, die für das Merkmal der „Ausnutzung der besonderen Verhältnisse des Straßenverkehrs“ in § 316a StGB entscheidend sind.
9	Erläutern Sie die Deliktsprüfung der räuberischen Erpressung.
10	Bilden Sie ein Beispiel für die sogenannte Aufstiftung im Zusammenhang mit den Raubdelikten.

3 Betrugsdelikte

162 • ***Aufsatz-Literatur***: *Kampuy JuS 2007, 1084 (Geldkartendelikte).*

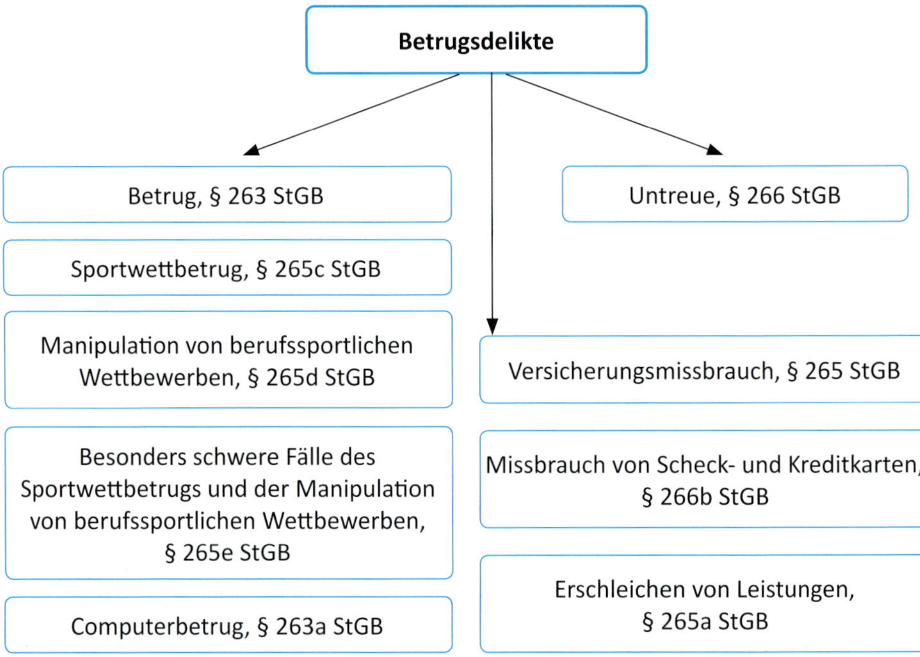

163 **Überblick**

Die oben dargestellten Betrugsstraftaten im weiteren Sinne bilden den Kernbereich des Vermögensstrafrechts. Betrug ist die durch Täuschung erreichte Vermögensverfügung, die zu einem Vermögensschaden führt. Versicherungsmissbrauch (§ 265 StGB) stellt einige Vorbereitungshandlungen zum Versicherungsbetrug unter Strafe. Computerbetrug (263a StGB) erfasst die Fälle des Betruges durch Beeinflussung eines Datenverarbeitungsvorganges, bei dem es naturgemäß an der Täuschung eines anderen fehlt. Vermögensdelikt ist auch die Leistungserschleichung (§ 265a StGB), bei der jedoch auf Täuschung und Kommunikationsakt ebenfalls verzichtet wird.

§§ 265c–265e StGB wurden durch das 51. Strafrechtsänderungsgesetz vom 11.4.2017 eingefügt. Diese Vorschriften stellen Spezialnormen zum Schutz der Vermögensinteressen und der „Integrität des Sportes" dar.[122]

164 **Polizeiliche Kriminalstatistik**

Außer in den Jahren 2007 und 2008 kam es zu einem fast kontinuierlichen Anstieg bei den registrierten Betrugsfällen. Nach einem Rückgang 2013 sind die registrierten Betrugsfälle 2014 um 3,3 % auf rund 969.000 Fälle gestiegen.[123] 2017 wurden rund 910.000 Betrugsdelikte registriert; 20,6 % wurden mit dem Tatmittel „Internet" begangen.[124]

122 Vgl. BT-Drs. 18/8831.
123 BKA, PKS 2014 Jahrbuch, S. 233.
124 IMK, Bericht zur PKS 2017, S. 14.

3.1 Betrug, § 263 StGB

- ***Aufsatz-Literatur:*** *Ullenboom NZWiSt 2018, 26 (Neuere Erscheinungen der Betrugskriminalität im Internet aus strafrechtlicher Perspektive – das sog. Carding); Eisele/Bechtel JuS 2018, 97 (Der Schadensbegriff bei den Vermögensdelikten); Kulhanek JA 2015, 828 (Kein Irrtum in der Examensklausur – aktuelle Probleme des § 263 StGB in der Fallbearbeitung); Hecker JuS 2010, 266 (Strafrecht AT und BT: Betrug durch Unterlassen); Swoboda NStZ 2005, 476 (Betrug und Erpressung im Drogenmilieu: Abschied von einem einheitlichen Vermögensbegriff); Langrock wistra 2005, 46 (Der Vermögensschaden des § 263 StGB – ein verschmähtes Tatbestandsmerkmal?); Fülling/Rath JuS 2005, 598 (Internet-Dialer: Eine strafrechtliche Bewertung); Lange/Trost JUS 2003, 961 (Strafbarkeit des „Schwarztankens" an der SB-Tankstelle); Ast NStZ 2013, 305 (Das Einverständnis als Vermögensverfügung – Der „Tankbetrug" als Benzinunterschlagung); Kölbel JuS 2013, 193 (Neue Technologie und altes Strafrecht: Betrug durch Ping-Anrufe?).* 165
- ***Leitentscheidungen:*** *BGHSt 2, 365 (Drehbankfall: wirtschaftlicher Vermögensbegriff); BGHSt 16, 321 (Melkmaschinenfall: „persönlicher Schadenseinschlag"); BGHSt 18, 221 (Sammelgaragenfall: „Lagertheorie"); BGHSt 21, 348 (Provisionsvertreterfall: „Stoffgleichheit").*
- ***Übungsfälle:*** *Bischoff/Janzen JA 2018, 57 („Ein Porsche zum Geburtstag").*

166

Betrug, § 263 StGB

I. Tatbestandsmäßigkeit
   1. Objektiver Tatbestand
      a) Täuschungshandlung
      b) Erregung/Unterhaltung eines Irrtums
      c) Vermögensverfügung
      c) Vermögensschaden
   2. Subjektiver Tatbestand
      a) Vorsatz
      b) Absicht, sich oder einem Dritten einen rechtswidrigen Vermögensvorteil zu verschaffen.

ggf. Qualifikation § 263 Abs. 5 StGB: Gewerbsmäßiger Bandenbetrug

II. Rechtswidrigkeit

III. Schuld

IV. Regelbeispiele_§ 263 Abs. 3 StGB

V. Ergebnis

Rechtswidrigkeit der Bereicherung ist gegeben, wenn der Täter keinen Anspruch auf den Vermögensvorteil hat.

Täuschung ist ein zur Irreführung bestimmtes und damit der Einwirkung auf die Vorstellung eines anderen dienendes Gesamtverhalten (La/Kü § 263 Rn. 6).

Tatsachen sind dem Beweis zugängliche Ereignisse oder Zustände der Gegenwart oder Vergangenheit.

Irrtum ist jeder Widerspruch zwischen Vorstellung und Wirklichkeit (Sch/Sch § 263 Rn. 33).

Vermögensverfügung ist jedes Tun oder Unterlassen, das sich unmittelbar vermögensmindernd auswirkt (BGHSt 14, 170).

Vermögen sind nach dem wirtschaftlichen Vermögensbegriff alle Güter und Positionen, denen ein wirtschaftlicher Wert beizumessen ist (RGSt 44, 232).

Vermögensschaden liegt vor, wenn der wirtschaftliche Gesamtwert gemindert wird (La/Kü § 263 Rn. 36).

167 **Überblick**

Betrug ist die durch Täuschung erzielte Selbstschädigung des Vermögens. Geschütztes Rechtsgut ist ausschließlich das Vermögen. Zum geschützten Rechtsgut des Betrugstatbestandes gehört es nicht, sorglos handelnde Opfer gegen die Folgen ihrer eigenen Sorglosigkeit zu schützen.[125] Dies macht den Umgang mit dem Tatbestand schwierig: Es geht regelmäßig darum, die noch zulässige Beeinflussung des Opfers durch den Täter von der vermögensschädigenden Täuschung zu trennen.

§ 263 StGB ist ein kupiertes Erfolgsdelikt: Der Tatbestand ist schon mit Eintritt des Vermögensschaden erfüllt, während die Bereicherung nur beabsichtigt sein muss.

§ 263 StGB ist eine zentrale Vorschrift des besonderen Teils des Strafgesetzbuches. Die Erscheinungsformen des Betruges in der polizeilichen Praxis sind vielfältig:

- Abrechnungsbetrug
  Abrechnungserstellung mit Vortäuschen tatsächlich nicht erbrachter Leistung.
- Anstellungsbetrug
  Auf Täuschung beruhende Begründung eines Anstellungs-/Beamtenverhältnisses.
- Beweismittelbetrug
  Betrug durch Veränderung von Beweismitteln.
- Computerbetrug
  Vermögensminderung durch Beeinflussung eines Datenverarbeitungsvorganges, mangels Täuschung nicht von § 263 StGB, sondern von § 263a StGB erfasst.
- Darlehensbetrug
  Versprechung der Gewährung eines Darlehens zur Erlangung von Provisionszahlungen, wobei das Darlehen tatsächlich nicht ausgezahlt wird.
- Dreiecksbetrug
  Betrug, bei dem Getäuschter und Geschädigter nicht identisch sind.
- Eingehungsbetrug
  Durch Täuschung erzieltes Eingehen einer schuldrechtlichen Verpflichtung.
- Einmietbetrug
  Mieten von Räumlichkeiten mit dem Vorsatz, den Mietzins nicht zu entrichten (Variante des Eingehungsbetruges).
- Enkeltrick
  Betrug zum Nachteil meist älterer Menschen durch Vorspiegelung eines Verwandtschaftsverhältnisses.
- Erfüllungsbetrug
  Betrug bei Erfüllung einer schuldrechtlichen Verpflichtung. Der Geschädigte leistet mehr als geschuldet oder bekommt weniger als vereinbart.
- Kapitalanlagebetrug
  Betrug im Zusammenhang mit einer Kapitalanlage, § 264a StGB.
- Kreditbetrug
  Täuschungsbedingte Erlangung eines Kredits.
- Kreditkartenbetrug
  Betrug durch Einsatz von entwendeten/gefälschten Kreditkarten.
- Kontoeröffnungsbetrug
  Eröffnung eines Girokontos mit gefälschten Unterlagen/falschen Angaben.

125 BGHSt 3, 103.

- Provisionsvertreterbetrug
  Durch Täuschung erzielte Aufträge, um Vertragsprovisionen zu erlangen.
- Sachbetrug
  Täuschungsbedingte Erlangung einer Sache.
- Scheckbetrug
  Verwendung von ungedeckten/gefälschten Schecks im Zahlungsverkehr.
- Sicherungsbetrug
  Betrug zur Sicherung der durch eine vorangegangene Tat erreichten Vermögensvorteile. Der Betrug ist dann in der Regel die mitbestrafte Nachtat.
- Sozialleistungsbetrug
  Durch Täuschung unberechtigt erlangte Sozialleistungen.
- Spende-/Bettelbetrug
  Notlage/Berechtigung wird vorgetäuscht.
- Stoßbetrug
  Variante des Warenkreditbetrugs: Gründung von Firmen mit dem Vorsatz, Waren günstig zu erhalten und diese nicht zu bezahlen.
- Submissionsbetrug (Ausschreibungsbetrug)
  Mehrere Bewerber schließen bei einer Ausschreibung die Wettbewerbssituation dadurch aus, indem sie vereinbaren, einer von ihnen solle das günstigste Angebot abgeben, beachte § 298 StGB.
- Tankbetrug
  Tanken an Selbstbedienungstankstellen mit dem zuvor gefassten Entschluss, ohne zu bezahlen wegzufahren.[126]
- Versicherungsbetrug
  Betrug zum Nachteil einer Versicherung, beachte § 263 Abs. 3 Nr. 5, 265 StGB.
- Warenbetrug
  Verkauf von Waren mit dem Vorsatz, diese nach Erhalt der Zahlung nicht bzw. nur in minderwertiger Qualität zu liefern.
- Warenkreditbetrug
  Erwerb von Waren unter Kredit mit dem Vorsatz, diese nicht zu bezahlen.
- Wechselgeldbetrug
  Betrug beim Kauf durch Mitnahme des Wechselgeldes und des zu zahlenden Betrages.
- Zechbetrug
  Bestellung von Speisen/Getränken mit dem Vorsatz, diese später nicht zu bezahlen (Variante des Eingehungsbetruges).

Täuschungshandlung 168

Tathandlung des Betruges ist in § 263 StGB detailreich genannt. Zusammenfassend kann die Tathandlung als „Täuschung eines anderen" bezeichnet werden. Darunter ist ein zur Irreführung bestimmtes und damit der Einwirkung auf die Vorstellung eines anderen dienendes Gesamtverhalten zu verstehen.[127]

126 Rechtliche Behandlung streitig, vgl. Rn. 172.
127 La/Kü § 263, Rn. 6.

Die Täuschung eines anderen muss sich auf Tatsachen beziehen. Dies sind in Abgrenzung zu Werturteilen Wirklichkeitsaussagen, die dem Beweis zugänglich sind. Vorgetäuschte Werturteile fallen nicht unter den Tatbestand.

Beispiel
Anpreisungen in der Werbung: „Der beste Reiniger, den es gibt!"

169 Die Täuschung kann ausdrücklich, konkludent oder durch Unterlassen erfolgen. Täuschung durch konkludentes Handeln liegt vor, wenn das Gesamtverhalten des Täters nach der Verkehrsanschauung als Erklärung über eine Tatsache zu verstehen ist.[128] Es kommt also entscheidend darauf an, was nach der Verkehrsauffassung als mit „erklärt" zu verstehen ist. Im Fall der Täuschung durch Unterlassen muss eine Garantenstellung zur Aufklärung hinzutreten. Die Abgrenzung zwischen der vorrangigen konkludenten Täuschung und der Täuschung durch Unterlassen ist im Einzelfall schwierig. Die konkludente Täuschung ist jedenfalls immer anzunehmen, wenn sich bestimmte Tatsachen aus einer ausdrücklichen Erklärung/Handlung als zwingende Schlussfolgerung ergeben.[129] Beim Betrug Unterlassen liegt die Täuschung in einem garantenpflichtwidrigen Nichtaufklären.

Beispiele
Ausdrückliche Täuschung: A behauptet wahrheitswidrig, die Ware morgen abzuschicken.

Konkludente Täuschung: A bestellt Speisen in der Gaststätte mit dem Vorsatz, diese nicht zu bezahlen (bei der Bestellung wird nach der Verkehrsauffassung mit erklärt, die Speisen auch bezahlten zu wollen und zu können);[130] Vorlage von Lastschriften zur Einziehung fingierter Forderungen; Hingabe eines (ungedeckten) Schecks; Zusendung von „Rechnungen" für Todesanzeigen, die tatsächlich Angebote auf Einstellung im Internet sind.[131]

Täuschung durch Unterlassen: A unterrichtet das zuständige Amt vorsätzlich nicht von der Änderung seiner persönlichen Verhältnisse trotz entsprechender Pflicht gemäß § 60 Abs. 1 Nr. 2 SGB I[132] und bewirkt somit die unberechtigte Fortzahlung von Sozialleistungen; Versicherungsnehmer V unterlässt vorsätzlich die nach § 23 Abs. 2 VVG[133] verpflichtende Mitteilung von risikoerhöhenden Umständen nach Vertragsschluss.

Zudem ist zu beachten, dass die bloße Annahme einer Leistung nicht die Erklärung innewohnt, dass diese auch geschuldet sei. Allein die Eigenschaft als Vertragspartner begründet keine umfassende Aufklärungspflicht. Der Bundesgerichtshof setzt vielmehr ein besonderes Vertrauensverhältnis voraus.[134]

Beispiele
Der Verkäufer ist regelmäßig nicht zur Aufklärung verpflichtet, dass es die Ware anderswo billiger gibt; Mieter sind nicht verpflichtet, eine nach dem Abschluss des Mietverhältnisses entstehende Zahlungsunfähigkeit mitzuteilen; Käufer sind nicht verpflichtet, auf versehentlich zu viel gezahltes Wechselgeld hinzuweisen.

128 Joecks § 263, Rn. 24.
129 Joecks § 263, Rn. 32 mit Verweis auf Lackner.
130 BGHSt 15, 24.
131 Vgl. dazu BGHSt 47, 1.
132 § 60 Abs. 1 Sozialgesetzbuch I: „Wer Sozialleistungen erhält oder beantragt, hat (...) Nr. 2: Änderungen in den Verhältnissen, die für die Leistung erheblich sind oder über die im Zusammenhang mit der Leistung Erklärungen abgegeben worden sind, unverzüglich mitzuteilen (...)."
133 § 23 Abs. 2 Versicherungsvertragsgesetz: „Erkennt der Versicherungsnehmer nachträglich, dass er ohne Einwilligung des Versicherers eine Gefahrerhöhung vorgenommen oder gestattet hat, hat er die Gefahrerhöhung dem Versicherer unverzüglich anzuzeigen."
134 BGHSt 39, 398.

Irrtum erregen oder unterhalten 170

Durch die Täuschungshandlung muss ein Irrtum, mithin eine Fehlvorstellung, erregt bzw. unterhalten werden. Bloße Unkenntnis (ignoratia facti) relevanter Tatsachen begründet nach h.M. keinen Irrtum.

Beispiel
Bloßes „Schwarzfahren" im öffentlichen Personennahverkehr, ohne kontrolliert zu werden.

Leichtgläubigkeit und Naivität schließen einen Irrtum nicht von vornherein aus.

Fraglich ist, ob auch Zweifel am Wahrheitsgehalt der Aussage des Täters einen Irrtum ausschließen.[135]

Beispiel
A verkauft ein gestohlenes Handy an B mit dem Hinweis, dies sei ein Geschenk seines Onkels. B zweifelt zwar an den Aussagen des A, hält sie schließlich doch für möglich und erwirbt das Handy.

Nach h.M. liegt ein Irrtum auch dann vor, wenn das Opfer zwar zweifelt, aber das Opfer die vorgespiegelte Tatsache für möglicherweise wahr hält. Denn auch das zweifelnde Opfer fällt auf die List des Täters herein und ist schutzwürdig. A hat sich strafbar gemacht nach § 263 StGB.

Vermögensverfügung 171

Die Verfügung über das Vermögen ist anerkanntes ungeschriebenes Tatbestandsmerkmal des § 263 StGB. Vermögensverfügung ist jedes Tun oder Unterlassen, welches sich unmittelbar vermögensmindernd auswirkt. Das Tatbestandsmerkmal ist entscheidendes Charakteristikum des Betruges als Selbstschädigungsdelikt im Gegensatz zu den Fremdschädigungsdelikten wie beispielsweise §§ 242, 249 StGB.

Die Vermögensverfügung liegt regelmäßig in einem Tun.

Beispiele
Zivilrechtliche Verfügungen wie Übereignung, Erfüllung, Verzicht oder Abtretung einer Forderung; Erbringung von Arbeitsleistungen; Bewilligung von Sozialleistungen.

Vermögensverfügungen können nach h.M. auch durch Unterlassen erfolgen.

Beispiele
Nichtgeltendmachung eines Zahlungsanspruches.

Daraus folgt, dass ein Verfügungsbewusstsein grundsätzlich nicht erforderlich ist. Eine Ausnahme macht die h.M. beim Sachbetrug, also bei der betrügerischen Erlangung einer Sache. Dies dient zur Abgrenzung zu den Wegnahmedelikten, also der Abgrenzung von Trickdiebstahl und Betrug.

Beispiel
A versteckt eine CD im Einkaufswagen neben einer Kiste mit Milchpackungen. Die Kassiererin übersieht die CD und rechnet nur die Milchkiste mit den anderen aufs Band gelegten Waren ab.[136]

A hat sich eines (Trick-)Diebstahls gemäß § 242 StGB strafbar gemacht, hinsichtlich des Betruges fehlt es an dem für den Sachbetrug erforderlichen konkreten Verfügungsbewusstsein.[137]

---

135 BGHSt 24, 257.
136 Nach OLG Düsseldorf NJW 1993, 1407.
137 So auch BGHSt 41, 198 und Brocker JuS 1994, 919; a.A. noch OLG Düsseldorf NJW 1993, 1407.

172 Problematisch sind in diesem Zusammenhang Fälle des Tankbetrugs.

Beispiel
A tankt an einer Selbstbedienungstankstelle und fährt, ohne zu bezahlen, weg.

Maßgeblich für die rechtliche Bewertung ist zum einen, ob der Täter beim Tanken vom Tankstellenpersonal beobachtet wurde und zum anderen, wann der Entschluss zur Tat gefasst wurde. Es ist zu unterscheiden:

- Hat der Täter von vornherein den Entschluss gefasst, nicht zu bezahlen und wird vom Tankwart beim Tankvorgang beobachtet, liegt Betrug vor. Durch die konkludente Täuschung hat der Tankwart irrtumsbedingt das Tanken zugelassen.
- Hat der Täter erst nach dem Tankvorgang den Entschluss gefasst, nicht zu bezahlen, fehlt es an einer vorsätzlichen Täuschungshandlung. In Betracht kommt Unterschlagung durch Wegfahren, da hinsichtlich des Benzins Miteigentum durch Vermischung und Gewahrsamsübergang mit dem Einfüllen anzunehmen ist.
- Nutzt der Täter die Unaufmerksamkeit des Tankstellenpersonals aus, um heimlich zu tanken, scheitert ein Betrug an fehlender Täuschung. Diebstahl kommt mangels Bruchs fremden Gewahrsams gegen den Willen des Berechtigten ebenso nicht in Betracht. Es ist Unterschlagung durch Wegfahren anzunehmen.[138]

173 Die Handlung des Opfers muss sich unmittelbar als Verfügung über das Vermögen darstellen. Dieses Erfordernis dient – wie das Verfügungsbewusstsein beim Sachbetrug – der Abgrenzung zum Trickdiebstahl.

Beispiel
Juwelier J übergibt Kunde K einen Ring, mit dem dieser angeblich wegen besserer Sichtverhältnisse an die geöffnete Eingangstür zwecks Kontrolle der Verarbeitung gehen will. Tatsächlich läuft er mit dem Ring davon.

174 K hat sich wegen (Trick-)Diebstahls gemäß § 242 StGB strafbar gemacht. Er hat den – gelockerten – Gewahrsam des J gebrochen, als er mit dem Ring das Geschäft verließ. Hinsichtlich Betrugs mangelt es an einer unmittelbaren Verfügung über das Vermögen.

Erforderlich ist, dass der Irrende verfügt; dieser muss nicht auch der Geschädigte sein. Die Verfügung des Getäuschten muss aber dem Geschädigten zugerechnet werden können, dann liegt ein Dreiecksbetrug vor. Problematisch ist, welche Anforderungen an die Zurechnung zu stellen sind. Es stellt sich die Frage der Abgrenzung zwischen Dreiecksbetrug und Diebstahl in mittelbarer Täterschaft.

Beispiel
A bittet Bahngast B, den Koffer durch Fenster zu reichen, A habe ihn dort vergessen. Tatsächlich ist es der Koffer des O.

A könnte sich eines Betruges strafbar gemacht haben, in Betracht kommt aber auch (Trick-)Diebstahl in mittelbarer Täterschaft.

Kriterien, nach denen eine Zurechnung der Vermögensverfügung durch den Geschädigten zum Geschädigten erfolgt, sind streitig:

138 Vgl. dazu ausführlich Schroeder JuS 1984, 846.

- Befugnistheorie
  Zum Teil wird angenommen, dass eine betrugsrelevante Verfügung nur vorliege, wenn der Getäuschte zur Verfügung durch den Geschädigten oder durch Gesetz rechtlich befugt war.[139]
- Lagertheorie
  Nach der h.M. liegt eine dem Geschädigten zurechenbare Vermögensverfügung nur vor, wenn der Verfügende „im Lager des Vermögensinhabers“ stehe. Vorausgesetzt wird ein faktisches oder rechtliches Näherverhältnis zwischen Verfügendem und Geschädigtem, eine gewisse Obhutsbeziehung.[140]

Im Beispiel oben fehlt es nach h.M. an einem Näheverhältnis zwischen dem Eigentümer des Koffers und B. Somit hat sich A eines Diebstahls in mittelbarer Täterschaft strafbar gemacht.

Vermögensschaden 175

Allein eine täuschungsbedingte Verfügung reicht für die Bejahung des § 263 StGB nicht aus. Notwendiger Taterfolg des Betruges ist ein Vermögensschaden, mindestens jedoch eine Vermögensgefährdung. Dabei ist der Vermögensschaden grundsätzlich objektiv wirtschaftlich zu bestimmen, kann jedoch im Ausnahmefall individuell in den Fällen des sogenannten „persönlichen Schadenseinschlages“ zu bestimmen sein.

176

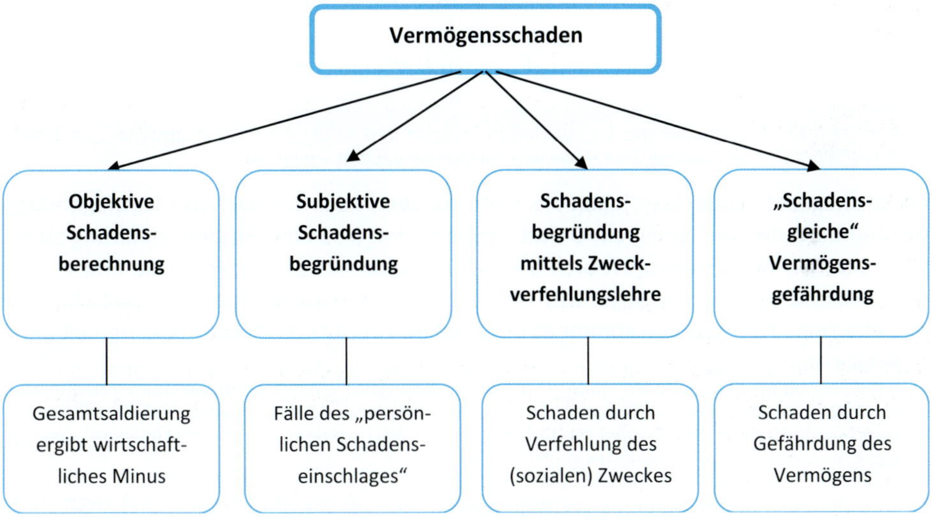

Fraglich ist, was man unter „Vermögen“ i.S.v. § 263 StGB versteht. 177

Nach dem juristisch-ökonomischen Vermögensbegriff ist damit die Gesamtheit der wirtschaftlichen Güter einer Person zu verstehen, die ihrer rechtlich geschützten Verfügungsgewalt unterstehen. Nach dem wirtschaftlichen Vermögensbegriff versteht man unter Vermögen die Gesamtheit der geldwerten Güter einer Person.[141]

139 Vgl. Joecks § 263, 54.
140 BGHSt 18, 221.
141 RGSt 44, 248.

Beispiele
Eigentum, Besitz, Gewahrsam, Forderungen, Möglichkeit der Nutzung von Gegenständen; Arbeitsleistung.

Kein Vermögen i.S.v. § 263 StGB: wirtschaftlich wertlose Sachen, Führerschein, Reisepass, Falschgeld; bloßes Dispositionsinteresse, Geldstrafen, Geldbußen, Verwarnungsgelder.

Die Rechtsprechung ist bislang uneinheitlich, hat sich nicht klar zu einer Position bekannt. Unterschiede zwischen den 2 Vermögensbegriffen liegen insbesondere in der Einbeziehung rechtswidrigen Besitzes. Geschützt sind nach dem vorzugswürdigen wirtschaftlichen Vermögensbegriff auch rechtswidrig erlangtes Eigentum oder durch Diebstahl erlangter Besitz, ebenso wie der strafbare Besitz. Denn diese Ansicht verhindert Strafbarkeitslücken, sodass es im Grundsatz kein strafrechtlich ungeschütztes Vermögen gibt.

Beispiel[142]
O bietet einen gestohlenen Flachbildfernseher zum Kauf an. T, der von dem Diebstahl nichts weiß, erwirbt das Gerät mit der Vereinbarung, am nächsten Montag den Kaufpreis zu begleichen. Wie von Anfang an geplant, verschwindet T jedoch mit dem Fernseher und zahlt nicht.

T hat sich gemäß § 263 Abs. 1 StGB strafbar gemacht, da auch das gestohlene Fernsehgerät geschütztes Vermögen i.S.v. § 263 StGB ist.

Vermögenspositionen, die jedoch aus sittenwidrigen Geschäften resultieren, sollen dagegen nach dem Bundesgerichtshof von § 263 StGB nicht geschütztes Vermögen darstellen.

Beispiel
A täuscht O Zahlungswilligkeit vor und erlangt so die Übergabe von Heroin zum Weiterverkauf, ohne dafür zu bezahlen.

A hat sich nur nach § 29 BtMG, nicht aber nach § 263 StGB strafbar gemacht.

Beispiel
A stiftet B an, die Scheiben des C einzuwerfen und gibt ihm dafür 50 €. B geht zunächst zum Schein darauf ein, führt den Auftrag aber – wie von vornherein geplant – nicht aus.

178 Ein Vermögensschaden liegt jedenfalls dann vor, wenn der Vergleich der Vermögenslage vor und nach der Verfügung ein Defizit ergibt. Es hat also eine Gesamtsaldierung zu erfolgen. Da die Vermögenslage durch die Verfügung bereits gemindert ist, kommt es hier entscheidend auf den Ausgleich des Verlustes an. Diese Saldierung muss wirtschaftlich messbar sein. Insbesondere kommt es nicht auf den Verlust der Dispositionsfreiheit an.

Beispiel
Händler A bietet dem arglosen Käufer O an der Wohnungstür einen Orientteppich im Verkehrswert von 400 € zum regulären Verkaufspreis mit der wahrheitswidrigen Behauptung an, es handele sich um einen Sonderpreis im Rahmen einer zeitlich begrenzten Werbeaktion; der normale Listenpreis betrage 900 €. In Anbetracht des Angebotes kauft O sofort.

A hat sich in Ermangelung eines Vermögensschadens bei O nicht gemäß § 263 StGB strafbar gemacht. Ein Schaden liegt nicht schon dann vor, wenn die Verfügung ohne die Täuschung nicht vorgenommen worden wäre. Es fehlt nach der Gesamtsaldierung an einem wirtschaftlichen Minus.

Bei Dienst- oder Werkleistungen liegt ein Vermögensschaden vor, wenn das Opfer weniger erlangt, als ihm vertraglich zusteht.

Beispiel
Nicht fachgerechte Reparatur, die scheinbar von einem Fachmann durchgeführt wird.

142 Vgl. BGH NStZ 2008, 627.

Beim Spenden- oder Bettelbetrug ist die Annahme eines Vermögensschadens problematisch, weil es sich dabei um eine bewusste Selbstschädigung handelt, bei der kein wirtschaftlicher Ausgleich erfolgt. 179

Beispiel
A sammelt angeblich Geld für das Deutsche Rote Kreuz. In Wirklichkeit ist das Geld für seine eigenen Zwecke bestimmt. Auf diese Weise erhält er von O 10 €.

Nach der überwiegend vertretenen Zweckverfehlungslehre ist Betrug auch dann zu bejahen, wenn bei einer Selbstschädigung ohne wirtschaftlichen Ausgleich der mit der Hingabe verfolgte soziale Zweck verfehlt werde.[143] Demnach hat sich A gemäß § 263 StGB strafbar gemacht.

Anders ist der Fall zu beurteilen, wenn es sich um ein wirtschaftlich ausgeglichenes Geschäft handelt.

Beispiel
A verkauft Postkarten mit der falschen Angabe, die Hälfte des Erlöses käme der Hilfsorganisation „Kinder in Not" zugute. Rentner O kauft daraufhin 5 Postkarten zum objektiv angemessenen Preis. Er hätte sie nicht gekauft, wenn er gewusst hätte, dass die Hilfsorganisation nicht mit der Hälfte des Erlöses bedacht wird.

Da die Zweckverfehlungslehre nur eingreift, wenn ein wirtschaftlicher Wert nicht ausgeglichen wird, kann sie hier nicht greifen. Denn O hat für seinen hingegebenen Wert einen – angemessenen – Gegenwert erhalten. Er hat somit keinen Schaden erlitten. Die reine Dispositionsfreiheit ist eben nicht durch § 263 StGB geschützt. A hat sich nicht strafbar gemacht.

Nach überwiegender Auffassung gehören die Aussicht auf Erlangung von Buß- oder Strafgeldern als Erwerbsaussicht nicht zum staatlichen Vermögen, sodass Betrug regelmäßig ausscheidet. 180

Beispiel
A hat eine Ordnungswidrigkeit begangen. Um deswegen nicht belangt zu werden, nennt er den einschreitenden Polizeibeamten die falschen Personalien.

A hat eine Täuschungshandlung begangen, dadurch einen Irrtum erregt. Eine Vermögensverfügung könnte im Nichtgeltendmachen der Zahlungsverpflichtung gegen A zu sehen sein. Ein Vermögensschaden liegt jedoch auch dann nicht vor, da diese Erwerbsaussicht nicht zum staatlichen Vermögen gezählt wird.

Als Ausnahme vom Grundsatz der Gesamtsaldierung erkennt die Rechtsprechung einen Vermögensschaden nach normativer Betrachtung auch dann an, wenn sich kein negativer Saldo ergibt. Insofern herrscht also ein individuell-objektiver Schadensbegriff. Dies namentlich in den Fällen, bei denen die individuellen wirtschaftlichen Verhältnisse insgesamt das Geschäft als nachteilig erscheinen lassen (sogenannter „persönlicher Schadenseinschlag"). Ein Vermögensschaden liegt in folgenden Fällen vor:[144] 181

- Dem Opfer werden Mittel entzogen, die für eine ordnungsgemäße Lebensführung unerlässlich sind,
  oder

143 Sch/Sch-Cramer/Perron § 263, Rn. 102.
144 Fallgruppen nach Fischer § 263, Rn. 86.

- das Opfer wird zu weiteren Vermögensschädigenden Maßnahmen genötigt oder
- das Opfer kann die – rein wirtschaftlich gleichwertige – Gegenleistung nicht oder nicht in vollem Umfang zu dem vertraglich vorausgesetzten Zweck oder in anderer zumutbarer Weise verwenden.

Beispiel
Melkmaschinenfall:[145] Lieferung einer Melkmaschine unter Vorspiegelung eines Sonderangebotes, die der Bauer aufgrund seines großen Viehbestandes nicht sinnvoll verwenden kann.
Todesanzeigenfall:[146] Internet-Todesanzeigen.

182 Eine weitere erhebliche Ausweitung erfährt der Tatbestand durch Anerkennung einer schadensgleichen Vermögensgefährdung. Demnach soll der für § 263 StGB erforderliche Vermögensschaden auch dann zu bejahen sein, wenn die Möglichkeit des endgültigen Verlusts eines Vermögensbestandteils zum Zeitpunkt der täuschungsbedingten Verfügung so groß ist, dass dies schon eine objektive Minderung des Gesamtvermögenswerts zur Folge hat.[147] Dies soll namentlich bei Eingehungsbetrug der Fall sein, bei dem allein das Eingehen einer Verbindlichkeit bereits die nahe Möglichkeit des endgültigen Vermögensverlustes mit sich bringt. Schon bei Vertragsschluss liegt dann ein Schaden vor.

Beispiele
(1) A erlangt unter Täuschung eine Kreditkarte.

(2) A ist Paketzusteller eines Logistikunternehmens. Er öffnet ein Paket und entnimmt eine Digitalkamera, die er unter Vorspiegelung der Eigentümerstellung an den gutgläubigen O verkauft.

Im Beispiel 1 ist ein Vermögensschaden aufgrund schadensgleicher Vermögensgefährdung bereits zu bejahen, auch wenn noch keine Verfügungen mit der Karte getätigt wurden.

Im Beispiel 2 hat O hat die Kamera gutgläubig erworben, er ist gemäß §§ 929, 932 BGB Eigentümer geworden. § 935 BGB hindert den gutgläubigen Erwerb nicht, da die Voraussetzungen der Norm nicht vorliegen. Das Prozessrisiko, dem O jedoch wegen der bemakelten Sache ausgesetzt ist, stellt nach h.M. eine schadensgleiche Vermögensgefährdung nur dar, wenn eine konkrete Gefahr des Unterliegens im Prozess erkennbar ist.[148] Diese konkrete Gefahr kann sich aus den beteiligten Personen, die Art des Vertragsobjektes oder den Umständen, unter denen sich der Verkauf abgespielt hat ergeben. Hier sind solche konkreten Umstände nicht erkennbar, sodass ein Schaden für O zu verneinen ist.

183 **Kausalität**

Der objektive Tatbestand ist mehrgliedrig aufgebaut. Die Täuschung muss zu einem Irrtum führen, die wiederum eine Vermögensverfügung verursacht, die einen Vermögensschaden bewirkt. Zwischen diesen Merkmalen muss Kausalität im Sinne des Bedingungszusammenhanges bestehen. Mitverursachung reicht aus.[149]

184 **Subjektiver Tatbestand**

Erforderlich ist neben dem Eventualvorsatz hinsichtlich des objektiven Tatbestandes die Absicht, sich oder einem Dritten einen rechtswidrigen Vermögensvorteil zu verschaffen, mithin die Absicht rechtswidriger Bereicherung. Diese (angestrebte) Bereicherung

145 BGHSt 16, 321.
146 BGHSt 47, 1.
147 BGHSt 51, 165 (für Sportwetten).
148 BGHSt 15, 83; BGH wistra 2003, 230.
149 BGHSt 13, 13.

muss unmittelbare Folge der täuschungsbedingten Verfügung sein, sie muss „stoffgleich" sein.[150] Dies setzt voraus, dass Vorteil und Schaden auf der gleichen Verfügung beruhen.

Beispiel
Zeitungswerber A täuscht O beim Abschluss eines Abonnement-Vertrages über dessen Zustandekommen; O kann die Zeitschrift in keinster Weise nutzten. A tut dies, um von Chef C die Provision für den Vertragsabschluss zu kassieren.

Die täuschungsbedingte Verfügung liegt mit der Unterschrift vor, dadurch wurde auch das Vermögen bereits konkret gefährdet, ein Vermögensschaden ist zu bejahen. Dieser führt jedoch nicht direkt zum Vorteil für A, der lediglich eine Provision für den Vertragsabschluss erhält. Daher liegt in dieser Beziehung keine Stoffgleichheit vor. Stoffgleichheit und damit Betrug ist aber zugunsten des C anzunehmen. Somit hat sich A zum Nachteil O und zugunsten C eines Betruges strafbar gemacht.

Rechtswidrigkeit der Bereicherung liegt vor, wenn der Täter keinen Rechtsanspruch darauf hat. Hat der Täter oder der begünstigte Dritte einen fälligen und einredefreien Anspruch auf den Vermögensvorteil, so entfällt die Rechtswidrigkeit; die durch Täuschung des Schuldners, einer Behörde oder eines Gerichts erreichte Erfüllung eines tatsächlich bestehenden Anspruchs unterfällt § 263 StGB nicht.[151] 185

Beispiel
Beantragung von Arbeitslosengeld unter falschem Namen, wenn ein materieller Anspruch darauf besteht.

Die Rechtswidrigkeit der Bereicherung ist subjektives Tatbestandsmerkmal mit der Folge, dass bei einem Irrtum hierüber ein Tatbestandsirrtum nach § 16 StGB vorliegt. 186

Beispiel
A meint irrig, einen Zahlungsanspruch gegen O zu haben, der aber nicht bezahlt. Um an sein Geld zu kommen, täuscht er ihn durch Zusendung einer bereits bezahlten Rechnung. O zahlt daraufhin.

A kommt ein Tatbestandsirrtum gemäß § 16 StGB zugute, er macht sich nicht gemäß § 263 StGB strafbar.

Qualifikation § 263 Abs. 5 StGB: gewerbsmäßiger Bandenbetrug 187

Betrug wird zum Verbrechen, wenn kumulativ gewerbs- und bandenmäßiges Vorgehen vorliegt. Nach der Grundsatzentscheidung des Bundesgerichtshofes sind zur Erfüllung des Merkmals Bande mindestens 3 Personen erforderlich.[152] Sie müssen sich zur fortgesetzten Begehung – noch nicht zwingend konkretisierter – Betrugstaten verbunden haben. Es ist ein übereinstimmender „Wille zur Bindung für die Zukunft und für eine gewisse Dauer" erforderlich.[153] Es reicht auch eine lose Verbindung mit wechselnden Mitgliedern. Gewerbsmäßiges Handeln liegt vor, wenn die Täter eine regelmäßige Einnahmequelle erstreben.

Versuch und Beteiligung 188

Versuch ist nach § 263 Abs. 2 StGB strafbar. Es gelten die allgemeinen Regeln. Beteiligung ist nach allgemeinen Regeln möglich. Die Amtsträgereigenschaft im Sinne von § 263 Abs. 3 Nr. 4 StGB ist besonderes persönliches Merkmal gemäß § 28 Abs. 2 StGB.[154]

---

150 BGHSt 34, 379.
151 Fischer § 263, Rn. 111.
152 BGHSt-GrSen 46, 321.
153 BGHSt NStZ 2004, 398.
154 Vgl. zu Durchbrechungen der Akzessorietät gemäß § 28 Abs. 2 StGB Band 1, Rn. 363 ff.

189 **Besonders schwere Fälle, § 263 Abs. 3 StGB**
In besonders schweren Fällen ist die Freiheitsstrafe von 6 Monaten bis zu 10 Jahren. Nach der Regelbeispielsmethode liegt ein besonders schwerer Fall insbesondere vor:

- **Gewerbsmäßiges Handeln, Bandenbetrug**
  Gewerbsmäßiges Handeln liegt vor, wenn der Täter eine regelmäßige Einnahmequelle erstrebt.
- **Vermögensverlust großen Ausmaßes; große Zahl von Menschen in die Gefahr des Vermögensverlustes bringen**
  Großes Ausmaß ist anzunehmen, wenn der Schaden über 50.000 € beträgt.[155] Was eine „große Zahl von Menschen" im Sinne von § 263 Abs. 3 Nr. 2 StGB ist, ist umstritten: Joecks geht von 50 Personen, Fischer wohl von 20 Personen und Tiedemann von 10 Personen aus.[156]
- **Opfer in wirtschaftliche Not bringen**
  Wirtschaftliche Not setzt voraus, dass das Opfer als Folge der Tat in eine Mangellage gerät, auf Grund derer der notwendige Lebensunterhalt ohne Hilfe Dritter nicht mehr gewährleistet ist. Damit werden auch Schäden erfasst, die nicht „stoffgleich" sind.

  Beispiel
  Betrugsopfer O muss daher alle seine Fahrzeuge und seine Eigentumswohnung verkaufen.
- **Amtsstellung missbrauchen**
  Dies ist gegeben, wenn der Täter unter Ausnutzung der durch das Amt gegebenen Handlungsmöglichkeiten betrügt. Der Begriff des Amtsträgers ergibt sich aus der Legaldefinition in § 11 Abs. 1 Nr. 2 StGB. Die Amtsträgereigenschaft im Sinne von § 263 Abs. 3 Nr. 4 StGB ist besonderes persönliches Merkmal gemäß § 28 Abs. 2 StGB.[157]
- **Versicherungsfall vortäuschen**

Über diese Regelbeispiele hinaus kann eine Gesamtabwägung einen unbenannten besonders schweren Fall ergeben. Gemäß § 263 Abs. 4 i.V.m. § 243 Abs. 2 StGB ist ein besonders schwerer Fall jedoch ausgeschlossen, wenn sich die Tat auf eine geringwertige Sache bezieht bzw. der Vermögensschaden geringwertig ist. Geringwertig ist nach h. M. ein Schaden, der ca. 25 € nicht übersteigt.[158] Bei betrügerischer Erlangung mehrerer Sachen ist der Gesamtwert entscheidend. Entscheidend ist nicht nur der tatsächliche Schaden, sondern auch die entsprechende Tätervorstellung.[159] Es muss sich bei dem Tatobjekt also tatsächlich wie auch nach der Vorstellung des Täters um einen (Gesamt-)Schaden von weniger als ca. 25 € handeln.

190 **Strafantrag**
Durch die Verweisung in § 263 Abs. 4 StGB ist ein Strafantrag erforderlich bei Betrug zum Nachteil eine Angehörigen, dem Vormund oder einem Hausgenossen.

155 BGHSt 48, 360.
156 Vgl. Joecks § 263, Rn. 127.
157 Vgl. zu Durchbrechungen der Akzessorietät gemäß § 28 Abs. 2 StGB Band 1, Rn. 363 ff.
158 Fischer § 248a, Rn. 3 m.w.N.; a.A. OLG Zweibrücken NStZ 2000, 536; Henseler StV 2007, 323 = 50 €.
159 BGHSt 26, 104.

Bezieht sich der Betrug auf eine geringwertige Sache, ist ein Strafantrag erforderlich, es sei denn, dass die Strafverfolgungsbehörde wegen des besonderen öffentlichen Interesses an der Strafverfolgung ein Einschreiten von Amts wegen für geboten hält; § 248a StGB.[160]

Konkurrenzen 191

Mitbestrafte Nachtat ist der Betrug dann, wenn eine Sache zuvor rechtswidrig erlangt wurde und der rechtswidrige Zustand nur aufrecht erhalten wird, sogenannter Sicherungsbetrug.

Tateinheit ist insbesondere möglich mit §§ 145d, 164, 253 StGB.

160 Vgl. dazu im Einzelnen oben, Rn. 3.

3.2 Computerbetrug, § 263a StGB

192
- ***Aufsatz-Literatur:*** *Wachter NStZ 2018, 241 (Zur betrugsäquivalenten Auslegung beim Computerbetrug); Hecker JuS 2017, 274 (Gewerbs- und bandenmäßig begangener Computerbetrug); Obermann NStZ 2015, 197 (Der einarmige Bandit und die „Geisterjetons" – zum unbefugten Verhalten i.S.V. § 263a StGB); Kraatz JURA 2010, 36 (Der Computerbetrug); Kampuy JuS 2007, 1084 (Geldkartendelikte); Valerius JA 2007, 778 (Täuschungen im modernen Zahlungsverkehr); Fülling/Rath JuS 2005, 598 (Internet-Dialer: Eine strafrechtliche Bewertung).*
- ***Leitentscheidungen:*** *BGHSt 47, 160 (Geldautomaten – Abhebung durch berechtigten Inhaber bei Überziehung des Kreditrahmens; BGHSt 40, 331 (Leerspielen eines Geldspielautomaten); BGHSt 38, 120 (Bankautomatenmissbrauch mit gefälschter Codekarte); BGHSt 35, 152 (Bankautomatenmissbrauch durch nichtberechtigten Kontoinhaber).*
- ***Übungsfälle:*** *Bischoff/Janzen JA 2018, 57 („Ein Porsche zum Geburtstag"); Jansen JA 2017, 750 („Kein Geld für die Disco"); Raschke/Zirzlaff zjs-online 2012, 219 („Drei Freunde in der Mensa"); Schuhr JA 2015, 189 (§§ 263a, 267, 263 StGB); Kühl/Lange JuS 2010, 42 (§§ 263, 263a, 267 StGB).*

193

Computerbetrug, § 263a StGB

I. Tatbestandsmäßigkeit

1. Objektiver Tatbestand

a) Tathandlung

Beeinflussung eines Datenverarbeitungsvorgangs durch

- unrichtige Programmgestaltung *oder*
- Verwendung unrichtiger/unvollständiger Daten *oder*
- unbefugte Verwendung von Daten *oder*
- sonstige unbefugte Einwirkung auf Ablauf

b) Vermögensschaden

2. Subjektiver Tatbestand

a) Vorsatz

b) Absicht, sich oder einem Dritten einen rechtswidrigen Vermögensvorteil zu verschaffen

II. Rechtswidrigkeit

III. Schuld

IV. Besonderheiten

Regelbeispiele § 263a Abs. 2 i.V.m.§ 263 Abs. 3 StGB

V. Ergebnis

Programm ist eine durch Daten fixierte Arbeitsanweisung an den Computer (Haft NStZ 1987, 7).

Daten im Sinne von § 263a StGB sind kodierte Informationen in einer im Wege automatisierter Verarbeitung nutzbaren Darstellungsform (Fi § 263a, Rn. 3).

Unrichtig sind Daten, wenn der durch sie bezeichnete Sachverhalt in Wahrheit gar nicht oder anders gegeben ist (Fi § 263a, Rn. 7).

Verwenden ist das Einführen von Daten in den Datenverarbeitungsprozess.

Unbefugt ist die Verwendung von Daten, wenn sie gegenüber einer natürlichen Person Täuschungscharakter hätte.

Vermögensschaden liegt vor, wenn der wirtschaftliche Gesamtwert gemindert wird (La/Kü § 263 Rn. 36).

Rechtswidrigkeit der Bereicherung ist gegeben, wenn der Täter keinen Anspruch auf den Vermögensvorteil hat.

Überblick 194

§ 263a StGB schließt die Lücke des Betruges, wenn es nicht zur Täuschung eines Menschen, sondern zur Beeinflussung eines Datenverarbeitungsvorganges kommt. Bezüglich des Vermögensschadens und des subjektiven Tatbestandes gelten jedoch die Ausführungen beim Betrug entsprechend.

Tathandlungen 195

Das Ergebnis eines Datenverarbeitungsvorganges muss beeinflusst werden durch eine von 4 Tatalternativen:

- **Variante 1: Unrichtige Gestaltung des Programms**
  Gemeint sind Programmmanipulationen, also täuschungsäquivalente Beeinflussungen des Programms. Ein Programm ist unrichtig, wenn nicht ein dem Zweck der jeweiligen Datenverarbeitung entsprechendes, objektiv zutreffendes Ergebnis entsteht.[161]

  Beispiele
  Hinzufügen, Löschen oder Verändern einzelner Programmteile.

- **Variante 2: Verwendung unrichtiger oder unvollständiger Daten**
  Hiervor sind Eingabemanipulationen erfasst. Dies ist der Fall, wenn eingegebene Daten in einen anderen Zusammenhang gebracht oder unterdrückt werden.

  Beispiel
  Angestellter L eines großen Versicherungskonzerns bewirkt, dass Leistungszahlungen für nicht existierende Versicherungsnehmer auf ein von ihm eingerichtetes Konto ausgezahlt werden.

- **Variante 3: Unbefugte Verwendung von Daten**
  Diese Variante erfasst Fälle, bei denen korrekte Daten bei ordnungsgemäß funktionierenden Programmen durch einen Nichtberechtigen verwendet werden. Die Auslegung des Merkmals „unbefugt" ist streitig, es birgt die Gefahr, den Tatbestand uferlos zu erweitern.
  Nach der subjektiven Auslegung soll unbefugt handeln, wer Daten entgegen dem ausdrücklichen oder mutmaßlichen Willen des Berechtigten verwendet. Zur Begründung wird der Wortlaut angeführt, wobei in anderen Vorschriften das Merkmal unbefugt ebenso subjektiv ausgelegt werde.[162]
  Nach der computerspezifischen Auslegung soll die Variante entsprechend der Überschrift „Computerbetrug" nur erfüllt sein, wenn eine nicht ordnungsgemäße Einwirkung auf das Programm vorläge. Es muss demnach also zu einer Beeinflussung der Funktionsweise des Datenverarbeitungsprozesses kommen. Bei regulärer Bedienung wäre eine Strafbarkeit ausgeschlossen.[163]
  Nach h.M. bedarf es einer „betrugsspezifischen" Auslegung. Unbefugt ist die Verwendung danach, wenn sie gegenüber einer Person Täuschungscharakter hätte. Die systematische Stellung der Vorschrift hinter dem Betrugstatbestand und die Gefahr einer uferlosen Weite des Straftatbestandes gebietet diese restriktive Auslegung. Es ist also zu fragen, ob die Täuschung eines Menschen vorliegen würde, stünde anstelle des Computers ein Mensch. Wird dies bejaht, handelt es sich nach der betrugsspezifischen Auslegung der h.M. um unbefugte Verwendung von Daten.

161 Joecks § 263, Rn. 10.
162 Scheffler/Dressel NJW 2000, 2646.
163 OLG Celle NStZ 1989, 367.

Beispiele

Eingabe von rechtswidrig erlangten Zugangscodes (PIN) an Bankautomaten; Verwendung der durch „Phishing" erlangte Zugangsdaten (TAN) eines Kontos beim Online-Banking; Einkauf mit Kartenzahlung im POS-System[164] durch den Nichtberechtigten.

Nicht: Verwendung dienstlicher Internet-Zugänge für private Zwecke; Überschreitung der Verfügungsbefugnis bei vom Berechtigten übergebener Bankkarte; Überschreitung des Kreditrahmens bei Bankautomat durch Berechtigten (lediglich im Verhältnis zu einem Dritten – hier Arbeitgeber/Berechtigter/Bank – unberechtigte Nutzung ist nicht erfasst; eine bloße Verwendung gegen den Willen des Berechtigten reicht nicht aus).

- **Variante 4: Sonstige unbefugte Einwirkung**
  Dies ist ein Auffangtatbestand, von dem insbesondere das Leerspielen von Geldspielautomaten durch Kenntnis des Programmablaufs erfasst sein soll.[165]

196

Verwendung der Maestro-Karte („EC-Karte, Girocard")	am Geldautomat oder beim Einkauf mit Geheimnummer (POS-Verfahren[166])	beim Einkauf mit Unterschrift (Lastschriftverfahren[167])	Entladen der Geldkarte
entwendete Karte	§ 263a Var. 3 StGB	§ 263 z.N. des Händlers, da es an einer Zahlungsgarantie der Bank fehlt	§ 242 StGB (§ 263a mitbestrafte Nachtat)
manipulierte, gefälschte Karte	§ 263a Var. 2 StGB		§ 152a StGB
Benutzung durch Karteninhaber außerhalb des Verfügungsrahmens der Bank	h.M.: keine Betrugsähnlichkeit, keine unbefugten Daten; es kommt lediglich ggf. § 266b StGB in Betracht[168]		technisch nicht möglich
Benutzung durch Bevollmächtigten außerhalb des Verfügungsrahmen des Berechtigten	h.M. keine Betrugsähnlichkeit, daher kein § 263a StGB (ggf. § 263 StGB durch Ablieferung beim Karteninhaber)		ggf. §246 StGB

197 **Vermögensschaden und subjektiver Tatbestand**

Aufgrund der Anlehnung des Tatbestandes an dem des Betruges entsprechen die übrigen Tatbestandsmerkmale die dem des Betruges, vgl. dazu Rn. 175.

198 **Vorbereitungshandlungen § 263a Abs. 3 StGB**

In § 263a Abs. 3 StGB werden Vorbereitungshandlungen zum Computerbetrug unter Strafe gestellt.

199 **Versuch**

Strafbarkeit des Versuchs ergibt sich aus § 263a Abs. 4 i.V.m. § 263 Abs. 2 StGB.

164 „Point of Sales" = automatisiertes Lastschriftverfahren mit Online-Überprüfung der Karte und Einlösegarantie der kartenausgebenden Bank.

165 Vgl. dazu BGHSt 40, 331.

166 „Point of Sales" = automatisiertes Lastschriftverfahren mit Online-Überprüfung der Karte und Einlösegarantie der kartenausgebenden Bank.

167 Karte wird beim Einkauf vorgelegt, mit Unterschrift auf dem Ausdruck wird Zahlung veranlasst.

168 Siehe dazu im Einzelnen unten, Rn. 207.

Strafverfolgung 200

§ 263a Abs. 2 StGB verweist auch auf § 263 Abs. 4 StGB, der wiederum auf §§ 247, 248a StGB führt. Zur Verfolgung des Computerbetruges z.N eines Angehörigen pp. bedarf es eines Strafantrages. Gleiches gilt, wenn der Vermögensschaden gering ist, also unter ca. 50 € liegt.

Konkurrenzen 201

Innerhalb des Tatbestandes geht Var. 1 der Var. 2 vor. Var. 4 ist regelmäßig subsidiär, da Auffangtatbestand. Diebstahl und spätere Nutzung der Codekarte stehen in Tatmehrheit zueinander.

3.3 Missbrauch von Scheck- und Kreditkarten, § 266b StGB

202
- ***Aufsatz-Literatur:*** *Eisele JURA 2002, 305 (Strafrechtliche Verantwortlichkeit beim Missbrauch kartengestützter Zahlungssysteme); Meder NJW 2002, 2215 (Kreditkartenmissbrauch im Fernabsatz).*
- ***Leitentscheidungen:*** *BGHSt 47, 160 (Benutzung an Geldautomaten an fremden und kartenausstellenden Banken).*
- ***Übungsfälle:*** *Klesczewski/Hawickhorst JA 2015, 109 („Angemessenheit ist (k)eine Frage des Kreditrahmens").*

203

Missbrauch von Scheck- und Kreditkarten
§ 266b StGB

I. Tatbestandsmäßigkeit

1. Objektiver Tatbestand

a) Verwendung einer

1. Alt: Scheckkarte
oder
2. Alt.: Kreditkarte

b) Tathandlung
Missbrauch der Möglichkeit zur Zahlungsveranlassung durch den Inhaber

c) Vermögensschaden beim Aussteller

2. Subjektiver Tatbestand

Vorsatz

II. Rechtswidrigkeit

III. Schuld

IV. Ergebnis

Missbrauch der Möglichkeit der Zahlungsveranlassung liegt vor, wenn der Karteninhaber im Rahmen des rechtlichen Könnens unter Überschreitung des rechtlichen Dürfens im Innenverhältnis handelt.

Vermögensschaden liegt vor, wenn der wirtschaftliche Gesamtwert gemindert wird (La/Kü § 263 Rn. 36).

204 **Überblick**

§ 266b StGB ist ein echtes Sonderdelikt. Täter kann nur der Inhaber der entsprechenden Karte sein. Kartenmissbrauch durch Nichtberechtigte erfüllt den Tatbestand § 263a StGB bzw. § 263 StGB, vgl. Rn. 196.

Geschützt ist durch die Vorschrift das Vermögen des Kartenausstellers.

205 **Scheckkarte**

Die Bestrafung des „Scheckkarten"-Missbrauchs ist schon deshalb problematisch, weil es die Scheckkarte in diesem Sinne nicht mehr gibt. Zum 1.1.2002 wurde das Euroscheckverfahren eingestellt. Seitdem ist die landläufig bezeichnete „Euroscheckkarte" nur noch Zahlungskarte (Codekarte), die bis dahin bestehende Garantiefunktion bei Zahlung mit Euroscheck besteht nicht mehr.

Da durch § 266b StGB der Missbrauch der Garantiefunktion der Karte bestraft werden soll, deren Umfang sich aber jeweils unterscheidet, ist der Anwendungsbereich von § 266b

StGB bei Verwendung der „Scheckkarte" als Codekarte streitig, es muss unterschieden werden:

- Wird die Karte bei der Zahlung im Geschäft neben der Unterschrift auf dem Beleg eingesetzt, tritt die Garantiefunktion der Karte nicht allein durch Überlassung der Karte, sondern vielmehr in Verbindung mit der Unterschrift ein. Dieser Fall ist nach überwiegender Auffassung nicht von § 266b StGB erfasst.[169]
- § 266b StGB greift nach h.M. beim missbräuchlichen Einsatz der Karte bei Zahlung im Lastschriftverfahren mit PIN[170] durch den Berechtigten. Denn trotz der Online-Überprüfungen hinsichtlich der Karte hat sie eine dem Garantievertrag ähnliche Funktion.
- Beim Geldautomatenmissbrauch bei einer Bank, die nicht die kartenausstellende ist, kann nach dem Bundesgerichtshof nichts anderes gelten.[171] Da es jedoch auch dann zu einer Online-Überprüfung der Karte kommt, ist das Ergebnis zumindest zweifelhaft.[172] Wird die Karte bei der kartenausstellenden Bank eingesetzt, so liegt lediglich ein 2-Partner-Verhältnis vor. Dies ist von § 266b StGB nicht erfasst, dazu sogleich, nächste Randnummer.

Kreditkarte 206

Dem Einsatz einer Kreditkarte ist die Garantiezusage eigen. Gemeint sind hier nur Kreditkarten im 3-Partner-System, wie sich aus dem Wortlaut der Vorschrift ergibt (... den Aussteller zu einer Zahlung zu veranlassen ...). Dabei verpflichtet sich das Kreditkartenunternehmen zur Zahlung an die Vertragspartner, i.d.R. abzüglich eines Service-Entgelts.

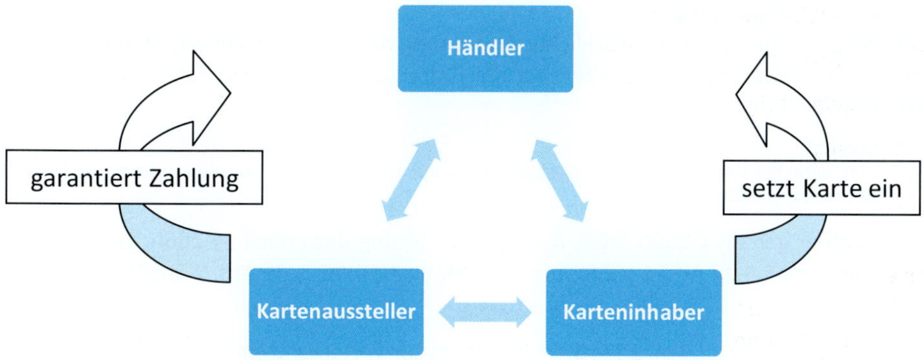

Nicht erfasst sind Karten im 2-Personen-Verhältnis, wie etwa Kundenkarten. Denn dabei wird lediglich ein Kredit eingeräumt, aber keiner „zur Zahlung veranlasst".

169 Fischer § 266b, Rn. 6a.
170 „Point of Sales" = automatisiertes Lastschriftverfahren mit Online-Überprüfung der Karte und Einlösegarantie der kartenausgebenden Bank.
171 Streitig, so BGHSt 47, 160.
172 So auch Fischer § 266b, Rn. 9.

207 **Missbrauch durch den Inhaber der Karte**

Nach dem Wortlaut der Vorschrift („.... Überlassung einer Scheckkarte oder einer Kreditkarte ...“) ist nur der Inhaber der entsprechenden Karte tauglicher Täter, die Vorschrift ist ein echtes Sonderdelikt. Der Inhaber muss die ihm eingeräumte Möglichkeit, den Aussteller zu einer Zahlung zu veranlassen, missbrauchen. Dies ist der Fall, wenn der Täter die Karte in Ausnutzung des rechtlichen Könnens im Außenverhältnis unter Überschreiten des rechtlichen Dürfens im Innenverhältnis einsetzt. Das Innenverhältnis bestimmt sich allein nach den Vertragsverhältnissen. Missbrauch liegt vor, wenn der Aussteller gegenüber dem Vertragsunternehmen wirksam zur Zahlung verpflichtet wurde und der Täter nach seinem Einkommens- und Vermögensverhältnissen zum Kontoausgleich außerstande ist.[173]

Beispiel

A verschaffte sich mittels gefälschten Personalausweises ein Konto in der Absicht, mit den ausgestellten Kredit- und Bankautomaten-Karten das Konto zu überziehen, ohne den Schaden auszugleichen. Sie kaufte wiederholt mit der Kreditkarte ein und hob an unterschiedlichen Banken Geld ab.

A hat sich zunächst wegen Betruges und Urkundenfälschung strafbar gemacht. Wegen des Karteneinsatzes hat sich A in mehreren Fällen wegen § 266b StGB strafbar gemacht, bezüglich des Geldabhebens allerdings nur, soweit dies an einer nicht die Karte ausstellenden Bank erfolgte. Das Abheben des Geldes an der Hausbank ist straflos.

208 **Vermögensschaden**

Der Vermögensschaden entspricht dem des Betruges, vgl. dazu Rn. 175.

209 **Subjektiver Tatbestand**

Der Tatbestand muss mindestens eventualvorsätzlich begangen werden.

210 **Versuch und Beteiligung**

Der Versuch ist mangels ausdrücklicher Anordnung nicht strafbar. Zudem ist die Vorschrift ein echtes Sonderdelikt: Täter kann nur der Karteninhaber sein. Für Teilnehmer gilt § 28 Abs. 1 StGB.[174]

Beispiel

B setzt seine Kreditkarte über die zugesagte Deckungssumme ein. Dazu wurde er von seiner Lebensgefährtin A angestiftet.

B ist strafbar gemäß § 266b StGB, A wegen Anstiftung dazu nach §§ 266b, 26 StGB. Ihre Strafe ist gemäß § 28 Abs. 1 StGB unter den Maßgaben des § 49 Abs. 1 StGB zu mildern.

211 **Strafverfolgung**

Gemäß § 266b Abs. 2 i.V.m. 248a StGB bedarf es zur Verfolgung eines Strafantrages, wenn der Vermögensschaden geringwertig ist, also unter ca. 50 € liegt. Dies ist nicht der Fall, wenn die Staatsanwaltschaft wegen des besonderen öffentlichen Interesses an der Strafverfolgung ein Einschreiten für geboten hält.

212 **Konkurrenzen**

Bei mehreren Abhebungen/Einkäufen besteht Tatmehrheit. § 266b StGB ist lex specialis zu § 266 StGB. Wird vorher die Karte betrügerisch erlangt, so steht § 266b StGB dazu in Tateinheit.[175]

---

173 Sch/Sch-Lenckner/Perron § 266b, Rn. 9.
174 Siehe dazu im Einzelnen Band 1, Rn. 357 ff.
175 Str., so BGHSt 47, 160 (169).

3.4 Versicherungsmissbrauch, § 265 StGB

Versicherungsmissbrauch, § 265 StGB

I. Tatbestandsmäßigkeit

1. Objektiver Tatbestand

   a) Sache, die versichert ist gegen Untergang, Beschädigung, Beeinträchtigung der Brauchbarkeit, Verlust oder Diebstahl

   b) Tathandlung
      - Beschädigen
      - Zerstören
      - Brauchbarkeitsbeeinträchtigung
      - Beiseiteschaffen
      - Überlassen der Sache an einen anderen

2. Subjektiver Tatbestand

   a) Vorsatz

   b) Absicht, sich oder einem Dritten Leistungen aus der Versicherung zu verschaffen

II. Rechtswidrigkeit

III. Schuld

IV. Ergebnis

213

Sachen sind alle körperlichen Gegenstände im Sinne von § 90 BGB.

Versichert ist eine Sache, wenn ein formeller Versicherungsvertrag über sie besteht.

Beschädigen ist jede nicht ganz unerhebliche Substanzverletzung.

Zerstören ist eine so weitgehende Beschädigung einer Sache, dass ihre Gebrauchsfähigkeit völlig aufgehoben wird (RGSt 8, 33).

Unbrauchbar machen ist eine Einwirkung auf die Sache, welche ihre ordnungsgemäße Verwendungsfähigkeit aufhebt.

Beiseiteschaffen ist das körperliche Wegschaffen einer Sache, um sie dem Zugriff der Versicherung zu entziehen.

Überlassen ist die einverständliche Weitergabe an einen Dritten.

Überblick 214

Die Vorschrift verfolgt den Zweck, dem Missbrauch von Versicherungen bereits im Vorfeld nachdrücklicher entgegenzutreten. Anlass gaben u.a. die organisierten Kfz-Verschiebungen ins Ausland.[176] Geschützt wird in erster Linie das Vermögen von Sachversicherungen, insbesondere von Kfz-Kasko-Versicherungen, Gebäude- und Hausratsversicherungen; Einbruchsdiebstahlversicherungen. Darüber hinaus soll auch das Allgemeingut der Funktionsfähigkeit der Versicherungswirtschaft geschützt sein. § 265 StGB ist ein vom Betrug abzugrenzender selbstständiger Tatbestand; erfasst sind Vorbereitungshandlungen zum Versicherungsbetrug.

176 BT-Drs. 13/8587.

215 **Tatobjekt: Versicherte Sache**

Tatobjekt sind Sachen, die gegen bestimmte Risiken versichert sind. Entscheidend ist der formell bestehende Versicherungsvertrag, auf die materielle Gültigkeit kommt es nicht an.[177]

Beispiel
A hat eine Feuerversicherung abgeschlossen, aber noch keine Rate bezahlt. Er beauftragt T, sein Bistro anzuzünden. So geschieht's.

T hat sich nach § 265 StGB strafbar gemacht. Zwar ist der Versicherer gemäß § 38 Abs. 2 VVG (Versicherungsvertragsgesetz) von der Zahlung der Versicherungssumme frei, da noch keine Prämie gezahlt wurde. Dies ist aber unerheblich, allein der formell bestehende Versicherungsvertrag ist entscheidend. Unerheblich ist auch nicht eine Nichtigkeit des Versicherungsvertrages wegen Überversicherung nach § 74 Abs. 3 VVG.[178]

216 **Tathandlungen**

Als Tathandlungen sind Einwirkungen auf die Sache erfasst, die als versichertes Risiko vom Versicherungsvertrag umfasst sind.

- **Beschädigen/Zerstören**
  Die Merkmale entsprechen dem der Sachbeschädigung bei § 303 StGB, vgl. Rn. 294 f.
- **Brauchbarkeitsbeeinträchtigungen**
  Damit ist insbesondere die nicht unwesentliche Minderung der Funktionsfähigkeit ohne Substanzverletzung gemeint, die dann aber kaum als Risiko versichert ist. Daher ist diese Variante wohl ein gesetzgeberischer Fehlgriff.[179]
- **Beiseiteschaffen**
  Damit ist das Wegbringen einer Sache gemeint. Allein die wahrheitswidrige Behauptung des Abhandenkommens erfüllt diese Variante nicht. Ausreichend ist aber, dass die Sache vor der Versicherung verborgen wird.[180]

  Beispiel
  Nach einem Sturm sind an einem Haus mehrere Schäden entstanden, die der Versicherungsvertreter in Augenschein nimmt. Hausherr H versteckt im Keller einen Sichtschutz des Zauns mit der Behauptung, dieser sei beim Sturm weggeweht worden.

- **Überlassung der Sache an einen anderen**
  Die Sache kann entgeltlich oder unentgeltlich, ggf. auch nur leihweise, einem anderen überlassen worden sein. Nicht erforderlich ist, dass der andere von der Absicht des Täters weiß, ein kollusives Zusammenwirken ist nicht erforderlich.

  Beispiel
  A verkauft sein Laptop an den gutgläubigen B. Der Versicherung meldet A sein Laptop als gestohlen.

A und B haben sich gemäß § 265 StGB strafbar gemacht.

217 **Subjektiver Tatbestand**

Bezüglich der Tathandlungen ist Eventualvorsatz ausreichend. Zudem muss der Täter aber in der Absicht (zielgerichtetes Wollen) handeln, sich Versicherungsleistungen zu verschaffen. Dies fehlt dem Dieb einer versicherten Sache.

177 BGHSt 35, 261.
178 BGHSt 8, 343.
179 Sch/Sch-Perron § 265, Rn. 8.
180 Geppert JURA 1998, 384.

Versuch 218

Die Tat ist mit Erfüllung des Tatbestandes vollendet. Versuch ist gemäß § 265 Abs. 2 StGB strafbar. Es gelten die allgemeinen Regeln. Damit wird die Strafbarkeit rechtstaatlich bedenklich weit vorverlagert.

Beispiel
A wählt die Telefonnummer eines Bekannten, dem er seinen Fernseher verkaufen möchte. Der Bekannte geht aber nicht ans Telefon.

A hat sich gemäß §§ 265, 22, 23 StGB des versuchten Versicherungsmissbrauchs strafbar gemacht, wenn er in der Absicht handelte, später eine entsprechende Falschmeldung an seine Versicherung zu geben. Dies wird freilich in der Praxis kaum zu beweisen sein.

Beteiligung 219

Beteiligung ist nach den allgemeinen Regeln möglich. Nach h.M. ist derjenige, der vom Eigentümer eine Sache erhält in dem Wissen, dass dieser in der Absicht des Versicherungsmissbrauchs handelt, nicht Mittäter der Überlassung einer Sache, sondern Täter des Beiseiteschaffens.[181]

Beispiel
B kauft ein Fahrrad von A sehr günstig. Er weiß, dass A es später der Versicherung als gestohlen melden wird.

B hat sich des Versicherungsmissbrauches gemäß § 265 StGB (Beiseiteschaffen) schuldig gemacht. Ebenso hat sich A wegen § 265 StGB (Überlassung) strafbar gemacht.

Konkurrenzen 220

Die Tat ist gemäß § 265 Abs. 1 a.E. StGB in Bezug auf § 263 StGB formell subsidiär. Dies bedeutet, dass die Tat hinter § 263 StGB zurücktritt. Dies gilt auch für den versuchten Betrug.

Beispiel
A hat sein Fahrrad verschenkt, meldet es gleichwohl der Polizei und seiner Fahrradversicherung als gestohlen. Bevor es zu einer Auszahlung der Versicherungssumme kommt, ermittelt die Polizei den wahren Sachverhalt.

A hat sich neben einer Strafbarkeit gemäß § 145d StGB (Vortäuschen einer Straftat) gemäß §§ 263 Abs. 1, 22, 23 StGB wegen versuchten Betruges strafbar gemacht. Der ebenfalls verwirklichte § 265 StGB tritt dahinter aufgrund formeller Subsidiarität zurück.

Tritt der Täter vom versuchten Versicherungsbetrug zurück, verbleibt es bei einer Strafbarkeit wegen § 265 StGB.

Beispiel
A hat sein Fahrrad verschenkt, um es sodann bei der Versicherung als gestohlen zu melden. Kurz nach der Meldung bei der Versicherung bekommt er ein schlechtes Gewissen. Er offenbart der Versicherung den wahren Sachverhalt.

A ist vom versuchten Versicherungsbetrug wirksam gemäß § 24 StGB zurückgetreten, es verbleibt aber eine Strafbarkeit gemäß § 265 StGB.[182]

Tateinheit besteht mit §§ 303, 306, 306a, 306b StGB. Bei falscher Anzeige bei der Polizei steht § 145d StGB (Vortäuschung einer Straftat) dazu in Tatmehrheit.

---

181 Fischer § 265, Rn. 7; W-Hillenkamp, Rn. 654.
182 So auch Fischer § 265, Rn. 17.

3.5 Erschleichen von Leistungen, § 265a StGB

221 • ***Aufsatz-Literatur:*** *Mosbacher NJW 2018, 1069 (Sitzen fürs Schwarzfahren); Bock JA 2017, 357 (Erschleichen von Leistungen); Leidig/Lange DRiZ 2016, 98 (Schwarzfahrer entkriminalisieren?); Exner JuS 2009, 990 (Strafbares Schwarzfahren als ein Lehrstück juristischer Methodik); Bosch JA 2009, 470 (Besprechung zum BGH-Urteil hinsichtlich Beförderungserschleichung); Stiebig JURA 2003, 699 („Erschleichen" i.S.d. § 265a Abs. 1 Alt. 3 StGB); Hinrichs NJW 2001, 932 (Die verfassungsrechtlichen Grenzen der Auslegung des Tatbestandsmerkmals „Erschleichen" usw.).*

• ***Leitentscheidungen:*** *BGH NJW 2009, 1091 (Auslegung des Tatbestandsmerkmals „Erschleichen"). BVerfG NJW 98, 1135 (Auslegung des Tatbestandsmerkmals „Erschleichen").*

• ***Übungsfälle:*** *Jerouschek/Kölbel JuS 2001, 780 (§§ 265a, 263a, 263 StGB); Hellmann/Beckemper JuS 2001, 1095 (§§ 265a, 263a, 263, 268 StGB).*

222

Erschleichen von Leistungen, § 265a StGB

I. Tatbestandsmäßigkeit

1. Objektiver Tatbestand

a) Tathandlung

Erschleichen
- der Leistung eines Automaten
- der Leistung eines öffentlichen Zwecken dienenden Telekommunikationsnetzes
- einer Beförderungsleistung
- des Zutritts zu einer Veranstaltung

b) Vermögensschaden

2. Subjektiver Tatbestand

a) Vorsatz

b) Absicht, das Entgelt nicht zu entrichten

II. Rechtswidrigkeit

III. Schuld

IV. Ergebnis

Erschleichen ist das Erlangen der Leistung durch unbefugtes und ordnungswidriges Verhalten unter Umgehung von Kontroll- oder Zugangssperren, Sicherheitsvorkehrungen o.ä. (vgl. Fi § 265a, Rn. 3).

Automat i.S.v. § 265a ist ein technisches Gerät, dessen Steuerung entweder durch Barentrichten des Entgelts oder durch gleichwertige Eingabe einer Codierung in Gang gesetzt wird und selbstständig eine beliebige Leistung erbringt oder den unmittelbaren Zugang zu ihrer Inanspruchnahme eröffnet (vgl. Fi § 265a, Rn. 11).

Veranstaltung ist ein äußerlich nach seiner Form und Zwecksetzung abgegrenztes Ereignis von vorübergehender Art (Fi § 265a, Rn. 22).

223 **Überblick**

Die Vorschrift ist neben § 263a StGB ein weiterer Auffangtatbestand zum Betrug. Große praktische Relevanz hat die Vorschrift insbesondere bei der Beförderungserschleichung, dem Schwarzfahren. Tendenzen, das einfache Schwarzfahren als Ordnungswidrigkeit herabzustufen, haben sich nicht durchgesetzt.[183] Geschützt ist das Vermögen des Leistungserbringers.

183 BT-Drs. 13/2005; BT-Drs. 13/9064.

Tathandlung: Erschleichen 224

Den Varianten des Tatbestandes gemein ist das „Erschleichen" der genannten Leistungen. Der Begriff ist insbesondere bei der Variante der Beförderungserschleichung umstritten. Nach einer weitverbreiteten Ansicht bedarf es der Umgehung von Kontrollmechanismen und Zugangssperren, also eines betrugsähnlichen äußeren Verhaltens.[184] Nach der Rechtsprechung reicht es für die Beförderungserschleichung aus, dass sich der Täter mit dem „Anschein der Ordnungsmäßigkeit umgibt"[185]. Das Bundesverfassungsgericht hat diese Auslegung des Begriffs verfassungsrechtlich nicht beanstandet.[186]
Zudem ist zu beachten, dass allein entgeltliche Leistungen in § 265a StGB gemeint sind, wie sich aus dem subjektiven Tatbestand („Absicht, das Entgelt nicht zu entrichten") ergibt. Die Varianten des Erschleichens im Einzelnen:

- **Leistung eines Automaten (1. Variante)** 225
  Gemeint sind damit nur Leistungsautomaten, also solche, die (entgeltlich) eine Dienstleistung erbringen.

  Beispiele
  Münzautomaten für: Musikbox, Billardtisch, Kegelanlage, Video-Simulatoren, Sonnenbänke, Fotokopiergeräte, Kfz-Waschanlagen, Gepäckfächer, Peep-Shows.

  Nach h.M. fallen darunter nicht Warenautomaten, bei denen die durch Manipulation bewirkte Warenerlangung in aller Regel ein Eigentumsdelikt ist.

  Beispiel
  Münzautomaten für: Zigaretten, Süßigkeiten, Kaffee, Fahrkarten.

- **Öffentlichen Zwecken dienendes Telekommunikation-Netz (2. Variante)** 226
  Gemäß § 3 Nr. 22 TKG (Telekommunikationsgesetz) ist mit Telekommunikation der technische Vorgang des Aussendens, Übermittelns oder Empfangens von Signalen mittels TK-Anlagen gemeint. Öffentlichen Zwecken dient es, wenn es zur Benutzung für die Allgemeinheit errichtet wurde.

  Beispiele
  Öffentlicher Rundfunk, Internet, Fernsehen.

  Lediglich Schwarzfernsehen oder Schwarzhören, also der Betrieb des Gerätes trotz Unterlassen einer Anmeldung, erfüllt den Tatbestand nicht. Es mangelt an der in dieser Variante erforderlichen Überlistung von Sicherungsmechanismen.

- **Beförderung durch ein Verkehrsmittel (3. Variante)** 227
  Diese Variante erfasst den praktisch häufigsten Fall des § 265a StGB, das Schwarzfahren bei Eisen-, Straßen, U- und S-Bahnen. Nach weitverbreiter Meinung in der Literatur erfordert das strafbewährte Schwarzfahren eine Umgehung von Sicherungsvorrichtungen, nur dann läge ein „Erschleichen" im Sinne des Tatbestandes vor.

  Beispiel
  Überklettern eines Drehkreuzes, welches den Zugang zur U-Bahn regelt.

  Nach Ansicht der Rechtsprechung genügt es, wenn der Täter sich mit dem Anschein der Ordnungsmäßigkeit durch bloße Nutzung des Verkehrsmittels umgibt.

---

184 Fischer § 265a, Rn. 4 f. m.w.N.
185 Z.B.: OLG Frankfurt NStZ-RR 2001, 269. Durch BGH NJW 2009, 1091 bestätigt.
186 BVerfGE NJW 98, 1135.

228 • **Zutritt zu einer Veranstaltung oder Einrichtung (4. Variante)**
Veranstaltung ist eher vorübergehender Natur, zeitlich abgegrenzt. Einrichtung ist eine Sachgesamtheit, die einem bestimmten Zweck dient.

Beispiele
Veranstaltungen: Volkslauf, Konzert, Kino, Vortrag.
Einrichtung: Museum, Hallenbad.

Entscheidend kommt es auf die Erschleichung des Zutritts an, also die Erlangung von körperlicher Anwesenheit durch Umgehung von Sicherungsvorkehrungen. Bloßes Nutzen der Leistung ohne Zutritterschleichung ist nicht vom Tatbestand erfasst.

Beispiel
Jugendliche klettern auf einen Baum und schauen so über einen Zaun, um die Show von sogenannten „Monstercars" mitzuerleben.

Die Jugendlichen haben sich nicht nach § 265a StGB strafbar gemacht.

229 **Subjektiver Tatbestand**

Ausreichend ist der Eventualvorsatz. Dazu muss die Absicht treten, das Entgelt nicht zu bezahlen. Der Vorsatz muss sich insbesondere auf die Entgeltlichkeit beziehen.

Beispiel
A will ein Konzert besuchen und reist dazu mit der S-Bahn an. Er fährt ohne Fahrschein in dem Glauben, die Konzertkarte umfasst auch die Fahrt mit öffentlichen Verkehrsmitteln zum Veranstaltungsort. Dies ist aber bei A's Karte nicht der Fall.

A unterliegt einem Tatbestandsirrtum (§ 16 Abs. 1 StGB), er hat sich nicht strafbar gemacht.

230 **Versuch und Beteiligung**

Vollendet ist die Tat, wenn die Leistung unentgeltlich erlangt wird. Dies ist je nach Art der Leistung im Einzelfall zu bestimmen. Daraus ergibt sich auch, dass es beim Geschädigten zu einem Vermögensschaden kommen muss, § 265a StGB ist ein Erfolgsdelikt. Versuch ist nach § 265a Abs. 2 StGB strafbar. Verschiedene Täterschafts- und Teilnahmeformen sind nach den allgemeinen Regeln möglich.

231 **Strafverfolgung**

§ 265a Abs. 3 StGB verweist auf §§ 247, 248a StGB. Zur Verfolgung der Leistungserschleichung zum Nachteil eines Angehörigen, Vormund oder Betreuers oder eines Verletzten, der mit dem Täter in häuslicher Gemeinschaft lebt, bedarf es zwingend eines Strafantrages. Eines Strafantrages bedarf es auch, wenn der Vermögensschaden geringwertig ist, also unter ca. 50 € liegt; es sei denn, dass die Strafverfolgungsbehörde wegen des besonderen öffentlichen Interesses an der Strafverfolgung ein Einschreiten von Amts wegen für geboten hält.

232 **Konkurrenzen**

Aufgrund formeller Subsidiaritätsklausel des § 265a Abs. 1 a.E. tritt die Tat zurück, wenn sie nach anderen Vorschriften mit schwerere Strafe bedroht ist. Andere Straftaten in diesem Sinne sind nur Straftaten mit gleicher Schutzrichtung, also Vermögensdelikte einschließlich der Eigentumsdelikte. Bei Erschleichen der Leistung durch Täuschung ist daher nur § 263 StGB anwendbar.

Tateinheit ist insbesondere möglich mit § 123 StGB (Hausfriedensbruch).

3.6 Klausur- und Praxishinweise: Betrugsdelikte

§ 263 StGB 233

Bei Betrug steht immer wieder die ausweitende Auslegung des Vermögensschadens im Fokus. Dabei geht es darum, vermeintliche Strafbarkeitslücken nicht entstehen zu lassen. Daher ist die Kenntnis der Fallgruppen, bei denen ein Vermögensschaden auch ohne wirtschaftlichen Schaden nach ganz gefestigter Rechtsprechung bejaht wird, äußerst wichtig.

Da Getäuschter und Geschädigter nicht personenidentisch sein müssen und die Tat zu eigenen oder zugunsten Dritter möglich ist, ist im Obersatz genau die Personenzuordnung zu bezeichnen. Es ist klar zu benennen, zu welchen Lasten und zu welchen Gunsten die Tat erfolgt.

Ist eine Abgrenzung zum Trickdiebstahl notwendig, sollte man in der Prüfung mit dem Delikt beginnen, welches schließlich abgelehnt wird.

Bei Betrug hinsichtlich geringwertiger Sachen, wie zum Beispiel beim Tankbetrug, ist auf Einholung eines Strafantrages zu achten.

§ 263a StGB 234

Beim Computerbetrug ist die Variante der unbefugten Verwendung von Daten die wichtigste. Hier sollte bekannt sein, dass die Variante betrugsspezifisch auszulegen ist. Die Darstellung des Problems sollte sicher beherrscht werden.

§ 265 StGB 235

Das Delikt ist regelmäßig erst nach einem (versuchten) Betrug zu prüfen, auch wenn es zeitlich vor der Betrugshandlung begangen wird. Denn im Fall des vollendeten Betruges tritt es aufgrund der formellen Subsidiarität hinter § 263 StGB zurück, im Falle des versuchten Betruges kann bei der Prüfung des § 265 StGB auf die Absicht, Leistungen aus der Versicherung zu erlangen, verwiesen werden.

Lernkontrolle „Betrugsdelikte“

1	Erläutern Sie kurz Aufbau und Tatbestandsmerkmale des Betruges.
2	Skizzieren Sie die Fallgruppen des Vermögensschadens bei Betrug.
3	Was ist unter „Vermögen“ beim Betrug zu verstehen?
4	Nennen Sie Inhalt und Bedeutung der sogenannten „Stoffgleichheit“ beim Betrug.
5	Nennen Sie 2 Beispiele für die Tatvariante des unbefugten Verwendens von Daten i.S.v. § 263a StGB.
6	Stellen Sie die Strafbarkeit des berechtigten EC-Karten-Nutzers dar, der mit einer entliehenen Karte mehr Geld abhebt, als ihm der Inhaber der Karte zubilligte.
7	Wie ist das „Schwarzfahren“ rechtlich einzuordnen?
8	Definieren Sie die Tathandlungen beim Versicherungsmissbrauch.
9	Erklären Sie das sogenannte 3-Partner-System bei Kreditkarten im Sinne von § 266b StGB.
10	Bestimmen Sie den möglichen Täterkreis bei § 266b StGB und erläutern Sie, wieso in dieser Hinsicht eine Einschränkung besteht.

4 Anschlussdelikte

- ***Übungsfälle:*** *Kühl/Hoffmann-Holland JURA 2013, 408 (Ausflug ins Grüne – Verkehrsdelikte, Anschlussdelikte, Urkundendelikte); Schumann JuS 2010, 529 (Aussage- und Anschlussdelikte).* 236

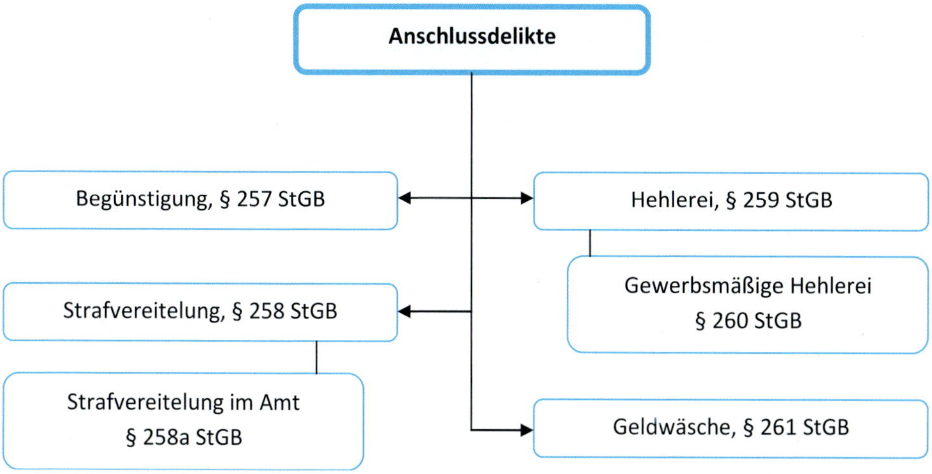

Überblick 237

Unter dem Begriff der Anschlussdelikte sind rechtswidrige Taten zusammengefasst, welche im Fortgang einer rechtswidrigen Tat die Beute sichern bzw. weiterverwerten oder den Täter vor Bestrafung schützen sollen.

Polizeiliche Kriminalstatistik 238

Die Anschlussdelikte (§§ 257, 258, 259–261 StGB) waren 2017 mit rund 27.000 Fällen im Vergleich zum Vorjahr leicht rückläufig. Die Statistik wird dominiert von der Hehlerei. Die Aufklärungsquote bei den Anschlussdelikten betrug – seit Jahren fast gleichbleibend – 2017 95,4 %.[187]

187 BKA, PKS 2017.

4.1 Begünstigung, § 257 StGB

239 • ***Aufsatz-Literatur:*** *Jahn/Palm JuS 2009, 257 (Die Anschlussdelikte: Begünstigung [§ 257 StGB]); Geppert, JURA 2007, 589 (Zum Begriff der Hilfeleistung im Rahmen der Beihilfe [§ 27 StGB] und sachlicher Begünstigung [§ 257 StGB]); Cramer NStZ 2000, 246 (Zur Anwendbarkeit der persönlichen Strafausschließungsgründe gemäß § 258 V und VI auf die Begünstigung).*

240

Begünstigung, § 257 StGB

I. Tatbestandsmäßigkeit
   1. Objektiver Tatbestand
   a) rechtswidrige Vortat eines anderen
   b) Tathandlung: Hilfeleisten
   2. Subjektiver Tatbestand
   a) Vorsatz
   b) Absicht, die Vorteile der Tat zu sichern

II. Rechtswidrigkeit

III. Schuld

IV. Besonderheiten
   1. Persönlicher Strafausschlussgrund
   § 257 Abs. 3 StGB: keine Strafbarkeit von Vortatbeteiligten, es sei denn, diese stiften zur Begünstigung an
   2. Strafverfolgungsvoraussetzung
   - Strafantrag erforderlich, wenn auch Vortat dies erfordert
   - Strafantrag erforderlich bei Geringwertigkeit

V. Ergebnis

Hilfeleisten ist bei Handlungen gegeben, die objektiv geeignet sind und subjektiv mit der Tendenz vorgenommen werden, die durch die Vortat erlangten Vorteile gegen Entziehung zu sichern (vgl. BGHSt 24, 166).

Vorteil der Tat ist jede Besserstellung für den Vortäter, die dieser unmittelbar aus der Straftat erlangt hat.

241 **Überblick**

Während Strafvereitelung persönliche Begünstigung erfasst, wird von § 257 StGB die sachliche Begünstigung pönalisiert. Das Wesen der Begünstigung liegt in der Hemmung der Rechtspflege, die im Falle der Sachbegünstigung dadurch bewirkt wird, dass der Täter die Wiederherstellung des gesetzmäßigen Zustandes verhindert, der sonst durch ein Eingreifen des Verletzten oder von Organen des Staates gegen den Vortäter wiederhergestellt werden könnte. Der Täter der sachlichen Begünstigung beseitigt oder mindert die Möglichkeit, die Wiedergutmachung des dem Verletzten zugefügten Schadens durch ein Einschreiten gegen den Vortäter zu erreichen, das diesem den durch die Vortat erlangten Vorteil wieder entziehen würde.[188]

188 BGHSt 24, 166.

Vortat

242

Tatgegenstand sind Vorteile, die ein anderer aus einer rechtswidrigen (nicht zwingend auch schuldhaften) Tat erlangt hat; Selbstbegünstigung erfüllt den Tatbestand auch dann nicht, wenn der Täter an der Vortat lediglich Teilnehmer war, § 257 Abs. 3 StGB. Vorteile müssen nicht zwingend aus Vermögensdelikten stammen, als Vortat kommen auch beispielsweise Urkunden- oder Bestechungsdelikte in Betracht. Die Vortat muss bereits begangen worden sein. Dabei stellte sich das Problem der Abgrenzung von Begünstigung zur Beihilfe an der Vortat: Hilft der Teilnehmer im Vorbereitungs- oder Versuchsstadium der Tat, liegt Beihilfe zur Vortat vor. Andererseits liegt in der Hilfe nach Beendigung der Tat eine Begünstigung. Problematisch ist der Fall, wenn die Vortat vollendet, aber noch nicht beendet ist. Nach h.M. ist dann (sogenannte sukzessive) Beihilfe wie auch Begünstigung möglich.[189]

Beispiel

A hat mehrere Flachbildschirme aus einem Lagerraum entwendet und hinter dem Firmengelände auf einem Waldweg geschleppt. Da die Beute doch umfangreicher ist als erwartet, ruft er per Handy seinen Freund B an, der mit einem Kleintransporter bei der Abfuhr der Beute hilft.

A hat sich gemäß § 242 StGB wegen Diebstahls strafbar gemacht. Für B kommt eine Strafbarkeit wegen Beihilfe zum Diebstahl wie auch wegen Begünstigung in Betracht. Abzugrenzen sei dies nach der inneren Willensrichtung des Täters: Will er die Tat erfolgreich zu Ende bringen, liegt Beihilfe vor. Will der Helfende das Erlangte gegen die Entziehung sichern, so ist Begünstigung anzunehmen.[190] Nach Sachlage im Beispielsfall ist eher Beihilfe zum Diebstahl anzunehmen, da er dem A hilft, den Diebstahl zu Ende zu bringen.

Tathandlung: Hilfeleisten

243

Beim Hilfeleisten kommt es auf die objektive Eignung der Handlung des Täters an, den Vortäter im Hinblick auf die Vorteilssicherung unmittelbar besserzustellen. Ausreichend ist also nach h.M. die objektive Eignung der Ausführungshandlung, auch wenn sie im Einzelfall misslingt. Denn der Wortlaut der Norm verlangt keinen Hilfeleistungserfolg. Eine Mindermeinung lässt schon die Vorstellung des Täters genügen, dass die Tathandlung geeignet sei, den Erfolg herbeizuführen.[191] Eine objektive Eignung der Handlung wird nicht verlangt. Da aber damit rein subjektive Tendenzen bestraft, der Tatbestand somit überdehnt wird, ist diese Meinung abzulehnen. Zudem wird somit die Straflosigkeit des Versuchs praktisch umgangen.

Die Vorteile müssen durch die Tat unmittelbar erlangt worden sein. Das ist indes keineswegs eine Frage bloßer Sachidentität. Anders als § 259 StGB spricht § 257 StGB nicht von „erlangten Sachen", sondern ganz allgemein von den „Vorteilen der Tat", die beliebiger Natur sein können. Die rechtliche Beurteilung, ob es sich um einen unmittelbaren Vorteil handelt, kann sich stets nur auf den jeweils im konkreten Einzelfall aus einer Straftat erzielten Vorteil beziehen, dessen Restitution vereitelt werden soll. Handelt es sich bei der Vortat um einen Betrug, so ist hiernach der „Vorteil" im Sinne des § 257 StGB der im Sinne des § 263 Abs. 1 StGB erstrebte und – stoffgleich mit dem zugefügten Schaden – erlangte Vermögensvorteil, der aufgrund wirtschaftlicher Betrachtungsweise ermittelt wird. Diese ist auch für die Beurteilung der Frage zugrundezulegen, ob es sich noch um den Vorteil im Sinne des § 257 Abs. 1 StGB handelt.

189 BGHSt 6, 248.
190 Vgl. Joecks § 257, Rn. 8.
191 Seelmann JuS 1983, 34.

244 **Subjektiver Tatbestand**

Eventualvorsatz ist ausreichend. Zudem muss der Täter in Vorteilssicherungsabsicht handeln. Es muss ihm also darauf ankommen, die Wiederherstellung des gesetzmäßigen Zustandes zu verhindern oder zu erschweren.[192] Es muss also aus Sicht des Täters die Entziehung der Sache drohen.

245 **Versuch**

Mangels ausdrücklicher Regelung ist der Versuch nicht strafbar.

246 **Beteiligung**

Beteiligung ist nach den allgemeinen Regeln möglich. Zur Abgrenzung von sukzessiver Beihilfe zur Begünstigung siehe oben, Rn. 23.

Die vorherige Zusage, nach begangener Tat Hilfe zu leisten, ist bereits als psychische Beihilfe zur Vortat strafbar, sodass die anschließend tatsächlich geleistete Hilfe gemäß § 257 Abs. 3 StGB nicht bestraft wird.

247 **Begünstigung durch Unterlassen**

Die Tat ist auch als unechtes Unterlassungsdelikt durch Unterlassen möglich, wenn eine Garantenpflicht zur Verhinderung des Erfolges besteht, § 13 StGB.

Beispiel

Eltern schreiten nicht ein, als der 16-jährige Sohn S mehrere Kartons Zigaretten aus einem Tankstellenraub vor dem Zugriff der Polizei auf dem Dachboden versteckt.

Die Pflicht zum Einschreiten soll sich aus §§ 1627, 1631 BGB ergeben.[193] Demnach hat sich die Mutter wegen Begünstigung durch Unterlassen gemäß §§ 257, 13 StGB strafbar gemacht.

248 **Strafverfolgung**

Für die Strafverfolgung gelten die Sonderregeln § 257 Abs. 4 StGB. Demnach bedarf es eines Strafantrages, wenn das Tatobjekt eine geringwertige Sache ist und dann, wenn die Vortat nur auf Antrag verfolgt wird.

249 **Konkurrenzen**

Tateinheit möglich mit §§ 258, 258a, 145d StGB.

192 Fischer § 257, Rn. 10.
193 So Fischer § 258, Rn. 8.

4.2 Strafvereitelung, § 258 StGB
Strafvereitelung im Amt, § 258a StGB

- ***Aufsatz-Literatur:*** *Jahn/Palm JuS 2009, 408 (Die Anschlussdelikte – Strafvereitelung [§§ 258, 258a StGB]); Satzger JURA 2007, 754 (Grundprobleme der Strafvereitelung); Jerouscheck/Kölbel NJW 2001, 1601 (Souveräne Strafverfolgung); Jerouscheck/Wißmann GA 2000, 51 (Die Strafvereitelung: ein Tatbestand im Meinungsstreit).* 250
- ***Leitentscheidungen:*** *BGHSt 15, 18 (Untätigsein eines Polizeibeamten wegen Arbeitsüberlastung); BGHSt 38, 388 (Garantenpflichten eines Polizeibeamten außerhalb des Dienstes).*
- ***Übungsfälle:*** *JuS 2009, 541 (§§ 249, 211, 258 StGB); JuS 2008, 702 (§§ 258, 153, 315c StGB); Dreher JuS 2007, 456 (Referendarexamensklausur: Verkehrserziehung als Eingriff, §§ 315c, 315b, 258, 267, 153 StGB); Mitsch JURA 2006, 381 („Hilfe nach dem Überfall").*

251

Strafvereitelung (im Amt), § 258 (§ 258a) StGB

I. Tatbestandsmäßigkeit

1. Objektiver Tatbestand

a) rechtswidrige Vortat eines anderen

b) Tathandlung: ganz oder zum Teil Vereiteln
- der Bestrafung/Maßnahme (Abs. 1)
- der Vollstreckung einer Strafe/Maßnahme (Abs. 2)

c) ggf. Qualifikation § 258a StGB
- Amtsträger
- zur Mitwirkung berufen

2. Subjektiver Tatbestand

a) Vorsatz bzgl. der Vortat/Verurteilung

b) Absicht oder direkter Vorsatz bzgl. des Vereitelns

II. Rechtswidrigkeit

III. Schuld

IV. Besonderheiten

1. Persönlicher Strafausschlussgrund
§ 258 Abs. 5 StGB: keine Strafbarkeit, wenn Vereitlungserfolg dem Täter selbst zugutekommt

2. § 258 Abs. 6 StGB: keine Strafbarkeit, wenn zugunsten eines Angehörigen gehandelt wird

V. Ergebnis

Vereiteln ist bereits gegeben, wenn der Täter den staatlichen Anspruch auf Verhängung der Strafe oder Anordnung dahingehend beeinflusst, dass der Vortäter bessergestellt wird.

252 **Überblick**

Strafvereitelung ist persönliche Begünstigung des Vortäters. § 258 StGB ergänzt insofern die sachliche Begünstigung des § 257 StGB. Die Vorschrift ist ein Erfolgsdelikt, es muss also zumindest zu einer Verzögerung der Ahndung kommen. Zu unterscheiden ist die praxisrelevantere Verfolgungsvereitelung (Absatz 1) von der Vollstreckungsvereitelung (Absatz 2).

253 **Vortat**

Erforderlich ist eine rechtswidrige und schuldhafte Tat eines anderen. Entscheidend ist, dass der Vortäter nach dieser Straftat tatsächlich bestraft werden kann. Es dürfen also auch keine Rücktrittsgründe oder persönliche Strafaufhebungsgründe greifen.

Wird nicht die Strafe, sondern eine Maßnahme vereitelt, kommt es auf das Vorliegen deren Voraussetzungen im Einzelfall an.

254 **Tathandlung: Ganz oder zum Teil vereiteln**

Tathandlung der Verfolgungsvereitelung ist, dass der Täter den staatlichen Anspruch auf Verhängung der Strafe oder Anordnung der Strafe oder Maßnahme gegen einen anderen ganz oder zum Teil vereitelt.[194]

Beispiele

Verstecken des Täters; Tatspuren beseitigen; Ermöglichen des Untertauchens im Ausland,[195] wahrheitswidrige Angabe bei der Polizei, nichts zu wissen.

Gänzliche Vereitelung wird nach h.M. bereits angenommen, wenn sich die Ahndung auf geraume Zeit verzögert. Als „geraume Zeit" werden von der h.M. Ahndungsverzögerungen von bereits 10 Tagen erfasst,[196] nach anderer Meinung ist Verzögerung bei 3 Wochen anzunehmen.[197] Vereitelung „zum Teil" liegt vor, wenn der Begünstigte leichter bestraft wird, als er ohne Vereitelungshandlung bestraft worden wäre.

Pflichtgemäßes Handeln durch Strafverteidiger ist nicht tatbestandsmäßig, die Grenzen dessen sind zum Teil noch ungeklärt.[198]

Die Vollstreckungsvereitelung setzt voraus, dass eine rechtskräftig verhängte Strafe oder Maßnahme noch nicht vollständig vollstreckt ist.

255 **Subjektiver Tatbestand**

Eventualvorsatz ist ausreichend. Zudem ist hinsichtlich des Vereitelns mindestens direkter Vorsatz, also sicheres Wissen, erforderlich.

256 **Qualifikation Strafvereitelung im Amt, § 258a StGB**

§ 258a StGB ist eine vorsatzbedürftige Qualifikation für Amtsträger, die zur Mitwirkung bei dem Strafverfahren/Maßnahmenverfahren berufen sind. Die Vorschrift ist ein unechtes Amtsdelikt, da Täter des Grunddeliktes jedermann sein kann. Zum Begriff des Amtsträgers siehe § 11 Abs. 1 Nr. 2 StGB. Insbesondere gehören auch Polizeibeamte zu den Adressaten des § 258a StGB. Hier kommt eine Strafbarkeit vor allem durch Unterlassen in Frage.

194 Fischer § 258, Rn. 7
195 Vgl. dazu BGHSt 45, 97.
196 OLG Stuttgart NJW 1976, 2084; SK-Hoyer § 258, Rn. 14 m.w.N.
197 Lackner/Kühl § 258, Rn. 4.
198 BVerfG StV 2006, 522; vgl. zum Ganzen auch Fischer § 258, Rn. 16 ff. und Lackner/Kühl § 258, Rn. 8 ff.

Beispiel
PK A führt eine allgemeine Verkehrskontrolle durch. Als er seinen Bekannten B kontrolliert, erkennt er, dass dieser offensichtlich alkoholisiert und daher fahruntüchtig ist. Er lässt ihn weiterfahren und unterlässt erforderliche Strafverfolgungsmaßnahmen.

PK A ist gemäß § 163 Abs. 1 S. 1 StPO zur Strafverfolgung verpflichtet, daraus resultiert die nach § 13 StGB erforderliche Garantenstellung. Daher macht er sich gemäß §§ 258, 258a, 13 StGB strafbar.

Der Amtsträger muss zur Strafverfolgung pp. berufen sein. Es reicht dabei eine allgemeine Zuständigkeitszuweisung nicht aus. Vielmehr muss der Beamte bei Strafvereitelung durch aktives Tun durch seine konkrete Amtsstellung in der Lage sein, in das Verfahren einzugreifen; er muss nicht zwingend mit der Sache befasst sein.[199] Bei Strafvereitlung durch Unterlassen kommt es auf die Zuständigkeit des Amtsträgers an.

Praxisrelevant sind nicht nur die Fälle der unterlassenen Einleitung von Strafverfahren. Auch die unterlassene Bearbeitung durch Sachbearbeiter von Kriminal- oder Verkehrskommissariaten kann strafbare Strafvereitelung im Amt darstellen.

Beispiel
KHK A vernachlässigt zunächst die Bearbeitung von Vorgängen, bis er sie schließlich gar nicht mehr bearbeitet.

Anerkannt ist, dass das Unterlassen von Strafverfolgungsmaßnahmen nur dann vorgeworfen werden kann, wenn die verlangte Handlung nach den tatsächlichen Umständen des Falles möglich und zumutbar gewesen ist. Das Recht kann nicht verlangen, über die Leistungsfähigkeit hinaus zu arbeiten. Dies hat der 4. Strafsenat des Bundesgerichtshofes bereits 1960 festgestellt: „Lässt ein Polizeibeamter Strafanzeigen wegen unverschuldeter Arbeitsüberlastung unbearbeitet liegen, so ist dieses Unterlassen nicht rechtswidrig, wenn er seine vorgesetzte Dienststelle rechtzeitig über die Unmöglichkeit sachgemäßer Erledigung unterrichtet hat."[200]

Fraglich und umstritten ist, inwieweit Polizeibeamte außerhalb ihres Dienstes dem Straf- 257
verfolgungszwang aus § 163 Abs. 1 S. 1 StPO unterliegen und ob sie sich bei Nichtbefolgen gemäß §§ 258, 258a, 13 StGB strafbar machen.

Beispiel
PK C erfährt beim Training in seinem Sportverein, dass ein Vereinsmitglied gestohlene Sachen verkauft hat. Er unternimmt nichts.

Bei Beurteilung dieser Fälle sind die besondere Stellung des Polizeibeamten und sein Recht auf Privatsphäre relevant. Daraus folgt jedenfalls, dass die früher vertretene Auffassung, für Polizeibeamte bestehe immer eine Verfolgungspflicht,[201] als unvertretbar abzulehnen ist. Denn dabei wird die soziale Stellung des Beamten gänzlich vernachlässigt.

Zunächst ist festzuhalten, dass eine generelle Bürgerpflicht zur Anzeige von bereits begangenen Straftaten nicht besteht. Für Polizeibeamte wird dies mit Hinweis auf umfassenden Schutz der Privatsphäre zum Teil ebenso nicht verlangt.[202] Nach anderer Meinung wird eine Strafverfolgungspflicht außerhalb des Dienstes aus der besonderen Treuepflicht dem

199 RGSt 73, 297; a.A. SK-Hoyer § 258a, Rn. 4, wonach es auf die Verletzung konkreter Mitwirkungspflichten ankommen soll.
200 BGHSt 15, 18.
201 So noch OLG Stuttgart NJW 1950, 198.
202 Laubenthal JuS 1993, 907.

Staat gegenüber hergeleitet,[203] zum Teil wird diese jedenfalls bei bekannt gewordenen Verbrechen bejaht.[204]

Die h.M. geht von einer eingeschränkten Verfolgungspflicht aus: Der Polizeibeamte soll auch außerhalb des Dienstes zur Verfolgung verpflichtet sein bei schweren, die Öffentlichkeit berührenden Straften. Dann soll er nach Wiederaufnahme des Dienstes die erforderlichen Verfolgungshandlungen durchführen. Wann eine solche schwere Straftat vorliegt, soll nach der Rechtsprechung im Einzelfall zu bestimmen sein. Jedenfalls die Katalogstraftaten des § 138 StGB sollen grundsätzlich eine Verfolgungspflicht auslösen. Danach besteht eine außerdienstliche Verfolgungspflicht bei Straftaten, wie zum Beispiel Totschlag, erpresserischer Menschenraub, Geiselnahme, Raub, räuberische Erpressung oder auch Brandstiftung. Darüber hinaus bedarf es der Abwägung im Einzelfall, ob das öffentliche Interesse privaten Belangen vorgeht. Hierbei ist von entscheidender Bedeutung, ob durch die Straftat Rechtsgüter der Allgemeinheit oder des Einzelnen betroffen sind, denen jeweils ein besonderes Gewicht zukommt. Dies kann auch außerhalb des Katalogs des § 138 StGB bei schweren Straftaten wie z.B. schweren Körperverletzungen, erheblichen Straftaten gegen die Umwelt, Delikten mit hohem wirtschaftlichen Schaden oder besonderem Unrechtsgehalt, der Fall sein. So wird ein Polizeibeamter ungeachtet privater Interessen in der Regel zum Einschreiten verpflichtet sein, wenn er von schwerwiegenden Verstößen gegen das Waffengesetz mit Dauercharakter, nicht auf den Einzelfall beschränktem Handel mit harten Drogen oder Schutzgelderpressung erfährt. Gleiches gilt für Straftaten aus dem Bereich der organisierten Kriminalität, die erfahrungsgemäß auf Wiederholung angelegt sind. Teilt ihm hingegen im Rahmen privater Kontakte ein Bekannter mit, dass er ständig ohne Fahrerlaubnis fahre, so bewirkt dies für den Beamten noch keine Garantenstellung im Sinne des Strafrechts.[205] Nach Ansicht des Bundesverfassungsgerichts ist diese Auffassung nicht zu unbestimmt.[206]

258 **Versuch**

Gemäß § 258 Abs. 4 StGB ist der Versuch strafbar. Es gelten die allgemeinen Regeln.

259 **Beteiligung**

Beteiligung ist nach den allgemeinen Regeln möglich. Für nichtbeamtete Teilnehmer kommen die Privilegierungen von § 258 Abs. 3 und 6 StGB gemäß § 28 Abs. 2 StGB zugute.

> **Beispiel**
> Nachbar N stiftet Polizeibeamten P zur Strafvereitelung zugunsten N`s Sohn an.

P ist strafbar nach §§ 258, 258a StGB. A ist straffrei, da er gemäß § 28 Abs. 2 StGB nur nach §§ 258, 26 StGB bestraft werden kann, aber diesbezüglich der persönliche Strafausschussgrund des § 258 Abs. 6 StGB greift.

260 **Strafvereitelung durch Unterlassen**

Die Tat ist auch als unechtes Unterlassungsdelikt durch Unterlassen möglich, wenn eine Garantenpflicht zur Verhinderung des Erfolges besteht, § 13 StGB.

203 Rosenau/Witteck JURA 2002, 785.
204 Krey, Rn. 628b.
205 BGHSt 38, 388.
206 BVerfG NJW 2003, 1030.

Beispiel
Eltern schreiten nicht ein, als der 16-jährige Sohn S mehrere Kartons Zigaretten aus einem Tankstellenraub vor dem Zugriff der Polizei auf dem Dachboden versteckt.

Die Pflicht zum Einschreiten soll sich aus §§ 1627, 1631 BGB ergeben.[207] Demnach haben sich die Eltern wegen Begünstigung durch Unterlassen gemäß §§ 257, 13 StGB strafbar gemacht. Im Übrigen kommt insbesondere eine Unterlassungstäterschaft bei Polizeibeamten in Betracht, die erforderliche Strafverfolgungshandlung nicht ausüben, vgl. Rn. 256 f.

Persönliche Strafaufhebungsgründe 261

Begeht ein an der Vortat Beteiligter die Vereitelungshandlung nur für sich selbst, so ist sie als persönliche Selbstbegünstigung nicht strafbar. Wer die Tat zugunsten eines Angehörigen begeht, ist gemäß § 258 Abs. 6 nicht nach § 258 StGB strafbar. Dieses Angehörigenprivileg gilt jedoch nicht für Strafvereitelungen im Amt.

Konkurrenzen 262

Tateinheit möglich mit §§ 257, 259 StGB.

207 So Fischer § 258, Rn. 8.

4.3 Hehlerei, § 259 StGB

263 • ***Aufsatz-Literatur:*** *Berghäuser JA 2017, 244 (Sach- und Datenhehlerei); Jahn JuS 2017, 1128 (Entscheidungsbesprechung – Hehlerei); Jahn/Palm JuS 2009, 501 (Die Anschlussdelikte – Hehlerei [§§ 259–260a StGB]); Schwabe/Zitzen JA 2005, 193 (Probleme der Absatzhilfe bei § 259 I StGB); Kudlich JA 2002, 672 (Grundlagen der Hehlerei); Zöller/Frohn JURA 1999, 378 (10 Grundprobleme des Hehlereitatbestandes [§ 259 StGB]).*

• ***Leitentscheidungen:*** *BGHSt-GrSen 7, 134 (Teilnehmer der Vortat können Täter der Hehlerei sein); BGHSt 33, 50 (Mittäter der Vortat kann nicht Täter der Hehlerei sein); BGH StV 2013, 215 (Hehlerei; Vortat; Unterschlagung).*

• ***Übungsfälle:*** *Jansen JA 2017, 750 („Kein Geld für die Disco").*

264

Hehlerei, § 259 StGB

I. Tatbestandsmäßigkeit
   1. Objektiver Tatbestand
      a) Sache
      b) die ein anderer gestohlen oder sonst durch eine gegen fremdes Vermögen gerichtete Tat erlangt hat
      c) Tathandlungen:
         - ankaufen
         - sich oder Dritten sonst verschaffen
         - absetzen
         - absetzen helfen
   2. Subjektiver Tatbestand
      a) Vorsatz
      b) Bereicherungsabsicht

II. Rechtswidrigkeit

III. Schuld

IV. Ergebnis

Durch die Vortat erlangt ist die Sache, wenn tatsächliche Sachherrschaft über sie, sei es auch nur als Mitgewahrsamsinhaber, erreicht wurde (La/Kü § 259, Rn. 6).

Sichverschaffen ist jede mit dem Vortäter einvernehmliche Erlangung der Verfügungsgewalt über die Sache zu eigenen Zwecken.

Ankaufen als Unterfall des Sichverschaffens erfordert nicht nur den Kaufvertrag, sondern auch die Erlangung der tatsächlichen Verfügungsgewalt über eine Sache.

Absetzen ist die im Interesse des Vortäters und mit seinem Einverständnis erfolgte wirtschaftliche Verwertung der Sache durch deren entgeltliche Veräußerung an Dritte (La/Kü § 259, Rn. 14).

Absetzen helfen ist jede Hilfeleistung im Sinne des § 27 StGB bei den Bemühungen des Vortäters um Absatz (BGH NJW 1979, 2621).

265 **Überblick**

§ 259 StGB wendet sich nach der Aufrechterhaltungs-(Perpetuierungs-)-theorie gegen die Aufrechterhaltung einer durch die Vortat geschaffene rechtwidrige Vermögenslage an einer Sache durch Zusammenwirkung mit dem Vortäter. Es handelt sich um ein Vermögensdelikt.

266 **Tatobjekt: Sache, die ein anderer durch gegen fremdes Vermögen gerichtete Tat erlangt hat**

Tatobjekt sind nur körperliche Gegenstände, die aus einer Straftat eines anderen stammen. Weiterverwertung der Sache durch den Vortäter selbst ist nicht tatbestandsmäßig. Nur die Sache, die aus der Vortat direkt stammt, ist taugliches Tatobjekt, nicht die Gegenstände, die als Ersatz für die Beute erlangt wurden.

Beispiel
A hat aus einer Portokasse 50 € entwendet, die er an einem Kiosk wechselt. 10 € des Wechselgeldes schenkt er seiner Freundin F, die in alles eingeweiht ist.

A hat sich wegen Diebstahls gemäß § 242 StGB strafbar gemacht. F hat sich zwar 10 € verschafft, diese sogenannte Ersatzhehlerei ist aber straflos. Das ergibt sich aus dem Wortlaut der Norm: Die 10 € sind nicht „durch" die Tat erlangt.

Die Vortat muss nicht zwingend ein Vermögensdelikt sein. In Betracht kommen neben Diebstahl, Betrug, Raub- und Erpressungsdelikten auch Urkundenfälschung oder eine Hehlerei selbst. Entscheidend ist, dass die Vortat fremdes Vermögen verletzt und zu einer rechtswidrigen Besitzlage geführt hat.[208]

Fraglich ist, ob die Vortat bereits abgeschlossen sein muss oder es ausreicht, dass diese erst mit der Übertragung der Sache auf den Hehler begangen wird.

Beispiel
A hat sich von X ein Fahrrad geliehen. Nachdem er es schon einige Zeit genutzt hat, bietet er es dem B zum Verkauf an, der von der Herkunft des Fahrrads weiß. B bezahlt und übernimmt das Fahrrad.

A hat sich wegen des Verkaufs der veruntreuenden Unterschlagung gemäß § 246 Abs. 1, 2 StGB strafbar gemacht. Zeitgleich mit der Tathandlung der Unterschlagung hat B eine mögliche Hehlereihandlung (ankaufen) begangen. Nach einer Mindermeinung reicht es aus, dass Vortat und Hehlereihandlung zeitlich zusammenfallen.[209] Aus dem Wortlaut der Vorschrift („... erlangt hat ...") folgt jedoch, dass die Vortat bereits abgeschlossen sein muss. Zudem kann eine Vertiefung des rechtswidrigen Zustandes, den § 259 StGB bestrafen will, nur erfolgen, wenn dieser schon besteht. Trifft die Vortathandlung mit einer möglichen Tathandlung des § 259 StGB zeitlich zusammen, ist daher nach h.M. Hehlerei tatbestandlich nicht gegeben. B hat tatbestandlich keine Hehlerei begangen, da die Vortat der Hehlereihandlung nicht vorgelagert war. In Betracht kommt daher Beihilfe zur Vortat.

267

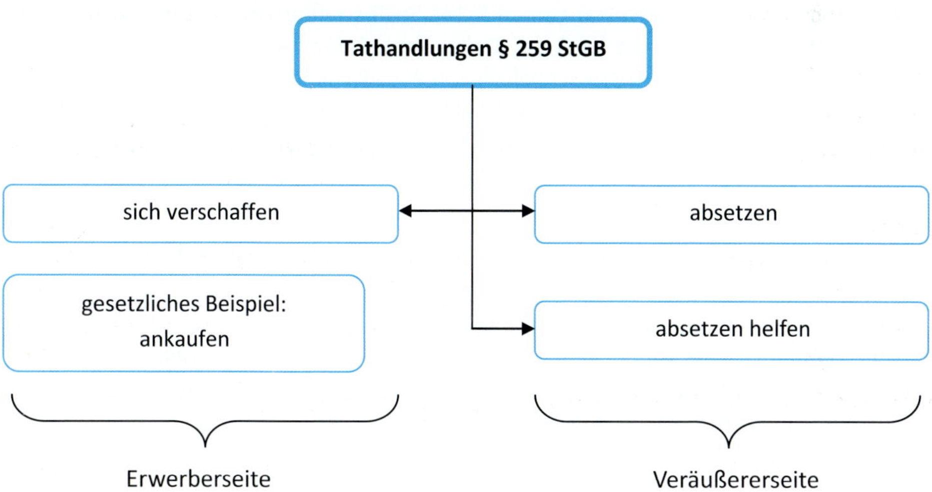

208 Fischer § 259, Rn. 3.
209 Sch/Sch-Stree § 259, Rn. 15.

268 **Tathandlungen**

- **ankaufen**

  Ankaufen ist lediglich der gesetzlich genannte, weil häufig vorkommende Unterfall des Sichverschaffens. Aus dem Sinn der Norm ergibt sich, dass nicht allein das schuldrechtliche Verpflichtungsgeschäft (der Kaufvertrag) ausreicht, es muss vielmehr auch zur Änderung der Besitzlage gekommen sein. Denn § 259 StGB will ja gerade die Aufrechterhaltung und Vertiefung der durch die Vortat entstandenen rechtswidrigen Vermögenslage bestrafen.

- **sich oder Dritten sonst verschaffen**

  Sichverschaffen setzt voraus, dass der Täter die Verfügungsgewalt über die Sache zu eigenen Zwecken erlangt. Beim bloßen Mitverzehr liegt dies nach h.M. nicht vor.[210]

  Beispiel
  A hat mehrere Äpfel gestohlen, die er mit seinem Freund B sodann verzehrt.

  A hat sich wegen Diebstahls strafbar gemacht. B ist straffrei.

- **absetzen**

  Absetzen ist das im Einverständnis mit dem Vortäter wirtschaftliche Verwerten der Sache durch Verkauf. Im Gegensatz zur Absatzhilfe erfolgt das Absetzen selbstständig, unabhängig vom Vortäter.

- **absetzen helfen**

  Absatzhilfe ist Hilfe für den Vortäter bei dessen Bemühungen, die Beute wirtschaftlich zu verwerten. Diese Beihilfehandlungen werden in dieser Variante zur selbstständigen Tat aufgewertet, weil es für die Beihilfe an der rechtswidrigen Haupttat fehlt.

  Beispiel
  A hat ein Handy gestohlen. Sein Freund B kennt jemanden, der genau dieses Modell erwerben möchte. Er stellt den Kontakt her und erhält dafür von A 10 % des Verkaufserlöses.

  A hat sich bezüglich der Vortat gemäß § 242 StGB strafbar gemacht, der Verkauf des Handys stellt keine Straftat für A dar. Daher kann B dazu keine Beihilfe im Sinne von § 27 StGB leisten. Diese Lücke schließt § 259 Abs. 1 Var. 4 StGB. B hat sich wegen der Hilfe zum Absatz gemäß § 259 Abs. 1 Var. 4 StGB strafbar gemacht.

Fraglich ist, ob die Tathandlungen des Absetzen und der Absatzhilfe einen Erfolg voraussetzen.

Beispiel
B will das gestohlene Navigationsgerät verkaufen und vereinbart mit dem vermeintlichen Erwerber ein Treffen. Dieser kommt jedoch nicht.

Nach einer starken Meinung im Schrifttum ist ein Absatzerfolg Voraussetzung für die Strafbarkeit. Denn erst dann sei die einvernehmliche Verschiebung des Tatobjektes gegeben, die die strafbewehrte Hehlerei gerade ausmache. Schließlich spreche auch der Wortsinn „Absetzen" für das Erfordernis eines Erfolges.[211]

---

210 BGHSt 9, 137.
211 La/Kü § 259, Rn. 13 m.w.N.

Nach Ansicht des Bundesgerichtshofes ist jedoch kein Erfolg erforderlich, sodass der Täter auch dann strafbar handelt, wenn die Bemühungen ins Leere laufen.[212] Nach dem Wortlaut sind unter „Absetzen" und „Absetzen helfen" nicht nur die erfolgreichen Bemühungen zu fassen, sondern alle auf den Absatzerfolg gerichteten Tätigkeiten. Zudem ist Strafgrund der Hehlerei das einvernehmliche Zusammenwirken mit dem Täter, das auch schon gegeben ist, wenn der (noch) nicht eingetreten ist. B hat sich daher gemäß § 259 StGB strafbar gemacht trotz des Umstandes, dass es nicht zum Absetzen gekommen ist.

Subjektiver Tatbestand 269

Der Eventualvorsatz muss sich namentlich auf den Umstand beziehen, dass die Sache aus einer rechtwidrigen Tat stammt, wobei dem Täter nicht bekannt sein muss, um welche Tat es sich genau handelt. Zudem muss der Täter in der Absicht handeln, sich oder einen Dritten zu bereichern. Fahrlässige Hehlerei ist nach § 259 StGB nicht strafbar. Wer gewerbsmäßig mit Edelmetallen/Edelsteinen handelt, kann sich in diesem Zusammenhang der fahrlässigen Hehlerei von Edelmetallen und Edelsteinen gemäß § 148b GewO strafbar machen.

Versuch 270

Versuch ist gemäß § 259 Abs. 3 StGB strafbar. Es gelten die allgemeinen Regeln.

Beteiligung 271

Unmittelbarer Täter, mittelbarer Täter und Mittäter der Vortat kann nicht Täter der Hehlerei sein. Dagegen können Teilnehmer der Vortat spätere Hehler sein.[213]

> **Beispiel**
> A begeht einen Kioskeinbruch, bei dem B sich spontan bereit erklärt, „Schmiere zu stehen". Dafür bekommt B eine Stange Zigaretten aus der Beute. Anschließend hilft er A bei dessen Absatzbemühungen hinsichtlich der weiteren Zigarettenstangen.

A hat sich gemäß §§ 242, 243 Abs. 1 Nr. 1 StGB strafbar gemacht. B hat sich wegen Beihilfe zum Einbruchsdiebstahl gemäß §§ 242, 243 Abs. 1 Nr. 1, 27 StGB und wegen Hehlerei gemäß § 259 Abs. 1 Var. 4 StGB strafbar gemacht.

Strafverfolgung 272

§ 259 Abs. 2 StGB verweist auf §§ 247, 248a StGB. Zur Verfolgung der Hehlerei zum Nachteil eines Angehörigen, Vormundes oder Betreuers oder lebt der Verletzte mit dem Täter in häuslicher Gemeinschaft, bedarf es eines Strafantrages. Gleiches gilt, wenn der Vermögensschaden geringwertig ist, also unter ca. 50 € liegt.

Konkurrenzen 273

Werden Sachen gehehlt, welche aus verschiedenen Vortaten stammen, liegt nur eine Hehlerei vor. Ebenso ist es beim Sichverschaffen und dem späteren Absetzen der Beute. Liegt in dem Weiterverkauf ein Betrug, steht dieser in Tatmehrheit zum Sichverschaffen der Hehlerei. Bei Teilnahme an der Vortat und späterer Hehlerei liegt Tatmehrheit vor.

212 BGHSt 26, 358.
213 BGHSt-GrSen 7, 134.

4.4 Gewerbsmäßige Hehlerei, Bandenhehlerei, §§ 259, 260 StGB Gewerbsmäßige Bandenhehlerei, § 260a StGB

274 • ***Aufsatz-Literatur:*** *Jahn/Palm JuS 2009, 501 (Die Anschlussdelikte – Hehlerei [§§ 259-260a StGB]).*
• ***Leitentscheidungen:*** *BGH NStZ 1996, 495 (Bei Bandenhehlerei reicht das Handeln eines Bandenmitglieds).*

275

Gewerbsmäßige Hehlerei, Bandenhehlerei §§ 259, 260 StGB

I. Tatbestandsmäßigkeit
   1. Objektiver Tatbestand
      a) obj. Tatbestand der Hehlerei
      b) - gewerbsmäßig
      oder
      - als Mitglied einer Diebes-, Räuber- oder Hehlerbande
   2. Subjektiver Tatbestand
      a) Vorsatz
      b) Bereicherungsabsicht
II. Rechtswidrigkeit
III. Schuld
IV. Ergebnis

Gewerbsmäßig handelt, wer Taten in der Absicht ausführt, sich dadurch eine regelmäßige Einnahmequelle von einigem Umfang zu verschaffen.

Bande ist eine Gruppe von mindestens 3 Personen, die sich ausdrücklich oder stillschweigend zur Verübung fortgesetzter Taten verbunden hat (vgl. Fi § 244, Rn. 34).

276 **Überblick**
§§ 260, 260a StGB sind Qualifikationen des § 259 StGB. Die Vorschriften wurden insbesondere zur Bekämpfung der organisierten Kriminalität eingeführt.

277 **§ 260 Abs. 1 Nr. 1: Gewerbsmäßigkeit**
Das Merkmal der Gewerbsmäßigkeit führt bei Diebstahl zu einem besonders schweren Fall, § 243 StGB, bei der Hehlerei stellt dies ein Qualifikationsmerkmal dar. Es genügt, dass die Hehlereihandlungen zu einem stetigen Nebenerwerb führen sollen.

278 **§ 260 Abs. 1 Nr. 2 StGB: Bandenhehlerei**
Nach der Grundsatzentscheidung des Bundesgerichtshofes sind zur Erfüllung des Merkmals „Bande“ mindestens 3 Personen erforderlich.[214] Sie müssen sich zur fortgesetzten Begehung – noch nicht zwingend konkretisierter – Diebstahls- oder Raub- oder Hehlereitaten verbunden haben. Es ist ein übereinstimmender „Wille zur Bindung für die Zukunft und für eine gewisse Dauer“ erforderlich.[215] Es reicht auch eine lose Verbindung mit wechselnden Mitgliedern. Nach der o.g. Grundsatzentscheidung reicht es aus, wenn nur

214 BGHSt-GrSen 46, 321.
215 BGHSt NStZ 2004, 398.

1 Bandenmitglied die Tat ausführt, soweit sie im Rahmen der Bandenabrede geschieht. Denn dann begeht auch der Einzelne die Tat als Mitglied der Bande.

Beteiligung 279

Gewerbsmäßigkeit und die Bandenmitgliedschaft sind besondere persönliche Merkmale im Sinne von § 28 Abs. 2 StGB, sodass es bei Teilnehmern zu einer Akzessorietätsdurchbrechung kommen kann.[216]

Beispiel

Freund F stiftet A dazu an, ein gestohlenes Fahrrad zu erwerben. A kauft regelmäßig gestohlene Sachen an, um sich etwas dazuzuverdienen.

A hat sich gemäß §§ 259, 260 Abs. 1 Nr. 1 wegen gewerbsmäßiger Hehlerei strafbar gemacht. F hat sich in Durchbrechung der Akzessorietät lediglich wegen Anstiftung zur Hehlerei strafbar gemacht.

Versuch 280

Versuch ist gemäß § 260 Abs. 2 StGB nach den allgemeinen Regeln strafbar.

§ 260a StGB: gewerbsmäßige Bandenhehlerei 281

Als eine weitere Qualifikation zu § 260 StGB kombiniert § 260a StGB die beiden Merkmale der Gewerbsmäßigkeit und der Bandenmitgliedschaft. Die Tat ist dann ein Verbrechen.

Konkurrenzen 282

Die Qualifikationen verdrängen jeweils das Grunddelikt bzw. die schwächere Qualifikation im Wege der Spezialität.

216 Vgl. dazu im Einzelnen Band 1, Rn. 363 ff.

4.5 Klausur- und Praxishinweise: Anschlussdelikte

283 **§ 257 StGB**

Zu beachten ist insbesondere die Abgrenzung zwischen sukzessiver Beihilfe und Begünstigung.

284 **258 StGB**

Entgegen dem Wortlaut ist nach h.M. das Delikt bereits vollendet, wenn eine erhebliche Ahndungsverzögerung eintritt, welche bereits bei einer Verzögerung von 10 Tagen angenommen wird. Tritt eine darüber hinausgehende Ahnungsverzögerung ein, ist eine Versuchsprüfung verfehlt.

285 **§ 259 StGB**

Hehlereiprüfungen bilden in Klausuren oft die Ergänzung zu anderen Vermögensdelikten. Hier müssen die verschiedenen Tathandlungsalternativen sauber auseinandergehalten werden.

Zu beachten ist, dass der Täter der Vortat nicht selbst Hehler sein kann.

Lernkontrolle „Anschlussdelikte“

1	Erklären Sie kurz Inhalt und die Unterschiede zwischen Begünstigung und Strafvereitelung.
2	Erläutern Sie die Tathandlung der Begünstigung.
3	Stellen Sie die Problematik der Abgrenzung zwischen sukzessiver Beihilfe und Begünstigung dar.
4	Skizzieren Sie den Prüfungsaufbau für Strafvereitelung durch Unterlassen.
5	Unter welchen Voraussetzungen ist ein Polizeibeamter auch außerhalb des Dienstes verpflichtet, Straftaten zu verfolgen?
6	Wann ist die Strafvereitelung in Form des gänzlichen Vereitelns vollendet?
7	Stellen Sie die Tathandlungen der Hehlerei dar.
8	Erläutern Sie den Schutzzweck der Hehlerei.
9	Stellen Sie die verschiedenen Meinungen zur Frage des Absatzerfolges bei der Hehlerei gutachterlich dar.
10	Nennen Sie die Kriterien, die für ein taugliches Hehlereiobjekt entscheidend sind.

5 Sachbeschädigungsdelikte

286 • ***Aufsatz-Literatur:*** *Eisenschmid NJW 2005, 3033 (Neue Strafnormen zur Sachbeschädigung: Das Graffiti-Bekämpfungsgesetz).*

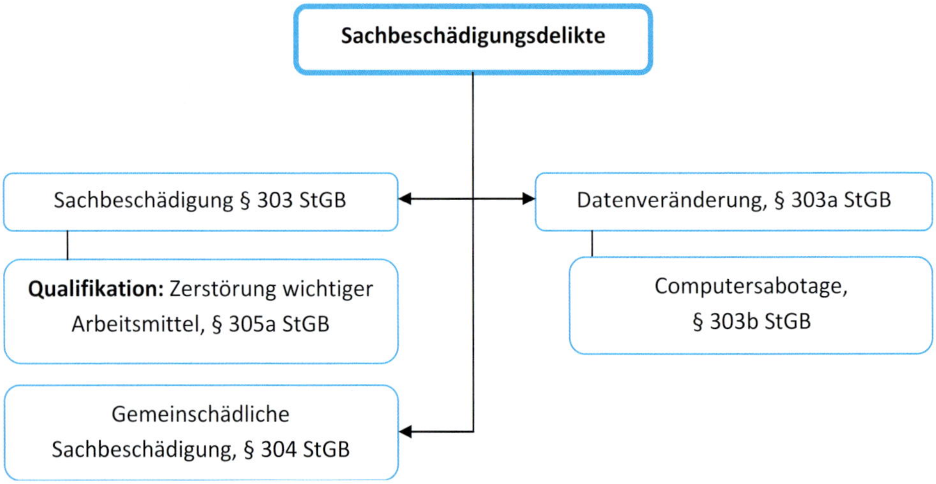

287 **Überblick**

Im 27. Abschnitt des Strafgesetzbuches werden die Sachbeschädigungsdelikte zusammengefasst, die in erster Linie – aber nicht in allen Tatbestandsvarianten – den Eigentumsschutz bezwecken. Auch außerhalb des 27. Abschnittes sind Sachbeschädigungsdelikte normiert, wie zum Beispiel bei § 133 StGB (Verwahrungsbruch) und bei § 274 StGB (Urkundenunterdrückung).

§ 305a StGB ist eine Qualifikation zu § 303 StGB. § 304 StGB ist dagegen aufgrund seiner besonderen Schutzrichtung ein eigenständiger Tatbestand.

§ 303b StGB ist zum Teil eine Qualifikation zu § 303a StGB, zum Teil aber auch eigenständiger Tatbestand.

288 **Polizeiliche Kriminalstatistik**

Die Aufklärungsquote beträgt bei Sachbeschädigungsdelikten (§§ 303 – 305a StGB) seit Jahren ca. 25 %.[217] 2014 wurden nunmehr rund 600.000 Fälle erfasst, was einen Rückgang zum Vorjahr von 3,3 % bedeutet.[218]

217 BKA, PKS 2014 Jahrbuch, S. 28
218 BKA, PKS 2014 Jahrbuch, S. 6.

5.1 Sachbeschädigung, § 303 StGB

- ***Aufsatz-Literatur:*** *Waszczynski JA 2015, 259 (Prüfungsrelevante Problemkreise der Sachbeschädigungsdogmatik); Satzger JURA 2006, 428 (Der Tatbestand der Sachbeschädigung [§ 303 StGB] nach der Reform durch das Graffiti-Bekämpfungsgesetz); Eisenschmid NJW 2005, 3033 (Neue Strafnormen zur Sachbeschädigung: Das Graffiti-Bekämpfungsgesetz); Graul JuS 2000, 215 (Zum Tier als Sache im Sinne des StGB); Eisele, JA 2000, 101 (Sachbeschädigung durch Graffiti); Wallau JA 2000, 248 (Sachbeschädigung als Zueignung?).* 289
- ***Leitentscheidungen:*** *RGSt 74, 14 (Begriff des Beschädigens); OLG München NStZ 2007, 271 (Beschädigen durch „Blenden“ einer Verkehrsüberwachungs-Blitzanlage mittels Reflektoren).*
- ***Übungsfälle:*** *Martin JuS 2009, 364 (Die „Mehrweg“-Fahrkarte: §§ 267, 274, 303, 123 StGB); Fahl JuS 2003, 472 (§§ 315c, 315b, 142, 303, 240 StGB); Fahl JURA 2005, 273 („Nachts sind alle Katzen blau“); Baier JuS 2004, 56 (Referendarexamensklausur: §§ 267 ff, 303, 263 StGB).*

Sachbeschädigung, § 303 StGB

I. Tatbestandsmäßigkeit

1. Objektiver Tatbestand

a) fremde Sache

b) Tathandlung

- beschädigen

oder

- zerstören

oder

- Veränderung des Erscheinungsbildes, die nicht nur vorübergehend und unerheblich ist

2. Subjektiver Tatbestand

Vorsatz

II. Rechtswidrigkeit

III. Schuld

IV. Besonderheiten
relatives Antragsdelikt, § 303c StGB

V. Ergebnis

Fremd ist eine Sache, wenn sie nicht im Alleineigentum des Täters und nicht herrenlos ist. 290

Sache ist jeder körperliche Gegenstand, ungeachtet des Aggregatzustandes.

Beschädigen ist jede nicht ganz unerhebliche körperliche Einwirkung auf die Sache, durch die ihre stoffliche Zusammensetzung verändert oder ihre Unversehrtheit derart aufgehoben wird, dass die Brauchbarkeit für ihre Zwecke gemindert ist (RGSt 74, 14).

Zerstören ist die völlige Aufhebung der Gebrauchsfähigkeit.

Nur vorübergehend sind die Veränderungen, die binnen kurzer Zeit selbst vergehen oder entfernt werden können.

Unerheblich sind Veränderungen, wenn keine Einwirkung auf die Sache vorliegt.

291 **Überblick**

Die Vorschrift dient als Vermögensdelikt im weiteren Sinne dem Schutz des Eigentums vor erheblicher Veränderung. Auf eine Wertminderung durch die Tat kommt es nicht an.

292 **Tatobjekt: fremde Sache**

Tatobjekt ist eine fremde Sache. Fremd sind alle Gegenstände, die nicht im Alleineigentum des Täters sind und nicht herrenlos sind. Maßgeblich sind zivilrechtliche Eigentumsregeln. Herrenlos sind Sachen, an denen Eigentum entweder noch nie bestanden hat oder aufgegeben wurde (Dereliktion, § 959 BGB). Es gelten die Regeln der §§ 958-964 BGB. Sachen im Sinne von § 303 StGB sind entsprechend dem Zivilrecht, § 90 BGB, alle körperlichen Gegenstände. Im Gegensatz dazu sind gemäß § 90a S. 1 BGB Tiere keine Sachen im Sinne des BGB. Sie werden aber rechtlich den Sachen gleichgestellt. Diese zivilrechtliche Festlegung ist nach h.M. auf das Strafrecht nicht übertragbar, da der Sachbegriff nach dem Zweck des Strafgesetzbuches auszulegen sei.[219] Im Strafrecht gelten generell Tiere als Sachen. Ob man nun der zivilrechtlichen oder der strafrechtlichen Regel folgt, Tiere sind jedenfalls taugliche Tatobjekte bei § 303 StGB.

Datenträger sind Sachen, nicht dagegen die Daten selbst.

293

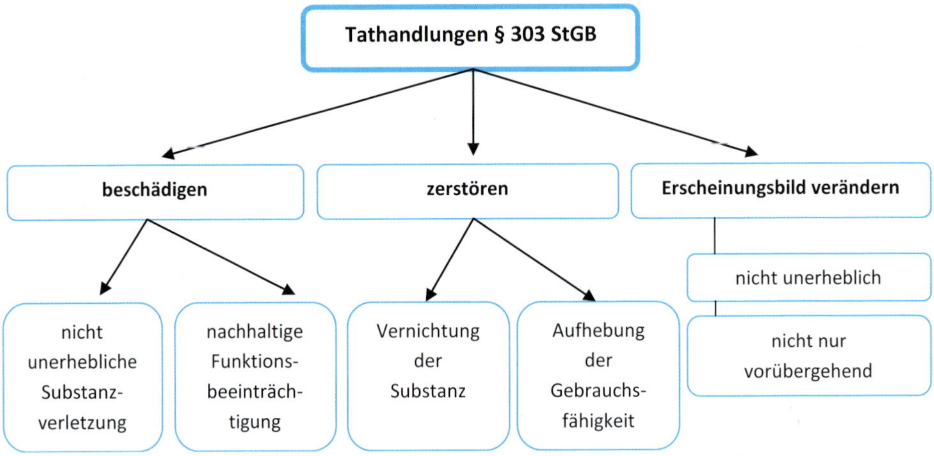

294 **Tathandlungen**

- **beschädigen**

  Damit sind in erster Linie Substanzverletzungen erfasst. Erweitert wird der Begriff von der h.M. dahingehend, dass auch Einwirkungen erfasst sind, die die Funktion der Sache nachhaltig beeinträchtigen.[220]

219 Fischer § 242, Rn. 3 m.w.N.
220 Fischer § 303, Rn. 6.

Beispiel (nach BGHSt 44, 34)
In Ausführung des Plans, Gleise zu blockieren, brachten A und B am Morgen auf einer Eisenbahnschiene einen etwa 1,5 m langen kastenförmigen Stahlkörper an. Dies geschah mit Hilfe einer ausgeklügelten – in ihrer Funktionsweise von außen nicht erkennbaren – Klammerapparatur, die – ohne einen Eingriff in die Substanz der Schiene – bewirkte, dass ein Verschieben der Konstruktion oder ein Abheben von der Schiene nicht mehr möglich war. Zur Beendigung der Blockade durch die Polizei musste der Teil der Schiene, auf dem der Stahlkasten angebracht war, mit einer Schneidemaschine herausgetrennt und einschließlich der Schwellen ersetzt werden. Hierdurch entstanden Kosten von über 25 000 €.

A und B haben sich gemäß §§ 303, 25 Abs. 2 StGB der mittäterschaftlichen Sachbeschädigung schuldig gemacht.[221] Der Tatbestand des § 303 Abs. 1 StGB ist schon mit der Befestigung des Stahlkastens auf der Schiene erfüllt. Der Begriff der Beschädigung einer Sache verlangt keine Verletzung ihrer Substanz. Es genügt, dass durch körperliche Einwirkung auf die Sache die bestimmungsgemäße (technische) Brauchbarkeit nachhaltig gemindert wird. Das Verbindungsgleis konnte nach Anbringen des Stahlkastens nicht mehr bestimmungsgemäß benutzt werden. Diese Beeinträchtigung beschränkte sich auch weder auf eine ganz kurze Zeitspanne noch war deren Beseitigung ohne größeren Aufwand möglich.

Beispiele
Für Funktionsbeeinträchtigungen: Beschmieren des Objektivs einer Verkehrsüberwachungskamera mit Senf; Einfüllen von Sand in den Tank eines Kraftfahrzeuges; Herauslassen von Luft aus dem Reifen von Pkw oder Fahrrädern; Verunstalten eines Denkmals.

- **zerstören** 295
  Zerstören ist letztlich ein Unterfall des Beschädigens, nämlich eine so weitgehende Beschädigung der Sache, sodass sie gänzlich nicht mehr zu gebrauchen ist.
- **Erscheinungsbild verändern** 296
  2005 wurde § 303 Abs. 2 StGB neu eingefügt mit dem Ziel, das Anbringen von Graffitis und wildes Plakatieren tatbestandlich zu erfassen. Tatbestandliche Einschränkungen sind durch die Merkmale „nicht unerheblich“ und „nicht vorübergehend“ eingefügt. Damit sind Einwirkungen auf die Sache gemeint, die leicht oder von selbst wieder weggehen respektive keine Substanzbeeinträchtigungen zur Folge haben.

Beispiele
Bekleben mit Klebestreifen; Bemalen mit wasserlöslichem Stift.

Subjektiver Tatbestand 297

Eventualvorsatz ist ausreichend, aber auch notwendig. Fahrlässige Sachbeschädigung ist nicht strafbar. Sie kann allenfalls zivilrechtliche Ansprüche begründen.

Rechtswidrigkeit 298

Das Tatbestandsmerkmal „rechtswidrig“ in § 303 Abs. 1 StGB wird nach h.M. als allgemeines Verbrechensmerkmal aufgefasst mit der Folge, dass die fehlende Rechtswidrigkeit nicht schon den Tatbestand ausschließt. Rechtmäßig kann die Sachbeschädigung insbesondere bei Einwilligung des Eigentümers oder im Falle der Notwehr sein.

Versuch und Beteiligung 299

Versuch ist nach § 303 Abs. 3 StGB strafbar. Für Versuch und Beteiligung gelten die allgemeinen Regeln.

221 BGHSt 44, 34.

300 **Strafverfolgung**

Gemäß § 303c StGB wird die Tat nur auf Antrag verfolgt. Der Strafantrag ist entbehrlich, wenn die Staatsanwaltschaft wegen des besonderen öffentlichen Interesses an der Strafverfolgung ein Einschreiten für geboten hält. Es handelt sich also um ein relatives Antragsdelikt.[222]

301 **Konkurrenzen**

§ 303 Abs. 2 StGB wird durch Abs. 1 verdrängt. Tateinheit ist möglich mit §§ 133, 185, 242. § 303 StGB tritt im Regelfall hinter §§ 243, 244 StGB im Falle des Einbruchsdiebstahls zurück. Dies ist nicht der Fall, wenn die Sachbeschädigung einen eigenen Unrechtsgehalt aufweist und von den regulären Einbruchsfällen abweicht.

222 Vgl. Erläuterungen zu Antragsdelikten Band 1, Rn. 81.

5.2 Datenveränderung, § 303a StGB

- ***Aufsatz-Literatur:*** *Ernst NJW 2007, 2661 (Das neue Computerstrafrecht); Fülling/Rath JuS 2005, 598 (Internet-Dialer – Eine strafrechtliche Untersuchung); Ernst NJW 2003, 3233 (Hacker und Computerviren im Strafrecht).* 302
- ***Übungsfall:*** *Landien ZJS 2015, 289 („Ein vertanes Talent und die Verlockungen des elektronischen Zahlungsverkehrs").*

Datenveränderung, § 303a StGB

I. Tatbestandsmäßigkeit
   1. Objektiver Tatbestand
      a) Daten im Sinne von § 202a Abs. 2 StGB
      b) Tathandlungen
         - löschen
         - unterdrücken
         - unbrauchbar machen
         - verändern
   2. Subjektiver Tatbestand
      Vorsatz
II. Rechtswidrigkeit
III. Schuld
IV. Besonderheit
   relatives Antragsdelikt, § 303c StGB
V. Ergebnis

Daten i.S.v. § 202a StGB sind nur solche, die elektronisch, magnetisch oder sonst nicht unmittelbar wahrnehmbar gespeichert sind oder übermittelt werden. 303

Löschen ist gegeben, wenn die Daten endgültig nicht wiederhergestellt werden können.

Unterdrücken ist der Entzug der Daten aus dem Zugriff des Berechtigten.

Unbrauchbarmachen heißt, die Daten in ihrer Gebrauchsfähigkeit so zu beeinträchtigen, dass sie ihren Zweck nicht mehr erfüllen können (La/Kü § 303a, Rn. 3).

Verändern ist das Herstellen eines neuen Dateninhalts durch Umgestaltung, Teillöschung oder umgestaltete Verknüpfung (La/Kü § 303a, Rn. 3).

Überblick 304

Die Vorschrift verfolgt den Schutz gespeicherter Informationen vor unberechtigten Verfügungen.

Tatobjekt: Daten 305

Geschützt sind die Daten i.S. der Legaldefinition von § 202a Abs. 2 StGB. Damit sind Informationen gemeint, die in Computerspeichern enthalten sind. Nach h.M. sind entgegen des Wortlautes nur fremde Daten geschützt; also solche, an denen ein Dritter Verfügungsbefugnis hat.[223]

223 SK-Hoyer § 303a, Rn. 5f m.w.N.

306 **Tathandlungen**

Die Tathandlungen, die sich zum Teil überschneiden, ergeben sich aus o.g. Definitionen.

Beispiele
Einsatz von Dialer-Programmen und Computerviren, Abfangen von E-Mails.

307 **Rechtswidrigkeit**

Das Tatbestandsmerkmal „rechtswidrig" in § 303a Abs. 1 StGB wird überwiegend als allgemeines Verbrechensmerkmal aufgefasst mit der Folge, dass die fehlende Rechtswidrigkeit nicht schon den Tatbestand ausschließt. Dabei ist hier die Besonderheit zu beachten, dass jedenfalls die ausdrückliche oder konkludente Einwilligung bereits den Tatbestand ausschließt.[224]

308 **Subjektiver Tatbestand**

Eventualvorsatz ist ausreichend.

309 **Vorbereitung und Versuch**

Versuch ist nach § 303a Abs. 2 StGB strafbar, der darin liegen kann, die Zugangssperren eines Systems zu überwinden.

Die Vorbereitung einer Datenveränderung ist durch den Verweis von § 303a Abs. 3 StGB zu § 202c StGB strafbar. Damit wird die Strafbarkeit erheblich vorverlagert, welche jedoch aufgrund der Beweisschwierigkeiten keine praktische Auswirkungen haben dürfte.

310 **Strafverfolgung**

Gemäß § 303c StGB wird die Tat nur auf Antrag verfolgt. Der Strafantrag ist entbehrlich, wenn die Staatsanwaltschaft wegen des besonderen öffentlichen Interesses an der Strafverfolgung ein Einschreiten für geboten hält. Es handelt sich also um ein relatives Antragsdelikt.[225]

311 **Konkurrenzen**

Wenn in der Handlung zugleich eine Sachbeschädigung liegt (etwa durch Zerstörung einer externen Festplatte), ist Tateinheit mit § 303 StGB gegeben. § 303b Abs. 1 Nr. 1 StGB ist eine Qualifikation zu § 303a StGB. § 303a StGB tritt hinter Urkundenunterdrückung gemäß § 274 Abs. 1 Nr. 2 StGB zurück.

224 Joecks § 303a, Rn. 2.
225 Vgl. Erläuterungen zu Antragsdelikten Band 1, Rn. 81.

5.3 Computersabotage, § 303b StGB

- ***Aufsatz-Literatur:*** *Kudlich JA 2017, 310 (Macht kaputt, was etwas kaputt macht); Ernst NJW 2007, 2261 (Das neue Computerstrafrecht).* 312
- ***Leitentscheidung:*** *BGH NJW 2017, 838 (zur tatbestandlichen Reichweite der Computersabotage).*

Computersabotage, § 303b StGB

I. Tatbestandsmäßigkeit

1. Objektiver Tatbestand

a) Datenverarbeitung von wesentlicher Bedeutung für einen anderen

b) Tathandlungen
- **Abs. 1 Nr. 1**: Tat nach § 303a I begehen
oder
- **Abs. 1 Nr. 2**: Daten eingeben oder übermitteln
oder
- **Abs. 1 Nr. 3**: Datenverarbeitungsanlagen oder Datenträger zerstören, beschädigen unbrauchbar machen, beseitigen, verändern.

c) dadurch erhebliche Störung der Datenverarbeitung

ggf. d) Qualifikation § 303b Abs. 2 StGB bei Behörden und Betrieben

2. Subjektiver Tatbestand

a) Vorsatz

b) bei Abs. 1 Nr. 2: Nachteilszufügungsabsicht

II. Rechtswidrigkeit

III. Schuld

IV. Besonderheiten

1) ggf. besonders schwerer Fall gem. § 303b IV

2) § 303b Abs. 1-3 StGB relatives Antragsdelikt, § 303c StGB

V. Ergebnis

313

Daten i.S.v. § 202a StGB sind nur solche, die elektronisch, magnetisch oder sonst nicht unmittelbar wahrnehmbar gespeichert sind oder übermittelt werden.

Von wesentlicher Bedeutung ist der Datenverarbeitungsvorgang, wenn die jeweilige Aufgabenstellung oder Organisation von der Funktionsfähigkeit der DV ganz oder überwiegend abhängig ist (Fi § 303b, Rn. 6).

Zerstören ist die völlige Aufhebung der Gebrauchsfähigkeit.

Beschädigen ist jede nicht ganz unerhebliche körperliche Einwirkung auf die Sache, durch die ihre stoffliche Zusammensetzung verändert oder ihre Unversehrtheit derart aufgehoben wird, dass die Brauchbarkeit für ihre Zwecke gemindert ist (RGSt 74, 14).

Unbrauchbarmachen heißt, die Daten in ihrer Gebrauchsfähigkeit so zu beeinträchtigen, dass sie ihren Zweck nicht mehr erfüllen können (La/Kü § 303a, Rn. 3).

Verändern ist das Herstellen eines neuen Dateninhalts durch Umgestaltung, Teillöschung oder umgestaltete Verknüpfung (La/Kü § 303a, Rn. 3).

314 **Überblick**

Die Vorschrift ist in der Variante § 303b Abs. 1 Nr. 1 StGB eine Qualifikation zu § 303a StGB. Sie schützt in erster Linie fremde Datenverarbeitungsvorgänge.

In § 303b Abs. 2 StGB sind Qualifikationstatbestände, in § 303b Abs. 4 StGB Regelbeispiele für besonders schwere Fälle normiert.

Durch das Merkmal der „wesentlichen Bedeutung" des Datenverarbeitungsvorgangs bestehen Zweifel an der durch Art. 103 Abs. 2 GG verfassungsmäßig gebotenen, hinreichenden Bestimmtheit der Norm.

315 **Datenverarbeitungsvorgang von wesentlicher Bedeutung**

Geschützt ist der gesamte Datenverarbeitungsvorgang, also der Umgang mit Daten von der Erhebung bis zur Verwendung. Ob dieser Vorgang für den Einzelnen von wesentlicher Bedeutung ist, ist insbesondere bei Privatpersonen schwer zu bestimmen, es kommt dabei sehr auf den Einzelfall an. Entscheidend soll sein, ob die Datenverarbeitungsanlage für die Lebensgestaltung der Privatperson eine zentrale Funktion einnimmt.[226] Dies ist mit Blick auf den Bestimmtheitsgrundsatz des Art. 103 Abs. 2 GG kritisch, daher im Ergebnis eng auszulegen.

316 **Tathandlungen**

- **§ 303b Abs. 1 Nr. 1 StGB**
  Hierbei handelt es sich um eine Qualifiktion zu § 303a Abs. 1 StGB. Voraussetzung ist also eine Tat nach dieser Vorschrift.
- **§ 303b Abs. 1 Nr. 2 StGB**
  Mit dieser Variante sollen insbesondere Angriffe auf Rechner durch koordinierte, massenhafte Versendung von E-Mails oder dergleichen erfasst werden. Hinzukommen muss zu der an sich neutralen Handlung die Nachteilszufügungsabsicht.
- **§ 303b Abs. 1 Nr. 3 StGB**
  Erfasst sind Einwirkungen auf die Hardware. Da die Fremdheit nicht vorausgesetzt wird, ist diese Variante keine Qualifikation zu § 303 StGB.

  Beispiele
  Zerbrechen von CD-ROMs, Festplatten, Magnetbändern; Einsatz von Viren nur, wenn dadurch die Hardware zerstört wird.

317 **Taterfolg: erhebliche Störung einer Datenverarbeitung**

Eine Störung ist insbesondere gegeben bei Programmveränderungen mit der Folge des Systemabsturzes, dem Verhindern der Datenverarbeitung oder der Beeinträchtigung des Datenflusses. Mit dem Merkmal der Erheblichkeit sollen Bagatellstörungen, etwa solche von kurzer Dauer oder leichte Beeinträchtigungen der Programmtätigkeit, aus dem Tatbestand gehalten werden.

318 **Subjektiver Tatbestand**

Eventualvorsatz hinsichtlich aller Merkmale des objektiven Tatbestandes ist ausreichend. Hinzutreten muss bei § 303b Abs. 1 Nr. 2 StGB die Absicht zur Nachteilszufügung.

---

226 BT-Drs. 16/3656, 13.

Vorbereitung und Versuch 319

Versuch ist nach § 303b Abs. 3 StGB strafbar.

Die Vorbereitung einer Datenveränderung ist durch den Verweis von § 303b Abs. 5 StGB zu § 202c StGB strafbar. Damit wird die Strafbarkeit erheblich vorverlagert, welche jedoch aufgrund der Beweisschwierigkeiten keine praktischen Auswirkungen haben dürfte.

Beteiligung 320

Täterschaft und Teilnahme ist nach allgemeinen Regeln möglich.

Strafschärfungen 321

§ 303b Abs. 2 StGB ist eine Qualifikation zum Abs. 1. Tathandlungen, die fremde Betriebe oder Behörden treffen, werden mit schwerer Strafe belegt.

§ 303b Abs. 4 StGB ist dagegen eine Strafzumessungsvorschrift, zu prüfen hinter der Schuld. Erfasst werden nur Regelbeispiele. Darüber hinaus kann auch ein unbenannter schwerer Fall gegeben sein.

Strafverfolgung 322

Gemäß § 303c StGB wird eine Tat nach § 303b Abs. 1 – 3 StGB nur auf Antrag verfolgt. Der Strafantrag ist entbehrlich, wenn die Staatsanwaltschaft wegen des besonderen öffentlichen Interesses an der Strafverfolgung ein Einschreiten für geboten hält. Es handelt sich also um ein relatives Antragsdelikt.[227]

Konkurrenzen 323

§ 303b Abs. 1 Nr. 1 StGB verdrängt als Qualifikation § 303a StGB. § 303b Abs. 1 Nr. 3 StGB verdrängt bei täterfremden Sachen § 303 StGB. Tateinheit ist möglich mit 263a StGB.

227 Vgl. Erläuterungen zu Antragsdelikten Band 1, Rn. 81.

5.4 Gemeinschädliche Sachbeschädigung, § 304 StGB

324 • ***Aufsatz-Literatur:*** *Jahn JuS 2018, 395 (Graffiti auf Eisenbahnwagons); Kudlich GA 2006, 38 (Folgenlose Änderung oder inkonsequente Strafbarkeitsausweitung – zum zweifelhaften Regelungsgehalt des neuen § 304 Abs. 2 StGB); Eisenschmid NJW 2005, 3033 (Neue Strafnormen zur Sachbeschädigung: Das Graffiti-Bekämpfungsgesetz).*

• ***Leitentscheidungen:*** *BGHSt 31, 185 (Beschädigung eines Streifenwagens ist keine gemeinschädliche Sachbeschädigung).*

• ***Übungsfall:*** *Engelhart JURA 2016, 934 (Der missglückte (?) Anschlag im Museum).*

325

Gemeinschädliche Sachbeschädigung, § 304 StGB

I. Tatbestandsmäßigkeit

1. Objektiver Tatbestand

a) besonders geschütztes Tatobjekt i.S.v. § 304 Abs. 1 StGB

b) Tathandlung

- beschädigen

oder

- zerstören

oder

- Veränderung des Erscheinungsbildes, die nicht nur vorübergehend und unerheblich ist

2. Subjektiver Tatbestand

Vorsatz

II. Rechtswidrigkeit

III. Schuld

IV. Ergebnis

Beschädigen ist jede nicht ganz unerhebliche körperliche Einwirkung auf die Sache, durch die ihre stoffliche Zusammensetzung verändert oder ihre Unversehrtheit derart aufgehoben wird, dass die Brauchbarkeit für ihre Zwecke gemindert ist (RGSt 74, 14).

Zerstören ist die Aufhebung der Gebrauchsfähigkeit.

Nur vorübergehend sind die Veränderungen, die binnen kurzer Zeit selbst vergehen oder entfernt werden können.

Unerheblich sind Veränderungen, wenn keine Einwirkung auf die Sache vorliegt.

326 **Überblick**

Trotz gleicher Tathandlungen wie bei § 303 StGB ist die Vorschrift keine Qualifikation zur Sachbeschädigung, sondern ein eigenständiger Tatbestand. Denn sie schützt Gegenstände mit besonderer Zweckbestimmung unabhängig von der Eigentumsstellung. Damit ist § 304 StGB kein Eigentumsdelikt, sondern schützt das öffentliche Nutzungsinteresse an den genannten Gegenständen. Dies ist relevant für die Einschränkungen der Tathandlungen: nicht jede Substanzverletzung führt zur Strafbarkeit nach § 304 StGB, sondern nur solche, die die besondere Zweckbestimmung der Sache beeinträchtigen.

Tatobjekte 327

- **Gegenstände der Verehrung einer Religionsgemeinschaft oder des Gottesdienstes**

  Beispiele
  Heiligenbilder;
  nicht: Inventar einer Kirche und Gesangbücher, da lediglich Hilfsmittel.

- **Grabmäler, öffentliche Denkmäler, Naturdenkmäler**
- **Gegenstände in öffentlichen Sammlungen der Kunst, Wissenschaft, des Gewerbes**

  Beispiele
  Bücher in Universitätsbibliothek;
  nicht: Bücher in privater oder öffentlicher Hochschulbibliothek, bei der nur ein eingegrenzter Personenkreis zutrittsberechtigt ist.

- **Gegenstände des öffentlichen Nutzens und der öffentlichen Verschönerung**
  Die Gegenstände müssen unmittelbarem Nutzen, nicht nur Hilfsmittel für die öffentliche Verwaltung sein. Eine allgemeine Gemeinwohlfunktion des Gegenstandes reicht nicht aus.

  Beispiele
  Feuerlöscher, Parkuhr, Straßenbahnwagen, Telefonzelle, Parkbank, Papierkorb im Park; Geräte eines Kinderspielplatzes;
  nicht: Streifenwagen, da nicht der Wagen, sondern die Polizeibeamten unmittelbaren Nutzen bringen; vgl. dazu aber § 305a StGB.

Tathandlungen 328

Die Tathandlungen Beschädigen, Zerstören und Verändern des Erscheinungsbildes entsprechen denen bei der Sachbeschädigung, vgl. Rn. 293.

Einschränkend muss im Hinblick des Schutzzweckes der Norm die Beschädigung jedoch die Funktion des Gegenstandes beeinträchtigen. Dies liegt nicht vor, wenn er ohne Weiteres seine Funktion erfüllt.

Beispiele
Pflücken einzelner Blumen im Park, Einritzen des Namens in eine Parkbank, Besprühen von Brückenpfeilern mit Farbe.

In diesen Fällen liegt keine Beeinträchtigung der öffentlichen Funktion vor, sodass lediglich § 303 StGB in Betracht kommt.

Subjektiver Tatbestand 329

Eventualvorsatz ist ausreichend und muss sich insbesondere auch darauf erstrecken, dass der Gegenstand die besondere öffentliche Funktion hat.

Rechtswidrigkeit 330

Das Tatbestandsmerkmal „rechtswidrig" in § 304 Abs. 1 StGB wird nach h.M. als allgemeines Verbrechensmerkmal aufgefasst mit der Folge, dass die fehlende Rechtswidrigkeit nicht schon den Tatbestand ausschließt.

Versuch und Beteiligung 331

Versuch ist nach § 304 Abs. 3 StGB strafbar. Es gelten die allgemeinen Regeln.

Konkurrenzen 332

§ 303 StGB wird von § 304 StGB im Wege der Spezialität verdrängt. Tateinheit ist möglich mit §§ 131, 136, 242 StGB.

5.5 Zerstörung wichtiger Arbeitsmittel, § 305a StGB

333

Zerstörung wichtiger Arbeitsmittel, § 305a StGB

I. Tatbestandsmäßigkeit

1. Objektiver Tatbestand

a) fremde techn. Arbeitsmittel von bedeutendem Wert, die von wesentlicher Bedeutung sind für die Errichtung bestimmter Objekte

oder

für Einsatz wesentl. techn. Arbeitsmittel von bedeutendem Wert oder ein Kraftfahrzeug der
- Polizei
- Bundeswehr
- Feuerwehr
- des Katastrophenschutzes
- eines Rettungsdienstes

b) Tathandlung
ganz oder teilweise zerstören

2. Subjektiver Tatbestand
Vorsatz

II. Rechtswidrigkeit

III. Schuld

IV. Ergebnis

Zerstören ist die Aufhebung der Gebrauchsfähigkeit.

Teilweise zerstören bedeutet, von den bestimmungsmäßigen Funktionen des Arbeitsmittels oder Kraftfahrzeuges eine oder mehrere vollständig aufzuheben (Vgl. La/Kü § 305a, Rn. 4).

Kraftfahrzeuge sind Fahrzeuge, die durch Maschinenkraft bewegt werden, Landkraftfahrzeuge nur insoweit, als sie nicht an Bahngleise gebunden sind (§ 248b Abs. 4 StGB).

334 **Überblick**

Die Vorschrift schützt zum einen das Eigentum, darüber hinaus auch das öffentliche Interesse an der Versorgung mit Leistungen bestimmter Betriebe. Sie soll Sabotagehandlungen gegen Energieversorgungsanlagen, Anlagen des öffentlichen Verkehrs sowie gegen Einsatzfahrzeuge und Arbeitsmittel der Sicherheits- und Rettungskräfte entgegenwirken.[228]

Polizeilich ist die Vorschrift interessant, weil Einsatzfahrzeuge und technische Arbeitsmittel der Polizei in den Schutzbereich einbezogen wurden.

228 Fischer § 305a, Rn. 2a.

Tatobjekte 335

Geschützt sind spezielle Gegenstände, die dem öffentlichen Nutzen dienen.

- **§ 305a Abs. 1 Nr. 1 StGB**
  Erfasst werden technische Arbeitsmittel von bedeutendem Wert[229], die der Errichtung oder dem Betrieb von Versorgungs- oder Verkehrseinrichtungen (§ 316b Abs. 1 Nr. 1 und 2 StGB) dienen.
- **§ 305a Abs. 1 Nr. 2 StGB**
  Geschützt sind für den Einsatz wesentl. techn. Arbeitsmittel der Sicherheits- und Rettungskräfte, soweit sie von bedeutendem Wert sind.
- **§ 305a Abs. 1 Nr. 3 StGB**
  Unter Kraftfahrzeugen sind nicht nur Pkw, sondern auch Luft- und Wasserfahrzeuge zu verstehen. Erfasst sind Kraftfahrzeuge der Bundespolizei wie die der Länderpolizeien, sowie Fahrzeuge der Feuerwehr, des Rettungsdienstes oder des Katastrophenschutzes.

Tathandlung 336

Von § 305a StGB ist nur die ganze oder teilweise Zerstörung einer bestimmten Sache erfasst. Dies bedeutet, dass Beschädigungen, welche die Funktionsfähigkeit der Sache insgesamt nicht nachhaltig beeinträchtigen, eine Strafbarkeit nicht begründen.[230]

Beispiel
A tritt eine Beule in den Streifenwagen, anschließend sticht er mit dem Messer in einen Reifen.

In den Tathandlungen ist keine teilweise Zerstörung zu sehen, da keine nachhaltige Funktionsbeeinträchtigung eingetreten ist.

Subjektiver Tatbestand 337

Eventualvorsatz ist ausreichend, aber auch notwendig. Fahrlässige gemeinschädliche Sachbeschädigung ist nicht strafbar. Sie kann allenfalls zivilrechtliche Ansprüche begründen.

Rechtswidrigkeit 338

Das Tatbestandsmerkmal „rechtswidrig" in § 305a Abs. 1 StGB wird nach h.M. als allgemeines Verbrechensmerkmal aufgefasst mit der Folge, dass die fehlende Rechtswidrigkeit nicht schon den Tatbestand ausschließt.

Versuch und Beteiligung 339

Versuch ist nach § 305a Abs. 2 StGB strafbar. Für Versuch und Beteiligung gelten die allgemeinen Regeln.

Konkurrenzen 340

§ 303 StGB wird durch § 305a StGB verdrängt. Tateinheit ist möglich mit §§ 113, 124, 125, 315b StGB.

---

229 Zum Begriff vgl. Rn. 735.
230 Fischer § 305a, Rn. 10.

5.6 Klausur- und Praxishinweise: Sachbeschädigungsdelikte

341 **§§ 303 ff. StGB**

Sachbeschädigungsdelikte bilden selten den Kern einer Klausurprüfung. Oft tritt § 303 StGB hinter anderen Tatbeständen zurück, dann bedarf es nur eines hinweisenden Satzes.

Zu beachten ist die Strafantragserfordernis gemäß § 303c StGB.

342 Bei § 303 StGB handelt es sich gemäß § 374 StPO um ein Privatklagedelikt, welches nur bei Vorliegen des öffentlichen Interesses von der Staatsanwaltschaft verfolgt wird. Gemäß RiStBV Nr. 86 Abs. 2 Nr. 1 liegt öffentliches Interesse regelmäßig dann vor, wenn der Rechtsfrieden über den Lebenskreis des Verletzten hinaus gestört und die Strafverfolgung, etwa wegen des Ausmaßes der Rechtsverletzung, der Rohheit oder Gefährlichkeit der Tat, der niedrigen Beweggründe des Täters oder der Stellung des Verletzten im öffentlichen Leben ein gegenwärtiges Anliegen der Allgemeinheit ist. Die Entscheidung über die Verweisung auf den Privatklageweg trifft der Staatsanwalt. Daher ist in jedem Fall auch bei Privatklagedelikten Anzeige aufzunehmen und, ggf. auch ohne weitere Ermittlungen, der zuständigen Staatsanwaltschaft zuzuleiten, vgl. Nr. 87 RiStBV.

343 Bei Graffiti ist der Tatnachweis schwer zu führen. Es reicht dafür nicht aus, dass ein und dasselbe Bild oder Schriftzeichen mehrmals entdeckt und dann lediglich einem Täter zugeordnet wird. Der zur Verurteilung führende Tatnachweis muss grundsätzlich für jede einzelne Tathandlung geführt werden. Dies gelingt in der Praxis oft nicht.

Lernkontrolle „Sachbeschädigungsdelikte“

1	Grenzen Sie die Tathandlungen des § 303 StGB voneinander ab.
2	Erklären Sie die Tatvariante „nicht nur unwesentliche und nicht nur vorübergehende Veränderung des Erscheinungsbildes“ in § 303 Abs. 2 StGB.
3	Erläutern Sie Inhalt und Grenzen des Tatbestandsmerkmals „beschädigen“ i.S.v. § 303 Abs. 1 StGB.
4	Unter welchen Voraussetzungen wird die Staatsanwaltschaft das öffentliche Interesse an der Strafverfolgung bei § 303 StGB bejahen? Bilden Sie einen Beispielsfall.
5	Bilden Sie für die Tatalternativen des § 303a StGB je ein Beispiel.
6	Wann ist ein Datenverarbeitungsvorgang i.S.v. § 303b StGB von „wesentlicher Bedeutung“?
7	Erläutern Sie den Prüfungsaufbau von § 304 StGB nur anhand des Gesetzestextes.
8	Nennen Sie den Strafzweck des § 304 StGB.
9	Nennen Sie die geschützten Tatobjekte in § 305a StGB.
10	Unter welchen Voraussetzungen wird die Beschädigung eines Streifenwagens der Polizei gemäß § 305a StGB bestraft?

2. Teil

Delikte gegen Gemeinschaftswerte

1 Urkundendelikte

344
- ***Aufsatz-Literatur:*** *Bode/Ligocki JuS 2015, 989(Ungelöste Probleme des Urkundenbegriffs); Kulhanek StV 2015, 725 (Datenurkundenqualität von E-Mail-Anhängen); Krumm SVR 2007, 170 (Urkundsdelikte im Straßenverkehr); Lickleder JA 2014, 110 (Urkunden im Straßenverkehr (und anderswo) – Wer erklärt eigentlich was rechtsverbindlich?).*
- ***Leitentscheidungen:*** *OLG Zweibrücken JuS 2000, 123 (Urkundenqualität von Telefaxen).*
- ***Übungsfälle:*** *Kühl/Hoffmann-Holland JURA 2013, 408 (Ausflug ins Grüne – Verkehrsdelikte, Anschlussdelikte, Urkundendelikte); Eiden JURA 2013, 288 (Vom flaschen Schwimmlehrer, der lieber Baden ging – Urkundendelikte); Martin JuS 2009, 364 (Die „Mehrweg“-Fahrkarte: §§ 267, 274, 303, 123 StGB); Lange/Kühl JuS 2010, 42 (§§ 263, 263a StGB und Urkundendelikte).*

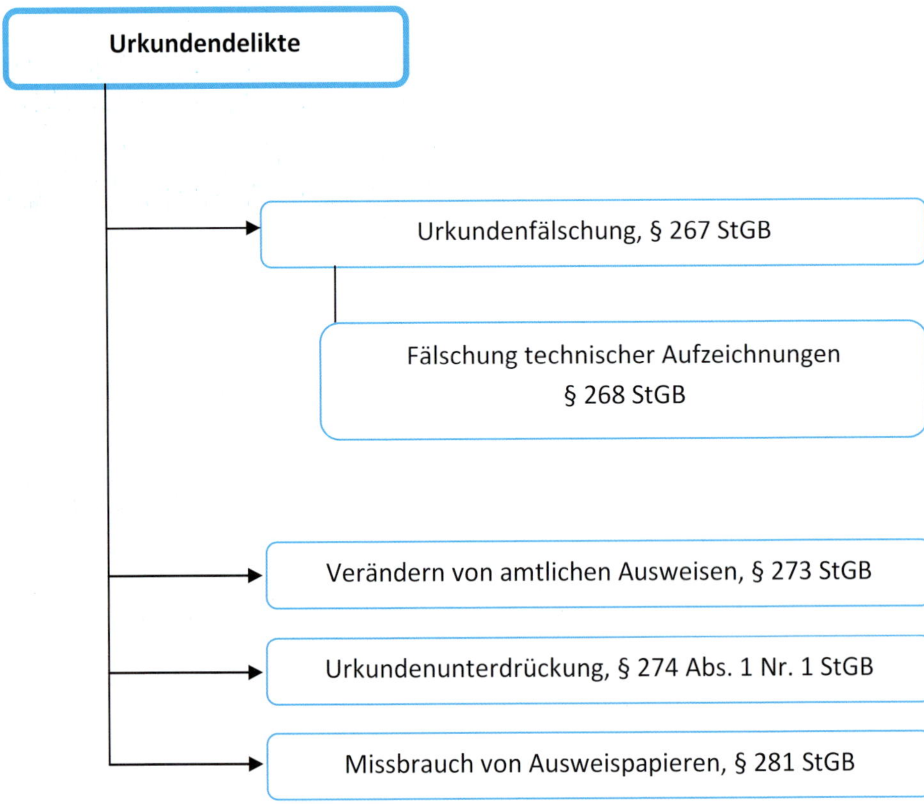

345 **Überblick**

Durch die Urkundendelikte soll insbesondere die Sicherheit und Zuverlässigkeit des Rechtsverkehrs mit Urkunden, technischen Aufzeichnungen und Daten als Beweismittel geschützt werden.[1]

346 **Polizeiliche Kriminalstatistik**

Die Anzahl der Urkundendelikte steigt wieder an. 2017 wurden bundesweit insgesamt rund 75.000 Fälle erfasst (§§ 267 – 271, 273 – 279, 281 StGB). 2013 waren es rund 65.000, 2014 noch ca. 63.000 Fälle. Die Aufklärungsquote liegt bei ca. 84 %.[2]

1 Vgl. BGHSt 2, 50.
2 BKA, PKS 2017.

1.1 Urkundenfälschung, § 267 StGB

- ***Aufsatz-Literatur:*** *Karg JA 2003, 604 (Urkundenfälschung durch den Aussteller).* 347
- ***Leitentscheidungen:*** *BGH JuS 2010, 554 (Urkundenfälschung durch Manipulation an Scan und Fax; mit Anmerkungen Jahn); RGSt 17, 282 (Aufschriften auf Tonne keine Urkunde); BGHSt 16, 94 (Grundsätzlich zu Urkundenfälschungen im Zusammenhang mit KFZ); BGHSt 24, 140 (Fotokopien sind grundsätzlich keine Urkunden); OLG Köln NJW 1979, 729 (Oberhemden-Fall: Urkundendelikt bei Vertausch von Ware und Verpackung nur ausnahmsweise); Rechtsprechungsübersicht NStZ 2005, 370.*
- ***Übungsfälle:*** *Dobrosz/Onimus ZJS 2017, 689 (Examensklausur: Der geschäftstüchtige Kunststudent); Duttge/Burghardt JURA 2016, 810 (Kreative Terroristen auf Abwegen); Preuß JA 2013, 433 (Parkfreuden); Dreher JuS 2007, 456 (Referendarexamensklausur: Verkehrserziehung als Eingriff, §§ 315c, 315b, 258, 267, 153 StGB); Rosch JuS 2004, 607 (Referendarexamensklausur: §§ 242, 263, 267 StGB).*

348

Urkundenfälschung, § 267 StGB

I. Tatbestandsmäßigkeit

1. Objektiver Tatbestand

a) Urkunde

b) Tathandlungen
- unechte Urkunde herstellen
- echte Urkunde verfälschen
- unechte/verfälschte Urkunde gebrauchen

2. Subjektiver Tatbestand

a) Vorsatz

b) Absicht zur Täuschung im Rechtsverkehr

3. ggf. Qualifikation § 267 Abs. 4 StGB

II. Rechtswidrigkeit

III. Schuld

IV. Besonders schwerer Fall

- § 267 Abs. 3 StGB

V. Ergebnis

Urkunde ist eine verkörperte Gedankenerklärung, die ihren Aussteller erkennen lässt und geeignet und bestimmt ist, im Rechtsverkehr Beweis zu erbringen.

Herstellen einer unechten Urkunde ist das Ausstellen mit dem Ansehen, als sei sie von einer anderen Person ausgestellt, mithin echt (BGHSt 33, 160).

Verfälschen einer Urkunde erfordert die Veränderung der gedanklichen Erklärung in eine andere (Fi § 267, Rn. 19).

Gebrauch einer Falschurkunde ist gegeben, wenn man sie der sinnlichen Wahrnehmung zugänglich macht (BGHSt 36, 65).

Überblick 349

Die Vorschrift schützt das Vertrauen in die Echtheit von Urkunden, mithin die Sicherheit und Zuverlässigkeit des Rechtsverkehrs.[3] Dagegen ist nicht deren inhaltliche Richtigkeit geschützt. Daher macht sich nicht nach § 267 StGB strafbar, wer eine Urkunde unter seinem Namen ausstellt, dabei jedoch Unwahres bekundet. Entgegen dem Wortlaut der Überschrift „Urkundenfälschung" wird insbesondere auch der praxisrelevante Gebrauch ge- oder verfälschter Urkunden von § 267 StGB erfasst.

3 BGHSt 2, 52.

350 **Tatobjekt: Urkunde**

Eine Urkunde im Sinne von § 267 StGB ist gekennzeichnet durch 3 Merkmale: menschliche Gedankenerklärung, Ausstellererkennbarkeit sowie Eignung und Bestimmung für Beweis im Rechtsverkehr.

- **Menschliche Gedankenerklärung**

  Um von einer Urkunde sprechen zu können, ist zunächst eine menschliche Gedankenerklärung vonnöten. Dieses Merkmal beinhaltet die sogenannte Perpetuierungsfunktion. Darunter ist zu verstehen, dass die Gedankenerklärung hinreichend dauerhaft nach außen in Erscheinung treten muss. Denn Sinn von Urkunden ist es gerade, Gedankenerklärungen dauerhaft zu erhalten und reproduzierbar zu machen. Daher muss die Gedankenerklärung ein Mindestmaß an dauerhaftem Bestand haben.

  Vom Urkundenbegriff in § 267 StGB sind nicht nur verschriftlichte Erklärungen im engeren Sinne zu verstehen. Darüber hinaus sind alle solche Erklärungen erfasst, die zumindest für Eingeweihte einen Erklärungswert bedeuten. Damit sind insbesondere sogenannte Beweiszeichen vom Urkundenbegriff umfasst.

  Beispiele

  Ohrenmarken an Tieren, Künstlerzeichen des Malers, amtliches Kennzeichen eines zugelassenen Kraftfahrzeuges zusammen mit Kraftfahrzeug, Prüfplakette nach § 29 StVZO, Fahrgestellnummer, Motornummer, Versicherungskennzeichen.

  Keine Beweiszeichen und damit keine Urkunde i.S.v. § 267 StGB sind mangels Erklärungsinhalt bloße Kennzeichnungen und bloße Augenscheinsobjekte.

  Beispiele

  Warenkennzeichnungen, Firmenaufdrucke zu Werbezwecken; Blutflecken, Fingerabdrücke.

  Des Weiteren sind Wertzeichen keine Urkunden, da sie lediglich Zahlungsmittel sind und keinen darüber hinausgehenden Erklärungsgehalt aufweisen.

  Beispiel

  Sekretärin S schreibt ein Angebot für einen Kunden auf Geschäftspapier und setzt den Namen des Firmeninhaber F auf dessen Veranlassung darunter.

  Aussteller der Urkunde ist F, auch wenn er sie nicht selbst hergestellt hat.

351
- **Ausstellererkennbarkeit**

  Weiteres konstituierendes Merkmal der Urkunde ist die Ausstellererkennbarkeit, dies ist die Garantiefunktion: Es muss erkennbar sein, wer die Urkunde ausgestellt hat. Wenn der Aussteller offensichtlich nicht existiert, ist der wahre Aussteller nicht erkennbar.

  Beispiel

  Personenausweis Deutsches Reich mit angeblichem Aussteller „Polizeipräsident in Groß-Berlin".[4]

  Im Übrigen bedarf es aber auch nicht zwingend der Namensangabe. Entscheidend ist, dass nach der Verkehrsauffassung die ausstellende Stelle erkennbar ist.

  Beispiel

  Striche auf dem Bierdeckel (Aussteller ist der Wirt).

4 OLG Koblenz NStZ-RR 2008, 120.

Entscheidend ist zudem nicht, wer die Urkunde körperlich hergestellt hat. Vielmehr kommt es nach der Geistigkeitstheorie darauf an, wem sie zuzurechnen ist und von wem die Erklärung geistig herrührt.[5] Schließlich ist auch eine Unterschrift nicht erforderlich, wenn sich aus den Umständen der Urheber ergibt.

- **Beweisbestimmung und -eignung** 352

Schließlich muss die Urkunde bestimmt und geeignet sein, im Rechtsverkehr Beweis zu erbringen, sie hat Beweisfunktion. Dies kann von vorneherein so sein (Absichtsurkunden) oder sich erst später ergeben (Zufallsurkunden).

Beispiel

Brief an einen Freund, in dem strafbare Handlungen eingeräumt werden.

Dieser Brief kann später zum Beweis im Strafprozess zur Urkunde werden. Wird er verfälscht, ist der Täter strafbar nach § 267 StGB.

- **Sonderfälle** 353

Abschriften sind keine Urkunden, da sie die Erklärung selbst nicht enthalten.

Durchschriften sind Urkunden, da sie direkt vom Aussteller stammen.

Fotokopie ist keine Urkunde, wenn sie nach außen als Reproduktion erscheint.[6] Soll sie als Original erscheinen, ist nach h.M. eine Urkunde gegeben.

Beispiel

A stellt mit einem Farbkopierer eine täuschend echt aussehende Eintrittskarte für ein Fußballspiel her. Er hat somit eine unechte Urkunde hergestellt, da der wahre Aussteller (hier A) nicht derjenige ist, der aus ihr hervorgeht.

E-Mails sind nicht hinreichend stofflich fixiert. Urkundenqualität können sie nur mit dem Ausdruck erhalten. Eine Urkunde liegt dann vor, wenn der Absender davon aus- ging, dass es zu einer Verkörperung kommen würde. Will der Absender lediglich über die Kenntnisnahme am Bildschirm täuschen, ist ihm also der Ausdruck gleichgültig, fehlt ihm die für § 267 StGB nötige Täuschungsabsicht.[7]

Gesamturkunde ist gegeben, wenn mehrere Urkunden dauerhaft so zusammengefasst sind, dass daraus eine selbstständige Gesamterklärung wird, die über den Inhalt der Einzelurkunden hinausgeht.

Beispiel

Sparkassenbücher, Einwohnermeldeverzeichnisse.

Zusammengesetzte Urkunden sind solche, bei denen ein Augenscheinsobjekt mit einer verkörperten Gedankenerklärung hinreichend fest zu einer Beweiseinheit verbunden ist.

Beispiele

Kfz und amtliches Kennzeichen, Ausweis und Lichtbild, Blutprobe und Aufschrift, Ware mit ausgeklebtem Preisschild.

---

5 BGHSt 13, 382.
6 BGHSt 24, 140.
7 Joecks § 267, Rn. 47.

354 **Tathandlungen**

Drei Tathandlungen sind voneinander zu unterscheiden:

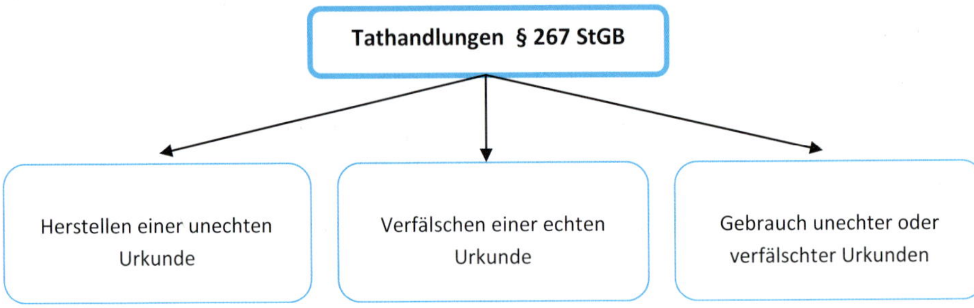

355 **Var. 1: Herstellen einer unechten Urkunde**

Die Urkunde ist unecht, wenn aus ihr nicht der wahre Aussteller hervorgeht. Wird Unwahres vom wirklichen Aussteller beurkundet, führt das mangels falscher Urkunde im Sinne von § 267 StGB nicht zur Strafbarkeit.

> **Beispiel**
> Polizeistudent S an der Fachhochschule unterliegt der Anwesenheitspflicht. Diese wird mittels Unterschrift auf Anwesenheitslisten dokumentiert. S unterschreibt in der Spalte des Vortages, tatsächlich war er den ganzen Tag im Freibad.

S hat keine unechte Urkunde erstellt, da tatsächlicher Aussteller auch derjenige ist, der aus ihr hervorgeht, es fehlt an der Identitätstäuschung. Somit handelt es sich um eine im Hinblick auf Urkundenfälschung straflose Lüge. In Betracht kommt aber Betrug.

Der wahre Aussteller ist nicht nur derjenige, der die Urkunde körperlich hergestellt hat. Vielmehr ist nach der Geistigkeitstheorie derjenige Aussteller, der sich die Erklärung zurechnen lassen muss. Daher stellt derjenige keine unechte Urkunde her, wer eine Erklärung im Namen eines Dritten abgibt, der sich diese Erklärung rechtsgeschäftlich zurechnen lassen muss. Anderseits liegt aber eine unechte Urkunde vor, wenn man mit eigenem Namen unterzeichnet, aber dabei eine Identitätstäuschung begeht.

> **Beispiel**
> Unterzeichnen mit eigenem Namen, nach den Umständen ist aber als Aussteller der Vater gleichen Namens gemeint.[8]

Die Blankettfälschung erfüllt auch den Tatbestand der Variante 1. Sie liegt vor, wenn der Täter ein unterschriebenes, nicht ausgefülltes Formular abredewidrig ausfüllt.

356 **Var. 2: Verfälschen einer echten Urkunde**

Während es sich bei der ersten Variante um eine Identitätstäuschung handelt, geht es beim Verfälschen um eine Änderung des Inhalts: Die vormals existierende echte Urkunde wird nachträglich inhaltlich geändert.

Das Überkleben eines Kfz-Kennzeichens mit durchsichtiger Folie zwecks Verhinderung von Fotoaufnahmen stellt keine Verfälschung dar, weil der gedankliche Inhalt der Urkunde

8 BGHSt 33, 160.

nicht geändert wird.[9] Das Verfärben des TÜV-Stempels mit rosafarbenem Nagellack stellt dagegen ein Verfälschen dar.[10] Zusammengesetzte Urkunden können durch Trennung und Austausch der Bezugsobjekte verfälscht werden.

Beispiel
Auswechselung des Preisschildes an einer Ware.

Fraglich ist, inwieweit sich der Aussteller der Urkunde durch nachträgliche Veränderung strafbar macht.

Beispiel
A streicht in einem unbeobachteten Moment nach Ausstellung und Aushändigung einer Bescheinigung über die Rückgabe verschiedener entliehener Gegenstände einige Positionen wieder heraus.

Nach einer Mindermeinung kann der Aussteller die Urkunde nicht selbst verfälschen, weil keine Identitätstäuschung vorläge. Zudem sei die bloße Verletzung der Integrität von Urkunden nicht von § 267 StGB erfasst. Nach h.M. obliegt dem Aussteller der Urkunde die Änderung des Inhalts solange, wie er sie nicht in den Rechtsverkehr gebracht hat. Verfälschen durch den Aussteller selbst liegt erst vor, wenn er sie so in den Beweisverkehr gebracht hat, dass der die Verfügungsgewalt über sie verloren hat. Denn unter dem Begriff der Echtheit der Urkunde lässt sich auch das Unversehrtheitsinteresse subsumieren. Damit hat sich A gemäß § 267 Abs. 1 StGB strafbar gemacht.

Var. 3: Gebrauchen der unechten oder verfälschten Urkunde 357

Gebrauchen ist insbesondere durch Vorlage, Übersendung, Veröffentlichung oder Verlesen gegeben. Die Fahrt mit einem Fahrzeug mit verfälschtem Kennzeichen ist ein Gebrauchen.

Es reicht schon, wenn die Urkunde dem Rechtsverkehr zugänglich gemacht wird. Allein das Mitführen von verfälschen Urkunden (wie etwa verfälschte Pässe oder Führerscheine) stellt dagegen keinen Gebrauch dar.

Subjektiver Tatbestand 358

Eventualvorsatz hinsichtlich aller Merkmale der Urkunde sowie der Tathandlung ist ausreichend. Hinzutreten muss die Absicht zur Täuschung im Rechtsverkehr, wobei nach h.M dolus directus 2. Grades, also sicheres Wissen, genügt. Wer handelt, um ausschließlich im gesellschaftlichen Bereich Vorteile zu erlangen, täuscht nicht im Rechtsverkehr.

Beispiel
S zeigt beiläufig bei einem Abendessen mit ihrem Liebhaber ein Dokument mit von ihr gefälschtem Geburtsdatum, um jünger zu erscheinen.[11]

Qualifikation § 267 Abs. 4 StGB: gewerbsmäßige Handeln innerhalb einer Bande 359

Urkundenfälschung wird zum Verbrechen, wenn kumulativ gewerbs- und bandenmäßige Vorgehen vorliegt. Nach der Grundsatzentscheidung des Bundesgerichtshofes sind zur Erfüllung des Merkmals „Bande“ mindestens 3 Personen erforderlich.[12] Sie müssen sich zur fortgesetzten Begehung – noch nicht zwingend konkretisierter – Taten verbunden haben.

9 BGHSt 45, 197.
10 AG Waldbröl NJW 2005, 2870.
11 Vgl. Fischer § 267, Rn. 30.
12 BGHSt-GrSen 46, 321.

Es ist ein übereinstimmender „Wille zur Bindung für die Zukunft und für eine gewisse Dauer“ erforderlich.[13] Es reicht auch eine lose Verbindung mit wechselnden Mitgliedern. Gewerbsmäßiges Handeln liegt vor, wenn die Täter eine regelmäßige Einnahmequelle erstreben.

360 **Versuch**

Gemäß § 267 Abs. 2 StGB ist der Versuch strafbar. Da eigentliches Ziel des Täters der Gebrauch der verfälschten Urkunde ist, aber der Versuch des Verfälschens bzw. Herstellens schon strafbar ist, wird die Strafbarkeit weit nach vorne verlagert.

361 **Beteiligung**

Täterschaft und Teilnahme ist nach allgemeinen Regeln möglich.

362 **Besonders schwerer Fall**

§ 267 Abs. 3 StGB ist eine Strafzumessungsvorschrift. Diese Zuordnung als hat zur Folge, dass deren Vorliegen lediglich ein Indiz für einen besonders schweren Fall ist, welches widerlegt werden kann. Genannt sind nur Beispiele. Ein besonders schwerer Fall der Urkundenfälschung kann auch aus anderen Gründen bejaht werden. Diese Einordnung führt gegenüber der Qualifikation zu einer flexibleren Anwendungsmöglichkeit.

- **§ 267 Abs. 3 Nr. 1: gewerbs- oder bandenmäßig**
  Gewerbsmäßiges Handeln liegt vor, wenn der Täter eine regelmäßige Einnahmequelle erstrebt.
- **§ 267 Abs. 3 Nr. 2: Vermögensverlust großen Ausmaßes**
  Großes Ausmaß ist anzunehmen, wenn der Schaden über 50 000 € beträgt.[14]
- **§ 267 Abs. 3 Nr. 3: große Zahl**
  Große Zahl von Urkunden ist wohl bei 20 zu bejahen.[15]
- **§ 267 Abs. 3 Nr. 4: Stellung als Amtsträger missbraucht**
  Dies ist gegeben, wenn der Täter unter Ausnutzung der durch das Amt gegebenen Handlungsmöglichkeiten betrügt. Der Begriff des Amtsträger ergibt sich aus der Legaldefinition in § 11 Abs. 1 Nr. 2 StGB. Die Amtsträgereigenschaft im Sinne von § 263 Abs. 3 Nr. 4 ist besonderes persönliches Merkmal gemäß § 28 Abs. 2 StGB.[16]

363 **Konkurrenzen**

Fälscht der Täter und gebraucht die Urkunde dann, liegt nur eine Tat vor, denn Herstellen und Verwenden des Falsifikats sind nur unterschiedliche Stufen der Verwirklichung des materiellen Unrechts.

Verfälschen ist lediglich ein Spezialfall des Herstellens einer Urkunde. Tateinheit ist möglich mit §§ 154, 164, 185 ff StGB. Tatmehrheit mit § 21 StVG liegt vor, wenn der Täter ohne Fahrerlaubnis fährt und bei einer Kontrolle einen gefälschten Führerschein vorlegt.[17]

---

13 BGHSt NStZ 2004, 398.
14 BGHSt 48, 360.
15 So Fischer § 267, Rn. 40.
16 Vgl. zu Durchbrechungen der Akzessorietät gemäß § 28 Abs. 2 StGB Band 1, Rn. 361 ff.
17 BGH VRS 30, 185.

1.2 Fälschung technischer Aufzeichnungen, § 268 StGB

- ***Aufsatz-Literatur:*** *Kitz JA 2001, 303 (Examensrelevante Probleme „moderner Kriminalität").* 364
- ***Leitentscheidungen:*** *BGHStV 2015, 754 (Zur Fälschung techn. Aufzeichnungen bei Geldspielautomaten); BGHSt 40, 28 (Falsche Scheibe im Fahrtenschreiber); BGHSt 28, 140 (Zum Erfordernis der selbsttätigen Aufzeichnung des Gerätes).*
- ***Übungsfälle:*** *Knerr JA 2015, 771 (Der Deal auf dem Parkplatz); Hellmann/Beckemper JuS 2001, 1095 (§§ 265a, 263a, 263, 268 StGB).*

365

Fälschung technischer Aufzeichnungen, § 268 StGB

I. Tatbestandsmäßigkeit
   1. Objektiver Tatbestand
      a) technische Aufzeichnung (tA)
      b) Tathandlungen
         - unechte tA herstellen *oder*
         - echte tA verfälschen *oder*
         - unechte/verfälsche tA gebrauchen *oder*
         - störende Einwirkung auf den Aufzeichnungsvorgang
   2. Subjektiver Tatbestand
      a) Vorsatz
      b) Absicht zur Täuschung im Rechtsverkehr
   3. ggf. Qualifikation § 268 Abs. 5 i.V.m. § 267 Abs. 4 StGB
II. Rechtswidrigkeit
III. Schuld
IV. Besonders schwerer Fall
   - § 268 Abs. 5 i.V.m. § 267 Abs. 3 StGB
V. Ergebnis

Technische Aufzeichnung ist eine Darstellung von Daten, Mess- oder Rechenwerten, Zuständen oder Geschehensabläufen, die durch ein technisches Gerät ganz oder zum Teil selbsttätig bewirkt wird, den Gegenstand der Aufzeichnung allgemein oder für Eingeweihte erkennen lässt und zum Beweis einer rechtlich erheblichen Tatsache bestimmt ist, gleichviel, ob ihr die Bestimmung schon bei der Herstellung oder erst später gegeben wird (§ 268 Abs. 2 StGB).

Herstellen einer unechten technischen Aufzeichnung ist das Ausstellen mit dem Ansehen, als sei sie von dem Gerät ordnungsgemäß bewirkt, mithin echt.

Verfälschen einer technischen Aufzeichnung ist eine Veränderung in rechtserheblicher Weise, die vortäuscht, als trüge sie die Gestalt, in der sie nach ordnungsgemäßem Herstellungsvorgang das Gerät verlassen hat (Fi § 268, Rn. 12).

Störende Einwirkung auf den Aufzeichnungsvorgang ist jede Tathandlung, die den fehlerfreien Funktionsablauf des Gerätes in Mitleidenschaft zieht

Überblick 366

Die Vorschrift ergänzt § 267 StGB im Hinblick auf Aufzeichnungen, die keine Urkundenqualität haben, da sie keine verkörperte Gedankenerklärungen sind. Geschützt ist hier wie bei der Urkundenfälschung das Vertrauen auf die Echtheit der Aufzeichnungen. Praktisch bedeutsam ist die Vorschrift hinsichtlich der Manipulationen bei Fahrtenschreiberdiagrammen.

367 **Tatobjekt: Technische Aufzeichnung**

Das Tatobjekt ist in § 268 Abs. 2 StGB legal definiert.

Beispiele
Fahrtenschreiberdiagramm, Bild einer Radarmessung.

Entscheidendes Merkmal ist – wie bei der Urkunde – die dauerhafte Abbildung. Fehlt sie, liegt keine „Aufzeichnung" vor.

Beispiele
Fortlaufend weiterzählende Geräte wie Wasser- oder Gasuhr; immer wieder auf Null gehende Geräte wie Waage, Spannungsmessgeräte.

Keine technische Auszeichnung liegt vor, wenn es am hinreichend selbsttätigen Ablauf fehlt. Daher sind Fotokopierer und Textverarbeitungsprogramme keine technischen Aufzeichnungen in diesem Sinne, wohl aber das Telefax, wenn das Gerät selbsttätig Absenderkennung, Datum und Uhrzeit übermittelt.

368 **Tathandlungen**

- **§ 268 Abs. 1 Nr. 1 Alt. 1 StGB: Herstellen**
  Diese Tathandlung setzt voraus, dass der Täter eine Darstellung produziert, die vortäuscht, aus einem ordnungsgemäßen Gerät zu stammen und von diesem selbsttätig technisch hergestellt zu sein. Nicht erfasst dagegen ist die täuschende Verwendung einer ordnungsgemäß hergestellten technischen Aufzeichnung.

  Beispiele
  Falsche Namensangabe auf dem Fahrtenschreiberschaublatt.

  Hier liegt eine ordnungsgemäße technische Aufzeichnung vor, sie ist nicht unecht. Ebenso ist nach h.M. keine unechte Aufzeichnung hergestellt worden, wenn ein defektes Gerät weiter benutzt wird. Dann ist die Aufzeichnung unrichtig, aber nicht unecht.

- **§ 268 Abs. 1 Nr. 1 Alt. 2 StGB: Verfälschen**
  Diese Variante entspricht im Wesentlichen dem Verfälschen bei § 267 StGB.

  Beispiele
  Radieren, Übermalen oder Ergänzen der technischen Aufzeichnung selbst.

- **§ 268 Abs. 2 StGB: Gebrauchen**
  Diese Variante entspricht im Wesentlichen dem Gebrauchen bei § 267 StGB.

- **§ 268 Abs. 3 StGB: Störende Einwirkung auf den Aufzeichnungsvorgang**
  Die Variante ist dem Herstellen ausdrücklich gleichgestellt. Vorausgesetzt wird, dass auf das Gerät eingewirkt wird. Bloße falsche Bedienung ist nicht tatbestandsmäßig.

  Beispiele
  Verbiegen des Geschwindigkeitsschreibers; Öffnen des Deckels des Fahrtenschreibers; Zurückstellen der Uhr des Fahrtenschreibers;
  nicht: Nichteinlegen eines Schaublattes, weil keine störende Einwirkung.

  Störende Einwirkung durch Unterlassen soll vorliegen, wenn der Täter weiß, dass das Gerät aufgrund Manipulationen nicht ordnungsgemäß aufzeichnet, die Entstörung aber unterlässt. Beruht die Störung lediglich auf Verschleiß oder einem Defekt und wird vom Täter ausgenutzt, ist dies nicht tatbestandmäßig.[18] Die Verwendung einer falschen Diagrammscheibe im Fahrtenschreiber erfüllt nach h.M. den Tatbestand von § 268 Abs. 1 Nr. 1 Alt. 1 StGB.

Beispiel

In den Lkw des Unternehmens U sind genormte Tachografengeräte installiert, die Geschwindigkeiten bis zu 140 km/h aufzeichnen. Hierzu bedarf es der Verwendung entsprechend genormter Tachografenscheiben. Bei Verwendung von Scheiben, die für Geräte vorgesehen sind, die Geschwindigkeiten bis zu 125 km/h aufzeichnen, wird eine – im Verhältnis 125:140 – geringere Geschwindigkeit aufgezeichnet. U fährt seine Touren mit nicht für das Gerät vorgesehenen Tachografenscheiben.

U hat sich gemäß § 268 Abs. 3 StGB strafbar gemacht, denn der Aufzeichnungsvorgang und das Medium, auf dem er sich verkörpert, kann nicht voneinander isoliert betrachtet werden. Die Darstellung der von dem Fahrtenschreiber ermittelten Messwerte ist nur möglich auf einer für das jeweilige Gerät vorgesehenen Scheibe. Nur bei Verwendung einer solchen Scheibe ist für jedermann erkennbar, welche Werte der Fahrtenschreiber ermittelt hat. Dagegen genügt es nicht, dass es Fachleuten möglich ist, auch bei Verwendung nicht systemgerechter Scheiben, durch Umrechnung die wirklichen Werte zu ermitteln.[19]

Subjektiver Tatbestand 369

Eventualvorsatz ist ausreichend. Hinzutreten muss die Absicht zur Täuschung im Rechtsverkehr, wobei nach h.M. dolus directus 2. Grades, also sicheres Wissen, genügt.

Qualifikation § 268 Abs. 5 i.V.m. § 267 Abs. 4 StGB: gewerbsmäßiges Handeln innerhalb einer Bande 370

Die Tat wird zum Verbrechen, wenn kumulativ gewerbs- und bandenmäßiges Vorgehen vorliegt. Nach der Grundsatzentscheidung des Bundesgerichtshofes sind zur Erfüllung des Merkmals „Bande“ mindestens 3 Personen erforderlich.[20] Sie müssen sich zur fortgesetzten Begehung – noch nicht zwingend konkretisierter – Taten verbunden haben. Es ist ein übereinstimmender „Wille zur Bindung für die Zukunft und für eine gewisse Dauer“ erforderlich.[21] Es reicht auch eine lose Verbindung mit wechselnden Mitgliedern. Gewerbsmäßiges Handeln liegt vor, wenn die Täter eine regelmäßige Einnahmequelle erstreben.

Versuch 371

Gemäß § 268 Abs. 2 StGB ist der Versuch strafbar.

Beteiligung 372

Täterschaft und Teilnahme sind nach allgemeinen Regeln möglich.

Besonders schwerer Fall 373

§ 268 Abs. 5 StGB verweist auch auf § 267 Abs. 3 StGB, der Strafzumessungsvorschrift zur Urkundefälschung. Es gilt das dort Beschriebene, vgl. Rn. 362.

Konkurrenzen 374

Fälscht der Täter und gebraucht die technische Aufzeichnung dann, liegt nur eine Tat vor. Verfälschen ist lediglich ein Spezialfall des Herstellens einer technischen Aufzeichnung. Wird die unechte oder verfälschte Scheibe zum Betrug genutzt, liegt Tateinheit vor.

---

18 Fischer § 268, Rn. 13e; vgl. dazu BGHSt 28, 300.
19 BGHSt 40, 28.
20 BGHSt-GrSen 46, 321.
21 BGHSt NStZ 2004, 398.

1.3 Verändern von amtlichen Ausweisen, § 273 StGB

375 • ***Aufsatz-Literatur:*** *Vormbaum GA 2011, 167 (Das Handeln zur „Täuschung im Rechtsverkehr"); Sander/Hohmann NStZ 1998, 273 (Sechstes Gesetz zur Reform des Strafrechts [6.StrRG]): Harmonisiertes Strafrecht?); Reichert StV 1998, 51 („Mein Pass gehört mir"); Hecker GA 1997, 525 (Die missbräuchliche Verwendung von Ausweispapieren usw.).*

376

Verändern von amtlichen Ausweisen, § 273 StGB

I. Tatbestandsmäßigkeit
  1. Objektiver Tatbestand
    a) amtlicher Ausweis
    b) Tathandlungen
      Eintragung
      - entfernen
      - unkenntlich machen
      - überdecken
      - unterdrücken
      oder
      Entfernen einer einzelnen Seite
      oder
      solchen Ausweis gebrauchen
  2. Subjektiver Tatbestand
    a) Vorsatz
    b) Absicht zur Täuschung im Rechtsverkehr
  3. ggf. Qualifikation § 267 Abs. 4 StGB
II. Rechtswidrigkeit
III. Schuld
IV. Ergebnis

Amtliche Ausweise sind öffentliche Urkunden, die zumindest auch dem Identitätsnachweis einer Person zu dienen bestimmt sind. (BGH VRS 5, 135).

Gebrauch eines verfälschten Ausweises ist gegeben, wenn man ihn der sinnlichen Wahrnehmung zugänglich macht (vgl. BGHSt 36, 65).

377 **Überblick**

Geschütztes Rechtsgut ist auch hier die Sicherheit und Zuverlässigkeit des Rechtsverkehrs. Die Vorschrift soll Strafbarkeitslücken schließen, die dadurch entstehen, dass die genannten Tathandlungen einerseits deswegen nicht nach § 274 StGB – wegen Urkundenunterdrückung – erfasst werden kann, weil diese Vorschrift voraussetzt, dass die Urkunde dem Täter überhaupt nicht oder nicht ausschließlich gehört und die Tat in Nachteilsabsicht begangen worden sein muss.

Andererseits kann das ersatzlose Unkenntlichmachen von Eintragungen in einem Ausweis weder durch § 267 StGB – der Urkundenfälschung – noch durch § 271 StGB – der mittelbaren Falschbeurkundung – erfasst werden.[22]

22 Sch/Sch-Cramer § 273, Rn. 1.

Tatobjekt: Amtliche Ausweise 378

Amtliche Ausweise sind von einer in- oder ausländischen öffentlichen Stelle ausgestellt und dienen in erster Linie dem Identitätsnachweis und dem Nachweis persönlicher Verhältnisse.

Beispiele
Pass, Personalausweis, Duldung, Aufenthaltsgestattung, Dienstausweis, Führerschein, Jagd- und Waffenschein, Studenten- und Schülerausweis.

Tathandlungen 379

Die Tathandlungen Eintragung entfernen, unkenntlich machen, überdecken, unterdrücken oder Entfernen einer einzelnen Seite sind darauf angelegt, einen Ausweis zu verändern. Diese Veränderungen stellen oftmals keine Urkundenfälschung dar, weil sie nicht vom Aussteller stammen.

Beispiel
Aus einem Pass wird eine Seite mit dem Einreisevermerk herausgetrennt, um die tatsächliche Aufenthaltsdauer in Deutschland zu verschleiern.

Es liegt keine Urkundenfälschung vor, da der Einreisevermerk nicht vom Passaussteller stammt. Da mangels Nachteilsabsicht auch keine Urkundenunterdrückung vorliegt, ist A nach § 273 StGB strafbar.

Gebrauchen geschieht insbesondere durch Vorlage. Es reicht schon, wenn der Pass dem Rechtsverkehr zugänglich gemacht wird. Allein das Mitführen von verfälschen Ausweisen stellt dagegen keinen Gebrauch dar.

Subjektiver Tatbestand 380

Eventualvorsatz hinsichtlich aller Merkmale der Urkunde sowie der Tathandlung ist ausreichend. Hinzutreten muss die Absicht zur Täuschung im Rechtsverkehr, wobei nach h.M. dolus directus 2. Grades, also sicheres Wissen, genügt.

Versuch 381

Gemäß § 273 Abs. 2 StGB ist der Versuch strafbar.

Beteiligung 382

Täterschaft und Teilnahme sind nach allgemeinen Regeln möglich.

Konkurrenzen 383

Die Vorschrift ist gemäß § 273 Abs. 1 a. E. formell subsidiär, tritt also zurück, wenn die Tat bereits in § 267 StGB (Urkundenfälschung) oder § 274 StGB (Urkundenunterdrückung) mit Strafe bedroht ist. Dies gilt auch dann, wenn die Tat nur eine versuchte Urkundenfälschung bzw. Urkundenunterdrückung darstellt. Fälscht der Täter und gebraucht den Ausweis anschließend, liegt nur eine Tat vor; dabei stellt das Verfälschen materiell eine Vorbereitungshandlung zum späteren Gebrauchen dar, auf Letzteres ist daher abzustellen.

1.4 Urkundenunterdrückung, § 274 Abs. 1 Nr. 1 StGB

384
- ***Aufsatz-Literatur:*** *Kienapfel JURA 1983, 185 (Zur Abgrenzung von Urkundenfälschung und Urkundenunterdrückung)*
- ***Leitentscheidungen:*** *BayObLGSt 1968, 38 (Urkundenunterdrückung durch Vernichtung eines Zettels an der Windschutzscheibe).*
- ***Übungsfälle:*** *Schuhr JA 2015, 189 („In die Karten geguckt"); Martin JuS 2009, 364 (Die „Mehrweg"-Fahrkarte: §§ 267, 274, 303, 123 StGB); Otto JURA 2005, 416 („Morgenstund hat Gold im Mund": § 274, 267, 315c, 242 StGB).*

385

Urkundenunterdrückung, § 274 Abs. 1 Nr. 1 StGB

I. Tatbestandsmäßigkeit
   1. Objektiver Tatbestand
      a) echte Urkunde *oder* echte technische Aufzeichnung (tA)
      b) die dem Täter nicht oder nicht ausschließlich gehört
      b) Tathandlungen
         - vernichten
         - beschädigen
         - unterdrücken
   2. Subjektiver Tatbestand
      a) Vorsatz
      b) Absicht, einem anderen einen Nachteil zuzufügen
II. Rechtswidrigkeit
III. Schuld
IV. Ergebnis

Urkunde ist eine verkörperte Gedankenerklärung, die ihren Aussteller erkennen lässt und geeignet und bestimmt ist, im Rechtsverkehr Beweis zu erbringen.

Technische Aufzeichnung (tA) ist eine Darstellung von Daten, Mess- oder Rechenwerten, Zuständen oder Geschehensabläufen, die durch ein technisches Gerät ganz oder zum Teil selbsttätig bewirkt wird, den Gegenstand der Aufzeichnung allgemein oder für Eingeweihte erkennen lässt und zum Beweis einer rechtlich erheblichen Tatsache bestimmt ist, gleichviel, ob ihr die Bestimmung schon bei der Herstellung oder erst später gegeben wird (§ 268 Abs. 2 StGB).

Nichtgehören im Sinne von § 268 StGB Urkunde/tA liegt schon vor, wenn der Täter nicht das alleinige Beweisführungsrecht hat (BGHSt 6, 251).

Zerstören ist die Aufhebung der Gebrauchsfähigkeit.

Beschädigen ist eine nicht ganz unerhebliche Substanzveränderung.

Unterdrücken liegt vor, wenn die Urkunde/tA der Benutzung des Berechtigten entzogen wird (OLG Düsseldorf nJW 1989, 115).

386 **Überblick**

Die Vorschrift dient dem Bestandsschutz von Urkunden und technischen Aufzeichnungen.[23] Anders als bei der Urkundenfälschung bzw. der -unterdrückung schafft der Täter kein Beweismittel, sondern er beseitigt es; die Tat richtet sich gegen die Beweisführungsbefugnis eines anderen.

23 Vgl. SK-Hoyer § 274, Rn. 1.

Tatobjekte: Urkunden und technische Aufzeichnungen 387

Geschützt sind echte Urkunden und echte technische Aufzeichnungen im Sinne von §§ 267, 268 StGB. Diese dürfen dem Täter aber nicht ausschließlich gehören. Mit „gehört" i.S.v. § 274 Abs. 1 StGB ist aber nicht die eigentumsrechtliche Beziehung zum Tatobjekt gemeint. Vielmehr geht es darum, wer das Beweisführungsrecht innehat. Liegt es ausschließlich beim Täter, so kommt eine Strafbarkeit nicht in Betracht. Das Beweisführungsrecht liegt nicht ausschließlich beim Eigentümer, wenn dieser eine Vorlage- oder Herausgabepflicht hat, die nicht ausschließlich Kontrollzwecken dient.

Beispiele
An einem Führerschein, Reisepass oder Personalausweis hat ausschließlich der Inhaber Beweisführungsrecht, da sie nur zu Kontrollzwecken vorgelegt werden müssen. Diese sind nicht taugliches Tatobjekt.

Tathandlungen 388

Zu unterscheiden sind 3 Tathandlungen:

- **Vernichten**
  Vernichten steht dem Zerstören bei der Sachbeschädigung, § 303 StGB, gleich. Es liegt bei Urkunden vor, wenn ihr gedanklicher Inhalt völlig beseitigt ist, sodass sie als Beweismittel nicht mehr vorhanden sind.[24]
- **Beschädigen**
  Beschädigen ist hier grundsätzlich wie bei der Sachbeschädigung zu sehen. Zusätzlich ist bei Urkunden und technischen Aufzeichnungen jedoch zu fordern, dass durch die Substanzverletzung der Wert als Beweismittel beeinträchtigt werden muss.
- **Unterdrücken**
  Unterdrücken liegt vor, wenn das Tatobjekt dem Berechtigten zur Beweiszwecken entzogen wird.

Beispiel
Mit der Ware fest verbundenes Preisschild wird entfernt. Irrtümlich zugestellter Brief wird nicht herausgegeben.

Subjektiver Tatbestand 389

Eventualvorsatz hinsichtlich aller Merkmale des objektiven Tatbestandes ist ausreichend. Hinzutreten muss die Absicht zur Nachteilszufügung, wobei nach h.M. dolus directus 2. Grades, also sicheres Wissen, genügt.[25]

Versuch 390

Gemäß § 274 Abs. 2 StGB ist der Versuch strafbar.

Beteiligung 391

Täterschaft und Teilnahme ist nach allgemeinen Regeln möglich.

Konkurrenzen 392

Mit Eigentumsdelikten und den Urkundendelikten §§ 267, 268 StGB besteht Gesetzeskonkurrenz, sie gehen § 274 StGB vor. Demgegenüber geht § 274 StGB den §§ 303 ff vor, da sich durch das Merkmal der Nachteilszufügungsabsicht spezieller ist.

24 RGSt 3, 270.
25 BGHSt 53, 1924.

1.5 Missbrauch von Ausweispapieren, § 281 StGB

393 • ***Aufsatz-Literatur***: *Oglakcioglu JA 2018, 279 (Die Karten in meiner Brieftasche – Teil 1); Metz NZV 2014, 503 (Strafbarkeit nach § 281 StGB); Krumm SVR 2007, 170 (Urkundsdelikte im Straßenverkehr).*

• ***Leitentscheidungen:*** *KG NJW 1953, 1274 (Zum Versuch reicht ein bestimmtes Übergabeangebot).*

394

Missbrauch von Ausweispapieren, § 281 StGB

I. Tatbestandsmäßigkeit
   1. Objektiver Tatbestand
      a) - Ausweispapier *oder* anderes, im Verkehr als Ausweis verwendetes Papier
         - für einen anderen ausgestellt
      b) Tathandlungen
         - Alt. 1: gebrauchen
         - Alt. 2: überlassen
   2. Subjektiver Tatbestand
      a) Vorsatz
      b) Absicht zur Täuschung im Rechtsverkehr

II. Rechtswidrigkeit

III. Schuld

IV. Ergebnis

Ausweispapiere sind öffentliche Urkunden, die zum Nachweis der Identität oder der persönlichen Verhältnisse einer Person bestimmt sind.

Gebrauch eines Ausweises ist gegeben, wenn man ihn der sinnlichen Wahrnehmung zugänglich macht (vgl. BGHSt 36, 65).

Überlassen ist eine Übertragung der Verfügungsgewalt, sodass der Empfänger in die Lage versetzt wird, das Ausweispapier zu gebrauchen (vgl. Sch/Sch-Cramer/Heine § 281 Rn. 8).

395 **Überblick**

Die Vorschrift dient der Sicherheit und Zuverlässigkeit des Rechtsverkehrs. Während wegen Urkundenfälschung sich derjenige strafbar macht, der ein gefälschtes Ausweispapier vorlegt, erfolgt hier die Strafbarkeit bei Vorlage eines echten Ausweises, der auf einen anderen ausgestellt ist.

396 **Tatobjekte: Ausweisepapiere und ähnliche Dokumente**

Ausweispapiere sind von einer inländischen oder ausländischen öffentlichen Stelle ausgestellt und dienen in erster Linie dem Identitätsnachweis und dem Nachweis persönlicher Verhältnisse.

Beispiele

Pass, Personalausweis, Duldung, Aufenthaltsgestattung, Dienstausweis, Führerschein, Jagd- und Waffenschein, Studenten- und Schülerausweis.

§ 281 Abs. 2 StGB stellte diesen Ausweispapieren solche Papiere gleich, die im Rechtsverkehr vergleichbar verwandt werden.

Beispiele
Reisegewerbekarte, Waffenbesitzkarte, Lohnsteuerkarte. nicht: Kreditkarte, Bankautomatenkarte oder Werksausweis, da Privaturkunden.[26]

Tathandlungen 397

Zu unterscheiden sind 2 Tathandlungen:

- **Gebrauchen**
  Gebrauchen ist insbesondere durch Vorlage, Übersendung, Veröffentlichung oder Verlesen gegeben. Es reicht schon, wenn das Ausweispapier dem Rechtsverkehr zugänglich gemacht wird.
- **Überlassen**
  Mit dieser Alternative werden Beihilfehandlungen zum Gebrauchen als eigenständige Straftat erfasst.

Beispiel
A überlässt seinem ähnlich aussehenden jüngeren Bruder seinen Personalausweis, damit der Bruder Zutritt zu einer Veranstaltung bekommt, bei der der Zutritt von einem Mindestalter abhängt.

A hat sich nach § 281 Abs. 1 Alt. 2 StGB strafbar gemacht. Legt der Bruder den Ausweis später tatsächlich bei der Eintrittskontrolle vor, macht er sich nach § 281 Abs. 1 Alt. 1 StGB strafbar.

Subjektiver Tatbestand 398

Eventualvorsatz hinsichtlich aller Merkmale der Urkunde sowie der Tathandlung ist ausreichend. Hinzutreten muss die Absicht zur Täuschung im Rechtsverkehr, wobei nach h.M. dolus directus 2. Grades, also sicheres Wissen, genügt. Wer handelt, um ausschließlich im gesellschaftlichen Bereich Vorteile zu erlangen, täuscht nicht im Rechtsverkehr.

Beispiel
S zeigt beiläufig bei einem Abendessen mit ihrem Liebhaber einen Schülerausweis ihrer jüngeren Schwester, gibt ihn als ihren Ausweis aus und weist auf das Geburtsdatum hin, um jünger zu erscheinen.[27]

Versuch 399

Gemäß § 281 Abs. 1 a.E. StGB ist der Versuch strafbar.

Beteiligung 400

Täterschaft und Teilnahme sind nach allgemeinen Regeln möglich.

Konkurrenzen 401

Die Täterschaft bei § 281 Alt. 2 konsumiert die Teilnahme an § 281 Alt. 1 StGB. Tateinheit insbesondere möglich mit § 267 StGB. Tatmehrheit möglich mit § 21 StVG.[28]

26 Fischer § 281, Rn. 2; Sch/Sch-Cramer/Heine § 281, Rn. 4.
27 Vgl. Fischer § 267, Rn. 30.
28 Str., a.A. Tateinheit: Sch/Sch-Cramer/Heine § 281, Rn. 10.

1.6 Klausur- und Praxishinweise: Urkundendelikte

402 Urkundendelikte sind beliebter „Aufhänger" in einer Klausur, kann man daran doch gut die juristische Methodik und das strafrechtliche Verständnis prüfen.

403 § 282 Abs. 2 StGB ist eine besondere Einziehungsvorschrift für Urkundendelikte. Urkunden, die sich auf eine Straftat nach den §§ 267, 268, 271 Abs. 2 und 3, 273 oder 276 beziehen, können nach § 111b StPO i.V.m. § 282 Abs. 2 StGB zum Zwecke der Einziehung beschlagnahmt werden. Aus Gründen des damit verbundenen Veräußerungsverbotes sollte diese Anordnung immer neben der Anordnung der Sicherstellung als Beweismittel gemäß §§ 94, 98 StPO erfolgen.

404 Insbesondere bei großen Vermögensschäden, bei einer Vielzahl von Taten und bei Urkundenfälschung durch Amtsträger ist immer an einen besonders schweren Fall der Urkundenfälschung zu denken. Die Prüfung erfolgt als Strafzumessungsvorschrift nach der Schuld.

Lernkontrolle „Urkundendelikte“

1	Welchen Schutzzweck verfolgt § 267 StGB?
2	Erläutern Sie die Merkmale des Urkundenbegriffs.
3	Nennen Sie 3 Beispiele für eine zusammengesetzte Urkunde.
4	Definieren Sie die Tathandlungen der Urkundenfälschung.
5	Was ist unter einer „schriftlichen Lüge“ im Zusammenhang mit der Urkundenfälschung zu verstehen?
6	Nennen Sie 3 Beispiele für technische Aufzeichnungen nach § 268 StGB.
7	Nennen Sie für die Tathandlungen des § 268 StGB je ein Beispiel.
8	Erklären Sie die Tathandlungen des § 273 StGB.
9	Definieren Sie „unterdrücken“ i.S.v. § 274 StGB.
10	Erläutern Sie, unter welchen Voraussetzungen eine Urkunde dem Täter „nicht gehört“, sodass er nach § 274 StGB strafbar sein kann.

2 Ordnungsdelikte

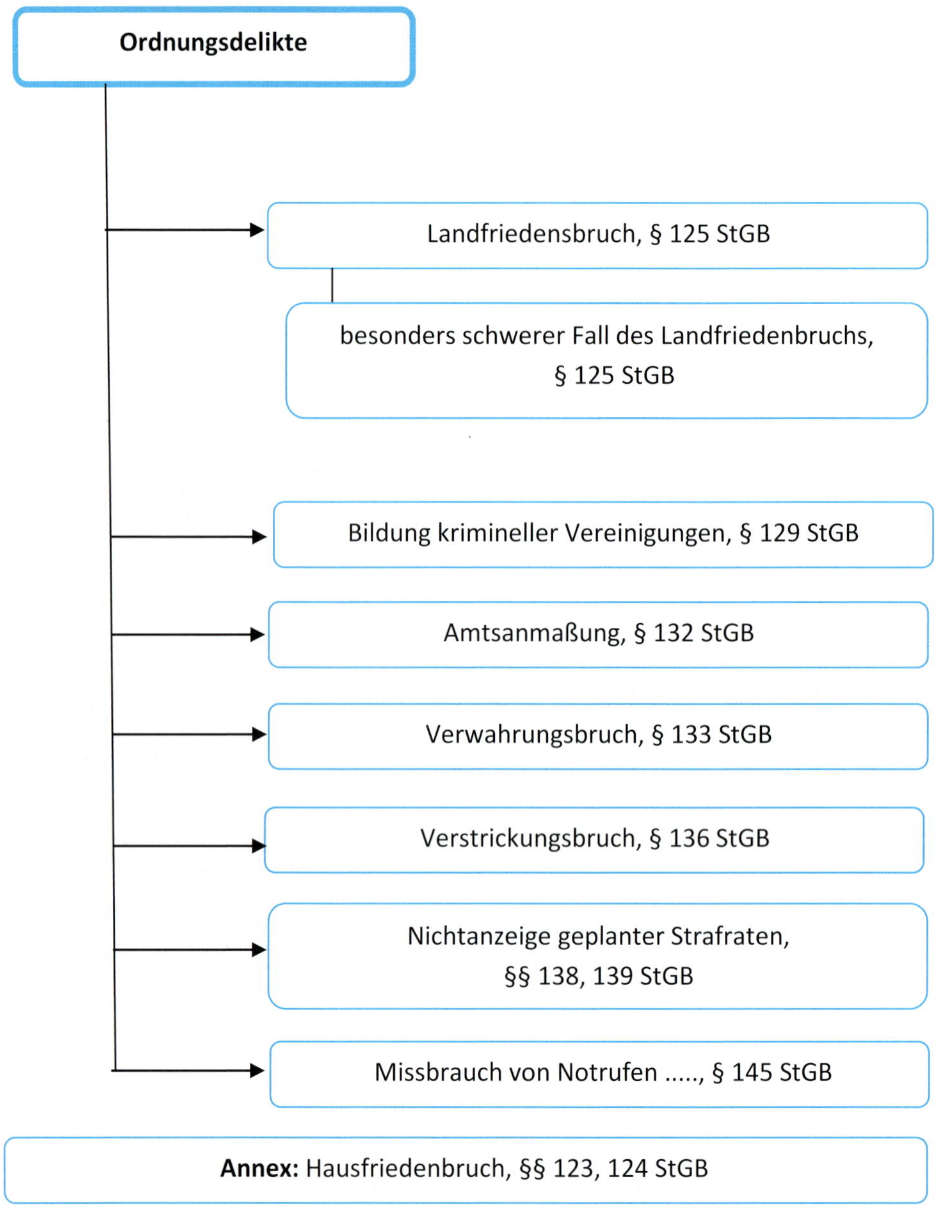

405 **Überblick**

Ordnungsdelikte sind solche, die sich zumindest auch gegen die öffentliche Ordnung wenden. Darüber hinaus ist im StGB-Abschnitt der Ordnungsdelikte der Hausfriedensbruch erfasst, welcher das Hausrecht schützt.

2.1 Landfriedensbruch, § 125 StGB

- ***Aufsatz-Literatur:*** *Meyer GA 2000, 259 (Beteiligung am Landfriedensbruch ... und Teilnahme zum Landfriedensbruch).* 406
- ***Leitentscheidungen:*** *BGH NJW 2017, 3456 (zur tatbestandlichen Reichweite v. § 125 StGB); BGH NStZ-RR 2001, 239 (Zu den Anforderungen an die Strafbarkeit des Teilnehmers); BGHSt 32, 265 und BVerfGE 82, 236 (Startbahn 18 West: Ortsabwesende als Täter).*

Landfriedensbruch, § 125 StGB

I. Tatbestandsmäßigkeit

1. Objektiver Tatbestand

- Varianten 1 und 2:

a) Beteiligung an

Var.1: Gewalttätigkeiten gegen Menschen/Sachen
oder
Var.2: Bedrohungen mit Gewalttätigkeiten

b) aus einer Menschenmenge

c) mit vereinten Kräften

c) Gefährdung der öffentlichen Sicherheit

- Var.3: Einwirkung auf Menschenmenge

2. Subjektiver Tatbestand

a) Vorsatz

b) bei Variante 3: Förderungsabsicht

II. Rechtswidrigkeit

III. Schuld

IV. Besonderheiten

Strafzumessungsvorschrift § 125a StGB

V. Ergebnis

Menschenmenge ist eine Personenmehrheit, bei der jeder Einzelne aufgrund der Anzahl nicht mehr mit jedem in unmittelbaren Kommunikationskontakt treten kann und die in Ihrer Zusammensetzung nicht unmittelbar überschaubar ist (vgl. BGH NStZ 1994, 483). 407

Gewalttätigkeit ist ein gegen die körperliche Unversehrtheit von Personen oder Sachen gerichtetes aggressives Tun von einiger Erheblichkeit unter Einsatz physischer Kraft (BGHSt 20,305).

Einwirkung auf eine Menschenmenge ist jedes Tun oder Unterlassen, das zumindest auf Teile der Menge einen Eindruck machen soll (Fi. § 225, Rn. 14).

Gefährdung der öffentlichen Sicherheit ist gegeben, wenn für unbestimmte Personen oder Sachen die Gefahr eines Schadens besteht.

Mit vereinten Kräften wird gehandelt, wenn die Menge selbst oder jedenfalls ein wesentlicher Teil von ihr durch eine feindselige Haltung die Basis für die begangenen Ausschreitungen abgibt (OLG Köln NStZ-RR 97, 236).

Überblick 408

§ 125 StGB schützt in erster Linie die Individualrechtsgüter, darüber hinaus die durch Gewalttätigkeiten und Bedrohungen verursachte Gefahr für die öffentliche Sicherheit. Die Vorschrift ist insbesondere relevant bei gewalttätigen Demonstrationen. Systematisch können 3 verschiedene Formen des Landfriedensbruches unterschieden werden: der gewalttätige (Variante 1), der bedrohende (Variante 2) und der aufwieglerische (Variante 3) Landfriedensbruch.

409 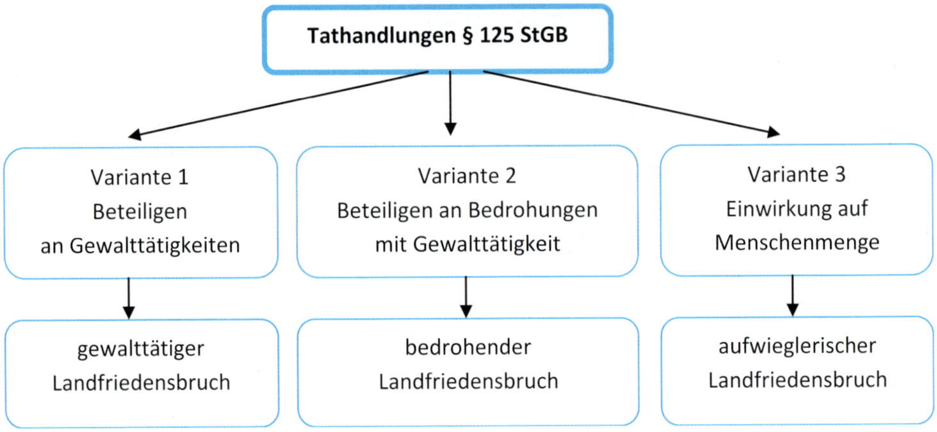

410 **Variante 1: Beteiligung an Gewalttätigkeiten (gewalttätiger Landfriedensbruch)**
Gewalttätigkeit setzt nach der Rechtsprechung aggressives, das meint aktives Tun gegen Menschen oder Sachen voraus.[29] Rein passives Verhalten reicht nicht aus. Ein Verletzungserfolg ist nicht erforderlich.

Beispiele
Anheben/Schaukeln von Kraftfahrzeugen, Schüsse mit Präzisionsschleudern, Zerstechen von Autoreifen, Durchbrechen von Absperrungen, Steinwürfe gegen ein Bankgebäude.

Der Täter muss nicht zwingend in der Menschenmenge anwesend sein. Während die Strafbarkeit früher an die Zugehörigkeit zu einer feindseligen Menschenmenge anknüpfte, ist jetzt strafbar, wer sich an den Ausschreitungen als Täter oder Teilnehmer beteiligt. Die Gewalttätigkeiten brauchen nicht eigenhändig begangen zu werden. Vielmehr soll – neben dem Teilnehmer – jeder erfasst werden, der die Gewalttätigkeiten als Täter, d.h. selbst oder durch andere (§ 25 Abs. 1 StGB), begeht. Da Strafgrund nicht der Anschluss an eine unfriedliche Menge, sondern die Beteiligung an den Gewalttätigkeiten oder Bedrohungen ist, besteht nach der Neufassung kein Anlass, den ortsabwesenden Befehlsgeber, Organisator oder geistigen Anführer von der Strafbarkeit auszunehmen, wenn und soweit die aus der Menge verübten Gewalttätigkeiten oder Bedrohungen seinem Tatwillen entsprechen und unter seiner Tatherrschaft begangen werden, ihm also nach allgemeinen Grundsätzen als eigene Tat zuzurechnen sind.

411 Täter des gewalttätigen Landfriedensbruches ist jeder, der sich als Täter oder Teilnehmer an den Gewalttätigkeiten beteiligt. Insofern gelten die allgemeinen Regeln der §§ 25 – 27 StGB. Dies führt zu einer Einheitstäterlehre, die nicht mehr zwischen Täterschaft und Teilnahme unterscheidet.

Beispiel
Der Steinewerfer und derjenige, der ihm den Stein reicht, werden gemäß § 125 Abs. 1 Var. 1 StGB bestraft.

29 BGHSt 23, 46.

Die Teilnahme kann insbesondere auch in Form der psychischen Beihilfe erfolgen. Hier ist problematisch, die strafbare Beihilfe vom straflosen „Dabeisein" zu trennen.

Beispiele
A geht im gewalttätigen sogenannten „schwarzen Block" mit (= straflos); A unterstützt die Steinewerfer durch entsprechende Anfeuerung (Teilnahme an den Gewalttätigkeiten = strafbar gemäß § 125 Abs. 1 Var. 1 StGB).

Um die Teilnahme an Gewalttätigkeiten zur Täterschaft des § 125 Abs. 1 StGB zu erheben, fordert die h.M., dass der Teilnehmer Zugehöriger zu der Menschenmenge ist. Nur so sei eine Gleichstellung von Täterschaft und Teilnahme gerechtfertigt.[30] Fehlt diese Zugehörigkeit, liegt nicht Landfriedensbruch, sondern Anstiftung/Beihilfe zum Landfriedensbruch vor.

Beispiele
A übergibt T im Rahmen einer Demonstration eine Präzisionsschleuder, die T sofort einsetzt (= Strafbarkeit des A wegen gewalttätigen Landfriedensbruchs nach § 125 Abs. 1 Var. 1 StGB).
A übergibt T einen Tag vor der Demonstration eine Präzisionsschleuder, die T am folgenden Tag einsetzt. A ist nicht bei der Demonstration anwesend (= Strafbarkeit des A wegen Beihilfe zum gewalttätigen Landfriedensbruch gemäß §§ 125 Abs. 1 Var. 1, 27 StGB).

Variante 2: Beteiligung an Bedrohung von Menschen (bedrohender Landfriedensbruch) 412
Nach h.M. soll der Gesetzeswortlaut so zu verstehen sein, dass die Bedrohung von Menschen ausgehen muss, aber auch als Ziel die Zerstörung von Sachen haben kann. Nicht erforderlich ist die Androhung von Gewalttätigkeiten gegen Menschen.

Täter des bedrohenden Landfriedensbruch ist wie beim gewalttätigen jeder, der sich als Täter oder Teilnehmer an den Bedrohungen beteiligt.

Variante 3: Einwirkung zur Förderung (aufwieglerischer Landfriedensbruch) 413
Bei dieser Variante werden Vorbereitungshandlungen bereits zur Straftat erhoben. Allein das Einwirken auf eine bestehende Menschenmenge in der Absicht, Handlungen der Varianten 1 und 2 zu fördern, erfüllt den Tatbestand. Es muss nicht tatsächlich zu den gewalttätigen/bedrohenden Handlungen kommen.

Die Menschenmenge muss zudem nicht bereits zu Tathandlungen bereit sein. Fördern umfasst auch das Wecken des Tatentschlusses.

Beispiel
(nach OLG Naumburg 21.03.2000 2 Ss 509/99:) A ruft im Rahmen einer bislang friedlichen Demonstration der Menschenmenge zu, die „Zeckenkneipe plattzumachen".

Der Täter muss nicht bei der Menschenmenge sein, die Gewalttätigkeiten selbst brauchen auch nicht unmittelbar erfolgen.

Beispiel
(nach BGHSt 32, 265): A ruft die Menge zu Gewalttätigkeiten nach Ablauf eines an die Polizei gerichteten Ultimatums am nächsten Tag auf.

30 Sch/Sch-Lenckner/Sternberg-Lieben § 125, Rn. 13.

414 **Menschenmenge**

Gewalttätigkeiten oder Bedrohungen müssen aus der Menschenmenge erfolgen. Damit ist eine Personenmehrheit zu verstehen, die so groß ist, dass jeder Einzelne darin nicht mehr in der Lage ist, mit jedem anderen Einzelnen in unmittelbare Kommunikation zu treten, und die in ihrer Zusammensetzung nicht unmittelbar überschaubar ist.[31] Bejaht wurde eine Menschenmenge sicher bei 70 Personen,[32] auch bei unüberschaubaren räumlichen Verhältnissen schon bei 11 Personen; nicht bei 6 bis 7 Personen.[33] Richtigerweise wird wohl erst bei 15 bis 20 Personen von einer Menschenmenge die Rede sein können.[34]

Die Tathandlungen müssen aus der Menschenmenge erfolgen, Tathandlungen innerhalb einer Menschenmenge sind daher nicht vom Tatbestand erfasst.

415 **Mit vereinten Kräften**

Das Merkmal ist nach h.M. schon erfüllt, wenn die Tathandlungen von der feindseligen Grundhaltung der Menschenmenge oder jedenfalls eines wesentlichen Teils von ihr getragen sind.[35] Durch § 125 StGB sollen nur solche Handlungen erfasst werden, die durch Kräftebündelung zur besonderen Gefahr für die öffentliche Sicherheit werden. Maßgeblich ist, dass die Menge nicht nur Kulisse, sondern Basis der Ausschreitungen ist.[36] Diese Feststellung ist problematisch, wenn nur Einzelne bzw. ein Teil der Gruppe Gewalttätigkeiten verüben. Soweit sie keinen Rückhalt in der Gruppe erfahren, reichen diese isolierten Handlungen nicht aus.

416 **Gefährdung der öffentlichen Sicherheit**

Die Tathandlungen der Variante 1 und 2 müssen in einer die öffentlichen Sicherheit gefährdenden Weise durchgeführt werden. Dies bedeutet, dass einer unbestimmten Anzahl von Menschen oder Sachen Schaden drohen muss. Eine solche Gefährdung ist zu bejahen, wenn die Gewaltakte Ausdruck einer allgemeinen, nicht gegen konkrete Personen oder Sachen gerichteten Feindseligkeit der Menge sind. Ist die Tathandlung von vornherein nur an eine bestimmte Person gerichtet, ist die öffentliche Sicherheit nicht in Gefahr. Diese Gefährdung ist aber zu bejahen, wenn die eine Person stellvertretend für eine religiöse, politische, ethnische oder sonstige Gruppe angegriffen wird.

> **Beispiel**
> Am Rande einer Demonstration gegen die Asylpolitik wird in einer Fußgängerzone ein ausländischer Passant aus der Menge angegriffen.

417 **Subjektiver Tatbestand**

Eventualvorsatz ist ausreichend. Beim aufwieglerischen Landfriedensbruch muss dazu die Absicht treten, Gewalttätigkeiten bzw. Bedrohungen durch die Menschenmenge zu fördern.

418 **Versuch**

Der Versuch ist nicht strafbar. Daraus folgt, dass es beim gewalttätigen und bedrohenden Landfriedensbruch tatsächlich zu den Gewalttätigkeiten und Bedrohungen kommen muss.

---

31 BGH NStZ 1994, 483.
32 BGH NStZ-RR 2001, 239.
33 Nachweise bei Fischer § 124, Rn. 4
34 Vgl. BGHSt 33, 308; so auch SK-Rudophi/Stein § 125, Rn. 7.
35 OLG Köln NStZ-RR 1997, 235.
36 Fischer § 125, Rn. 8.

Demgegenüber reicht beim aufwieglerischen Landfriedensbruch für die Vollendung des Deliktes die Einwirkung auf die Menschenmenge. Zu einer Gewalttätigkeit respektive Bedrohung muss es in dieser Variante tatsächlich nicht kommen.

Beteiligung 419

In den ersten 2 Varianten des § 125 StGB ist Anstiftung und Beihilfe nur eingeschränkt möglich, da die Teilnahme bereits zur Täterschaft erhoben wird.[37] In Betracht kommt eine Teilnahme, wenn der Gehilfe/Anstifter nicht Teilnehmer der Menge ist.

> **Beispiel**
> A fordert den B auf, Gewalttätigkeiten bei der am nächsten Tag stattfindenden Demonstration zu begehen. B folgt der Aufforderung.

A hat sich wegen Anstiftung zu § 125 Abs. 1 Var. 1 strafbar gemacht. Beim aufwieglerischen Landfriedensbruch sind dagegen Anstiftung und Beihilfe nach den allgemeinen Regeln möglich.

> **Beispiel**
> A rät dem charismatischen Wortführer einer Organisation, die Menge zu Gewalttätigkeiten aufzurufen.

A ist strafbar wegen Anstiftung zum Landfriedensbruch gemäß §§ 125 Abs. 1 Var. 3, 26 StGB.

Konkurrenzen 420

Die 3. Variante geht den anderen Varianten als lex specialis vor, sofern es um das Wecken des Tatentschlusses geht.

Tateinheit ist insbesondere möglich mit §§ 106b, 113 Abs. 1, 126, 231, 240, 241, 304 StGB und § 21 VersG.

§ 27 Abs. 2 VersG tritt hinter § 125 StGB zurück.

37 Siehe oben, Rn. 410 ff.

2.2 Besonders schwerer Fall des Landfriedensbruchs, § 125a StGB

421 • **Aufsatz-Literatur:** *Meyer GA 2000, 259 (Beteiligung am Landfriedensbruch ... und Teilnahme zum Landfriedensbruch).*

• **Leitentscheidungen:** *BGH NStZ-RR 2001, 239 (zum Begriff des Täters); BGH NStZ 2000, 194 (Gesamtwürdigung entscheidend).*

422

Bes. schw. Fall des Landfriedensbruchs, § 125a StGB

I. Tatbestandsmäßigkeit

Tatbestand des Landfriedensbruchs, § 125 StGB

II. Rechtswidrigkeit

III. Schuld

IV. Besonderheiten

Strafzumessungsvorschrift § 125a StGB:

a) Regelbeispiele
- Beisichführen einer Schusswaffe
- Beisichführen einer Waffe oder eines anderen gefährlichen Werkzeugs mit Verwendungsabsicht
- durch Gewalttätigkeit einen anderen in die Gefahr des Todes/der schweren Gesundheitsschädigung bringen
- plündern/bedeutenden Schaden anrichten

b) ggf. unbenannter schwerer Fall

V. Ergebnis

Schusswaffe ist ein Gegenstand, bei dem nach der Bauart Geschosse durch einen Lauf getrieben werden.

Waffe im Sinne von § 125a StGB ist jeder Gegenstand, der zum Angriff oder zur Verteidigung bestimmt oder mindestens geeignet ist.

Schwere Gesundheitsschädigung ist gegeben bei langwieriger ernsthafter Erkrankung oder einer erheblichen Einschränkung des Körpers oder der Arbeitsfähigkeit.

Plündern liegt vor, wenn der Täter einen Diebstahl unter Ausnutzung der Gewalttätigkeiten beim Landfriedensbruch begeht.

Bedeutender Schaden ist jedenfalls erfüllt, wenn er 1.500 € beträgt (vgl. BGHSt 43, 240).

423 **Überblick**

§ 125a StGB ist eine Strafzumessungsvorschrift zum Landfriedensbruch, systematisch daher hinter der Schuld zu prüfen. Die Zuordnung als Strafzumessungsvorschrift hat zur Folge, dass deren Vorliegen lediglich als Indiz für einen besonders schweren Fall ist, welches widerlegt werden kann. Genannt werden nur Beispiele. Ein besonders schwerer Landfriedensbruch kann auch aus anderen Gründen bejaht werden. Diese Einordnung führt gegenüber der Einordnung als Qualifikationstatbestand zu einer flexibleren Anwendungsmöglichkeit. Erkauft wird diese flexiblere Handhabung aber mit einer im Gegensatz zu Qualifikationstatbeständen erhöhten Rechtsunsicherheit. Denn nur durch Herausbildung einzelner Fallgestaltungen in der Rechtsprechung ist absehbar, wann ein unbenannter Fall des §§ 125, 125a StGB vorliegt.

Weiter ist zu beachten, dass Außenstehende, die nicht Täter oder Teilnehmer des § 125 StGB sind, nicht aus § 125a StGB bestraft werden können.

Regelbeispiele 424

Ist ein Regelbeispiel erfüllt, besteht die widerlegliche Vermutung, dass es sich um einen besonders schweren Fall des Landfriedensbruchs handelt, der eine erhöhte Strafe rechtfertigt.

- **Nr. 1 (Schusswaffe bei sich führen)**
  Schusswaffe ist jeder Gegenstand, bei dem nach seiner Bauart Geschosse durch einen Lauf getrieben werden können. Für das Beisichführen wird vorausgesetzt, dass die Schusswaffe bei Begehung der Tat einsatzbereit ist bzw. in Kürze gemacht werden kann.

  Beispiel
  Ungeladene Schusswaffe im Hosenbund, dabei geladenes Magazin in der Hosentasche.

  Die Vorschrift ist auch auf Berufswaffenträger ohne Einschränkung anwendbar, es besteht kein sachlicher Grund für eine Privilegierung.[38]

- **Nr. 2 (Waffe oder anderes gefährliches Werkzeug bei sich führen)** 425
  Gemeint sind einerseits Waffen im technischen Sinne, die also zum Angriff oder zur Verteidigung bestimmt sind. Erfasst sind andererseits auch sonstige gefährliche Gegenstände die nach ihrer Beschaffenheit und der beabsichtigten Verwendung geeignet sind, zu erheblichen Verletzungen zu führen.

  Beispiele
  Scharfkantige Schottersteine, Molotow-Cocktails, Baseballschläger.

  Bei Gegenständen, die einen grundsätzlich neutralen Charakter aufweisen, aber im Einzelfall gefährlich verwendet werden können (Schuhe, kleinere Werkzeuge, Gürtel, Flaschen) wird man in der Regel nicht von der Verwirklichung des Regelbeispiels ausgehen können.[39] Dahingegend ist die Vorschrift restriktiv auszulegen.

- **Nr. 3 (Gefahr des Todes/der schweren Gesundheitsschädigung)** 426
  Der Begriff der schweren Gesundheitsbeschädigung ist durch das 6. Strafrechtsreformgesetz in eine Vielzahl von Tatbeständen getreten. Dieser erfasst weiter als die schwere Körperverletzung auch langwierige ernsthafte Erkrankungen sowie den Verlust oder die erhebliche Einschränkung im Gebrauch der Sinne, des Körpers oder der Arbeitsfähigkeit.[40]
  Der Vorsatz des Täters muss sich auch auf die Gefahrverursachung beziehen. Es reicht nicht aus, die Gefahr lediglich fahrlässig herbeizuführen; § 18 StGB ist nicht entsprechend anwendbar.

- **Nr. 4 (Plündern/Anrichten eines bedeutenden Schadens)** 427
  Auch diese Variante kann nur durch den Täter des § 125 StGB erfüllt werden. Andere Personen, die den Tumult lediglich ausnutzen, um einen Diebstahl zu begehen, sind nur nach den Zueignungsdelikten strafbar.
  Der bedeutende Schaden i.S.v. § 124a StGB wird unterschiedlich beurteilt. Der Bundesgerichtshof hat ihn in einer Entscheidung[41] bei 1 500 € beziffert, zum Teil werden auch bereits 1 300 € als ausreichend angesehen.[42]

38 Fischer § 125a, Rn. 3a.
39 Fischer, § 125a, Rn. 4.
40 Fischer § 306b, Rn. 4.
41 BGHSt 43, 240.
42 Fischer § 125a, Rn. 8.

428 **Unbenannter besonders schwerer Fall**

Durch die Formulierung in § 125a StGB „in der Regel“ wird deutlich, dass die besondere Strafschärfung auch in weiteren, dort nicht genannten Fällen eintreten kann.

Beispiele
Besonders schwere Beeinträchtigung der öffentlichen Sicherheit; Angriff auf lebenswichtige Betriebe.

429 **Vorsatz**
Erforderlich ist mindestens Eventualvorsatz.

430 **Konkurrenzen**
Da es sich bei § 125a StGB nicht um einen eigenständigen Straftatbestand, sondern nur um eine Strafzumessungsvorschrift handelt, kann es Konkurrenz zu § 125 StGB nicht geben. Insbesondere gilt die Subsidiaritätsklausel des § 125 StGB auch für den besonders schweren Fall des Landfriedensbruchs. Daher ist Idealkonkurrenz des §§ 125, 125a StGB möglich mit §§ 223, 224, 239 StGB, 53 WaffG. §§ 125, 125a StGB tritt jedoch zurück bei §§ 211, 212, 226, 227, 249 ff. StGB.

2.3 Bildung krimineller Vereinigungen, § 129 StGB

- ***Aufsatz-Literatur:*** *Vormbaum JA 2017, 503 („Reichsbürger" und Strafrecht); Mitsch NJW 2015, 1545 (u.a.: Einordnung von Hooligans als kriminelle Vereinigung); Feilke/Schäfer NStZ-RR 2008, 297 (Aus der Rechtsprechung des BGH zu dem Staatsschutzstrafrecht – Teil 1 – Materielles Strafrecht).* 431
- ***Leitentscheidungen:*** *BGH NJW 1964, 539 (Politische Parteien keine Vereinigungen im Sinne des Tatbestandes); BGH NJW 2005, 1668 (Musikgruppe Landser; zum Begriff der kriminellen Vereinigung)*

Bildung krimineller Vereinigungen, § 129 StGB 432

I. Tatbestandsmäßigkeit
   1. Objektiver Tatbestand
      a) Kriminelle Vereinigung
      b) kein Ausschluss gemäß § 129 Abs. 2 StGB
      c) Tathandlungen
         - gründen
         oder
         - beteiligen als Mitglied
         oder
         - werben
         oder
         - unterstützen
   2. Subjektiver Tatbestand
      - Vorsatz
      - Bei Werben: Absicht, Förderungshandlungen Dritter zu erwirken

II. Rechtswidrigkeit

III. Schuld

IV. Besonderheiten

   ggf. besonders schwerer Fall gemäß § 129 Abs. 4 StGB

V. Ergebnis

Vereinigung ist der auf eine gewisse Dauer angelegte freiwillige organisatorische Zusammenschluss von mindestens 3 Personen, die bei Unterordnung des Willens des Einzelnen unter den Willen der Gesamtheit gemeinsame Zwecke verfolgen und sich als einheitlicher Verband fühlen (vgl. BGHSt 10, 16).

Gründen ist die Neubildung einer Vereinigung (Fi § 129, Rn. 23).

Beteiligen als Mitglied ist eine auf Dauer ausgerichtete, wenn auch einmalige, Teilnahme an der Tätigkeit der Organisation (vgl. BGHSt 29, 115).

Werben um Mitglieder oder Unterstützer ist jede Propagandatätigkeit eines Nichtmitglieds zugunsten der Vereinigung, soweit diese Werbung auf die Aufrechterhaltung oder Stärkung durch Beitritt von Mitgliedern oder Unterstützungshandlungen Dritter gerichtet ist (Fi § 129, Rn. 25).

Unterstützen ist eine zur Täterschaft verselbstständigte Beihilfe zur Mitgliedschaft eines Mitgliedes (vgl. BGHSt 29, 99).

Überblick 433

Die Vorschrift schützt die öffentliche Sicherheit sowie die staatliche Ordnung. Die Bedeutung in der Verurteilungspraxis ist gering, jedoch ist sie in verschiedenen strafprozessualen Eingriffsermächtigungen als Katalogstraftat genannt. Sie ist somit Anknüpfungspunkt etwa für die Rasterfahndung (§ 98 a Abs. 1 Nr. 2 StPO i.V.m. § 74a Abs. 1 Nr. 4 GVG), Überwachung des Fernmeldeverkehrs (§ 100a Abs. 1 Nr. 1 StPO); Abhören und Aufzeichnen von Gesprächen (§ 100c Abs. 1 Nr. 2, Nr. 3 StPO) oder für den Einsatz verdeckter Ermittler (§ 110a Abs. 1 Nr. 2 StPO i.V.m. § 74a Abs. 1 Nr. 4 GVG).
Die Norm wird durch § 129b StGB auf ausländische Vereinigungen erweitert.

434 **Kriminelle Vereinigung**

Der Tatbestand setzt eine kriminelle Vereinigung voraus. Diese Vereinigung muss ein Mindestmaß an fester Organisation besitzen. Sie muss darauf gerichtet sein, Straftaten zu begehen. Von der h.M. wird als zusätzliches Merkmal gefordert, dass die Vereinigung eine erhebliche Gefahr für die öffentliche Sicherheit darstellen muss. Die kriminelle Vereinigung unterscheidet sich im Grad der Gefährdung von für die öffentliche Sicherheit wesentlichen Rechtsgütern deutlich von der Bande. § 129 StGB soll die erhöhte kriminelle Intensität erfassen, die in der Gründung oder Fortführung einer festgefügten Organisation ihren Ausdruck findet, die kraft der ihr innewohnenden Eigendynamik eine erhöhte Gefährlichkeit für wichtige Rechtsgüter der Gemeinschaft mit sich bringt.

Beispiele

Gefangenengruppe mit dem Ziel des bewaffneten Kampfes,[43] mehrwöchige gewalttätige Hausbesetzung[44]; Internationaler Rauschgifthändlerring[45]. **Nicht:** Wirtschaftsunternehmen, das ausschließlich zum Zwecke der illegalen Beschäftigung von Leiharbeitern gegründet wurde.[46]

§ 129 Abs. 2 StGB formuliert tatbestandliche Ausnahmen vom Begriff der kriminellen Vereinigung:

- Nr. 1: Politische Parteien, solange sie nicht formell als verfassungswidrig erklärt wurden.
- Nr. 2: Krimineller Zweck nur untergeordnete Bedeutung.
- Nr. 3: Krimineller Zweck ist Begehung von Straftaten nach §§ 84 – 87 StGB.
  Diese Straftaten gehen dann § 129 Abs. 2 StGB vor.

435 **Tathandlungen**

- **Gründen**
  Gründer ist nicht jeder am Gründungsakt Beteiligte, sondern nur derjenige, der die Gründung wesentlich fördert.[47] Erforderlich ist weiterhin, dass die Vereinigung tatsächlich gegründet wird; diese Tatalternative ist als Erfolgsdelikt ausgestaltet. Bleiben die Förderungsaktivitäten erfolglos, liegt ein Versuch des Bildens einer kriminellen Vereinigung nach §§ 129 Abs. 1, 3, 22, 23 StGB vor.
- **Sich-Beteiligen**
  Es muss zu aktiven Handlungen zur Förderung vom Aufbau, Fortdauer oder Tätigkeiten der Organisation kommen. Nicht notwendig ist die eigene Ausführung von Straftaten.
- **Werben um Mitglieder/Unterstützer**
  Voraussetzung ist, dass der Täter sich um die Gewinnung von Mitgliedern einer bereits bestehenden konkreten Vereinigung bemüht. Allein die Sympathiewerbung erfüllt die Tatalternative nicht. Das Werben muss nicht zum Erfolg führen, das Bemühen reicht aus.
- **Unterstützen**
  Eine terroristische Vereinigung unterstützt, wer als Nichtmitglied ihren Fortbestand oder die Verwirklichung ihrer Ziele fördert. Ob die Hilfe den Erfolg hat, den der Täter mit

43 BGHSt 27, 325.
44 BGH NJW 1975, 985.
45 BGH NStZ 1981, 303.
46 BGHSt 31, 202.
47 BGH NStZ-RR 2006, 267.

ihr erstrebt, oder ob der Organisation nachweisbar ein messbarer Nutzen entstanden ist, ist unerheblich. Vielmehr genügt es, wenn die Hilfe den Bestrebungen irgendwie vorteilhaft ist oder wenn sie die Mitglieder in dem Entschluss stärkt, die Straftaten zu begehen, die den Zwecken der Vereinigung dienen oder ihrer Tätigkeit entsprechen.[48] Im Gegensatz zum „Sich-Beteiligen als Mitglied" bedeutet das Unterstützen weniger aktives Tun, sodass noch nicht vom einem „Mitglied" gesprochen werden kann. Damit werden also Beihilfehandlungen als Tathandlungen erfasst.

Beispiele
Botendienste, Bereitstellen von Sachmitteln und Wohnungen, Beherbergen von Personen, Ausspähen von Personen/Tatgelegenheiten, Geldwäsche; Zahlung von Schutzgeld, wenn § 34 StGB nicht erfüllt ist, vgl. dazu unten.

Subjektiver Tatbestand 436

Alle Tatalternativen setzen Vorsatz voraus, mit Ausnahme des Werbens reicht Eventualvorsatz. Werben ist eine auf Förderungshandlung Dritter gerichtete Tätigkeit, setzt daher Absicht voraus.

Versuch 437

Gemäß § 129 Abs. 3 StGB ist der Versuch nur im Fall der Gründung strafbar. Es gelten dann die allgemeinen Regeln.

Rechtfertigung 438

Bei Zahlungen von Schutzgeld scheidet § 34 StGB mangels Voraussetzungen in der Regel aus, die Gefahr wird regelmäßig anderes abwendbar sein. Beim Einsatz von verdeckten Ermittlern kann § 34 StGB in engen Grenzen eingreifen.[49]

Besonders schwerer Fall der Bildung einer kriminellen Vereinigung 439

Ist der Täter Rädelsführer oder Hintermann, so liegt zwingend ein besonders schwerer Fall vor und die Strafe hat sich nach dem Strafrahmen von § 129 Abs. 4 StGB zu richten. Insofern handelt es sich zwar systematisch um eine Strafzumessungsvorschrift, die aber jedenfalls in diesem Fall faktisch eine Qualifikation darstellt.

Darüber hinaus kann aber auch aus anderen Gründen ein besonders schwerer Fall vorliegen.

Beispiel
Bedrohung von Aussteigern oder Polizeibeamten.

Tätige Reue 440

§ 129 Abs. 6 StGB enthält einige Fälle von tätiger Reue. Eine Strafmilderung/-befreiung kommt dann auch nach Vollendung in Betracht.

Konkurrenzen 441

Gründen der Vereinigung und spätere Beteiligung ist eine Tat, so auch die verschiedenen Beteiligungshandlungen eines Mitglieds. Ebenso liegt Tateinheit vor mit den Straftaten, die die Organisation stärken, da darin ein Sich-Beteiligen liegt.

48 Vgl. BGHSt 32, 243.
49 Fischer § 129, Rn. 37 m.w.N.

2.4 Amtsanmaßung, § 132 StGB

442 • ***Aufsatz-Literatur:*** *Vormbaum ZJS 2017, 433 (Die Amtsanmaßung [§ 132 StGB]).*
• ***Leitentscheidungen:*** *BGHSt 40, 15 (zu den Anforderungen an die Tathandlung – Spitzeltätigkeit der Mitarbeiter des Ministeriums für Staatssicherheit); OLG Stuttgart NStZ 2007, 527 (Auftreten als „Reichspräsident").*

443

Amtsanmaßung, § 132 StGB

I. Tatbestandsmäßigkeit
  1. Objektiver Tatbestand
    - Alternative 1:
    a) öffentliches Amt
    b) unbefugtes Ausüben
    - Alternative 2:
    a) Amtshandlung
    b) unbefugte Vornahme
  2. Subjektiver Tatbestand
    Vorsatz
II. Rechtswidrigkeit
III. Schuld
IV. Ergebnis

Öffentliches Amt ist eine Tätigkeit als Organ der Staatsgewalt im unmittelbaren oder mittelbaren Dienst von Bund, Ländern oder Gemeinden einschließlich der Körperschaften und Anstalten des öffentlichen Rechts (vgl. Fi § 132, Rn. 3).

Ausüben eines Amtes liegt vor, wenn der Täter sich für den Amtsinhaber ausgibt und eine Handlung vornimmt, die sich als Ausübung eines Amtes darstellt.

Unbefugt handelt, wer nicht durch seine Amtsstellung oder aus anderem Grunde zur Vornahme der Handlung berechtigt ist (La/Kü § 132, Rn. 5).

444 **Überblick**

§ 132 StGB schützt als abstraktes Gefährdungsdelikt die staatlichen Organisationen. Täter kann auch ein Amtsträger sein, der seine Kompetenzen soweit überschreitet, dass es sich scheinbar als Ausübung eines anderen Amtes erweist.

445 **Öffentliches Amt**

Erfasst sind Tätigkeiten von Behörden des Bundes, des Landes und der Gemeinden sowie von Körperschaften und Anstalten; nicht jedoch kirchliche Ämter. Geschützt sind auch nicht Ämter der EU und die militärische Befehlsgewalt, es sei denn, Soldaten üben etwa als Feldjäger hoheitliche Befugnisse gegenüber Zivilisten aus.

Allgemeine Berufung auf nicht konkretisierte Ämter ist nicht ausreichend.

Beispiele
Anruf: „Hier ist die Kriminalpolizei", oder „die Polizei" ist kein öffentliches Amt i.S.d. § 132 StGB.

446 **Tathandlung Alt. 1: Unbefugtes Ausüben**

Ausüben bedeutet aktive Tätigkeit. Der Täter muss sich nicht nur als Amtsträger ausgeben, vielmehr muss er auch eine Tätigkeit ausführen, die sich gerade auf die dienstliche Funktion bezieht.

Beispiele
Vorläufige Festnahme,[50] Beschlagnahme durch angeblichen Polizeibeamten,[51] Erteilung gebührenpflichtiger Verwarnungen.
Nicht ausreichend: Zeigen eines Geldstücks als angebliche Dienstmarke.[52]

Das Merkmal „unbefugt“ ist nach h.M. Tatbestandsmerkmal, Irrtümer diesbezüglich sind also Tatbestandsirrtümer.

Tathandlung Alt. 2: unbefugte Vornahme 447

Diese Tatalternative erfasst Fälle, bei denen sich der Täter nicht ausdrücklich als Amtsträger ausgibt. Er nimmt vielmehr Handlungen vor, die nach dem äußeren Anschein eine hoheitliche Handlung darstellen.[53]

Beispiele
Verändern von Verkehrszeichen durch Überkleben;[54] Anbringen von Verwarnzetteln und Zahlungsanforderungen an fremden Pkw.[55]

Das Merkmal „unbefugt“ ist nach h.M. Tatbestandsmerkmal, Irrtümer diesbezüglich sind also Tatbestandsirrtümer.

Subjektiver Tatbestand 448

Ausreichend ist Eventualvorsatz. Irrtum über die Befugnis stellt einen Tatbestandsirrtum dar.

Versuch 449

Versuch ist nicht strafbar.

Beteiligung 450

Amtsanmaßung ist ein eigenhändiges Delikt. Daher ist mittelbare Täterschaft und Mittäterschaft nicht möglich. Anstiftung und Beihilfe sind nach den allgemeinen Regeln aber möglich.

Konkurrenzen 451

Innertatbestandlich ist Alt. 1 spezieller. Tateinheit insbesondere möglich mit §§ 242, 253, 263 und § 132a StGB.

---

50 RGSt 2, 292.
51 RPSt 54, 255.
52 GA 67, 114.
53 BGHSt 40, 8.
54 OLG Köln NJW 1999, 1044. Anm. dazu Wrage NStZ 2000, 33.
55 Fischer § 132, Rn. 14.

2.5 Verwahrungsbruch, § 133 StGB

452 • ***Leitentscheidungen:*** *BGH NStZ 1988, 552 (Kriminalbeamter unterlässt Vorlage von Asservaten bei der Staatsanwaltschaft); BayObLG NJW 1992, 1399 (In Verwahrung genommener Pkw).*

453

Verwahrungsbruch, § 133 StGB

I. Tatbestandsmäßigkeit

1. Objektiver Tatbestand

a) bewegliche Sache

b) in dienstlicher Verwahrung *oder*
in amtlicher Verwahrung einer Religionsgesellschaft öffentlichen Rechts
- befinden
oder
- gegeben wurden

c) Tathandlung
- zerstören
- beschädigen
- unbrauchbarmachen
- dienstl. Verfügung entziehen

2. Subjektiver Tatbestand

Vorsatz

ggf. Qualifikation § 133 Abs. 3 StGB:
Amtsträger/für öffentlichen Dienst besonders Verpflichteten anvertraut oder zugänglich

II. Rechtswidrigkeit

III. Schuld

IV. Ergebnis

Dienstliche Verwahrung einer Sache ist gegeben, wenn sich in der Ausübung des Gewahrsams die spezielle Herrschaftsmacht der Behörde widerspiegelt, um die Sache zu erhalten bzw. vor unbefugtem Zugriff zu bewahren.

Zerstören ist eine so weitgehende Beschädigung einer Sache, dass ihre Gebrauchsfähigkeit völlig aufgehoben wird (RGSt 8, 33).

Beschädigen ist eine nicht ganz unerhebliche Verletzung der Substanz oder der Form einer Sache, durch welche die Brauchbarkeit zu ihrem bestimmten Zweck beeinträchtigt wird (RGSt 66, 205).

Unbrauchbarmachen ist eine Einwirkung auf die Sache, welche ihre ordnungsmäßige Verwendungsfähigkeit aufhebt (Fi. § 303b Rn. 13).

Dienstlicher Verfügung entzogen ist die Sache, wenn sie räumlich so verlagert wird, dass sie der Berechtigte nicht mehr unmittelbar verwenden kann.

Anvertraut ist die Sache, wenn der Amtsträger die Verfügung über sich kraft dienstlicher Anordnung in dem Vertrauen erhält, dass er kraft seines Amtes für deren Verbleib, Gebrauchsfähigkeit und inhaltliche Richtigkeit sorge (BGHSt 3, 306).

454 **Überblick**

Geschützt durch die Vorschrift ist der dienstliche bzw. kirchliche Gewahrsam an einer Sache. § 133 Abs. 3 StGB enthält eine vorsatzbedürftige Qualifikation für Amtsträger, also auch für Polizeibeamte.

Tatobjekt: bewegliche Sachen 455

Im Gesetz werden explizit Schriftstücke genannt, in Betracht kommen aber alle Arten von beweglichen Sachen.

Dienstliche oder kirchliche Verwahrung 456

Die Sache muss sich in dienstlicher Verwahrung befinden. Der tatsächliche Gewahrsam muss daher durch eine Behörde, eine Dienststelle der Bundeswehr, eine Körperschaft des öffentlichen Rechts, einen Amtsträger oder für den öffentlichen Dienst besonders Verpflichteten so ausgeübt werden, dass sich in dem Gewahrsam die besondere dienstliche Herrschafts- und Verfügungsgewalt äußert, die den jeweiligen staatlichen Aufgaben der verwahrenden Dienstelle entspringt.[56] Sind die Gegenstände zum dienstlichen Ge- oder Verbrauch bestimmt, sind sie nicht in dienstlicher Verwahrung im Sinne von § 133 StGB.

> **Beispiele**
> Beweismittel bei Polizei und Staatsanwaltschaft, behördliche oder gerichtliche Akten; Führerscheine, Blutproben, Pkw.
> **Nicht:** Bücher in einer Bibliothek, Formulare, Blankourkunden, da dort nur Besitz, nicht amtlicher Gewahrsam im engeren Sinne ausgeübt wird.[57]

Der dienstliche Gewahrsam ist unabhängig vom Ort der Aufbewahrung der Sache. Wird die Sache privat untergebracht, hindert dies nicht die amtliche Verwahrung.

> **Beispiele**
> Durch Polizei sichergestelltes, aber bei privater Abschleppfirma untergestelltes Fahrzeug; Prozessakten, die ein Kriminalkommissar zu Hause bearbeitet.

Die dienstliche Verwahrung tritt ein mit Übergabe der Sache an den Amtsträger.

§ 133 Abs. 2 StGB stellt Gegenstände in amtlicher Verwahrung öffentlich-rechtlicher Religionsgemeinschaften den dienstlich verwahrten Gegenständen gleich. Hier gilt ebenfalls, dass nicht alle Gegenstände in einer Kirche den Schutz von § 133 StGB genießen. Vielmehr nur solche, bei denen sich das besondere Herrschaftsverhältnis der Kirche an der Sache zeigt.

> **Beispiele**
> Kirchenbücher, Personenstandsurkunden.

Tathandlungen 457

Die Tathandlungen überschneiden sich zum Teil:

- **zerstören**
  Zerstören setzt voraus, dass die Sache so beschädigt wird, dass sie unbrauchbar wird.

  > **Beispiel**
  > Zertreten einer Blutprobenkanüle.

- **beschädigen**
  Beschädigen ist eine nicht ganz unwesentliche Verletzung der Substanz.
- **unbrauchbar machen**
  Unbrauchbar machen ist eine Einwirkung auf die Sache, welche ihre ordnungsgemäße Verwendungsfähigkeit aufhebt.

---

56 BGHSt 38, 386; Fischer § 133, Rn. 4.
57 Geppert JURA 1986, 596.

- **der dienstlichen Verwahrung entziehen**
  Dies ist gegeben, wenn dem Berechtigten die Möglichkeit des Zugriffs auf die Sache genommen wird.

  Beispiel
  Verstecken eines Schriftstückes im Aktenschrank des Amtszimmers; Mitnahme einer Blutprobe.

458 **Subjektiver Tatbestand**
Eventualvorsatz ist ausreichend.

459 **Versuch**
Mangels ausdrücklicher Anordnung ist der Versuch nicht strafbar.

460 **Beteiligung**
Täterschaft und Teilnahme sind nach den allgemeinen Regeln möglich. Täter kann auch der Eigentümer der Sache sein. Beim Qualifikationstatbestand kann nur ein Amtsträger bzw. ein für den öffentlichen Dienst besonders Verpflichteter Täter sein. Da es sich dabei um ein besonders persönliches Merkmal handelt, werden Anstifter und Gehilfen dann wegen des Grunddeliktes bestraft, § 28 Abs. 2 StGB ist anwendbar.

Beispiel
Nachbar N stiftet den Polizeibeamten P an, Strafakten bezüglich N's Sohn zu vernichten. So geschieht es.

P ist strafbar wegen qualifizierten Verwahrungsbruchs gemäß § 133 Abs. 1, 3 StGB; N ist strafbar nach Anwendung des § 28 Abs. 2 StGB wegen Anstiftung zum einfachen Verwahrungsbruch gemäß §§ 133 Abs. 1, 26 StGB.[58]

461 **Qualifikation § 133 Abs. 3 StGB**
Die Tat wird in § 133 Abs. 3 u.a. für Amtsträger (§ 11 Abs. 1 Nr. 4 StGB), also auch für Polizeibeamte, qualifiziert. Dazu muss die Sache anvertraut worden oder auch nur zugänglich sein. Es handelt sich in dieser Variante um ein unechtes Amtsdelikt.[59]

Beispiel
Polizeikommissar P hat Zugang zur Asservatenkammer. Er entnimmt dort sichergestellte Betäubungsmittel.

462 **Konkurrenzen**
Tateinheit insbesondere möglich mit §§ 132, 242, 246, 263, 268 StGB.

58 Siehe zur Anwendung des § 28 StGB Band 1, Rn. 355 ff.
59 Zur Differenzierung siehe bei den Amtsdelikten, Rn. 516.

2.6 Verstrickungsbruch, § 136 Abs. 1 StGB

- ***Aufsatz-Literatur:*** *Hoffmann/Knierim NStZ 2000, 461 (Rückgabe von im Strafverfahren sichergestellten oder beschlagnahmten Gegenständen); Geppert/Weaver JURA 2000, 46 (Auswirkungen zivilprozessualer Vollstreckungsfehler bei Sachpfändungen auf die Strafbarkeit nach § 136 StGB).* 463
- ***Leitentscheidungen:*** *BGHSt 5, 155 (Verstrickungsbruch durch Polizeibeamten, der Beschlagnahme angeordnet hat).*

464

Verstrickungsbruch, § 136 Abs. 1 StGB

I. Tatbestandsmäßigkeit
  1. Objektiver Tatbestand
     a) Sache
     b) Gepfändet *oder*
        sonst dienstlich in Beschlag genommen
     c) Tathandlung
        - zerstören
        - beschädigen
        - unbrauchbarmachen
        - auf andere Weise ganz oder teilweise entziehen
  2. Subjektiver Tatbestand
     Vorsatz
  3. Rechtmäßigkeit der Diensthandlung

II. Rechtswidrigkeit

III. Schuld

IV. Ergebnis

Pfändung ist die Beschlagnahme, die zur Befriedigung oder Sicherung vermögensrechtlicher Ansprüche vorgenommen wird.

Beschlagnahme ist die zwangsweise Bereitstellung einer Sache zur Verfügung einer Behörde zur Sicherung privater oder öffentlicher Belange (Fi § 136, Rn. 5).

Zerstören ist eine so weitgehende Beschädigung einer Sache, dass ihre Gebrauchsfähigkeit völlig aufgehoben wird (RGSt 8, 33).

Beschädigen ist eine nicht ganz unerhebliche Verletzung der Substanz oder der Form einer Sache, durch welche die Brauchbarkeit zu ihrem bestimmten Zweck beeinträchtigt wird (RGSt 66, 205).

Unbrauchbarmachen ist eine Einwirkung auf die Sache, welche ihre ordnungsmäßige Verwendungsfähigkeit aufhebt (Fi. § 303b, Rn. 13).

Überblick 465

Geschützt ist die innerstaatliche Herrschaftsmacht an Sachen, die durch eine formell wirksame Pfändung oder sonstige Beschlagnahme entsteht. Während der Verwahrungsbruch unmittelbaren dienstlichen Gewahrsam voraussetzt, reicht beim Verstrickungsbruch schon der mittelbare Besitz, etwa wenn die Sache noch im Gewahrsam des Betroffenen steht. Zudem sind auch unbewegliche Sachen durch § 136 StGB geschützt.

Tatobjekt: Dienstlich in Beschlag genommene Sache 466

Voraussetzung ist, dass die Sache dienstlich in Beschlag genommen wurde, also entweder gepfändet oder in sonstiger Form beschlagnahmt wurde. Ausreichend ist eine formell wirksame Beschlagnahme.

467 **Tathandlungen**

Die Tathandlung ist allgemein die Entziehung der Verstrickung, also der Beschlagnahme. Sie entsprechen im Wesentlichen denen des Verwahrungsbruchs, § 133 StGB:

- **zerstören**
  Zerstören setzt voraus, dass die Sache so beschädigt wird, dass sie unbrauchbar wird.

  Beispiel
  Zertreten einer beschlagnahmten Sache.

- **beschädigen**
  Beschädigen ist eine nicht ganz unwesentliche Verletzung der Substanz.
- **unbrauchbarmachen**
  Unbrauchbarmachen ist eine Einwirkung auf die Sache, welche ihre ordnungsgemäße Verwendungsfähigkeit aufhebt.
- **auf andere Weise der Verstrickung entziehen**
  Diese Auffangvariante ist insbesondere gegeben, wenn Gegenstände beiseite geschafft werden. Auch die Herausgabe einer Sache durch einen Polizeibeamten ist darunter zu fassen.

  Beispiel
  P gibt ohne Absprache mit der Staatsanwaltschaft eine mit Anordnung des Gerichts beschlagnahmte Sache an den Betroffenen, einen Nachbarn, zurück.

P hat sich gemäß §§ 133, 136 StGB strafbar gemacht, da ihm nicht die alleinige Entscheidungsbefugnis über die Freigabe zusteht.

468 **Subjektiver Tatbestand**

Eventualvorsatz ist ausreichend.

469 **Rechtmäßigkeit der Diensthandlung**

Gemäß § 136 Abs. 3 StGB ist die Tat nicht strafbar, wenn die Diensthandlung nicht rechtmäßig war. Nach h.M. handelt es sich wie bei § 113 StGB um einen Annex zum Tatbestand, nach a.A. soll es sich um einen Rechtfertigungsgrund handeln.[60] Richtige Verortung in der gutachterlichen Prüfung ist nach h.M. daher hinter dem subjektiven Tatbestand. Wie bei § 113 StGB kommt es auch hier entscheidend auf die formelle Rechtmäßigkeit, nicht auf das Vorliegen der materiellen Wirksamkeitsvoraussetzungen an. Insofern gilt auch hier der „strafrechtliche Rechtmäßigkeitsbegriff".

470 **Versuch**

Mangels ausdrücklicher Anordnung ist der Versuch nicht strafbar.

471 **Beteiligung**

Täterschaft und Teilnahme sind nach den allgemeinen Regeln möglich. Täter kann nicht nur der Betroffene sein, sondern auch jeder Dritte.

472 **Konkurrenzen**

Tateinheit insbesondere möglich mit §§ 136 Abs. 2 (Siegelbruch), 133, 242, 246, 263, 268 StGB.

---

60 Geppert/Weaver JURA 2000, 46 m.w.N.; Fischer § 136, Rn. 13.

2.7 Nichtanzeige geplanter Straftaten, §§ 138, 139 StGB

- ***Aufsatz-Literatur:*** *Ling GA 2001, 325 (Zum Geistlichenprivileg im Strafrecht)* 473
- ***Leitentscheidungen:*** *BGH NStZ 2004, 499 (Nichtanzeige einer geplanten Straftat bei fortbestehendem Verdacht der Tatbeteiligung).*
- ***Übungsfälle:*** *Sternberg-Lieben JuS 2005, 47.*

Nichtanzeige geplanter Straftaten, § 138 StGB

I. Tatbestandsmäßigkeit

1. Objektiver Tatbestand

   a) Vorhaben oder Ausführung einer Katalogstraftat § 138 Abs. 1 StGB

   b) Nichtanzeige trotz Anzeigepflicht
   - Anzeigepflicht besteht
   - Unterlassen rechtzeitiger Anzeige

2. Subjektiver Tatbestand
   Vorsatz
   oder
   Leichtfertigkeit hinsichtlich Unterlassens
   (§ 138 Abs. 3 StGB)

II. Rechtswidrigkeit

- Rechtfertigungsgrund für Geistliche (§ 139 Abs. 3 StGB)
- eingeschränkter Rechtfertigungsgrund für Rechtsanwälte, Verteidiger, Ärzte pp. unter Voraussetzungen des § 139 Abs. 3 StGB

III. Schuld

IV. Persönlicher Strafaufhebungsgrund

- Angehörige unter Voraussetzungen des § 139 Abs. 3 StGB
- bei Abwenden der Tat, § 139 Abs. 4 StGB

V. Ergebnis

Vorhaben einer Straftat beginnt mit der ernstlichen Planung, eine in ihren wesentlichen Umrissen festgelegte Tat zu begehen. 474

Ausführung einer Straftat umfasst den Zeitraum vom unmittelbaren Ansetzen bis zur Beendigung.

Leichtfertig handelt, wer grob achtlos handelt und nicht beachtet, was sich unter den Voraussetzungen seiner Erkenntnisse und Fähigkeiten aufdrängen muss (vgl. BGHSt 33, 67).

Überblick 475

§ 138 StGB ist ein echtes Unterlassungsdelikt: Bestraft wird ein Nichtstun trotz Kenntnis einer in § 138 StGB genannten Straftat, wobei jedermann Täter sein kann. Die Täterschaft ist nicht an eine besondere Pflichtenstellung (Garantenstellung) gebunden. Die Vorschrift erfasst nur die Anzeigepflicht bei zukünftigen Straftaten. Es besteht grundsätzlich keine Pflicht, geschehene Straftaten anzuzeigen. Dies ist nur der Fall, wenn der Betroffene eine

Garantenstellung innehat, wie bei Polizeibeamten während ihres Dienstes gemäß § 163 StPO. Bei unterlassender Verfolgung von Straftaten während des Dienstes kommt für den Polizeibeamten eine Strafbarkeit wegen Strafvereitelung im Amt durch Unterlassen gemäß §§ 258, 258a, 13 StGB in Betracht. § 138 StGB bezweckt den Schutz vor Begehung der in Absatz 1 genannten (Katalog-)Straftaten.

476 **Katalogstraftat**

Die Anzeigepflicht besteht nur bei einer der in § 138 StGB genannten Straftaten. Erfasst sind nicht nur ausgesuchte Verbrechen, sondern auch einige – insbesondere gemeingefährliche – Vergehen. § 138 Abs. 2 StGB weitet den Katalog im Hinblick auf die Bildung einer terroristischen Vereinigung im Sinne von §§ 129a, b StGB aus.

477 **Nichtanzeige trotz Anzeigepflicht**

Tathandlung ist die Nichtanzeige bei bestehender Anzeigepflicht. Es ist also zunächst festzustellen, ob die Anzeigepflicht besteht, um im zweiten Schritt die Nichtanzeige festzustellen.

- **Anzeigepflicht**

  Voraussetzung für die Anzeigepflicht ist zunächst, dass der Täter vom Vorhaben oder der Ausführung einer Katalogstraftat Kenntnis erhält. Nicht erfasst ist der Fall, dass die Katalogstraftat bereits abgeschlossen wurde. Dann besteht keine Anzeigepflicht.

  Beispiel

  A hat den 11-jährigen Jakob entführt, um dessen Vater zu erpressen. B hat davon Kenntnis.

  Die Straftat des erpresserischen Menschenraubes gemäß § 239a StGB dauert noch an, befindet sich also in der Ausführungsphase. B hat die Pflicht, Anzeige zu erstatten.

  Der Täter muss zudem vom Vorhaben oder der Ausführung des Deliktes glaubhaft erfahren haben. Bloße Gerüchte begründen keine Anzeigepflicht.[61] Schließlich muss er von dem Geschehen zu einem Zeitpunkt erfahren haben, zu dem die Tat noch abgewendet werden kann. Entscheidend ist dabei die objektive Sachlage, nicht die Vorstellung des Täters. Die Anzeigepflicht besteht nicht, wenn die Polizei oder der Betroffene schon informiert sind.

- **Nichtanzeige**

  Ist Gegenstand der geplanten Tat eine Katalogtat nach § 138 Abs. 1 StGB, muss rechtzeitig Anzeige erstattet werden bei einer Polizeidienststelle oder beim Bedrohten. Rechtzeitig ist die Anzeige in diesem Fall, wenn der Erfolg noch abgewendet werden kann.

  Ist die in Rede stehende Tat gemäß § 138 Abs. 2 StGB die Bildung einer terroristischen Vereinigung nach § 129a StGB, so ist dies unverzüglich und ausschließlich der Polizeibehörde mitzuteilen. Unverzüglich bedeutet hier „ohne schuldhaftes Zögern".

478 **Subjektiver Tatbestand**

§ 138 Abs. 1 und 2 StGB sind Vorsatztaten, Eventualvorsatz genügt. Weiß der Täter nicht, dass er die Anzeigepflicht hat, so handelt es sich um einen Verbotsirrtum gemäß § 17 StGB.[62]

---

61 Fischer § 138, Rn. 9.

62 Vgl. zum Verbotsirrtum Band 1, Rn. 376 ff.

Gemäß § 138 Abs. 3 StGB wird auch derjenige bestraft, der die Anzeige leichtfertig unterlässt. Leichtfertig bedeutet grob fahrlässig handeln. Die Leichtfertigkeit betrifft jedoch nur das Unterlassen. Der Täter muss Kenntnis bezüglich der Katalogtat haben.

Rechtswidrigkeit 479

§ 139 Abs. 2 StGB enthält einen Rechtfertigungsgrund für Geistliche, denen in der Eigenschaft als Seelsorger die zukünftige Begehung einer Katalogstraftat anvertraut wurde. Sie sind nicht zur Anzeige verpflichtet.

Gemäß § 139 Abs. 3 StGB sind Rechtsanwälte, Verteidiger, Ärzte, psychologische Psychotherapeuten und Kinder- und Jugendlichen-Psychotherapeuten ebenfalls zur Anzeige nicht verpflichtet, wenn sie sich ernsthaft bemühen, den Täter von der Tat abzuhalten oder den Erfolg abzuwenden. Dies gilt jedoch nicht für die Katalogstraftaten Totschlag und Mord, spezielle Völkermordtatbestände, sowie Erpresserischen Menschenraub, Geiselnahme, Angriffe auf Luft- und Seeverkehr durch eine terroristische Vereinigung.

Persönliche Strafaufhebungsgründe 480

In § 139 Abs. 3 StGB (für Angehörige) und § 139 Abs. 4 StGB (für jedermann) sind persönliche Strafaufhebungsgründe normiert.[63] Demnach sind Angehörige und jene Personen mit den Voraussetzungen wie bei Rechtsanwälten, Ärzten pp., straffrei. Ebenso soll nicht bestraft werden, wer die Tat anders als durch Anzeige verhindert, § 139 Abs. 4 StGB.

Beteiligung 481

Täter von § 138 Abs. 1 StGB kann nach h.M. nicht die durch die Katalogstraftat bedrohte Person sein. Ebenso können nach ständiger Rechtsprechung auch Täter oder Teilnehmer der Katalogstraftat kein Täter des § 138 StGB sein, auch dann nicht, wenn sie sich noch nicht strafbar gemacht haben.[64] Denn die Katalogstraftat muss für den Täter des § 138 StGB eine gänzlich fremde Tat sein.

> **Beispiel**
> A und B planen einen Tankstellenüberfall. Sie besorgen sich dazu eine Schusswaffe und präparieren Sturmmasken zur Tarnung. Zwei Tage vor der geplanten Tat bekommt B Skrupel und entschließt sich, die Tat doch nicht zu begehen.

A trifft keine Anzeigepflicht, da er zukünftig Täter der Katalogstraftat sein wird. B trifft ebenfalls keine Anzeigepflicht, da er in der ursprünglichen Planung Mittäter der Katalogstraftat sein sollte; die Tat war für B keine „völlig fremde" Tat.

Konkurrenzen 482

Gegenüber unterlassener Hilfeleistung (§ 323c StGB) ist § 138 StGB das speziellere Delikt.

63 Für § 139 Abs. 4 StGB streitig, so aber auch Fischer § 139, Rn. 11.
64 BGH NStZ 1982, 244.

2.8 Missbrauch von Notrufen und Beeinträchtigung von Unfallverhütungs- und Nothilfemitteln, § 145 StGB

483 • ***Aufsatz-Literatur:*** *Sieme NStZ 2007, 671 (Notrufmissbrauch [§ 145 I Nr. 1 StGB] und Beeinträchtigung von Nothilfemitteln [§ 145 II Nr. 2 StGB] durch Wählen der Notrufnummern 112 oder 110); Scheffler NZV 1994, 261 (Zum Vortäuschen eines Unglücksfalles in verkehrserzieherischer Absicht); Greiner MDR 1978, 373 (Zum Missbrauch des [Polizei-]Notrufs 110).*

• ***Leitentscheidungen:*** *BGHSt 34, 4 (Polizeinummer 110 als Notrufnummer); LG Marburg NStZ-RR 2008, 258 (Entfernen von Leitpfosten erfüllt den Tatbestand des § 145 Abs. 2 Nr. 2 StGB).*

484

Missbrauch von Notrufen ..., § 145 StGB

I. Tatbestandsmäßigkeit

1. Objektiver Tatbestand

- § 145 Abs. 1 Nr. 1:
Notrufe oder Notzeichen missbrauchen

oder

- § 145 Abs. 1 Nr. 2:
Unglücksfall/Hilfeerfordernis wegen gemeiner Gefahr oder Not vortäuschen

oder

- § 145 Abs. 2 Nr. 1:
spezielle Warn- oder Verbotszeichen beseitigen, unkenntlich machen oder in ihrem Sinn entstellen

oder

- § 145 Abs. 2 Nr. 2:
spezielle Schutzvorrichtung/Rettungsgerät beseitigen, verändern unbrauchbar machen

2. Subjektiver Tatbestand
- Absicht oder Wissentlichkeit bzgl. Tathandlung

II. Rechtswidrigkeit

III. Schuld

IV. Ergebnis

Notrufe und -zeichen sind alle akustischen und optischen Kurzäußerungen, mit denen auf eine Gefahr hingewiesen wird.

Unglücksfall ist ein plötzlich eintretendes Ereignis, das erhebliche Gefahren für ein Individualrechtsgut mit sich bringt (Fi § 323c, Rn. 2a).

Missbrauch ist gegeben, wenn die Not, die angezeigt wird, nicht besteht (Sch/Sch-Stree/Sternberg/Lieben § 145, Rn. 5).

Unkenntlichmachen liegt vor, wenn die Möglichkeit der Kenntnisnahme des gedanklichen Inhalts beseitigt wird (vgl. Fi § 135, Rn. 4).

Sinnentstellt ist ein Zeichen, wenn der gedankliche Inhalt so verändert wird, dass es etwas anderes aussagt.

Unbrauchbarmachen liegt vor, wenn die Funktionsfähigkeit oder Wirkungsweise aufgehoben wird (Fi § 145, Rn. 8).

485 **Überblick**

Hierbei handelt es sich um ein abstraktes Gefährdungsdelikt. Die Wirksamkeit staatlicher Hilfe in Notsituationen ist durch die beschriebene Tathandlung schon von vornherein in Gefahr, ohne dass es zu einer konkreten Gefährdung kommen muss.

Tatalternativen 486

- **§ 145 Abs. 1 Nr. 1 StGB**
  Notrufe oder Notzeichen sind neben einfachem Rufen insbesondere Anlagen, die auch zum Zweck installiert wurden, schnell Hilfe in Gefahrenfällen zu erreichen.

  Beispiele
  Polizeinummer 110, Notbremse, Feuermelder.

- **§ 145 Abs. 1 Nr. 2 StGB**
  Diese Variante erfasst Fälle, in denen auf andere Weise, also durch Missbrauch von Notrufen und Notzeichen, auf eine Gefahrenlage hingewiesen wird, die tatsächlich nicht besteht.

  Beispiel
  Anruf bei der Polizei mit der erfundenen Meldung, in einer Schule ströme Gas aus oder es stehe ein Amoklauf bevor.

- **§ 145 Abs. 2 Nr. 1 StGB**
  Zu Schutzobjekten werden Hilfs- und Schutzeinrichtungen erklärt.

  Beispiele
  Warntafeln an technischen Anlagen, Hinweisschilder auf Gefahren im Gebirge.

- **§ 145 Abs. 2 Nr. 1 StGB**
  Bei dieser Variante werden Schutzgeräte und Rettungsgeräte oder Ähnliches zu Schutzobjekten erklärt.

  Beispiele
  Schutzvorrichtung an einer Säge; Leitpfosten[65]; Rettungsring, Rettungsbot, Feuermelder, Nothammer in der Straßenbahn.

Subjektiver Tatbestand 487

Der Täter muss absichtlich (dolus directus 1. Grades, mit deutlichem Wollen) oder wissentlich (dolus directus 2. Grades, mit deutlichem Wissen) handeln.[66]

Beteiligung 488

Täterschaft und Teilnahme sind nach den allgemeinen Regeln möglich.

Konkurrenzen 489

§ 145 Abs. 2 StGB ist gegenüber §§ 303, 304 StGB formell subsidiär, wie sich aus der Vorschrift selbst ergibt. Tateinheit von § 145 Abs. 1 ist jedoch mit § 303 StGB möglich.

Beispiel[67]
Einschlagen eines Feuermelders, wenn keine Gefahr besteht.

65 LG Marburg NStZ-RR 2008, 258.
66 Vgl. zu den Vorsatzgraden 1. Band, Rn. 98 ff.
67 Nach Fischer § 145, Rn. 11.

2.9 Annex: Hausfriedensbruch, § 123 StGB

490 • ***Aufsatz-Literatur:*** *Reichert ZWE 2009, 289 (Das Hausrecht in Wohnungseigentumsanlagen); Ludwig/Lange JuS 2000, 446 (Mutmaßliche Einwilligung und willensbezogene Delikte ...); Geppert JURA 1989, 378 (Zu einigen immer wiederkehrenden Streitfragen im Rahmen des Hausfriedensbruchs [§ 123 StGB]); Bernsmann JURA 1981, 337, 403, 465 (Tatbestandsprobleme des Hausfriedensbruch).*

• ***Leitentscheidungen:*** *BayObLGSt 1965, 10 (Tankstelle als befriedetes Besitztum).*

• ***Übungsfälle:*** *Wieneck JA 2018, 38 („Fußballfans sind keine Verbrecher – oder doch?"); Martin JuS 2009, 364 (Die „Mehrweg"-Fahrkarte: §§ 267, 274, 303, 123 StGB); Valerius JuS 2007, 1105.*

491

Hausfriedensbruch, § 123 StGB

I. Tatbestandsmäßigkeit

1. Objektiver Tatbestand

a) Wohnung *oder*
Geschäftsräume *oder*
befriedetes Besitztum *oder*
Räume zum öffentl. Dienst
oder öffentl. Verkehr

b) Eindringen
- Betreten
- gegen den Willen des Berechtigten
oder
Verweilen trotz Entfernungsaufforderung

2. Subjektiver Tatbestand
Vorsatz

ggf. Qualifikation § 124 StGB

II. Rechtswidrigkeit

III. Schuld

IV. Ergebnis

Wohnungen sind Räumlichkeiten, deren Hauptzweck darin besteht, Menschen zur ständigen Benutzung zu dienen, ohne dass sie in erster Linie Arbeitsräume sind (Fi § 123, Rn. 5).

Geschäftsräume sind abgeschlossene Betriebs- und Verkaufsstätten, die gewerblichen, künstlerischen, wissenschaftlichen oder ähnlichen Zwecken dienen (Fi § 123, Rn. 7).

Befriedetes Besitztum ist ein nach außen sichtbar eingehegtes Grundstück.

Räume zum öffentlichen Dienst sind solche, in denen ihrer Bestimmung gemäß auf öffentlich-rechtlichen Vorschriften beruhende Tätigkeiten ausgeübt werden, die der Erledigung staatlicher, kommunaler oder sonstiger öffentlicher Angelegenheiten dienen (Sch/Sch-Lenckner/Sternberg-Lieben § 123, Rn. 8).

Eindringen ist das Gelangen in die geschützten Räume gegen den Willen des Berechtigten (BGHSt 68, 551).

Räume zum öffentlichen Verkehr sind nur solche, die dem allgemein zugänglichen Personen- oder Gütertransportverkehr dienen (La/Kü § 123, Rn. 4).

492 **Überblick**

§ 123 StGB ist im Strafgesetzbuch bei den Delikten gegen die öffentliche Ordnung, mithin bei den Ordnungsdelikten, erfasst. Dabei schützt § 123 StGB nicht die Allgemeinheit, sondern das individuelle Hausrecht als Ausdruck lokalisierter Freiheitssphäre.[68] Während § 123 Alt. 1 StGB (Eindringen) eine Erfolgsdelikt ist, beschreibt § 123 Alt. 2 (Verweilen) ein echtes Unterlassungsdelikt, eine besondere Pflichtenstellung (Garantenstellung) ist für die Strafbarkeit nicht erforderlich.

68 Vgl. Joecks § 123, Rn. 2.

Geschützte Räumlichkeiten 493

Tatobjekte sind abschließend aufgezählt:

- **Wohnung**
  Der Wohnungsbegriff in § 123 StGB ist aufgrund der unterschiedlichen Schutzrichtungen der Vorschriften weiter zu verstehen als der in § 244 StGB. Es sind alle Räumlichkeiten, deren Hauptzweck darin bestehen, Menschen zur ständigen Benutzung zu dienen, ohne dass sie in erster Linie Arbeitsräume sind. Die Möglichkeit, dort nächtigen zu können, ist nicht erforderlich.[69]

  Beispiele
  Mietwohnung, Einfamilienhaus einschließlich aller Nebenräume, Wohnanhänger, Campingzelt, Schiff, belegtes Hotelzimmer, Kellerraum im Mehrfamilienraum (nicht Wohnung i.S.v. § 244 StGB).

- **Geschäftsräume**
  Geschäftsräume sind feste wie auch mobile Verkaufs- oder Betriebsstätten.

  Beispiele
  Ladenlokal, Atelier, Werkstatt, Verkaufswagen auf dem Markt, Labor.

- **befriedetes Besitztum**
  Entscheidendes Merkmal des befriedeten Besitztums ist die Einhegung. Diese muss nach außen erkennbar sein, jedoch braucht sie nicht eine tatsächliche Erschwerung des Zugangs zu bedeuten. Es reicht eine kleine Hecke bzw. ein niedriger Zaun. Es müssen aber dadurch die Grenzen des Grundstücks erkennbar sein. Allein ein Schild reicht nicht.

  Beispiele
  Umzäunte Weide, Garten mit Eingrenzung, Friedhof, Hof, Abbruchhäuser, leer stehende Wohnungen.

- **Räume zum öffentlichen Dienst**

  Beispiele
  Rathaus, Polizeiwache, öffentlich-rechtliche Kirche, Militärgelände, Ministerien, Schule, Gerichtssaal.

- **Räume zum öffentlichen Verkehr**

  Beispiele
  Bahnhofshalle, Omnibus, Straßenbahnwagen.

Tathandlung § 123 Alt. 1 StGB: Eindringen 494

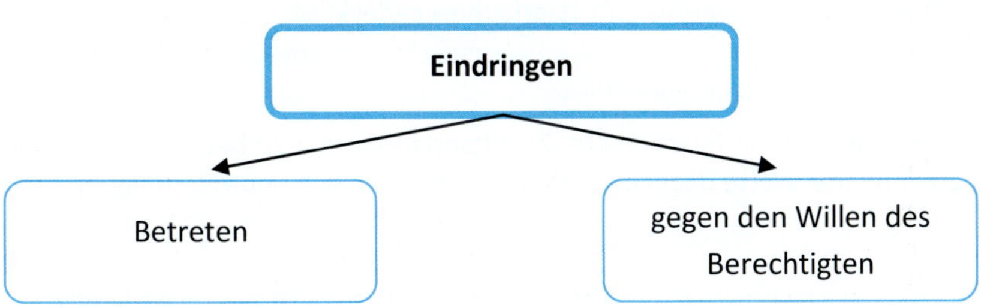

69 Fischer § 123, Rn. 6.

Eindringen setzt zunächst voraus, dass der Täter mindestens mit einem Teil des Körpers in die geschützte Räumlichkeit hineingelangt. Nach der Rechtsprechung reicht für die Vollendung des Deliktes das Stellen eines Fußes in die Wohnungstür.[70]

Weitere Voraussetzung bereits des objektiven Tatbestandes ist, dass die Handlung gegen den Willen des Berechtigten geschieht. Berechtigter ist der Hausrechtsinhaber. Dies sind bei Mietwohnungen der Mieter, bei Wohngemeinschaften alle Bewohner, so auch bei Eheleuten. In diesen Fällen kann das Hausrecht nur gemeinsam ausgeübt werden. Gestattet einer das Betreten, muss der andere im Rahmen der Zumutbarkeit die Anwesenheit dulden.

Beispiele

(1) Die Studenten A, B und C bewohnen gemeinsam eine Mietwohnung. A gestattet X den Zutritt, den B nicht leiden kann, B ist strikt dagegen und verweigert den Zutritt.

(2) Ehefrau E will mit ihrem Liebhaber in der gemeinsam mit ihrem Ehemann bewohnten Wohnung abendessen. Ehemann E ist strikt gegen den Aufenthalt des Liebhabers.

Im Beispiel 1 ist B der Aufenthalt C zumutbar. Sein Hausrecht tritt hinter das des A zurück. Anders im Beispiel 2: E ist der Aufenthalt des Liebhabers nicht zumutbar, sein entgegenstehender Wille ist zu beachten.

Ein Einverständnis des Berechtigten schließt den Tatbestand aus. Ein wirksames Einverständnis fehlt, wenn es durch Täuschung über die Identität oder die Berechtigung erschlichen wurde; dies schließt den Tatbestand nicht aus.

Beispiel

Täter mit Hausverbot gibt sich an der Sprechanlage als andere Person aus; Täter ist ohne Eintrittskarte in einem Konzert.

Der entgegenstehende Wille kann ausdrücklich geäußert werden, bestimmt sich im Übrigen nach der Sozialüblichkeit.

Streitig ist, ob auch bei genereller Eintrittserlaubnis Hausfriedensbruch möglich ist.

Beispiel

A betritt ein Kaufhaus, um zu stehlen.

Man könnte Hausfriedensbruch mit dem Argument bejahen, A habe gegen den mutmaßlichen Willen des Berechtigten gehandelt, zum Diebstahl Entschlossene den Zutritt zu verwehren. Nach ganz herrschender Meinung reicht aber die Verfolgung eines widerrechtlichen Zweckes für sich alleine nicht aus, um ein Eindringen i.S.d. § 123 StGB zu bejahen. Vielmehr liegt es erst vor, wenn der Täter in äußerlich erkennbarer Weise von dem Verhalten abweicht, das durch die generelle Zutrittserlaubnis gedeckt ist.

Beispiel

Hineingehen in Juweliergeschäft mit Maskierung.

Eindringen ist bei Räumen mit beschränkter Zutrittserlaubnis nur zu bejahen, wenn sich der Täter in erkennbarer Weise dagegen auflehnt. Verhält er sich neutral, dringt er nicht ein.

Beispiel

Schild im Geschäft „Toilettenbenutzung nur für Kunden". Nichtkundin N geht dort auf die Toilette.

Mangels Eindringen ist der Tatbestand des § 123 Abs. 1 StGB nicht erfüllt.

---

70 BGH MDR 55, 144.

Tathandlung § 123 Alt. 2 StGB: Verweilen trotz Entfernungsaufforderung 495

Bei dieser Alternative handelt es sich um ein echtes Unterlassungsdelikt. Bestraft wird derjenige, der trotz Aufforderung sich nicht entfernt. Die Aufforderung zum Verlassen kann individuell oder allgemein, ja sogar durch Gesten erfolgen.

Beispiel
Direkte Aufforderung an den Betroffenen, sich zu entfernen; allgemeine Durchsage zum Geschäftsschluss, Deuten auf die Ausgangstür.

Subjektiver Tatbestand 496

Der Tatbestand setzt Eventualvorsatz voraus.

Rechtswidrigkeit 497

Gemäß § 123 Abs. 1 StGB muss der Täter widerrechtlich eindringen bzw. ohne Befugnis in den Räumen verweilen. Die Widerrechtlichkeit im Tatbestand des § 123 StGB ist Hinweis auf die allgemeine Rechtswidrigkeit. Sie kann fehlen, wenn dem Täter ein Rechtfertigungsgrund zur Seite steht. Namentlich kommen Notstand gemäß § 34 StGB, für Polizeibeamte insbesondere eingriffsrechtliche Befugnisse in Betracht.

Beispiel
Polizeibeamte betreten gegen den Willen des Hausrechtsinhabers eine Wohnung zwecks Durchsuchung.

Das Handeln der Beamten ist durch §§ 102, 105 StPO bzw. die polizeirechtlichen Eingriffsbefugnisse gerechtfertigt. Sie handeln nicht widerrechtlich.

Versuch 498

Der Versuch ist nicht strafbar.

Beteiligung 499

Täter des Deliktes kann jedermann sein; für die 2. Variante ist eine besondere Pflichtenstellung – Garantenstellung – nicht erforderlich. Teilnahme ist nach den allgemeinen Regeln möglich.

Hausfriedensbruch durch Unterlassen 500

§ 123 Alt. 2 StGB – Verweilen – ist ein echtes Unterlassungsdelikt. Aber auch § 123 Alt. 1 StGB kann nach h.M. durch Unterlassen erfüllt werden, es handelt sich dann um ein unechtes Unterlassungsdelikt. Erforderlich ist in diesem Fall eine Garantenstellung des Täters gemäß § 13 StGB.

Beispiel
Ordner O lässt seinen bewaffneten Freund F in das Fußballstadion, obwohl er die Aufgabe hat, nur unbewaffneten Personen den Zutritt zu gewähren.

Strafantrag 501

Die Tat ist ein absolutes Antragsdelikt. Strafantrag ist daher zur Strafverfolgung zwingend erforderlich.

Konkurrenzen 502

§ 123 Alt. 2 StGB tritt hinter § 123 Alt. 1 StGB zurück. Ebenso tritt § 123 StGB hinter §§ 242, 243 und § 244 StGB zurück; nicht jedoch bei einem einfachen Diebstahl. Dann liegt Tateinheit vor, ebenso mit § 4 GewSchG wegen der unterschiedlichen Schutzrichtung der Delikte.

2.10 Annex: Schwerer Hausfriedensbruch, § 124 StGB

503

Schwerer Hausfriedensbruch, § 124 StGB

I. Tatbestandsmäßigkeit
1. Objektiver Tatbestand
a) Menschenmenge
b) öffentlich zusammenrotten
c) Wohnung *oder*
Geschäftsräume *oder*
befriedetes Besitztum *oder*
Räume zum öffentlichen Dienst
b) Eindringen
- Betreten
- gegen den Willen des Berechtigten
2. Subjektiver Tatbestand
a) Vorsatz
b) Absicht der Begehung von Gewalttätigkeiten mit vereinten Kräften
II. Rechtswidrigkeit
III. Schuld
IV. Ergebnis

Räume zum öffentlichen Dienst sind solche, in denen ihrer Bestimmung gemäß auf öffentlich-rechtlichen Vorschriften beruhende Tätigkeiten ausgeübt werden, die der Erledigung staatlicher, kommunaler oder sonstiger öffentlichen Angelegenheiten dienen (Sch/Sch-Lenckner/Sternberg-Lieben § 123, Rn. 8).

Menschenmenge ist eine Personenmehrheit, bei der jeder Einzelne nicht mehr mit jedem in unmittelbaren Kommunikationskontakt treten kann und die in ihrer Zusammensetzung nicht unmittelbar überschaubar ist (vgl. BGH NStZ 1994, 483).

Gewalttätigkeit ist ein gegen die körperliche Unversehrtheit von Personen oder Sachen gerichtetes aggressives Tun von einiger Erheblichkeit unter Einsatz physischer Kraft (BGHSt 20, 305).

Wohnungen sind Räumlichkeiten, deren Hauptzweck darin besteht, Menschen zur ständigen Benutzung zu dienen, ohne dass sie in erster Linie Arbeitsräume sind (Fi § 123, Rn. 5).

Geschäftsräume sind abgeschlossene Betriebs- und Verkaufsstätten, die gewerblichen, künstlerischen, wissenschaftlichen oder ähnlichen Zwecken dienen (Fi § 123, Rn. 7).

Befriedetes Besitztum ist ein nach außen sichtbar eingehegtes Grundstück.

Eindringen ist das Gelangen in die geschützten Räume gegen den Willen des Berechtigten (BGHSt 68, 551).

504 **Überblick**

Bei § 124 StGB handelt es sich um eine Qualifikation zu § 123 StGB. Durch die Vorschrift wird nicht nur das Hausrecht, sondern auch das Ordnungsgut „öffentliche Sicherheit" geschützt. Sie ergänzt den Landfriedensbruch im Hinblick auf die geschützten Räumlichkeiten.

505 **Geschützte Räumlichkeiten und Tathandlung Eindringen**

Vergleiche dazu Rn. 493.

Tathandlung „Menschenmenge öffentlich zusammenrotten" 506

Zusammenrotten ist das Zusammentreten zu einem gemeinschaftlichen bedrohlichen Handeln.[71] Öffentlich ist es, wenn die Möglichkeit des beliebigen Hinzutretens besteht.

Zum Begriff der Menschenmenge siehe Rn. 414.

Der Täter muss an den Tathandlungen Eindringen und dem Zusammenrotten teilgenommen haben.

Subjektiver Tatbestand 507

Ausreichend ist Eventualvorsatz hinsichtlich der objektiven Tatbestandsmerkmale

Hinzutreten muss nach dem Wortlaut die Absicht zu Gewalttätigkeiten gegen Personen 508
oder Sachen. Nach h.M. muss der Täter selbst nicht die Absicht haben; es reicht, dass er sie teilt und weiß, dass seine Beteiligung sie fördert.[72]

Die Absicht muss im Zeitpunkt des Eindringes bestehen. Anlass zur Zusammenrottung braucht sie nicht gewesen zu sein; es genügt, wenn sie bis zum Eindringen hinzukommt.[73]

Beteiligung 509

Teilnahme ist insbesondere dadurch möglich, dass man sich nicht selbst der Menschenmenge anschließt, sie jedoch bei ihren Tätlichkeiten unterstützt bzw. anfeuert.

Konkurrenzen 510

Tateinheit insbesondere möglich mit §§ 125, 239, 240 und §§ 242 ff., 223, 303 StGB.

71 Fischer § 121, Rn. 3.
72 Sch/Sch-Lenckner/Sternberg-Lieben § 124, Rn. 20.
73 Sch/Sch-Lenckner/Sternberg-Lieben § 124, Rn. 16.

2.11 Klausur- und Praxishinweise: Ordnungsdelikte

511 **§§ 125, 125a StGB**

Die Tumultdelikte erfordern eine genaue Beweissicherung. Dies ist aber nur bei Kenntnis der Strafvorschiften hinreichend möglich. Daher ist insbesondere für Angehörige der Einsatzhundertschaften genaue Kenntnis der §§ 125, 125a StGB von Nöten.

512 Rechtlich anspruchsvoll ist die Frage der Beteiligung am Landfriedensbruch. Da die Teilnahme an den Tathandlungen bereits im Tatbestand zur Täterschaft erhoben wurde, bleibt für die Teilnahme am § 125 StGB wenig Raum.

513 **§§ 133 StGB**

Das Delikt ist in der Qualifikation ein unechtes Amtsdelikt. Insbesondere auch Polizeibeamte als Amtsträger sind mögliche Täter im Hinblick auf den unkorrekten Umgang mit Asservaten.

514 **§ 145 StGB**

Zu beachten ist, dass bei der Beseitigung von Warn- oder Verbotszeichen auch ein gefährlicher Eingriff in den Straßenverkehr (§ 315 b StGB) bzw. in den Bahn-, Schiffs- und Luftverkehr (§ 315 StGB) vorliegen kann.

515 **§ 123 StGB**

Hausfriedensbruch ist ein absolutes Antragsdelikt. Eine Strafverfolgung kann nur bei Strafantrag erfolgen. Auch wenn gemäß § 77b StGB die Antragsfrist 3 Monate beträgt, sollte zur Erleichterung der Sachbearbeitung immer schon bei Anzeigenaufnahme ein Strafantrag eingeholt werden.

Überdies ist § 123 StGB gemäß § 374 StGB ein Privatklagedelikt, bei dem – bei Vorliegen eines Strafantrages – Anklage von der Staatsanwaltschaft nur bei Vorliegen des öffentlichen Interesses erfolgt. Gemäß RiStBV Nr. 86 Abs. 2 Nr. 1 liegt öffentliches Interesse regelmäßig dann vor, wenn der Rechtsfrieden über den Lebenskreis des Verletzten hinaus gestört und die Strafverfolgung, etwa wegen des Ausmaßes der Rechtsverletzung, der Rohheit oder Gefährlichkeit der Tat, der niedrigen Beweggründe des Täters oder der Stellung des Verletzten im öffentlichen Leben ein gegenwärtiges Anliegen der Allgemeinheit ist. Die Entscheidung über die Verweisung auf den Privatklageweg trifft der Staatsanwalt. Daher ist in jedem Fall auch bei Privatklagedelikten Anzeige aufzunehmen und, ggf. auch ohne weitere Ermittlungen, der zuständigen Staatsanwaltschaft zuzuleiten, vgl. Nr. 87 RiStBV.

Lernkontrolle „Ordnungsdelikte“

1	Stellen Sie die Tathandlungen des gewalttätigen, bedrohenden und aufwieglerischen Landfriedensbruchs dar.
2	Wann liegt ein besonders schwerer Fall des Landfriedensbruchs vor?
3	Erläutern Sie kurz – ohne Gesetzestext – die Strafbarkeitsvoraussetzungen des § 129 StGB.
4	Nennen Sie 3 Beispiele für Tathandlungen nach § 132 StGB.
5	Definieren Sie „dienstliche Verwahrung“ i.S.d. § 133 StGB.
6	Stellen Sie die Tathandlungen von § 133 StGB dar.
7	Grenzen Sie § 133 StGB von § 136 StGB ab.
8	Nennen Sie – ohne Gesetzestext – 5 Katalogstraftaten des § 138 StGB.
9	Welche Tatobjekte werden durch § 123 StGB geschützt?
10	Erläutern Sie das Rechtsproblem „Hausfriedensbruch bei genereller Zutrittserlaubnis“.

3 Amtsdelikte

516 • ***Aufsatz-Literatur:*** *Grützner ZIP 2016, 253 (Das Gesetz zur Bekämpfung der Korruption 2015 – Wesentliche Inhalte); Schiemann NJW 2015, 20 (Polizeiliche Handlungspflichten bei Ingewahrsamnahme – Der Fall Oury Jalloh); Rönnau/Wegner JuS 2015, 505 (Grundwissen Strafrecht: Amtsträger); Dann NJW 2016, 203 (Und immer ein Stück weiter – Die Reform des deutschen Korruptionsstrafrechts); Nimtz DPolBl 2/2010, 10 (Polizeibeamte als Täter); Bock JA 2008, 199 (Einführung in die „Korruptionsdelikte" bei Amtsträgern); Dahs/Müssig NStZ 2006, 191 (Strafbarkeit kommunaler Mandatsträger als Amtsträger?); Grunst StV 2005, 453 (Strafrechtlich relevante Pflicht von Amtsträgern außerhalb der Strafverfolgungsorgane zur Anzeige bzw. Verhinderung von Straftaten innerhalb der Behörde?).*

• ***Leitentscheidungen:*** *BGHSt 42, 230 (Dolmetschereigenschaft nach § 11 Abs. 1 Nr. 2s StGB); Heinrich NStZ 2005, 197 und 256 (Rechtsprechungsübersicht zu den Bestechungsdelikten [§§ 331-335]).*

517

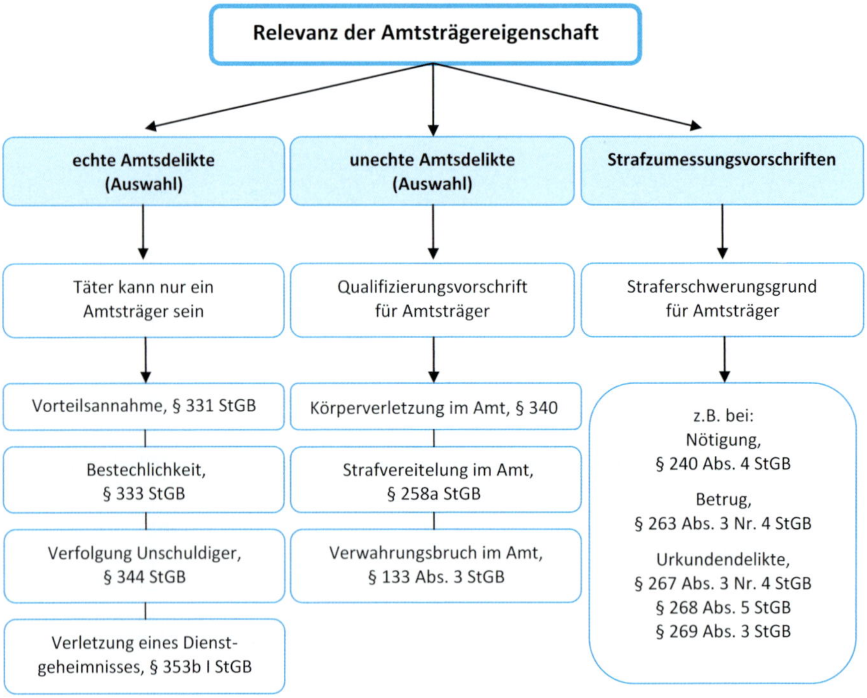

518 **Überblick**

Polizeibeamte sind gemäß § 11 Abs. 1 Nr. 2a StGB Amtsträger im Sinne des Strafgesetzbuches. Der Gesetzgeber hat in einer Reihe von Straftatbeständen Tathandlungen von Amtsträgern legal erfasst. Dies ist von dem Gedanken getragen, dass die Verletzung des Treueverhältnisses zum Staat eine besondere öffentliche Wirkung erzielt. Zudem soll damit dem Vertrauen der Öffentlichkeit in die Integrität des Beamtenapparates Rechnung getragen werden. Straftaten von Amtsträgern bergen daher einen besonderen Unrechtsgehalt. Dies gilt vor allem für Polizeibeamte als Hoheitsträger. Echte Amtsdelikte sind solche, bei denen die Amtsträgereigenschaft strafbegründend wirkt, bei den unechten Amtsdelikten wirkt sie strafschärfend. Schließlich führt die Amtsträgereigenschaften bei der Strafzumessungsvorschrift zu einem besonders schweren Fall des entsprechenden Delikts.[74]

74 Erläuterungen der unechten Amtsdelikten/Strafzumessungsvorschriften bei den jeweiligen Grunddelikten.

3.1 Vorteilsannahme, § 331 StGB

- ***Aufsatz-Literatur:*** *Valerius GA 2010, 211 („Amtsträger zu Gast bei Freunden": Vorteilsgewährung bei Sponsoring durch Versendung von Eintrittskarten für die Fußball-Weltmeisterschaft); Paster/Sättele NStZ 2008, 366 (Alles, was das Leben verschönert – Eine Anmerkung zum Sponsoringurteil des LG Karlsruhe vom 28.11.2007 – NStZ 2008, 407); Schäfer/Liesching ZRP 2008, 173 (Überlegungen zu Vorteilsannahme und Vorteilsgewährung); Hoven NStZ 2013, 617 (Der Wechsel von Amtsträgern in die Privatwirtschaft – Gedanken zur Vorteilsannahme nach § 331 StGB am Beispiel Eckart von Klaedens)..* 519
- ***Leitentscheidungen:*** *BGH NJW 1980, 2203 (Begriff der Vorteilsannahme und Bestechlichkeit).*
- ***Übungsfälle:*** *JuS 2000, 677 („Klimapflege im Stadtbauamt").*

520

Vorteilsannahme, § 331 StGB

I. Tatbestandsmäßigkeit
   1. Objektiver Tatbestand
      a) Amtsträger
         (§ 11 Abs. 1 Nr. 2 StGB)
         oder
         für den Dienst bes. Verpflichteter
         (§ 11 Abs. 1 Nr. 4 StGB)
      b) Tathandlung: Vorteil
         - fordern
         - sich versprechen lassen
         - annehmen
      c) für rechtmäßige Dienstausübung
      d) Tatbestandsausschluss bei Sozialadäquanz
   2. Subjektiver Tatbestand
      Vorsatz
II. Rechtswidrigkeit
   insbesondere:
   Rechtfertigungsgrund § 331 Abs. 3, Alt. 1 StGB
III. Schuld
IV. Strafaufhebungsgrund § 331 Abs. 3, Alt. 2 StGB
   - Anzeige an die Behörde nach Annahme
V. Ergebnis

Vorteil ist jede Leistung, welche den Amtsträger oder einen Dritten materiell oder immateriell in seiner wirtschaftlichen, rechtlichen oder auch nur persönlichen Lage objektiv besserstellt (Fi § 331, Rn. 11).

Fordern liegt vor, wenn der Täter ausdrücklich oder konkludent erkennen lässt, dass er einen Vorteil begehrt (vgl. BGHSt 10, 241).

Sich versprechen lassen bedeutet, ein entsprechendes Angebot einer künftigen Leistung ausdrücklich oder konkludent anzunehmen (Fi § 331, Rn. 19).

Annehmen heißt, einen Vorteil tatsächlich entweder selbst empfangen oder ihn an einen Dritten weiterzugeben, für den er bestimmt ist (OLG Karlsruhe NStZ 2001, 654).

Für die Dienstausübung wird der Vorteil gewährt, wenn er in dem Bewusstsein vorgenommen wird, dass der Amtsträger hierfür irgendeine dienstliche Tätigkeit vorgenommen hat oder künftig vornehmen werde (SK-Rudolphi/Stein § 331, Rn. 27 ff.).

521 **Überblick**

Die Vorschrift schützt in erster Linie die Lauterkeit des öffentlichen Dienstes und das Vertrauen der Allgemeinheit in diese Lauterkeit.[75] Sie erfasst nur Tathandlungen des Amtsträgers/Verpflichteten. Das Gegenstück dazu bildet § 333 StGB, die Vorteilsgewährung, die Tathandlungen des Vorteilsgebers unter Strafe stellt. Im Unterschied zur Bestechlichkeit kommt es bei § 331 StGB nicht auf eine konkrete Diensthandlung an, ausreichend ist die Vorteilsgewährung für die Dienstsausübung. Zudem wird von § 331 StGB die pflichtgemäße, nicht pflichtwidrige Dienstausübung erfasst. § 331 StGB ist damit ein Auffangtatbestand, § 332 StGB stellt dazu eine Qualifikation dar.

522 **Tätereigenschaft**

§ 331 StGB ist ein echtes Sonderdelikt. Täter kann nur ein Amtsträger/bes. Verpflichteter sein. Der Amtsträgerbegriff des Strafgesetzbuches ist in § 11 Abs. 1 Nr. 2 StGB legal definiert. Insbesondere Polizisten sind als Beamte Amtsträger i.S.d. Vorschrift.

Darüber hinaus sind mögliche Täter auch die für den öffentlichen Dienst besonders Verpflichteten, wie etwa Dolmetscher, soweit sie nach dem Verpflichtungsgesetz (VerpflG) verpflichtet wurden.

523 **Vorteil**

Die Tathandlungen beziehen sich auf einen Vorteil für den Amtsträger oder einen Dritten. Darunter sind insbesondere materielle Zuwendungen jeder Art zu verstehen.

Beispiel
Geld, Sachwerte, Eintrittskarten, Rabatte, Gewährung eines zinslosen Darlehens, Bewirtungen, Messekarten.

Auch immaterielle Vorteile kommen in Betracht.

Beispiele
Beförderungs-, Karrierechancen, sexuelle Zuwendung.

524 **Tathandlungen**

- Vorteil fordern
- Vorteil sich versprechen lassen
  Gemeint ist hier nicht die allein passive Entgegennahme von Angeboten, sondern die aktive Vereinbarung, spätere Leistungen entgegenzunehmen.
- annehmen

525 **Für die rechtmäßige Dienstausübung = „lockere" Unrechtsvereinbarung**

Kern des umschriebenen Schuldvorwurfs ist die – ausdrücklich oder konkludent getroffene – „lockere" Unrechtsvereinbarung, in der Amtsträger und Vorteilsgeber sich über die Gewährung eines Vorteils an den Empfänger als Gegenleistung für eine Dienstausübung einig werden. Es genügt also nicht schon die Feststellung der Annahme eines Vorteils durch den Amtsträger, und zwar auch dann nicht, wenn die Zuwendung mit Rücksicht auf seine Dienststellung oder aus Anlass oder bei Gelegenheit einer Amtshandlung erfolgt. Ein solches Verhalten mag eine disziplinarrechtlich zu ahndende Zuwiderhandlung gegen Beamtenpflichten darstellen. Strafbares Unrecht ist es nicht.[76] Wesentlicher Teil des Tat-

75 BGHSt 10, 241.
76 Vgl. BGHSt. 39, 46.

bestandes ist daher die Unrechtsvereinbarung. Dies bedeutet, dass der Vorteil gerade für eine – rechtmäßige – Dienstausübung angenommen wird. Es muss keine konkrete Diensthandlung Gegenstand der Zuwendung sein, daher genügt die „lockere" Unrechtsvereinbarung: Die entsprechende Diensthandlung muss nicht konkret bezeichnet, die Anforderungen an die Bestimmtheit der zu entgeltenden Dienstausübung nicht überspannt werden.

Es genügt, wenn unter den Beteiligten Einverständnis besteht, dass der Amtsträger innerhalb eines bestimmten Aufgabenbereichs oder Kreises von Lebensbeziehungen nach einer gewissen Richtung hin tätig werden soll. Erfasst ist bereits eine „Klimapflege", bei der durch die Zuwendungen ein Abhängigkeitsverhältnis geschaffen wird. Es ist aber die mindestens stillschweigende Übereinkunft erforderlich, dass eine Verknüpfung zwischen Dienstausübung und Zuwendung besteht. Dienstausübung bezeichnet dabei Handlungen, durch die ein Amtsträger oder Verpflichteter im öffentlichen Dienst die ihm übertragenen Aufgaben wahrnimmt.[77]

Beispiele
Zuwendungen „auf gute Zusammenarbeit"; Sicherung der allgemeinen „Geneigtheit": Parfümproben eines Drogeriebetreibers an eine Dienstgruppe.

Sozialadäquanz 526

Der Tatbestand ist nach h.M. einzuschränken in Fällen der Sozialadäquanz, also der im menschlichen Verkehr sozial üblichen Zuwendungen. Dies sind solche, die aus Höflichkeit oder Gefälligkeit erfolgen.

Beispiele
Tasse Kaffee bei einer Vernehmung zu Hause; kleine Geschenke an Weihnachten.

Geschenke von mehr als 30 € ohne besonderen Anlass sind auch bei herausgehobenen Dienstposten kaum als sozialadäquat anzusehen.[78] Belohnungen für überobligatorische Diensterfüllung (wie etwa Zuwendungen aus Dankbarkeit für die eigene oder die Rettung Angehöriger aus Lebensgefahr) sind, wenn sie nicht nur geringfügigen Umfang haben, nicht von vornherein also sozialadäquat vom Tatbestand auszunehmen. Vielmehr bedürfen auch nachträgliche Belohnungen in der Regel der Zustimmung oder Genehmigung nach § 331 Abs. 3 StGB.[79]

Beispiel
Die 88-jährige D vermisst ihren Pudel „Mopps". Sie ist fest davon überzeugt, er könne nur gestohlen worden sein. Die Aufnahme des Sachverhaltes durch die Streifenwagenbesatzung vor Ort gestaltet sich wegen der ausschweifenden Erzählkunst von D als schwierig. Im Verlauf des Gesprächs bietet sie den Beamten Kaffee und Kuchen an, die diese gerne annehmen. Währenddessen erhalten die Beamten einen Funkspruch mit der Mitteilung, Mopps sei gefunden worden. Er wurde offensichtliche von D beim Einkaufen vor dem Supermarkt vergessen. D ist jedoch so erfreut über die „hervorragende Arbeit der heutigen Polizei", dass sie den Beamten beim Hinausgehen 50 € in die Hand drückt. Die Beamten nehmen die Belohnung dankend an und verabschieden sich.

Die Annahme von Kaffee und Kuchen ist als sozialadäquat zu werten, nicht jedoch die Annahme der Belohnung. Holen die Beamten keine Genehmigung gemäß § 331 Abs. 3 StGB ein, machen sie sich strafbar gemäß § 331 StGB.

77 BGHSt 31, 264.
78 Fischer, § 331, Rn. 26.
79 Fischer, § 331, Rn. 25a.

527 **Subjektiver Tatbestand**

Ausreichend ist Eventualvorsatz, der sich insbesondere auch auf die Unrechtsvereinbarung beziehen muss.

528 **Versuch**

Versuch ist gemäß § 331 Abs. 1 a.E. StGB strafbar. Beim Fordern beginnt er mit der entsprechenden Äußerung, beim Annehmen bereits in Handlungen, die unmittelbar mit der Entgegennahme des Vorteils zusammenhängen. So etwa, wenn der Übergabeort betreten wird.

529 **Beteiligung**

Gegenstück des § 331 StGB ist der § 333 StGB, die Vorteilsgewährung. Derjenige, der den Vorteil gewährt, ist selbst strafbar nach § 333 StGB und nicht Teilnehmer am § 331 StGB. Die Korruptionsdelikte haben insofern ein eigenes Täterschaftssystem. Sehr wohl ist aber Beteiligung durch Außenstehende möglich. Wer in erster Linie dem Vorteilsgeber hilft, ist nicht gleichzeitig auch Teilnehmer der Vorteilsannahme. Zwar fördert er mittelbar auch die Handlung des Vorteilsnehmers, insofern ist aber entscheidend, welche Hilfe er vorrangig anstrebt. Diese mittelbare Förderung geht dann in der primär gewollten Förderung auf.[80]

Da die Amtsträgereigenschaft ein besonderes persönliches Merkmal im Sinne von § 28 StGB ist, ist der außenstehende Teilnehmer unter Anwendung von §§ 28 Abs. 1, 49 Abs. 1 StGB milder zu bestrafen.

530 **Unterlassung**

Gemäß § 336 StGB steht die Vornahme einer Diensthandlung im Sinne von § 331 StGB dem Unterlassen der Handlung gleich.

531 **Zustimmung und Genehmigung gemäß § 331 Abs. 3 StGB**

Die vorherige Zustimmung der Annahme durch die zuständige Behörde stellt einen Rechtfertigungsgrund, die spätere Genehmigung einen Strafaufhebungsgrund dar. Der Zustimmung/Genehmigung kommt in vielen Bereichen der Verwaltung eine große praktische Bedeutung zu. Auch wenn die Polizei zur absoluten Neutralität verpflichtet ist, sind Sponsoringmaßnahmen in engen Grenzen zulässig, Näheres regeln Erlasse.[81] Zuständige Behörde ist die vorgesetzte Dienstbehörde.

532 **Gegenvorschrift § 333 StGB – Vorteilsgewährung**

§ 333 StGB ist die Gegenvorschrift zur Vorteilsannahme. Sie bestraft den Vorteilsgeber. Dementsprechend sind die Tathandlungen spiegelbildlich zu denen des § 331 StGB: Das Anbieten, Versprechen oder Gewähren eines Vorteils.

533 **Konkurrenzen**

Werden Vorteile in mehreren Teilzuwendungen angenommen, liegt nur eine Tat vor.[82] Tateinheit möglich mit §§ 253, 263 StGB.

---

80 BGHST 37, 206.

81 Vgl. für NRW: RdErl. d. Innenministeriums. Sponsoring im Bereich der Polizei; Ergänzende Regelungen für die Genehmigung von Sponsoringmaßnahmen vom 29.1.2010.

82 BGHSt 41, 292.

3.2 Bestechlichkeit, § 332 StGB

- ***Aufsatz-Literatur:*** *Kienle/Kappel NJW 2007, 3530 (Korruption am Bau – Ein Schlaglicht auf Bestechlichkeit und Bestechung im geschäftlichen Verkehr).* 534
- ***Leitentscheidungen:*** *BGH NStZ-RR 2005, 266 (Unrechtsvereinbarung, Vermögensschaden unrelevant).*
- ***Übungsfälle:*** *Braum JuS 2004, 225 (Fortgeschrittenenklausur: §§ 263, 332, 334 StGB im geschäftlichen Verkehr); JURA 2001, 401 (Der bestechliche Bürgermeister).*

535

Bestechlichkeit, § 332 StGB

I. Tatbestandsmäßigkeit

1. Objektiver Tatbestand

a) Amtsträger
(§ 11 Abs. 1 Nr. 2 StGB)
oder
für den Dienst besonders Verpflichteter
(§ 11 Abs. 1 Nr. 4 StGB)

b) Tathandlung: Vorteil

- fordern
- sich versprechen lassen
- annehmen

c) für konkrete, pflichtwidrige Diensthandlung

2. Subjektiver Tatbestand

Vorsatz

II. Rechtswidrigkeit

III. Schuld

IV. Ergebnis

Vorteil ist jede Leistung des Zuwendenden, welche den Amtsträger oder einen Dritten materiell oder immateriell in seiner wirtschaftlichen, rechtlichen oder auch nur persönlichen Lage objektiv besser stellt (Fi § 331, Rn. 11).

Fordern liegt vor, wenn der Täter ausdrücklich oder konkludent erkennen lässt, dass er einen Vorteil begehrt (vgl. BGHSt 10, 241).

Sich versprechen lassen bedeutet, ein entsprechendes Angebot einer künftigen Leistung ausdrücklich oder konkludent anzunehmen (Fi § 331, Rn. 19).

Annehmen heißt, einen Vorteil tatsächlich entweder selbst empfangen oder ihn an einen Dritten weiterzugeben, für den er bestimmt ist (OLG Karlsruhe NStZ 2001, 654).

Pflichtwidrige Diensthandlung liegt vor, wenn sie gegen Gesetze, Verwaltungsvorschriften, Richtlinien, allgemeine Dienstanweisungen oder Anweisungen des Dienstvorgesetzten verstößt (Joecks StGB § 332, Rn. 7).

Überblick 536

Die Vorschrift schützt in erster Linie die Lauterkeit des öffentlichen Dienstes und das Vertrauen der Allgemeinheit in diese Lauterkeit.[83] Sie erfasst nur Tathandlungen des Amtsträgers/Verpflichteten. Das Gegenstück dazu bildet § 334 StGB, die Bestechung, die Tathandlungen des Vorteilsgebers unter Strafe stellt. Im Unterschied zur Vorteilsannahme

83 BGHSt 10, 241.

kommt es bei § 332 StGB auf eine konkrete Diensthandlung an, während bei § 331 StGB Vorteilsgewährung für die Dienstsausübung ausreicht.

Zudem wird von § 332 StGB die pflichtwidrige, nicht pflichtgemäße Dienstausübung erfasst. § 332 StGB ist damit ein Qualifikationstatbestand, § 331 StGB stellt dazu den Grundtatbestand dar.

537 **Tätereigenschaft, Vorteil und Tathandlungen**
Die Tatbestandsmerkmale der Tätereigenschaft, des geleisteten Vorteils sowie der Tathandlungen des Annehmenden entsprechen denen bei § 331 StGB, vgl. Rn. 516 ff.

538 **Für die pflichtwidrige Diensthandlung: die Unrechtsvereinbarung**
Im Gegensatz zu § 331 StGB wird bei § 332 StGB vorausgesetzt, dass der Vorteil für eine konkrete, künftige oder vergangene konkrete Diensthandlung angenommen wird. Kern des in den Bestechungstatbeständen umschriebenen Schuldvorwurfs ist die – ausdrücklich oder konkludent getroffene – Unrechtsvereinbarung, in der Amtsträger und Vorteilsgeber sich über die Gewährung eines Vorteils an den Empfänger als Gegenleistung für eine von ihm vorzunehmende oder vorgenommene Diensthandlung einig werden. Dabei dürfen die Anforderungen an die Bestimmtheit der zu entgeltenden Diensthandlungen nicht überspannt werden. Es genügt, wenn unter den Beteiligten Einverständnis besteht, dass der Amtsträger innerhalb eines bestimmten Aufgabenbereichs oder Kreises von Lebensbeziehungen nach einer gewissen Richtung hin tätig werden soll und die ins Auge gefasste Diensthandlung dabei nach ihrem sachlichen Gehalt mindestens in groben Umrissen erkennbar und festgelegt ist.[84]

Beispiel
Der alkoholisierte Verkehrsteilnehmer V übergibt dem kontrollierenden Polizeibeamten P seinen Führerschein, in dem ein 500 €-Schein eingelegt ist mit den Wort: „Wir können die Angelegenheit bestimmt anders lösen, oder?“ Polizeibeamter P entnimmt schnell den Schein, gibt den Führerschein zurück und wünscht „Gute Fahrt“.

P hat sich nach §§ 332, 336 StGB, V nach § 334 StGB strafbar gemacht.

Die durch den Amtsträger vorgenommene Diensthandlung muss pflichtwidrig sein. Bei gebundenen Entscheidungen ist dies ohne Weiteres bei Zuwiderhandlungen gegen die Rechtslage gegeben. Bei Ermessensentscheidungen kommt es darauf an, ob die Entscheidung sachwidrig ist oder dem Zweck der ermächtigenden Norm zuwiderläuft. Zur Feststellung der Pflichtwidrigkeit kann die Lehre von den Ermessensfehlern herangezogen werden.

Beispiel
Pizzeria-Betreiber L fuhr in seinem Pizza-Taxi, ohne zuvor den Sicherheitsgurt anzulegen. Polizeibeamter P hat den Verstoß erkannt. L bietet ein kostenloses Essen an, wenn man die Sache „unter den Tisch fallen lässt“. P, der weiß, dass die Kollegen seiner Diensttour oft bei L bestellen, belässt es bei einer mündlichen Verwarnung.

Das Angebot des L war ggf. nicht ausschlaggebend, jedoch mindestens auch ein Gesichtspunkt, sich nur für eine mündliche Verwarnung zu entscheiden. Die Berücksichtigung dieses Vorteils war ermessensfehlerhaft. Damit liegt eine Strafbarkeit des P nach § 332 StGB vor.

84 BGHSt 39, 46.

Subjektiver Tatbestand 539

Ausreichend ist Eventualvorsatz, der sich insbesondere auch auf die Unrechtsvereinbarung beziehen muss.

Versuch 540

Versuch ist gemäß § 332 Abs. 1 S. 3 StGB strafbar. Beim Fordern beginnt er mit der entsprechenden Äußerung, beim Annehmen bereits in Handlungen, die unmittelbar mit der Entgegennahme des Vorteils zusammenhängen. So etwa, wenn der Übergabeort betreten wird.

Beteiligung 541

Gegenstück des § 332 StGB ist der § 334 StGB, die Bestechung. Derjenige, der den Vorteil gewährt, ist selbst strafbar nach § 334 StGB und nicht Teilnehmer am § 332 StGB. Die Korruptionsdelikte haben insofern ein eigenes Täterschaftssystem. Sehr wohl ist aber Beteiligung durch Außenstehende möglich. Wer in erster Linie dem Vorteilsgeber hilft, ist nicht gleichzeitig auch Teilnehmer der Bestechlichkeit. Zwar fördert er mittelbar auch die Handlung des Vorteilsnehmers, insofern ist aber entscheidend, welche Hilfe er vorrangig anstrebt. Diese mittelbare Förderung geht dann in der primär gewollten Förderung auf.[85]

Da die Amtsträgereigenschaft ein besonderes persönliches Merkmal im Sinne von § 28 StGB ist, ist der außenstehende Teilnehmer unter Anwendung von §§ 28 Abs. 1, 49 Abs. 1 StGB milder zu bestrafen.

Unterlassung 542

Gemäß § 336 StGB steht die Vornahme einer Diensthandlung im Sinne von § 332 StGB dem Unterlassen der Handlung gleich.

Gegenvorschrift § 334 StGB – Bestechung 543

§ 334 StGB ist die Gegenvorschrift zur Bestechlichkeit. Sie bestraft den Vorteilsgeber. Dementsprechend sind die Tathandlungen spiegelbildlich zu denen des § 332 StGB: Das Anbieten, Versprechen oder Gewähren eines Vorteils.

Konkurrenzen 544

Werden Vorteile in mehreren Teilzuwendungen angenommen, liegt nur eine Tat vor.[86] Tateinheit möglich mit §§ 253, 263 StGB.

85 BGHSt 37, 206.
86 BGHSt 41, 292.

3.3 Verletzung eines Dienstgeheimnisses, § 353b Abs. 1 StGB

545
- ***Aufsatz-Literatur:*** *Schmidt-De Caluwe NVwZ 2007, 640 (Pressefreiheit und Beihilfe zum Geheimnisverrat); Ellbogen NStZ 2007, 310 (Anfechtung der behördlichen Verweigerung einer Aussagegenehmigung durch die Staatsanwaltschaft?); Brüning NStZ 2006, 253 (Beihilfe zum „Geheimnisverrat" durch Journalisten und die strafprozessualen Folgen); Bohnert NStZ 2004, 301 (Der beschuldigte Amtsträger zwischen Aussagefreiheit und Verschwiegenheitspflicht).*
- ***Leitentscheidungen:*** *BGHSt 46, 339 (Mitteilung, dass in polizeilichen Datensammlungen keine Daten gespeichert sind).*
- ***Übungsfall:*** *Kett-Straub/Linke JuS 2008, 717 (Referendarexamensklausur: Tod durch Unterlassen – Schnelle Scheidung).*

546

Verletzung eines Dienstgeheimnisses, § 353b I StGB

I. Tatbestandsmäßigkeit
   1. Objektiver Tatbestand
      a) Amtsträger
         (§ 11 Abs. 1 Nr. 2 StGB)
         oder
         für den Dienst bes. Verpflichteter
         (§ 11 Abs. 1 Nr. 4 StGB)
      b) anvertrautes/bekanntgewordenes Geheimnis
      c) Tathandlung: Geheimnis offenbaren
      d) dadurch Gefährdung wichtiger öffentlicher Interessen
   2. Subjektiver Tatbestand
      Grundsätzlich: Vorsatz
      Variante § 353b Abs. 1 S. 2 StGB:
      Fahrlässigkeit hinsichtlich der Gefährdung wichtiger öffentlicher Interessen
II. Rechtswidrigkeit
III. Schuld
IV. Ergebnis
V. Strafverfolgungsvoraussetzung
   Ermächtigung gemäß § 353b Abs. 5 StGB

Geheimnis i.S.v. § 353b StGB ist eine Tatsache, deren Kenntnis nicht über einen begrenzten Personenkreis hinausgeht (BGHSt 10, 568).

Offenbaren ist die Mitteilung an einen Unbefugten (SK-Hoyer § 353b, Rn. 9).

547 **Überblick**

Geschützte Rechtsgüter der Vorschrift sind zum einen die Geheimnisse selbst, aber auch das Vertrauen der Allgemeinheit in die Verschwiegenheit amtlicher Stellen. Die Tat ist als echtes Amtsdelikt ein Sonderdelikt, Täter kann nur ein Amtsträger oder Gleichgestellter sein.

Strukturell ist § 353b StGB ein Vorsatzdelikt, wobei eine Vorsatz-Fahrlässigkeits-Variante auch unter Strafe gestellt ist, wenn der Täter wichtige öffentliche Interessen fahrlässig gefährdet.

Tätereigenschaft 548

§ 353b StGB ist ein echtes Sonderdelikt. Täter kann nur ein Amtsträger/bes. Verpflichteter bzw. eine Person, die Aufgaben nach dem Personalvertretungsrecht wahrnimmt, sein. Der Amtsträgerbegriff des Strafgesetzbuches ist in § 11 Abs. 1 Nr. 2 StGB legal definiert. Insbesondere Polizisten sind als Beamte Amtsträger i.S.d. Vorschrift. Darüber hinaus sind mögliche Täter auch die für den öffentlichen Dienst besonderes Verpflichteten, wie etwa Dolmetscher, soweit sie nach dem Verpflichtungsgesetz (VerpflG) verpflichtet wurden.

Tatgegenstand: Geheimnis 549

Tatgegenstand ist eine anvertrautes oder sonst bekannt gewordenes Geheimnis. Darunter sind Tatsachen zu verstehen, die nicht an die Öffentlichkeit gelangt sind und jedenfalls noch nicht gelangen sollen. Beamte sind gemäß § 37 BeamtStG zur Verschwiegenheit verpflichtet:

„Beamtinnen und Beamte haben über die ihnen bei oder bei Gelegenheit ihrer amtlichen Tätigkeit bekannt gewordenen dienstlichen Angelegenheiten Verschwiegenheit zu bewahren. Dies gilt auch über den Bereich eines Dienstherrn hinaus sowie nach Beendigung des Beamtenverhältnisses."

> **Beispiel**[87]
> Im Rahmen seiner dienstlichen Tätigkeit hatte A mittels seiner Personalnummer und eines ihm bekannten Codes Zugriff auf den Datenbestand des polizeilichen Informationssystems Hepolis. In dieser von der hessischen Polizei landesweit betriebenen, mit dem bundespolizeilichen Inpol-Datennetz und dem Zentralen Verkehrsinformationssystem Zevis verbundenen automatisierten kriminalpolizeilichen Sammlung waren personenbezogene Daten von bereits polizeilich in Erscheinung getretenen Personen gespeichert. Hierzu zählten insbesondere Ausschreibungen zur Festnahme, Festnahmedaten sowie Angaben zum ausländerrechtlichen Status. Darüber hinaus enthielt das System fallbezogene Informationen über Straftaten und Angaben zu sonstigen im Rahmen polizeilicher Ermittlungen bekannt gewordenen Umständen. A führte im Auftrag seines in einem Bordell im Frankfurter Bahnhofsviertel als Wirtschafter tätigen Freundes N Anfragen zu verschiedenen Personalien in dem Informationssystem Hepolis durch. Es waren zu den abgefragten Personalien keine Einträge in der Datensammlung vorhanden, was der A jeweils N mitteilte.

Auch die Angabe, dass keine Daten gespeichert sind, stellt ein Geheimnis i.S.d. § 353b StGB dar. Daher hat sich A nach dieser Vorschrift strafbar gemacht.

Geheime Informationen, die der Betroffene selbst durch eigene Entscheidung geschaffen hat, sollen nach h. M. dem Tatbestand nicht unterfallen. Begründet wird dies mit dem Wortlaut, der voraussetzt, dass dem Täter ein bereits bestehendes Geheimnis zur Kenntnis gelangt.[88]

> **Beispiel**
> Polizeihauptkommissar P hat für den Folgetag eine Durchsuchung in einer Gaststätte angesetzt. Am Abend erzählt er der Wirtin, die er gut kennt, davon.

P hat sich nach h. M. nicht nach § 353b StGB strafbar gemacht, da er den Termin selbst gesetzt hat.[89]

87 Nach BGHSt 46, 339.
88 OLG Dresden NJW 2007, 3509.
89 Str., a.A. Fischer § 353b, Rn. 8.

550 **Tathandlung**

Die Vorschrift stellt das Offenbaren des Geheimnisses unter Strafe. Dies ist immer gegeben, wenn der Täter die Tatsache Unbefugten mitteilt.

551 **Konkrete Gefahr eines Nachteils für öffentliche Interessen**

Nach h.M. reicht grundsätzlich eine mittelbare Gefährdung aus, die darin bestehen kann, dass das Vertrauen der Allgemeinheit in die Unparteilichkeit, Unbestechlichkeit und Funktionsfähigkeit der öffentlichen Verwaltung erschüttert wird.[90]

Beispiele

Weitergabe von Prüfungsaufgaben,[91] Offenbarung von Kenntnissen aus polizeilichen Datensammlungen.[92]

552 **Subjektiver Tatbestand**

Grundsätzlich ist Eventualvorsatz ausreichend. Gemäß § 353b Abs. 1 S. 2 StGB ist auch die Vorsatz-Fahrlässigkeitskombination strafbar für den Fall, dass der Täter hinsichtlich der Gefährdung wichtiger öffentlicher Interessen nur fahrlässig handelt.

553 **Versuch**

Strafbarkeit des Versuchs ergibt sich aus § 353b Abs. 3 StGB.

554 **Beteiligung**

Täter kann nur ein Amtsträger oder Gleichgestellter sein, die Vorschrift ist ein Sonderdelikt. Da die Amtsträgereigenschaft ein besonderes persönliches Merkmal im Sinne von § 28 StGB ist, ist der außenstehende Teilnehmer unter Anwendung von §§ 28 Abs. 1, 49 Abs. 1 StGB milder zu bestrafen.

Beispiel

F, Freund des Polizeibeamten P, stiftet diesen an, Auskunft aus polizeilichen Daten bezüglich Mieter seines Hauses zugeben. P gibt ohne Zögern Auskunft.

P hat sich strafbar gemacht nach § 353b StGB. F ist strafbar wegen Anstiftung dazu, seine Strafe ist zwingend zu mildern, §§ 353b, 26, 28 Abs. 1 StGB.

Problematisch ist die Beteiligung von Journalisten an dem Delikt, wenn sie ein offenbartes Geheimnis veröffentlichen. Zum Teil wird in der Literatur die Beihilfestrafbarkeit vor Journalisten unter dem Gesichtspunkt der Pressefreiheit einschränkend beurteilt.[93]

555 **Strafverfolgung**

Die oberste Landesbehörde – also für Polizeibeamte der Länder das Innenministerium/ Innenbehörde/Senatsverwaltung für Inneres – hat die Entscheidung darüber, ob die Tat nach § 353b Abs. 1 StGB verfolgt wird. Damit sollen nicht strafwürdige Fälle ausgeschieden werden.

556 **Konkurrenzen**

Tateinheit ist möglich mit §§ 95, 98, 203 StGB.

---

90 BGHSt 11, 401.
91 BGH a.a.O.
92 BGHSt 46, 339.
93 Vgl. Brüning NStZ 2006, 253; Cramer wistra 2006, 165.

3.4 Klausur- und Praxishinweise: Amtsdelikte

Zum Verständnis der Amtsdelikte ist die diesbezügliche Systematik des Strafgesetzbuches von großer Bedeutung. Die echten und unechten Amtsdelikte sind von den bloßen Strafzumessungsvorschriften, die für Amtsträger relevant sind, zu trennen. 557

Zu beachten ist, dass nicht nur die vorsätzlichen Körperverletzungen für Polizeibeamte durch § 340 StGB qualifiziert werden, sondern auch die fahrlässige Begehungsform. Dadurch erweitert sich die besondere Strafbarkeit für Polizeibeamte enorm.[94]

Bei der Vorteilsannahme sind insbesondere Inhalt und Grenzen das Merkmal „für die Dienstausübung“ problematisch. Da nach der Intention des Gesetzgebers bereits die „Klimapflege“ erfasst werden soll, ist das Merkmal weit auszulegen.

Eine von privaten Einflüssen unabhängige Polizei ist unabdingbare Voraussetzung für das Vertrauen der Bürger und ihre dauerhafte Bereitschaft zur Zusammenarbeit mit den Sicherheitsbehörden. Im Sinne notwendiger negativer Spezialprävention und der Aufrechterhaltung des Vertrauens in den Rechtstaat führt kein Weg an einer formell korrekten wie materiell umfassenden strafrechtlichen Aufarbeitung polizeilichen Fehlverhaltens vorbei. Die Beachtung der gesetzlichen bzw. ministeriellen Vorschriften, wie etwa die Erlasse zur Annahme von Belohnungen und Geschenken oder bzgl. des Sponsorings bei der Polizei, ist unerlässlich.[95] 558

94 Vgl. dazu Band 1, Rn. 465.

95 Vgl. dazu z.B. für NRW: „Verhütung und Bekämpfung von Korruption in der öffentlichen Verwaltung“; RdErl. d. Innenministeriums, zugleich im Namen des Ministerpräsidenten und aller Landesministerien, v. 26.4.2005- IR 12.02.2006; „Sponsoring im Bereich der Polizei; Ergänzende Regelungen für die Genehmigung von Sponsoringmaßnahmen- RdErl. d. Innenministeriums - 43 - 57.01.62 - v. 29.1.2010.

Lernkontrolle „Amtsdelikte“

1	Erläutern Sie die Unterscheidung von echten und unechten Amtsdelikten sowie die Bedeutung der Amtsträgereigenschaft als bloßen Strafzumessungsgesichtspunkt.
2	Nennen Sie 3 Delikte, bei denen die Amtsträgereigenschaft in Form der Strafzumessungsvorschrift verschärft bestraft wird.
3	Grenzen Sie Vorteilsannahme von Bestechlichkeit ab.
4	Nennen Sie die entsprechenden Strafvorschriften für den Vorteilsgeber bzw. denjenigen, der den Amtsträger besticht.
5	Erklären Sie das konstituierenden Merkmal der „Unrechtsvereinbarung“ bei §§ 331 ff. StGB.
6	Definieren Sie die Tathandlungen der §§ 331, 332 StGB.
7	Unter welchen Voraussetzungen ist eine Strafbarkeit nach § 331 StGB trotz Erfüllung des Tatbestandes ausgeschlossen?
8	Stellen Sie den Prüfungsaufbau des § 353b StGB dar.
9	Erklären Sie das Tatbestandsmerkmal „Geheimnis“ in § 353b StGB.
10	Bilden Sie 3 Beispiele für Strafbarkeiten nach § 353b StGB durch Polizeibeamte.

4 Widerstandsdelikte

- ***Aufsatz-Literatur:*** *Bachnik ZRP 2001, 250 (Härtere Strafen für Angriffe auf Polizeibeamte? Über das Bestehen* 559 *gesetzgeberischer Möglichkeiten und das Vorhandensein von Handlungsbedarf zur Qualifizierung der Tötung von Amtsträgern).*

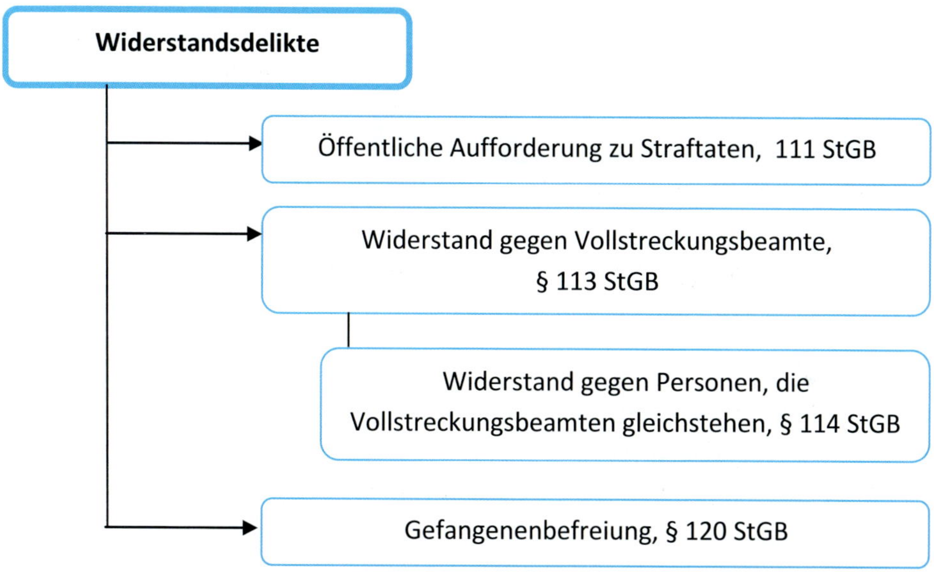

Polizeiliche Kriminalstatistik 560

In den letzten Jahren haben die Widerstandshandlungen gegen die Staatsgewalt zugenommen, die überwiegend gegen Polizeivollzugsbeamte begangen wurden. Die Fälle des „Widerstands gegen die Staatsgewalt" (§§ 111, 113, 114, 120, 121 StGB) lagen 2017 nach einem Anstieg zum Vorjahr bei 24.419 Fällen. In der ganz überwiegenden Anzahl (20.607 Fälle) waren Polizeivollzugsbeamte betroffen.[96]

Die Angriffe ereignen sich nicht nur bei Demonstrationen. Die meisten Fälle geschehen bei Festnahmen, Personen- oder Verkehrskontrollen, während Einsätzen aus Anlass von Ruhestörungen oder häuslicher Gewalt. Zudem besteht eine erhebliche Gewaltbereitschaft in der Hooligan-Bewegung, welche zu Konfrontationen am Rande von Fußballspielen führt. Widerstand gegen Vollstreckungsbeamte erfolgt häufig unter Alkoholeinfluss.

96 BKA, PKS 2017.

4.1 Öffentliche Aufforderung zu Straftaten, § 111 StGB

561 • ***Aufsatz-Literatur:*** *Heinrich ZJS 2017, 518 (Die Delikte gegen den öffentlichen Frieden und die öffentliche Ordnung im Lichte des Medienstrafrechts – Teil 1: §§ 111 und 126 StGB); Bosch JURA 2016, 381 (Hassbotschaften und Hetze im Internet als Aufforderung zu Straftaten?); Kasiske GA 2016, 756 (Die Anstiftung durch Aufforderung an einen unbestimmten Personenkreis und ihr Verhältnis zu § 111 StGB); Heghmanns MMR 2004, 14; (Musiktauschbörsen im Internet aus strafrechtlicher Sicht); Kraft/Meister MMR 2003, 366 (Rechtsprobleme virtueller Sit-ins).*

• ***Leitentscheidungen:*** *BayObLGSt 1993, 168 (zu § 111 StGB bei Aufforderung zur Fahnenflucht); KG NStZ-RR 2002, 10 (§ 111 StGB bei Aufforderung zur Dienstverweigerung).*

562

Öffentliche Aufforderung zu Straftaten, § 111 StGB

I. Tatbestandsmäßigkeit
   1. Objektiver Tatbestand
      a) öffentlich, in einer Versammlung oder durch Verbreiten von Schriften
      b) zu rechtswidriger Tat
      c) Tathandlung: auffordern
   2. Subjektiver Tatbestand
      Vorsatz

II. Rechtswidrigkeit

III. Schuld

IV. Strafzumessung
mit Erfolg = Strafrahmen § 111 Abs. 1 StGB
ohne Erfolg = Strafrahmen § 111 Abs. 2 StGB

V. Ergebnis

Aufforderung ist eine bestimmte, über eine bloße Befürwortung hinausgehende Erklärung, dass andere etwas tun oder unterlassen sollen (Fi § 111, Rn. 2a).

Öffentlich ist die Aufforderung, wenn sie von unbestimmt vielen Personen wahrgenommen werden kann.

563 **Überblick**

Die Tat ist ein abstraktes Gefährdungsdelikt. Strafgrund ist die abstrakte Gefährlichkeit in der Aufforderung an unbestimmte Menschen, Straftaten zu begehen. Geschützt ist das Rechtsgut der Straftat, zu der aufgefordert wird, zudem der innere Gemeinschaftsfrieden. Der Sache nach handelt es sich um eine erweiterte Form der Anstiftung zu einer Straftat an einen unbestimmten Personenkreis. Führt die Aufforderung nicht zum Erfolg, so ist der Strafrahmen des § 111 Abs. 2 StGB einschlägig.

564 **Öffentlich, in einer Versammlung oder durch Verbreiten von Schriften**

Die Tathandlung kann öffentlich, in einer – nichtöffentlichen – Versammlung oder durch Verbreiten von Schriften erfolgen.

Beispiel
Plakatanschlag, innerhalb einer Rede auf einer Versammlung.

Rechtswidrige Tat 565

Gemäß der Legaldefinition in § 11 Abs. 1 Nr. 5 StGB sind rechtswidrige Taten nur solche, die den Tatbestand eines Strafgesetzes verwirklichen. Diese rechtswidrigen Taten müssen in ihren Umrissen bestimmt sein. Die notwendige Konkretisierung kann durch Angabe von Ort, Zeit, Opfer oder Begehungsweise erfolgen; hingegen muss dies noch nicht feststehen.

Beispiel
„Besetzt die Uni!"

Es handelt sich um eine ausreichende Konkretisierung einer rechtswidrigen Tat (§ 123 StGB).

Tathandlung 566

Die Tathandlung liegt darin, in einer bestimmten Form aufzufordern, Straftaten zu begehen. Es handelt sich um einen Spezialfall der Anstiftung. Erforderlich ist eine Äußerung, die erkennbar von einem Einzelnen oder von einer unbestimmten Personenmehrheit ein bestimmtes Tun oder Unterlassen verlangt.[97] Nicht notwendig ist, dass der oder die Adressaten die Aufforderung wahrnehmen oder gar verstehen, da die abstrakte Gefährlichkeit solcher Aufforderungen geschützt ist.

Vorsatz 567

Eventualvorsatz ist ausreichend. Der Vorsatz muss sich nicht – wie bei der Anstiftung – auch auf die Tat beziehen, zu der aufgefordert wurde. Es reicht, wenn der Täter billigend in Kauf nimmt, dass seine Aufforderung ernst genommen wird.[98]

Rechtswidrigkeit 568

Die Rechtswidrigkeit ist nicht per se durch die Meinungsäußerungs- oder Kunstfreiheit aufgehoben. Auch Fernziele sind keine rechtfertigenden Gesichtspunkte.

Beispiel
A ruft zum Landfriedensbruch auf zur Rettung eines Auenwaldes, der einem Industriegebiet weichen soll.

A kann sich nicht rechtfertigend auf das Fernziel Umweltschutz stützen.

Erfolglose Aufforderung 569

Führt die Aufforderung nicht zum Erfolg, sieht § 111 Abs. 2 StGB einen eigenen Strafrahmen vor. Diese Variante ist wohl deutlich praxisrelevanter.

Konkurrenzen 570

Wird zu mehreren verschiedenen Straftaten aufgefordert, liegt nur eine einheitliche Tat nach § 111 StGB vor. Begeht der Täter des § 111 StGB selbst die Straftat, zu der er aufforderte, so tritt § 111 StGB zurück.

---

97 KG NStZ-RR 2002, 10.
98 Fischer § 111, Rn. 6.

4.2 Widerstand gegen Vollstreckungsbeamte, § 113 StGB Widerstand gegen Personen, die Vollstreckungsbeamten gleichstehen, § 115 StGB

571
- ***Aufsatz-Literatur:*** *Schiemann NJW 2017, 1846 (Das Gesetz zur Stärkung des Schutzes von Vollstreckungsbeamten und Rettungskräften); Puschke/Rienhoff JZ 2017, 924 (Zum strafrechtlichen Schutz von Polizeibeamtinnen und -beamten); Magnus GA 2017, 530 (Stärkung des Schutzes von Vollstreckungsbeamten und Rettungskräften – zur Reform der §§ 113 ff. StGB); Mitsch JuS 2015, 97 (Das unechte Unternehmungsdelikt); Deiters GA 2002, 259 (Rechtsgut und Funktion des § 113 StGB); Geppert JURA 1989, 274 (Zum strafrechtlichen Rechtmäßigkeitsbegriff [§ 113 StGB] usw.).*
- ***Leitentscheidungen:*** *BVerfG NJW-spezial 2088, 760 (PKW keine Waffe i.S.v. § 113 Abs. 2 StGB); BGHSt 25, 313 (Anhalten zur Verkehrskontrolle ist Vollstreckungshandlung); BGHSt 18, 135 (Tathandlungen vor Vollstreckungshandlung).*
- ***Übungsfälle:*** *Jäger JA 2007, 604 („Der Hochstapler“); Zöller JURA 2007, 305 („Tod im Supermarkt“).*

572

Widerstand gegen Vollstreckungsbeamte pp., § 113, 115 StGB

I. Tatbestandsmäßigkeit
   1. Objektiver Tatbestand
      a) zur Vollstreckung berufene Amtsträger und Soldaten
         oder Gleichgestellte (§ 115 StGB)
      b) Vornahme einer Vollstreckungshandlung
      c) Tathandlung:
         - Widerstand leisten mit Gewalt oder Drohung mit Gewalt
   2. Subjektiver Tatbestand
      Vorsatz
   3. Objektive Bedingung der Strafbarkeit
      § 113 Abs. 3 StGB: Rechtmäßigkeit der Diensthandlung

II. Rechtswidrigkeit

III. Schuld

IV. Besonders schwerer Fall gem. § 113 Abs. 2 StGB

V. Ergebnis

Vollsteckungshandlung ist eine gezielte hoheitliche Maßnahme zur Regelung eines Einzelfalls (Fi § 113, Rn. 7).

Widerstand leisten ist das Unternehmen, den Amtsträger durch ein aktives Vorgehen zur Unterlassung der Vollstreckungshandlung als solcher zu nötigen oder diese zu erschweren (Fi § 113, Rn. 22).

Gewalt i.S.v. § 113 StGB ist ein Einsatz materieller Zwangsmittel, insbesondere Körperkraft, gegen die Person des Vollstreckenden, der geeignet ist, die Vollendung der Diensthandlung zumindest zu erschweren (BGHSt 18, 133).

Drohung ist das Inaussichtstellen eines künftigen Übels, auf dessen Erfolg der Drohende Einfluss hat oder zu haben vorgibt.

Überblick 573

Die Vorschrift schützt die Autorität staatlicher Vollstreckungshandlungen. Mit Wirkung vom 5.11.2011 wurde der Strafrahmen von 2 auf 3 Jahren Freiheitsstrafe angehoben.[99] Damit wurde der Strafrahmen dem der Nötigung angeglichen. § 113 StGB stellt seitdem keine Privilegierung gegenüber § 240 StGB mehr dar.

Mit Gesetz vom 23.5.2017 wurde die Vorschrift neu gefasst, die Tatalternative des „tätlichen Angriffs" wurde herausgenommen. Diese ist nunmehr in einer selbstständigen Norm, § 114 StGB, geregelt. Zudem wurden die Regelbeispiele in § 113 Abs. 2 StGB erweitert. Hintergrund ist die Stärkung des Schutzes von Vollstreckungsbeamten, im Einzelnen vgl. bei § 114 StGB.

Geschützter Personenkreis 574

Fünf Personenkreise sind durch §§ 113, 115 StGB geschützt:

- **zur Vollstreckung berufene Amtsträger**

  Damit sind Personen gemeint, die Gesetze, Rechtsverordnungen, Verfügungen, Urteile und Beschlüsse vollstrecken und zugleich Amtsträger im Sinne von § 11 Abs. 1 Nr. 2, 3 StGB sind.

  Beispiele

  Polizeibeamte, Zollbeamte, Gerichtsvollzieher, Strafvollzugsbeamte.

- **zur Vollstreckung berufene Soldaten der Bundeswehr**

  Beispiel

  Feldjäger.

- **Gleichgestellte Personen gemäß § 115 Abs. 1 StGB**

  Beispiele

  Bestätigte Jagdaufseher, die Berufsjäger oder forstlich ausgebildet sind (§ 25 Abs. 2 BJagdG); nicht: Jagdausübungsberechtigte, die diese Voraussetzungen nicht erfüllen.

- **Hilfspersonen gemäß § 115 Abs. 2 StGB**

  Damit sind Personen gemeint, die von den Vollstreckungspersonen zu einer Diensthandlung hinzugezogen wurden.

  Beispiel

  Nach § 105 Abs. 2 StPO hinzugezogener Zeuge bei einer Hausdurchsuchung.

- **Feuerwehrleute und Mitarbeiter anderer Rettungsdienste, gemäß § 115 Abs. 3 StGB** 575

  In den geschützten Personenkreis sind auch Hilfeleistendende der Feuerwehr, des Katastrophenschutzes und anderer Rettungsdienste einbezogen. Nach § 113 StGB wird auch bestraft, wer bei Unglücksfällen, gemeiner Gefahr oder Not[100] diese Personen durch Gewalt oder Drohung mit Gewalt behindert.

---

99 Artikel 1 des 44. Gesetz zur Änderung des Strafgesetzbuches – Widerstand gegen Vollstreckungsbeamte vom 1.11.2011, BGBl. I S. 2130.

100 Zu den Begrifflichkeiten siehe Rn. 791.

576 **Vollstreckungshandlung**

Geschützt sind die Personen bei Vornahme einer Vollstreckungshandlung. Die Vollstreckungshandlung muss bereits begonnen oder wenigstens unmittelbar bevorstehen und darf noch nicht beendet sein. Vollstreckungshandlung in diesem Sinne ist jede Handlung einer dazu berufenen Person, welche die Verwirklichung des die Regelung eines bestimmten Falles anstrebenden, nach Umfang und Inhalt durch das Gesetz oder die in § 113 StGB bezeichneten Staatsorgane bestimmten und begrenzten, notfalls zwangsweise durchsetzbaren Staatswillens bezweckt.[101]

Beispiel

Anhaltezeichen eines Polizeibeamten zur allgemeinen Verkehrskontrolle.

Nach § 36 Abs. 5 StVO ist die Polizei ermächtigt, die Verkehrskontrolle durchzuführen. Es handelt sich um eine Vollstreckungshandlung in diesem Sinne. Im Übrigen sind taugliche Vollstreckungshandlungen solche Diensthandlungen, die aufgrund strafprozessualer oder polizeirechtlicher Eingriffsermächtigungen durchgeführt werden. Schlichte Überwachungs- oder Ermittlungstätigkeiten – wie etwa die Streiffahrt – reicht dazu nicht.

577 **Tathandlungen**

Tathandlung ist das Widerstandleisten. Es ist in den Alternativen Gewalt oder Drohung mit Gewalt tatbestandlich erfasst.

- **Widerstand leisten mit Gewalt**

  Mit Gewalt wird Widerstand geleistet, wenn körperliche Kraft aufgewendet wird. Rein passives Verhalten, etwa bei Sitzblockaden, ist keine Gewalt in diesem Sinne. Gewalt gegen Sachen ist ausreichend, wenn sie sich mittelbar gegen den Vollstreckenden richtet.

  Beispiele

  Steinwurf gegen ein Polizeifahrzeug, welches sich auf dem Weg zu einer Vollstreckungshandlung befindet;[102] Zudrücken einer Tür, um den Vollstreckenden nicht einzulassen.

- **Widerstand leisten durch Drohung mit Gewalt**

  Drohung ist das Inaussichtstellen von Gewalt, auf dessen Verwirklichung der Täter Einfluss hat oder zu haben vorgibt. Drohungen mit empfindlichen Übeln sind im Gegensatz zu § 240 StGB nicht vom Tatbestand erfasst. Dies führt zu Abgrenzungsschwierigkeiten, siehe Rn. 584.

578 **Subjektiver Tatbestand**

Der Täter muss mit Eventualvorsatz handeln. Insbesondere muss ihm bewusst sein, dass eine Vollstreckungshandlung durchgeführt wird.

101 So schon RGSt 41, 82.
102 AG Tiergarten NJW 1988, 3218.

Rechtmäßigkeit der Vollstreckungshandlung 579

Als objektive Bedingung der Strafbarkeit[103] ist zusätzlich erforderlich, dass die Vollstreckungshandlung rechtmäßig ist. Es kommt nicht auf die verwaltungsrechtliche bzw. strafprozessuale materielle Richtigkeit, sondern auf die formelle Rechtmäßigkeit an. Die Rechtsprechung hat insofern einen „strafrechtlichen Rechtmäßigkeitsbegriff" entwickelt. Dieser ist von dem Gedanken getragen, dass der Bürger sich grundsätzlich der vorgesehenen staatlichen Rechtsbehelfe bedienen muss, auch wenn ihm staatliches Unrecht geschieht. Dies soll nur dann nicht gelten, wenn der Vollstreckende so deutlich gegen das Recht verstößt, dass er persönlich gewaltsamen Widerstand erdulden muss. Dann begeht der sich Wehrende kein strafbares Unrecht.

Maßgeblich sind demnach namentlich, dass
- eine gesetzliche Eingriffsgrundlage bzw. ein(e) Urteil/Beschluss/Verfügung vorhanden ist,
- die örtliche und sachliche Zuständigkeit des Vollsteckenden gegeben ist,
- wesentliche Förmlichkeiten eingehalten wurden (z.B. die Hinzuziehung von Zeugen bei der Durchsuchung gemäß § 105 Abs. 2 StPO),
- das Ermessen sorgsam ausgeübt wurde.

Versuch 580

Mangels ausdrücklicher Regelung ist der Versuch nicht strafbar. Dafür bleibt jedoch auch wenig Raum, da bereits das erfolglose Widerstandleisten als Vollendung erfasst wird.

Beteiligung 581

Jedermann kann Täter des § 113 StGB sein, er muss nicht selbst von der Vollstreckungshandlung betroffen sein. Für die Teilnahme gelten die allgemeinen Regeln.

Irrtumsregel § 113 Abs. 4 StGB 582

§ 113 Abs. 4 StGB ist eine komplexe Sonderregelung, die vornehmlich den Irrtum über die Rechtsmäßigkeit der Vollstreckungshandlung betrifft. Die Vorschrift verfolgt den Zweck, den Interessenkonflikt auszugleichen, der bei rechtmäßigen Vollstreckungshandlungen zwischen dem Schutzbedürfnis des Vollstreckungsbeamten und dem vermeintlichen Verteidigungsinteresse des irrenden Bürgers besteht.[104]

Besonders schwerer Fall, § 113 Abs. 2 StGB 583

Ist ein Regelbeispiel erfüllt, besteht die widerlegliche Vermutung, dass es sich um einen besonders schweren Fall des Widerstandes gegen Vollstreckungsbeamte handelt, der eine erhöhte Strafe rechtfertigt.

- **Nr. 1 (Waffe oder anderes gefährliches Werkzeug bei sich führen)**
  Dieses Regelbeispiel wurde 2011 um das Mitsichführen von gefährlichen Werkzeugen ergänzt. Damit soll sichergestellt werden, dass neben Waffen[105] bei einem konkret gefährlichen Einsatz auch solche Gegenstände erfasst sind, die von ihrer Zweckbestimmung her und nach ihrem typischen Gebrauch an sich nicht zur Bekämpfung anderer oder zur Zerstörung von Sachen eingesetzt werden. Die bislang und nunmehr obsolet gewordene Auffassung, der Waffenbegriff in § 113 Abs. 2 S. 2 Nr. 1 StGB erfasse bereits

103 So h.M., z.B.: BGHSt 4, 163; nach a.A. handelt es sich um einen Rechtfertigungsgrund bzw. um ein Tatbestandsmerkmal.
104 Lackner/Kühl § 113, Rn. 17.
105 Vgl. zum Begriff Rn. 38.

andere gefährliche Werkzeuge, ist vom BVerfG als Verstoß gegen das Analogieverbot von Art. 103 Abs. 2 GG bewertet worden.[106] Daher war eine Neuregelung erforderlich. Seit der Änderung 2017 reicht wie bei § 244 I Nr. 1 und § 250 I Nr. 1 StGB das bloße Mitführen der Gegenstände.

Beispiele
Scharfkantige Schottersteine, Molotow-Cocktails, Baseballschläger;

- **Nr. 2 (Gefahr des Todes/schweren Gesundheitsschädigung)**
  Der Begriff der schweren Gesundheitsschädigung ist durch das 6. Strafrechtsreformgesetz in eine Vielzahl von Tatbeständen getreten. Dieser erfasst weiter als die schwere Körperverletzung auch langwierige ernsthafte Erkrankungen sowie den Verlust oder die erhebliche Einschränkung im Gebrauch der Sinne, des Körpers oder der Arbeitsfähigkeit.[107] Der Vorsatz des Täters muss sich auch auf die Gefahrverursachung beziehen. Es reicht nicht aus, die Gefahr lediglich fahrlässig herbeizuführen; § 18 StGB ist nicht entsprechend anwendbar.

- **Nr. 3 (gemeinschaftliche Begehung)**
  Diese Alternative wurde 2017 neu aufgenommen, da eine gemeinschaftliche Begehung die Gefahr für die Opfer erheblich erhöht. Sie entspricht der Regelung in § 224 I Nr. 4 StGB. Notwendig ist nicht zwingend mittäterschaftliche Begehung, aber gemeinsames Wirken vor Ort.

Ein unbenannter schwerer Fall kann insbesondere bei massiver Gewalttätigkeit gegeben sein.

584 **Konkurrenzen**

Im Verhältnis zu § 240 StGB ist § 113 StGB die speziellere Vorschrift. Problematisch sind die Fälle, in denen der Täter mit einem empfindlichen Übel droht. Es stellt sich die Frage, ob ein Rückgriff auf § 240 StGB zulässig ist.

Beispiel
PK A wurde in seiner Freizeit von seinem Kollegen PHK B bei einer Alkoholfahrt erwischt. PK A droht im Fall einer Verfolgung dieser Straftat damit, B's Frau dessen intimes Verhältnis zu einer Kollegin mitzuteilen. Daraufhin unterlässt B die Strafverfolgung.

PK A hat sich nicht wegen Widerstands gegen Vollstreckungsbeamte strafbar gemacht, da der Tatbestand nicht erfüllt ist. In Betracht kommt aber Nötigung gemäß § 240 StGB. Dies ist ausweislich des gleichen Strafrahmens nunmehr auch nicht wertungswidersprüchlich.

Im Übrigen ist Tateinheit möglich mit §§ 113, 142, 211 ff., 223, 303 StGB.

---

106 BVerfG, 2 BvR 2238/07; NStZ 2009, 83.
107 Fischer § 306b, Rn. 4.

4.3 Tätlicher Angriff auf Vollstreckungsbeamte, § 114 StGB Tätlicher Angriff auf Personen, die Vollstreckungsbeamten gleichstehen, § 115 StGB

- **Aufsatz-Literatur:** *König/Müller zis-online 2018, 96 (Einordnung des neuen § 114 im bisherigen System der „Widerstandstaten")* 585

586

Tätlicher Angriff auf Vollstreckungsbeamte pp., §§ 113, 115 StGB

I. Tatbestandsmäßigkeit
   1. Objektiver Tatbestand
      a) zur Vollstreckung berufene Amtsträger und Soldaten
         oder Gleichgestellte (§ 115 StGB)
      b) Vornahme einer Diensthandlung
      c) Tathandlung:
         - tätlich angreifen
   2. Subjektiver Tatbestand
      Vorsatz
   3. Objektive Bedingung der Strafbarkeit
      § 113 Abs. 3 StGB: Rechtmäßigkeit der Diensthandlung, wenn sie Vollstreckungshandlung ist

II. Rechtswidrigkeit

III. Schuld

IV. Besonders schwerer Fall gemäß § 113 Abs. 2 StGB

V. Ergebnis

Tätlicher Angriff ist eine unmittelbar auf den Körper eines anderen zielende gewaltsame Einwirkung (Fi. § 114, Rn. 5).

Diensthandlungen sind solche, die aus Anlass des Dienstes vorgenommen werden, unabhängig davon, ob sie in Grundrechten einer Person eingreifen oder nicht.

Überblick 587

Die Vorschrift wurde mit Wirkung zum 30.5.2017 neu in das Strafgesetzbuch eingeführt. Die Regelung war zuvor von § 113 StGB umfasst. Der neue Straftatbestand verzichtet für den tätlichen Angriff auf Vollstreckungsbeamte auf den in § 113 Abs. 1 StGB a.F. erforderlichen Bezug zur Vollstreckungshandlung. Damit wird der Schutz für Polizeibeamte und Gleichgestellte ausgedehnt, da nunmehr tätliche Angriffe bei allen Diensthandlungen besonders strafbewährt sind.

588 **Geschützter Personenkreis**

Durch § 114 StGB werden Vollstreckungsbeamte besonders geschützt, erweitert wird der Schutz durch § 115 StGB. Somit sind fünf Personenkreise geschützt:

- **zur Vollstreckung berufene Amtsträger**

  Damit sind Personen gemeint, die Gesetze, Rechtsverordnungen, Verfügungen, Urteile und Beschlüsse vollstrecken und zugleich Amtsträger im Sinne von § 11 Abs. 1 Nr. 2, 3 StGB sind.

  Beispiele
  Polizeibeamte, Zollbeamte, Gerichtsvollzieher, Strafvollzugsbeamte.

- **zur Vollstreckung berufene Soldaten der Bundeswehr**

  Beispiel
  Feldjäger.

- **Gleichgestellte Personen gemäß § 115 Abs. 1 StGB**

  Beispiele
  bestätigte Jagdaufseher, die Berufsjäger oder forstlich ausgebildet sind (§ 25 Abs. 2 BJagdG); nicht: Jagdausübungsberechtigte, die diese Voraussetzungen nicht erfüllen.

- **Hilfspersonen gemäß § 115 Abs. 2 StGB**

  Damit sind Personen gemeint, die von den Vollstreckungspersonen zu einer Diensthandlung hinzugezogen wurden.

  Beispiel
  Nach § 105 Abs. 2 StPO hinzugezogener Zeuge bei einer Hausdurchsuchung.

- **Hilfeleistende der Feuerwehr, des Katastrophenschutzes oder des Rettungsdienstes, § 115 Abs. 3 StGB**

  Bestraft wird der tätliche Angriff auf die genannten Personen während des Hilfeleistens bei Unglücksfällen, gemeiner Gefahr oder Not.

589 **Vornahme einer Diensthandlung**

Zum Tatzeitpunkt muss der o.g. Personenkreis eine Diensthandlung vornehmen. Diensthandlungen können auch Vollstreckungshandlungen sein, der Begriff ist jedoch weiter zu verstehen. Damit sind neben Vollstreckungshandlungen auch solche erfasst, mit denen nicht in Grundrechte eingegriffen wird.

Beispiele
Streifendienst, Verkehrsüberwachung, interner Dienst: Entgegennahme von Anzeigen, Inaugenscheinnahme von Tatorten, Hilfeleistung bei Gefahrenstellen, Verkehrsunfallaufnahme

590 **Tathandlung: tätlicher Angriff**

Ein tätlicher Angriff ist eine unmittelbar auf den Körper zielende gewaltsame Einwirkung. Auch eine Freiheitsberaubung stellt einen tätlichen Angriff dar. Verbale Angriffe genügen nicht.

Beispiele
Schlagen, Treten, Steine werfen.

Subjektiver Tatbestand 591

Der Täter muss mit Eventualvorsatz handeln.

Rechtmäßigkeit bei Vollstreckungshandlung 592

Ist die Diensthandlung eine Vollstreckungshandlung, so ist als objektive Bedingung der Strafbarkeit zusätzlich erforderlich, dass diese rechtmäßig ist. Vgl. dazu Rn. 579.

Versuch 593

Mangels ausdrücklicher Regelung ist der Versuch nicht strafbar.

Irrtumsregel bei Vollstreckungshandlung, § 114 Abs. 3 i.V.m. § 113 Abs. 4 StGB 594

Ist die Diensthandlung eine Vollstreckungshandlung, so gilt auch die Irrtumsregel nach § 113 Abs. 4. StGB. Dies ist eine komplexe Sonderregelung, die vornehmlich den Irrtum über die Rechtsmäßigkeit der Vollstreckungshandlung betrifft. Die Vorschrift verfolgt den Zweck, den Interessenkonflikt auszugleichen, der bei rechtmäßigen Vollstreckungshandlungen zwischen dem Schutzbedürfnis des Vollstreckungsbeamten und dem vermeintlichen Verteidigungsinteresse des irrenden Bürgers besteht.[108]

Besonders schwerer Fall, § 114 Abs. 2 i.V.m. § 113 Abs. 2 StGB 595

Ist ein Regelbeispiel erfüllt, besteht die widerlegliche Vermutung, dass es sich um einen besonders schweren Fall des tätlichen Angriffs auf Vollstreckungsbeamte handelt, der eine erhöhte Strafe rechtfertigt. Vgl. dazu im Einzelnen Rn. 583.

Konkurrenzen 596

Bei § 114 StGB handelt es sich trotz des höheren Strafrahmens nicht um eine Qualifikation des § 113 StGB, vielmehr um eine selbstständige Strafvorschrift, was sich aus der wörtlichen und systematischen Auslegung ergibt. Sie haben zudem unterschiedliche Zielrichtungen: Während § 113 StGB der Absicherung staatlicher Vollstreckungsmaßnahmen dient, zielt § 114 StGB auf die Ahndung des erhöhten Unrechtsgehaltes von Angriffen auf Repräsentanten staatlicher Gewalt ab.[109] Im Falle eines tätlichen Angriffs während eines Widerstandes gegen die Vollstreckungshandlung wird § 113 StGB von 114 StGB konsumiert; § 113 StGB tritt dann zurück.

108 Lackner/Kühl § 113 Rn. 17.
109 Könik/Müller zis-online 3/2018, S. 96 (99).

4.4 Klausur- und Praxishinweise: Widerstandsdelikte

597 **§ 113 StGB**

Es entsteht eine Strafbarkeitslücke, die durch das Drohen mit einem empfindlichen Übel bei Vollstreckungshandlungen entsteht, wenn man aufgrund der Sperrwirkung der Privilegierung § 240 StGB nicht anwendet. Daher wird dieses differenziert gesehen. Die Problematik sollte bekannt sein.

598 Die Regelung des § 113 StGB setzt voraus, dass sich der Beamte bei dem Angriff in jedem Fall in einer „Vollstreckungssituation" befindet, zum Beispiel bei einer Festnahme oder einer Räumung. Unvermittelte Attacken auf nichtsahnende Streifenbeamte im täglichen Dienst werden von § 114 StGB erfasst.

599 **§ 114 StGB**

Durch entsprechenden Angriff des Täters ist § 114 StGB neben § 113 StGB erfüllt, wenn es sich bei der Diensthandlung der Beamten um eine Vollstreckungshandlung handelt (Gesetzeseinheit). Auch wenn § 113 StGB zurücktritt, sind beide Vorschriften in der Strafanzeige aufzuführen.

Lernkontrolle „Widerstandsdelikte“

1	Erläutern Sei den Rechtsgrund von § 111 StGB.
2	Stellen Sie das Verhältnis von § 111 StGB zur Anstiftung gemäß § 26 StGB dar.
3	Was ist unter „Auffordern“ im Sinne von § 111 StGB zu verstehen?
4	Skizzieren Sie den Prüfungsaufbau von § 113 StGB.
5	Welche Personen sind von §§ 113, 114 StGB geschützt?
6	Grenzen Sie die Tathandlungen von § 113 StGB voneinander ab.
7	Nennen Sie ein Beispiel für die Tatsituation des „tätlichen Angriffs“ i.S.v. § 114 StGB.
8	Was ist unter dem „strafrechtlichen Rechtmäßigkeitsbegriff“ bei § 113 StGB zu verstehen?
9	Erklären Sie das Verhältnis von § 113 StGB zu § 240 StGB.
10	Erläutern Sie die besonders schweren Fälle von § 113 StGB.

5 Rechtspflegedelikte

600
- ***Aufsatz-Literatur:*** *Hettinger/Bender JuS 2015, 577 (Die Aussagedelikte [§§ 153–162 StGB]); Kudlich/Henn JA 2008, 510 (Täterschaft und Teilnahme bei den Aussagedelikten); Piatkowski/Saal JuS 2005, 979 (Examensprobleme im Rahmen der Straftatbestände zum Schutz der Rechtspflege); Geppert JURA 2002, 173 (Grundfragen der Aussagedelikte).*
- ***Leitentscheidungen:*** *BGHSt-GrSen 8, 309 (Zum Verhältnis von § 153 zu § 154 StGB); Müller NStZ 2002, 356 Rechtsprechungsüberblick zu den Rechtspflegedelikten).*
- ***Übungsfälle:*** *Schumann JuS 2010, 529 (Referendarexamensklausur: Aussagedelikte und Anschlussdelikte); Goeckenjan JuS 2008, 702 (Fortgeschrittenenklausur: Probleme im Straßenverkehr und vor Gericht); Mitsch JuS 2005, 340 (Fortgeschrittenenklausur: Teilnahme, Versuch und Rücktritt bei Aussagedelikten).*

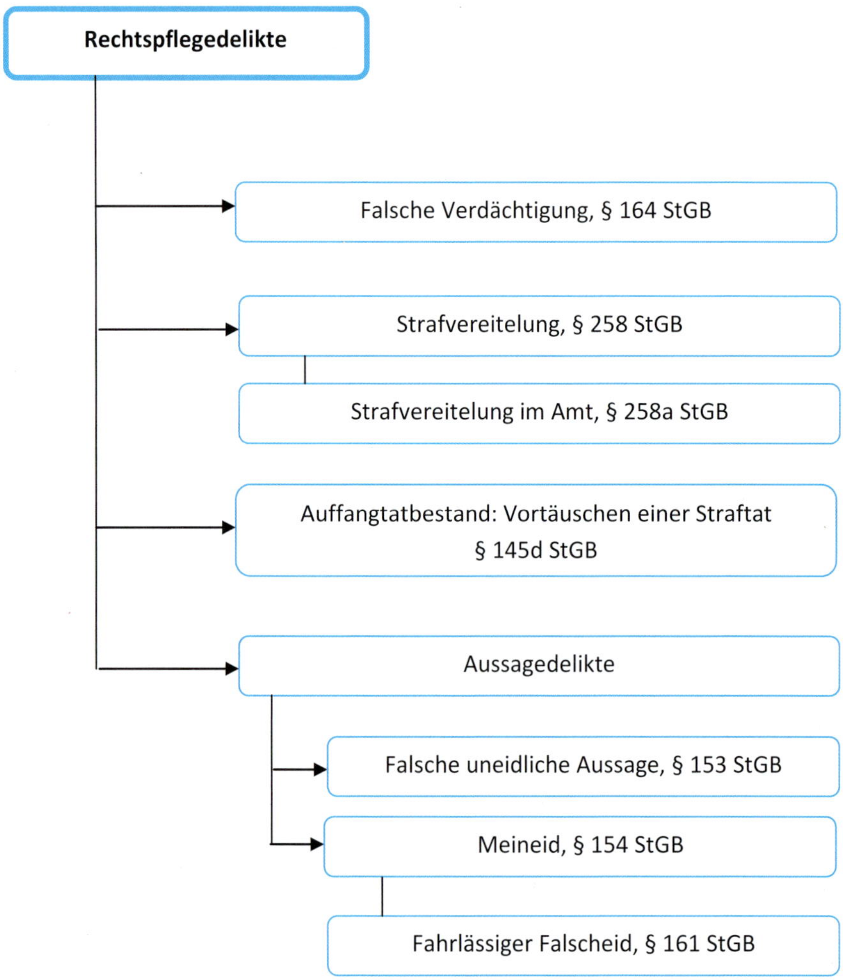

601 **Überblick**

Die Delikte schützen die inländische Rechtspflege in unterschiedlichen Ausprägungen. Die Aussagedelikte sind sogenannte eigenhändige Delikte, bei denen mittelbare Täterschaft und Mittäterschaft ausgeschlossen ist. Daher sind Sonderregelungen über die Beteiligung in § 159 StGB enthalten.

5.1 Falsche Verdächtigung, § 164 StGB

- ***Aufsatz-Literatur:*** *Kudlich JA 2017, 632 („Trick 17: Sag doch einfach erst einmal, Du warst es"); Hecker JuS 2017, 795 (Falsche Selbstbezichtigung im Bußgeldverfahren); Greiner NZV 2017, 314 (Reformbedürftige Lücke im Tatbestand der falschen Verdächtigung?); Dehne-Niemann NStZ 2015, 677; NJW 2005, 943 (Die „fahrlässige Falschanzeige" – oder: Strafrechtliche Risiken der Anzeigenerstattung); Otto JURA 2000, 217 (Falsch verdächtigen – zur Bedeutung des geschützten Rechtsguts für die Auslegung der einzelnen Merkmale eines Tatbestandes).* 602
- ***Leitentscheidungen:*** *BGHSt 35, 52 (Verdächtigung des Schuldigen aufgrund falscher Tatsachengrundlage ist nicht tatbestandsmäßig).*
- ***Übungsfälle:*** *Schumann ZJS 2016, 489 (Fortgeschrittenenklausur); JuS 2008, 345 (§§ 246, 263, 306a 240, 164 StGB).*

603

Falsche Verdächtigung, § 164 I StGB

I. Tatbestandsmäßigkeit

1. Objektiver Tatbestand

a) Adressat
- Behörde (§ 11 Abs. 1 Nr. 7 StGB)
oder
- zuständiger Amtsträger
oder
- militärischer Vorgesetzten
oder
- öffentlich

b) Tathandlungen
eine andere Person falsch verdächtigen

c) Tatgegenstand:
- rechtswidrige Tat
oder
- Verletzung einer Dienstpflicht

2. Subjektiver Tatbestand

a) Eventualvorsatz hinsichtlich der Behörde pp.

b) Direkter Vorsatz hinsichtlich Unwahrheit (wissen)

c) Absicht (wollen), ein behördliches Verfahren herbeizuführen/andauern zu lassen

II. Rechtswidrigkeit

III. Schuld

IV. Ergebnis

Verdächtigen ist Hervorrufen eines Verdachts oder das Umlenken oder Verstärken eines bestehenden Verdachts (BGHSt 14, 246).

Falsch ist die Verdächtigung, wenn sie objektiv unwahr ist und somit einen Unschuldigen trifft.

Überblick 604

Die Vorschrift schützt nach h.M. einerseits den Staat vor unnötiger Mehrbelastung, andererseits den Einzelnen vor irrtumsbedingten Eingriffen des Staates.

605 **Adressat und Tätereigenschaft**

Adressat der Tathandlung kann eine Behörde, ein zur Entgegennahme von Anzeigen zuständiger Amtsträger oder ein militärischer Vorgesetzter sein. Darüber ist auch die öffentlich begangene Tathandlung einschlägig. Öffentlich bedeutet hier, die Tathandlung muss vor einem größeren, durch persönliche Beziehung nicht zusammengehaltenen Personenkreis geschehen.[110]

606 Täter kann jedermann sein, auch derjenige, der die Tat, die Gegenstand der falschen Verdächtigung ist, tatsächlich begangen hat. Denn das Recht, sich nicht selbst belasten zu müssen, schließt nicht das Recht ein, andere zu Unrecht zu belasten.

607 **Tathandlung**

Eine andere, also noch lebende bestimmte Person, muss falsch verdächtigt werden. Eine Verdächtigung ist falsch, wenn sie objektiv unwahr ist. Nach h.M. sind lediglich die Fälle erfasst, bei denen ein Unschuldiger beschuldigt wird.[111] Eine abweichende Meinung will auch das Beschuldigen des tatsächlich Schuldigen erfassen, welches sich jedoch auf falscher Tatsachenbehauptung stützt. Der Wortlaut, der auf die „rechtswidrige Tat" und nicht die Verdachtslage als solche abstellt, spricht jedoch für die h.M.

Beispiel

Es kommt zu Streitigkeit zweier Jugendgruppen vor einem Lokal. Dabei werden auch parkende Fahrzeuge beschädigt. Als die Polizei eintrifft, behauptet A, B habe die Sachbeschädigungen begangen. Er tut dies, um einen Angehörigen der anderen Gruppe zu schaden, dabei hat er die Anschuldigung frei erfunden. Er hat nicht beobachtet, dass B der Täter war. Tatsächlich hat B aber die Sachbeschädigungen begangen.

A hat sie nicht nach § 164 StGB strafbar gemacht, weil die Verdächtigung zwar auf falscher Tatsachengrundlage geschah, jedoch nicht falsch war.

Die Falschverdächtigung kann dadurch geschehen, dass der Täter unwahre Behauptungen aufstellt oder eine komprimierende Beweislage schafft.

Beispiele

Äußerungen bei der Anzeigenaufnahme; Verstecken von Diebesbeute in der Kleidung eines anderen vor dessen Personendurchsuchung.

608 Falsch Verdächtigen liegt nicht in der bloßen Leugnung eigener Täterschaft, auch wenn damit zwingend der Verdacht auf einen bestimmten Anderen gelenkt wird.

Beispiel

A fährt unter Alkoholeinfluss mit seinem Freund nach dem Diskobesuch nach Hause. Bei einer Verkehrskontrolle steigt er schnell an der Beifahrerseite des Pkw aus und behauptet, das Fahrzeug nicht geführt zu haben.

A hat sich nicht wegen § 164 StGB strafbar gemacht.

Nach § 164 Abs. 2 StGB wird auch erfasst, wenn der Täter Behauptungen tatsächlicher Art aufstellt, um ein behördliches Verfahren (Sicherungs-, Bußgeld-, Fahrerlaubnisentzugsverfahren) zu erwirken. Erforderlich ist insoweit eine klare Gedankenerklärung, die Schaffung einer Beweislage reicht nicht.

---

110 Vgl. BGHSt 11, 284.
111 BGHSt 35, 50.

Tatgegenstand 609

Der Verdacht muss sich auf eine rechtswidrige Tat im Sinne von § 11 Abs. 1 Nr. 5 StGB oder eine dienstpflichtwidrige Handlung beziehen.

Subjektiver Tatbestand 610

Eventualvorsatz hinsichtlich des Adressaten der Behauptung ist erforderlich. Darüber hinaus muss der Täter sicher wissen (dolus directus 2. Grades), dass die Behauptung unwahr ist. Schließlich ist Absicht erforderlich, ein behördliches Verfahren gegen eine andere Person herbeizuführen/andauern zu lassen, wobei jedoch nach h.M. sicheres Wissen ausreichend sein soll.[112]

Rechtswidrigkeit 611

In die Tat kann nach h.M. nicht eingewilligt werden, denn das Schutzgut der Übergebührlichen Beanspruchung des Staats ist nicht diponibel.

Beispiel

A wird des unbefugten Gebrauchs eines Pkw beschuldigt. Er behauptet, seine Mutter habe die Tat begangen. Er tut dies in Absprache mit seiner Mutter, die damit einverstanden ist, um ihrem Sohn ein erneutes Strafverfahren zu ersparen.

A hat sich nicht nur wegen unbefugten Gebrauchs eines Fahrzeuges, sondern auch wegen falscher Verdächtigung strafbar gemacht. Die Einwilligung der Geschädigten ist unwirksam.

Versuch und Beteiligung 612

Versuch ist mangels ausdrücklicher Regelung nicht strafbar. Täterschaft und Teilnahme sind nach den allgemeinen Regeln strafbar.

Konkurrenzen 613

Tateinheit ist möglich mit §§ 153 ff., 187 StGB. § 145d StGB tritt subsidiär zurück.

112 BGHSt 18, 204.

5.2 Vortäuschen einer Straftat, § 145d StGB

614 • ***Aufsatz-Literatur:*** *Hoven/Krause JuS 2017, 1167 (Die Strafbarkeit der Verbreitung von „Fake News"); Fahl JURA 2016, 735 (Zur Strafbarkeit der Falschmeldung im Internet über den Tod eines Asylsuchenden); Hoffmann GA 2002, 385 (Scheinbare Anschläge – Zur Strafbarkeit sog. Trittbrettfahrer; Geppert JURA 2000, 383 (Zu einigen immer wiederkehrenden Streitfragen im Rahmen des Vortäuschens einer Straftat).*

• ***Leitentscheidungen:*** *BayObLG NStZ 2004, 97 (Zur Tateinheit innerhalb des Tatbestandes); OLG Celle NStZ 1981, 440 (Täuschung über Fahrzeugführer bei einer Fahrzeugkontrolle).*

• ***Übungsfälle:*** *Bernbeck JuS 2000, 69.*

615 **Vortäuschen einer Straftat, § 145d Abs. 1 Nr. 1; Abs. 2 Nr. 1 StGB**

I. Tatbestandsmäßigkeit

1. Objektiver Tatbestand

a) Adressat
- Behörde (§ 11 Abs. 1 Nr. 7 StGB)
oder
- zuständiger Amtsträger

b) Tathandlungen
vortäuschen

c) Tatgegenstand:
- angeblich begangene rechtswidrige Tat
oder
- Beteiligte einer tatsächlich begangenen rechtswidrigen Tat

2. Subjektiver Tatbestand

a) Eventualvorsatz hinsichtlich der Behörde pp.

b) Direkter Vorsatz hinsichtlich Unrichtigkeit

II. Rechtswidrigkeit

III. Schuld

IV. Ergebnis

Vortäuschen ist das Hervorrufen eines Verdachts.

616 **Überblick**

Die Vorschrift schützt in § 145d Abs. 1 und 2, jeweils Nr. 1 StGB, die Rechtspflege für ungerechtfertigte Inanspruchnahme. Es handelt sich um ein abstraktes Gefährdungsdelikt. Darüber hinaus wird die Polizei als Präventivorgan geschützt.

617 **Adressat**

Adressat der Tathandlung kann eine Behörde oder ein zur Entgegennahme von Anzeigen zuständiger Amtsträger sein.

Tathandlungen 618

- **§ 145d Abs. 1 Nr. 1 StGB**

  Diese Variante bestraft das Vortäuschen einer tatsächlich nicht begangenen Straftat, eine Ordnungswidrigkeit reicht nicht aus. Das Vortäuschen liegt insbesondere durch die falsche Angabe dessen vor. Es soll aber auch schlüssiges Verhalten ausreichen:

  Beispiel[113]
  Schlangenlinienfahren zur Vortäuschung einer Trunkenheitsfahrt.

  Problematisch ist, wenn bei wirklich begangener Tat Umstände übertrieben oder anders dargestellt werden.

  Beispiel
  In das Fahrzeug des B wurde eingebrochen. Entwendet wurde ein CD-Radio. Der CD-Wechsler wurde beschädigt, verbliebt aber im Auto. Um das beschädigte Gerät von der Versicherung ersetzt zu bekommen, gibt B bei der Anzeigenaufnahme wahrheitswidrig an, auch der CD-Wechsler sei gestohlen worden.

  Tatsächlich ist ein Diebstahl nach §§ 242, 243 Abs. 1 Nr. 1 StGB geschehen. B hat lediglich die Beute falsch angegeben. Damit hat er sich nach h.M. nicht nach § 145d StGB strafbar gemacht, da es sich lediglich um eine Übertreibung handelt, die die Ermittlungen nicht wesentlich beeinflusst.

  Anders liegt die Sache, wenn die Falschangaben der Tat ein ganz anderes Gepräge geben.

  Beispiel
  A wurde in einer Gaststätte das Portemonnaie entwendet. Bei der Polizei gibt er an, ein Unbekannter hätte ihn auf dem Nachhausweg bedroht und verlangt, das Portmonee herauszugeben. Er tut dies in der Hoffnung, dadurch stärkere Verfolgungsaktivitäten bei der Polizei auszulösen und somit sein wertvolles Portmonee zurückzuerhalten.

  Tatsächlich ist ein Diebstahl gemäß § 242 StGB geschehen (Vergehen). A hat jedoch ein Geschehen geschildert, das eine räuberische Erpressung darstellt (Verbrechen). Dies gibt der Tat ein völlig anderes Gepräge. A hat sich deshalb wegen § 145d StGB strafbar gemacht.

  Welche Umstände der Tat ein anderes Gepräge geben, sodass eine Strafbarkeit nach § 145d StGB bejaht werden muss, ist streitig. Ausreichend dafür soll sein, dass die wirklich begangene mit der angegebenen Tat weder ganz noch teilweise identisch ist, oder wenn ein Vergehen zu einem Verbrechen „umgefälscht" wird.[114]

- **§ 145d Abs. 2 Nr. 1 StGB**

  Diese Variante bestraft die versuchte Täuschung über den Beteiligten an einer wirklich begangenen Tat. Dies kann zum einen so geschehen, dass der Täter den Verdacht vom wirklichen Täter ablenkt. Zum anderen ist auch tatbestandlich, wenn der Täter den Verdacht von sich auf andere Personen lenkt. Bloßes Bestreiten der eigenen Täterschaft ist jedoch nicht nach § 145d Abs. 2 Nr. 1 StGB strafbar.

113 Nach Fischer § 145, Rn. 5.
114 Lackner/Kühl § 145d, Rn. 4.

Nicht einschlägig ist, wenn der Täter den Verdacht auf einen anderen Menschen lenkt, in dessen Person gerade keine rechtwidrige Tat vorläge.[115]

Beispiel[116]
Der betrunkene Täter behauptet, seine nüchterne Ehefrau habe das Fahrzeug gelenkt.

- **§ 145d Abs. 1 Nr. 2, Abs. 2 Nr. 2 StGB**
  Diese Varianten bestrafen das Vortäuschen einer angeblich bevorstehenden Tat bzw. die Täuschung über den Beteiligten dieser Tat. Es sind dabei aber nur Taten aus dem Deliktkatalog des § 126 StGB erfasst.

619 **Subjektiver Tatbestand**

Der Täter muss mit dolus directus 2. Grades, also sicherem Wissen darüber handeln, dass die Tat tatsächlich nicht begangen wurde bzw. dass der angegebene nicht der tatsächliche Beteiligte ist.

620 **Versuch und Beteiligung**

Mangels ausdrücklicher Regelung ist der Versuch nicht strafbar. Täterschaft und Teilnahme sind nach allgemeinen Regeln möglich.

621 **Konkurrenzen**

Aufgrund der formellen Subsidiaritätsklausel in § 145d Abs. 1 a.E. StGB (... wenn die Tat nicht in § 164, § 258 oder § 258a mit Strafe bedroht ist") tritt § 145d StGB hinter die genannten Vorschriften zurück. Dies gilt auch für § 145d Abs. 2 StGB. § 145d StGB ist aber anwendbar, wenn eine Strafbarkeit nach § 258 StGB lediglich am Angehörigenprivileg (§ 258 Abs. 6 StGB) oder am persönlichen Strafausschließungsgrund des § 258 Abs. 5 StGB scheitert.[117]

Tateinheit insbesondere möglich mit §§ 263, 142, 257, 267 StGB.

115 Joecks § 145d, Rn. 17.
116 Nach Joecks § 145d, Rn. 17a.
117 Fischer § 145d, Rn. 14; Lackner/Kühl § 145d, Rn. 11.

5.3 Falsche uneidliche Aussage, § 153 StGB

- ***Aufsatz-Literatur:*** *Bosch JURA 2015, 1294 (Ausgewählte Probleme der Aussagedelikte).* 622
- ***Leitentscheidungen:*** *BGHSt-GrSen 8, 309 (Zum Verhältnis von § 153 zu 154 StGB).*
- ***Übungsfälle:*** *Schöder ZJS 2018, 162 (Fortgeschrittenenklausur); Krell/Hülsen JURA 2016, 92 (The Greenback Boogie); Müller/Schmoll JA 2015, 511 (§§ 267, 263, 153, 158, 263 StGB); Goeckenjan JuS 2008, 702 (Fortgeschrittenenklausur: §§ 315c, 316, 153, 258 StGB; Dreher JuS 2007, 456 (Referendarexamensklausur: Verkehrserziehung als Eingriff, §§ 315c, 315b, 258, 267, 153 StGB).*

Falsche uneidliche Aussage, § 153 StGB

I. Tatbestandsmäßigkeit
   1. Objektiver Tatbestand
      a) Zeuge oder Sachverständiger
      b) bei Gericht oder sonstige zur eidesstattlichen Vernehmung zuständigen Stelle
      c) Tathandlung: falsch aussagen
   2. Subjektiver Tatbestand
      Eventualvorsatz
   3. ggf. Qualifikation § 154 StGB
II. Rechtswidrigkeit
III. Schuld
IV. Ergebnis

Aussage ist die sprachliche Wiedergabe von Tatsachen (Fi § 153, Rn. 3). 623

Falsch ist die Aussage, wenn der Inhalt mit der objektiven Sachlage nicht übereinstimmt (BGH 7, 147).

Überblick 624

Sinn und Zweck der Strafdrohung des § 153 StGB ist es, den Wert der uneidlichen Aussage als Beweismittel zu sichern. Es handelt sich um ein abstraktes Gefährdungsdelikt und schlichtes Tätigkeitsdelikt. § 154 StGB qualifiziert das Delikt bei feierlicher und sakrale Bekräftigung der Aussage. Es handelt sich um ein eigenhändiges Delikt, mittelbare Täterschaft und Mittäterschaft sind ausgeschlossen.

Täterstellung 625

Täter kann nur ein Zeuge oder Sachverständiger sein. Tathandlungen von Dolmetschern sind nicht erfasst.

Zuständige Stelle 626

Die Tat kann nur vor Gericht oder sonstigen zur eidlichen Vernehmung zuständigen Stellen erfolgen. Staatsanwaltschaft und Polizei wie auch Notare sind keine tauglichen Stellen, da sie nicht zur eidlichen Vernehmung ermächtigt sind.

627 **Tathandlung**

Der Täter macht sich strafbar durch die falsche Aussage. Nach der von der h.M. vertretenden objektiven Theorie ist die Aussage falsch, wenn sie mit der objektiven Sachlage nicht übereinstimmt („Widerspruch zwischen Wort und Wirklichkeit"). Es kommt also nicht auf einen Vergleich der Aussage mit dem Vorstellungsbild des Aussagenden an (sogenannte subjektive Theorie: „Widerspruch zwischen Wort und Wissen"). Denn die Aussagedelikte schützen die Rechtspflege vor Gefahren der Irreführung durch falsche Aussagen. Dabei kommt es dann nicht darauf an, ob die Aussage subjektiv falsch war.

Beispiel

A gibt nach seiner Vorstellung wahrheitswidrig an, X habe am Tattag mit ihm Fernsehen geschaut. Dies entspricht auch der Wahrheit.

Nach h.M. hat A sich nicht einer falschen uneidlichen Aussage strafbar gemacht, da die Aussage mit der objektiven Sachlage übereinstimmt, seine Vorstellung ist unerheblich. Die Aussage ist nicht falsch.

Vollendet ist die Tat mit dem Abschluss der Aussage dann, wenn kein Verfahrensbeteiligter mehr Fragen an den Zeugen/Sachverständigen hat.

628 **Subjektiver Tatbestand**

Eventualvorsatz ist ausreichend.

629 **Versuch**

Versuch ist nicht strafbar. Vollendet ist die Tat mit dem Abschluss der Aussage dann, wenn kein Verfahrensbeteiligter mehr Fragen an den Zeugen/Sachverständigen hat. Wird die Aussage vorher berichtigt, liegt mangels Vollendung strafloser Versuch vor. Die Berichtigung einer falschen Aussage nach § 158 StGB ist nicht anwendbar. Diese Vorschrift setzt als spezielle tätige Reue die Vollendung von § 153 StGB voraus. Sie greift nach Abschluss der Aussage und vor Entscheidung des Gerichtes.

630 **Beteiligung**

Täterschaft ist nur in der Form der Alleintäterschaft möglich, da es sich um ein eigenhändiges Delikt handelt. Teilnahme ist nach allgemeinen Regeln möglich. § 28 Abs. 1 StGB ist im Hinblick auf die Zeugen- oder Sachverständigenstellung für Teilnehmer nicht anwendbar, da dies nur rechtsgutbezogen ist und kein besonderes persönliches Unrecht charakterisiert.[118]

Beihilfe durch Unterlassen ist möglich, wenn der Täter einen Entlastungszeugen benennt und sich dessen Aussage zur Falschaussage entwickelt. Dann bestehe eine Garantenpflicht aus Ingerenz.[119]

631 **Konkurrenzen**

Mehrere falsche Angaben in einer Vernehmung sind eine Tat. Tateinheit ist insbesondere möglich mit §§ 263, 257, 145d, 164, 186, 187 StGB.

118 Fischer vor § 153, Rn. 2; Lackner/Kühl § 153, Rn. 7.
119 OLG Düsseldorf NJW 1992, 1977; zum Ganzen instruktiv Joecks, Vor § 153, Rn. 6 ff.

5.4 Meineid, § 154 StGB
Fahrlässiger Falscheid, § 161 StGB

- ***Aufsatz-Literatur:*** *Bosch JURA 2015, 1294 (Ausgewählte Probleme der Aussagedelikte); Hettinger/Bender JuS 2015, 577 (Die Aussagedelikte [§§ 153–162 StGB]); Schumann ZStW 126, 615 (2014) (Die besondere Handlungsqualität des „Schwörens" – Zur eigenständigen strafrechtlichen Erfassung des Meineides).* 632
- ***Leitentscheidungen:*** *OLG Frankfurt am Main NStZ-RR 2001, 299 (Verstoß gegen Vereidigungsverbot stellt einen Strafmilderungsgrund dar).*
- ***Übungsfälle:*** *Putzke ZJS 2014, 83 (Übungsfall – Der falsche Schuldschein); Theile JURA 2007, 463 (§§ 153, 154, 160 StGB); Mitsch JuS 2005, 340.*

Meineid, § 154 StGB

I. Tatbestandsmäßigkeit
   1. Objektiver Tatbestand
      a) bei Gericht oder sonstige zur eidesstattlichen Vernehmung zuständigen Stelle
      c) Tathandlung: falsch schwören
   2. Subjektiver Tatbestand
      Eventualvorsatz
II. Rechtswidrigkeit
III. Schuld
IV. Ergebnis

Falsch schwören ist das förmliche Versichern der Wahrheit einer falschen Aussage. 633

Aussage ist die sprachliche Widergabe von Tatsachen (Fi § 153, Rn. 3).

Falsch ist die Aussage, wenn der Inhalt mit der objektiven Sachlage nicht übereinstimmt (BGH 7, 147).

Überblick 634

§ 154 StGB qualifiziert die uneidliche Aussage durch Beschwören der falschen Aussage, soweit es Zeugen oder Sachverstände betrifft. Beschwören andere Personen – wie etwa Dolmetscher – ihre falsche Aussage, stellt § 154 StGB einen selbstständigen Tatbestand dar. Auch hierbei handelt es sich um ein eigenhändiges Delikt, mittelbare Täterschaft und Mittäterschaft sind ausgeschlossen. Die Tat ist ein Verbrechen.

Fahrlässiger Falscheid ist in § 161 StGB unter Strafe gestellt, diese Tat ist ein Vergehen.

Täterstellung 635

Täter können neben Zeugen oder Sachverständigen auch weitere Personen sein, die ihre Aussage beschwören. In Betracht kommen insbesondere Dolmetscher oder eine Partei im Zivilprozess.

Zuständige Stelle 636

Die Tat kann nur vor Gericht oder sonstigen zur eidlichen Vernehmung zuständigen Stellen erfolgen. Staatsanwaltschaft und Polizei wie auch Notare sind keine tauglichen Stellen, da sie nicht zur eidlichen Vernehmung ermächtigt sind.

637 **Tathandlung**

Der Täter macht sich strafbar durch eine falsche Aussage, welche in Form eines Eides beschwört wird. Eid ist die förmliche Versicherung der Wahrheit einer Aussage. Nach der von der h.M. vertretenden objektiven Theorie ist die Aussage falsch, wenn sie mit der objektiven Sachlage nicht übereinstimmt. Es kommt also nicht auf einen Vergleich der Aussage mit dem Vorstellungsbild des Aussagenden an, vgl. dazu oben, Rn. 627.

638 **Subjektiver Tatbestand**

Für Meineid ist Eventualvorsatz ausreichend.

Beim fahrlässigen Falscheid muss der Täter in Unkenntnis handeln, dass er etwas Unwahres beeidet. Diese Unkenntnis muss auf Fahrlässigkeit beruhen, die gegeben ist, wenn der Täter die Sorgfalt des Überlegens und der Prüfung der eigenen Erinnerung, die ihm nach den Umständen und seinen persönlichen Fähigkeiten zuzumuten ist, außer Acht lässt.[120] Eine allgemeine Vorbereitungspflicht auf die Vernehmung zur Verhinderung von Falschaussagen besteht für den Zeugen nicht, wohl aber für Amtsträger, so auch insbesondere für Polizeibeamte. Sie sind verpflichtet zu einer Vergewisserung im Vorfeld. Dazu können das Lesen von Anzeigen oder persönliche Aufzeichnungen genutzt werden.

639 **Versuch**

Versuch des Meineides ist nach §§ 12 Abs. 1, 23 Abs. 1 StGB strafbar, da es sich bei Meineid um ein Verbrechen handelt. Vollendet ist die Tat bei Voreid mit Abschluss der Aussage, beim Nacheid mit Abschluss der Eidesformel.

640 **Beteiligung**

Täterschaft ist nur in der Form der Alleintäterschaft möglich, da es sich um ein eigenhändiges Delikt handelt. Teilnahme ist nach allgemeinen Regeln möglich. § 28 Abs. 1 StGB ist im Hinblick auf die Zeugen- oder Sachverständigenstellung für Teilnehmer nicht anwendbar, da dies nur rechtsgutbezogen ist und kein besonderes persönliches Unrecht charakterisiert.[121]

Beihilfe durch Unterlassen zum Meineid ist möglich, wenn der Täter einen Entlastungszeugen benennt und sich dessen Aussage zur Falschaussage entwickelt. Dann bestehe ein Garantenpflicht aus Ingerenz.[122]

641 **Konkurrenzen**

Mehrere falsche Angaben in einer Vernehmung sind eine Tat. Tateinheit ist insbesondere möglich mit §§ 263, 257, 145d, 164, 186, 187 StGB.

120 Fischer § 161, Rn. 4.
121 Fischer, Vor § 153, Rn. 2; Lackner/Kühl § 153, Rn. 7.
122 OLG Düsseldorf NJW 1992, 1977; zum Ganzen instruktiv Joecks Vor § 153, Rn. 6 ff.

5.5 Klausur- und Praxishinweise: Rechtspflegedelikte

§ 164 StGB 642

Die Vorschrift muss im Kontext mit § 145d StGB gesehen werden, sie ist aufgrund der formellen Subsidiarität von § 145d StGB aber immer vorrangig zu prüfen.

Klausurrelevant ist neben der Einwilligungsproblematik insbesondere die Frage, wann eine Aussage falsch i.S.v. § 164 StGB ist.

§ 145d StGB 643

Übersehen wird oft eine Strafbarkeit nach § 145d Abs. 2 StGB, weil die Delitksbezeichnung in dieser Hinsicht nichts aussagt. Aufgrund der formellen Subsidiarität ist das Delikt nach §§ 164, 258 StGB abzuhandeln. Sollten die vorrangigen Delikte bejaht werden, bedarf es für § 145d StGB nur eines hinweisenden Satzes.

Klausur-, weil praxisrelevant ist der Problemkreis des Vortäuschens von Straftaten als Vor- 644
bereitungshandlung zu einem späteren Versicherungsbetrug. So etwa, wenn der Schaden wahrheitswidrig größer angegeben wird, als er durch eine Diebstahlshandlung tatsächlich geschehen ist. Hierauf sollte in der Praxis besonderes Augenmerk gelegt werden.

§§ 153 ff. StGB 645

Zu beachten ist, dass die Aussagedelikte insbesondere vor Gericht eine Rolle spielen. Die Polizei ist keine zuständige Stelle i.S.d. Vorschrift. Aufgrund des insofern eindeutigen Wortlautes müssen die Aussagedelikte im Hinblick auf Aussagen bei der Polizei im Gutachten auch nicht erwähnt werden.

Nach h.M. bedarf es einer Vorbereitungspflicht von Amtsträgern für die Aussagen vor Gericht. Es besteht ansonsten die Gefahr, sich wegen fahrlässigen Falscheides strafbar zu machen. Daher sollte jeder Polizeibeamte sich vor dem Gerichtstermin hinsichtlich des Vernehmungsgegenstandes kundig machen.

Lernkontrolle „Rechtspflegedelikte“

1	In welchen Bereichen des Strafgesetzbuches sind Rechtspflegedelikte verortet?
2	Was sind die geschützten Rechtsgüter bei § 164 StGB?
3	Erläutern Sie die Unterschiede zwischen § 164 StGB und § 145d StGB.
4	Stellen Sie die Strafbarkeit desjenigen dar, der hinsichtlich einer tatsächlich begangenen Straftat lediglich über den Täter täuscht.
5	Erklären Sie, warum eine Einwilligung in § 164 StGB nach h.M. ausgeschlossen ist.
6	Was sind eigenhändige Delikte?
7	Wann ist eine Aussage falsch i.S.v. §§ 153 ff. StGB?
8	Was ist eine zuständige Stelle i.S.v. §§ 153, 154 StGB?
9	Wann ist eine Tat nach §§ 153, 154 StGB vollendet?
10	Bilden Sie einen Beispielsfall für den fahrlässigen Falscheid.

6 Brandstiftungsdelikte

- ***Aufsatz-Literatur:*** *Oglakcioglu JA 2017, 745 (Die imaginäre Übung: Brandstiftungsdelikte); Kraatz JuS 2012, 691 (Brandstiftung bei gemischt-genutzten Gebäuden); Knauth JURA 2005, 230 (Neuralgische Punkte des neuen Brandstrafrechts); Examensrelevante Probleme der Brandstiftungsdelikte JA 2001, 517; Wrage JuS 2003, 985 (Typische Probleme einer Brandstiftungsklausur).* 646
- ***Leitentscheidungen:*** *Hagemeier NStZ 2008, 198 (Die Entwicklung der Rechtsprechung zu den Brandstiftungsdelikten nach deren Reform durch das 6. StrRG vom 28.1.1998).*
- ***Übungsfälle:*** *Börner JURA 2017, 477 („Rachsucht in zwei Akten"); Schumann ZJS 2016, 489 (Fortgeschrittenenklausur: Strohfeuer); Stief JuS 2009, 716 (Fortgeschrittenenklausur – verschiedene Brandstiftungsdelikte); Dannecker/Gaul JuS 2008, 345 (Hausarbeit „Warmabriss"); Hardtung JuS 2008, 623 (Examensklausur Studentenwohnheim in Flammen) Noak/Collin JURA 2006, 544 („Doppelt angezündelt brennt besser"); Wrage JuS 2003, 985 (Grundfälle).*

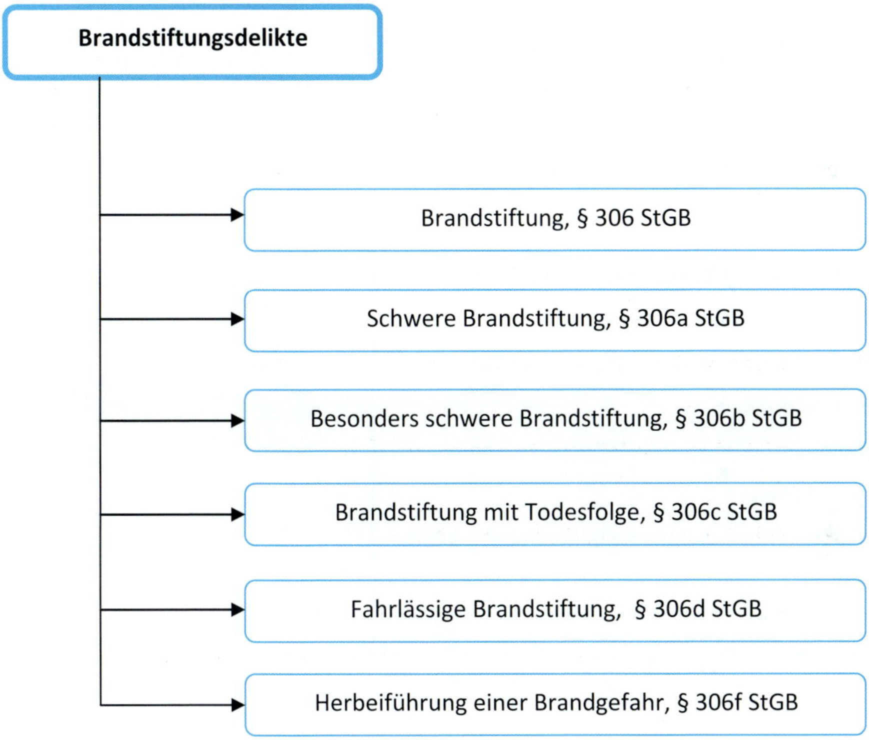

Überblick 647

Die Brandstiftungsdelikte, im 28. Abschnitt des Strafgesetzbuches unter den gemeingefährlichen Straftaten normiert, setzen eine gemeine Gefahr nicht immer voraus. Vielmehr handelt es sich um abstrakte oder konkrete Gefährdungsdelikte, zum Teil auch um reine Schädigungsdelikte.

Polizeiliche Kriminalstatistik 648

2017 wurden rund 19.000 Brandstiftungsdelikte (§§ 306 – 306d, 306f StGB) erfasst. Die Aufklärungsquote betrug wie in den Vorjahren rund 50 %.[123]

123 BKA, PKS 2017.

6.1 Brandstiftung, § 306 StGB

649
- ***Aufsatz-Literatur:*** *Kraatz JuS 2012, 691 (Brandstiftung bei gemischt-genutzten Gebäuden); Sinn JURA 2001, 803 (Der neue Brandstiftungstatbestand [§ 306 StGB] – eine missglückte Regelung des Gesetzgebers?); Wolff JR 2002, 94 (Zur Gemeingefährlichkeit der Brandstiftung nach § 306 StGB).*
- **Leitentscheidungen:** *Rechtsprechungsübersicht bei Hagemeier/Radtke NStZ 2008, 198.*
- ***Übungsfälle:*** *Börner JURA 2017, 477 (Rachsucht in zwei Akten); Stief JuS 2009, 716.*

650

Brandstiftung, § 306 StGB

I. Tatbestandsmäßigkeit

1. Objektiver Tatbestand

a) fremdes Tatobjekt nach Nr. 1-6

b) Tathandlung
Inbrandsetzen
oder
durch Brandlegung ganz oder teilweise zerstören

2. Subjektiver Tatbestand

Eventualvorsatz

ggf. Qualifikationen nach §§ 306b, c StGB

II. Rechtswidrigkeit

III. Schuld

IV. Besonderheiten

ggf. Tätige Reue, § 306e StGB (nicht bei § 306c)

V. Ergebnis

In Brand gesetzt ist ein Tatobjekt, wenn es vom Feuer in einer Weise erfasst ist, die ein Fortbrennen aus eigener Kraft ermöglicht (BGHSt 18, 363).

Brandlegung ist jede Handlung, die auf das Verursachen eines Brandes zielt (La/Kü § 306, Rn. 4).

Zerstören ist die Aufhebung der Gebrauchsfähigkeit.

Teilweise zerstören bedeutet, von den bestimmungsmäßigen Funktionen des Gegenstandes eine oder mehrere vollständig aufheben (Vgl. La/Kü § 305a, Rn. 4).

651 **Überblick**

Die Vorschrift ist ein Spezialfall der Sachbeschädigung, denn eine spezifische gemeine Gefahr wird nicht gefordert. Dies wird schon deutlich durch die Begrenzung auf täterfremde Sachen. Auch wenn der Brandlegung der genannten Tatobjekte ein Element der Gemeingefährlichkeit anhaftet, wirkt die Auswahl der Tatobjekte willkürlich. Es ist nämlich nicht einzusehen, dass ein Inbrandsetzen des Inventars einer Schlosserei von § 306 Abs. 1 Nr. 2 StGB erfasst ist, nicht dagegen das Atelierinventar eines freiberuflichen Künstlers oder die Büroeinrichtung eines Notars. Dies ist vor dem Hintergrund der Strafandrohung (Verbrechen!) bedenklich. Daher bedarf die Vorschrift allgemein der restriktiven Auslegung.

Qualifikationen sind § 306b Abs. 1 StGB und § 306c StGB.

Tatobjekte 652

§ 306 Abs. 1 StGB enthält einen Katalog an Tatobjekten, die alle für den Täter fremd sein müssen. Das Anzünden eigener Sachen ist nicht tatbestandsmäßig.

- **Nr. 1: Gebäude oder Hütten**
  Gebäude sind fest mit dem Erdboden verbunden, Hütten können auch beweglich sein.
  Beispiele
  Jahrmarktsbuden, transportable Wochenendhäuser, Bauwagen, auch: Rohbau, Ruine.

- **Nr. 2: Betriebsstätten oder technische Einrichtungen, namentlich Maschinen**
  Beispiele
  Bau- und Montagehallen; Werkstätten, Imbissbuden.

- **Nr. 3: Warenlager oder Vorräte**
  Beispiele
  Lagerhallen, Scheunen und darin befindliche Waren, welche nicht zum eigenen Verbrauch bestimmt sind.

- **Nr. 4: Kraftfahrzeuge, Schienen- , Luft- oder Wasserfahrzeuge**
- **Nr. 5: Wälder, Heiden oder Moore**
- **Nr. 6: land-, ernährungs- oder forstwirtschaftliche Anlagen oder Erzeugnisse**
  Beispiele
  Bestellte Felder, Koppeln, Weiden, Stallungen, Schlachthöfe, Schonungen, Aufforstungsflächen; Korn, Stroh, Ernte, gefällte Bäume.

Nach h.M. bedarf es aufgrund der Strafhöhe einer einschränkenden Auslegung in der Weise, dass nur solche Anlagen und Erzeugnisse Nr. 6 unterfallen, die von einer nicht unerheblichen Bedeutung und nicht unerheblichem Wert sind. Daher ist beispielsweise ein Ballen Stroh kein taugliches Tatobjekt.[124] Dieser Grundgedanke muss auch für die anderen Objektvarianten gelten. Daher ist beispielsweise das Schlauchboot, welches auf offener See angezündet wird, kein taugliches Tatobjekt.[125]

Tathandlungen 653

Inbrandsetzen (Alternative 1) setzt voraus, dass das Tatobjekt so vom Feuer erfasst ist, dass es selbstständig weiterbrennt. Eine offene Flamme braucht nicht zu entstehen, auch Glimm- und Schwelbrände sind erfasst.[126] Für die Vollendung des Deliktes ist entgegen des Wortlautes nach h.M. entscheidend, dass wesentliche Teile des Tatobjektes in Brand gesetzt werden. Für die Beurteilung der Wesentlichkeit kommt es auf die Verkehrsanschauung an.

Beispiele
Fußboden, Fensterrahmen, Treppen von Gebäuden;
nicht: Lattentür eines Kellerraumes, Tapete, Schrank.

Die Alternative 2 der Brandlegung soll Fälle erfassen, bei denen es aufgrund feuerhemmender Materialien nicht zu selbstständig weiterbrennendem offenem Feuer kommt, jedoch trotzdem erhebliche Schäden eingetreten sind.

124 Fischer § 306, Rn. 10 m.w.N.
125 Joecks § 306, Rn. 14 – 17.
126 RGSt 18, 362.

Dann muss es aber zur mindesten teilweise Zerstörung des Tatobjektes kommen.

Beispiele
Schäden durch Ruß, Rauch, freigesetzte Chemikalien; auch: Einsatz von Löschmitteln.

654 **Subjektiver Tatbestand**
Eventualvorsatz ist ausreichend. Er muss den Willen umfassen, dass das Tatobjekt selbstständig weiterbrennt bzw. dass das Objekt mindestens teilweise zerstört wird.

Fahrlässige Brandstiftung ist strafbar nach § 306d StGB.

655 **Rechtfertigung**
Ob Einwilligung als Rechtfertigungsgrund in Betracht kommt, ist streitig. Nach einer Meinung soll angesichts des gemeingefährlichen Aspektes aller Brandstiftungsdelikte das Rechtsgut nicht disponibel sein, sodass eine Einwilligung unwirksam sei.[127] Einwilligung kommt dagegen nach der h.M. in Betracht, da es sich – anders als bei den anderen Brandstiftungsdelikten – nicht um ein gemeingefährliches Delikt handelt. Geschützt ist das Eigentum, in Einwirkungen darauf kann der Eigentümer einwilligen.[128]

656 **Versuch und Beteiligung**
Da es sich bei der Brandstiftung um ein Verbrechen handelt, ist der Versuch gemäß § 12 Abs. 1, 23 Abs. 1 StGB stets strafbar. Für Versuch und Beteiligung gelten die allgemeinen Regeln.

657 **Begehen durch Unterlassen**
Unterlassungstäterschaft ist möglich, wenn der Täter rechtlich verpflichtet ist, den Erfolg zu verhindern, § 13 StGB.[129]

Beispiel
Mitglied der freiwilligen Feuerwehr erkennt einen beginnenden Brand an einem Gebäude, unternimmt aber nichts zur Löschung.

Aufgrund freiwilliger Übernahme ist der Feuerwehrmann Garant i.S.v. § 13 StGB, somit bei Untätigbleiben trotz tatsächlicher Hilfemöglichkeit strafbar nach §§ 306, 13 StGB. Dies aber nur, wenn auch die übrigen Voraussetzungen, insbesondere die Kausalität des Nichthandelns für die eingetretenen Brandfolgen, vorliegen.

658 **Tätige Reue**
Nach § 306e StGB kann das Gericht die Strafe mildern oder von Strafe absehen, wenn der Täter freiwillig den Brand löscht, bevor ein erheblicher Schaden entsteht. Die Regelung entspricht der Rücktrittsregel des § 24 StGB beim Versuch. Sie ist damit der Sache nach ein „Rücktritt vom vollendete Delikt“.

659 **Konkurrenzen**
§ 306 ist Spezialfall der Sachbeschädigung, daher treten §§ 303, 305 StGB dahinter zurück. §§ 306b Abs. 1, Abs. 2 Nr. 1 sowie 306c StGB verdrängen hingegen § 306 StGB.

Tateinheit kann vorliegen mit § 265 StGB. Zu § 263 StGB liegt i.d.R. Tatmehrheit vor.

127 Duttge JURA 2006, 17.
128 BGH NJW 2003, 458.
129 Vgl. zum unechten Unterlassungsdelikt Band 1, Rn. 232 ff.

6.2 Schwere Brandstiftung, § 306a StGB

- ***Aufsatz-Literatur:*** *Bachmann NStZ 2009, 985 (Zur Problematik des gemischt genutzten Gebäudes bei §§ 244 I Nr. 3 und 306a StGB); Kudlich NStZ 2003, 458 (Identität der Gefährdungsobjekte innerhalb der §§ 306a ff. StGB?)* 660
- ***Leitentscheidungen:*** *BGHSt 26, 121; BGH NStZ 2003, 266 StGB (Holztrennwände im Keller keine wesentlichen Gebäudeteile; zu den Voraussetzungen der tätigen Reue).*
- ***Übungsfälle:*** *Börner JA 2017, 832 („Zorn braucht Zaster"); von Atens/Schröder ZJS 2016, 61 (Eine feurige Spritztour); Stief JuS 2009, 716.*

661

Schwere Brandstiftung, § 306a StGB

I. Tatbestandsmäßigkeit

1. Objektiver Tatbestand

Abs. 1:

a) Tatobjekt nach Nr. 1-3

b) Tathandlung
Inbrandsetzen
oder
durch Brandlegung ganz oder teilweise zerstören.

Abs. 2:

a) Tatobjekt nach Nr. 1-6

b) Tathandlung
Inbrandsetzen
oder
durch Brandlegung ganz oder teilweise zerstören

c) Gefahr der Gesundheitsschädigung eines anderen

2. Subjektiver Tatbestand
Eventualvorsatz

ggf. Qualifikationen §§ 306b, 306 c StGB

II. Rechtswidrigkeit

III. Schuld

IV. Besonderheiten
ggf. Tätige Reue, § 306e StGB (nicht bei § 306c StGB)

V. Ergebnis

In Brand gesetzt ist ein Tatobjekt, wenn es vom Feuer in einer Weise **erfasst ist**, die ein Fortbrennen aus eigener Kraft ermöglicht (BGHSt 18, 363).

Brandlegung ist jeder Handlung, die auf das Verursachen eines Brandes zielt (La/Kü § 306, Rn. 4).

Zerstören ist die Aufhebung der Gebrauchsfähigkeit.

Teilweise Zerstören bedeutet, von den bestimmungsmäßigen Funktionen des Gegenstandes eine oder mehrere vollständig aufheben (Vgl. La/Kü § 305a, Rn. 4).

Gesundheitsschädigung ist das Hervorrufen oder die Steigerung eines pathologischen Zustandes.

662 **Überblick**

Mit der Vorschrift sollen Leib und Leben von Menschen geschützt werden. § 306a Abs. 1 ist ein abstraktes, § 306 Abs. 2 StGB dagegen ein konkretes Gefährdungsdelikt. § 306a Abs. 2 StGB ist keine Qualifikation zu § 306 StGB, weil im Gegensatz zu § 306 StGB die Tatobjekte nicht zwingend fremd sein müssen.

663 **§ 306a Abs. 1 StGB**

Die Vorschrift erfasst die abstrakte Gefährlichkeit, die ein Brand in von Menschen benutzten Objekten mit sich bringt. Der tatsächliche Aufenthalt eines Menschen wird aber nicht gefordert, es reicht die abstrakte Möglichkeit, dass sich ein Mensch darin aufhalten könnte.

Fraglich ist, ob der Tatbestand auch erfüllt ist, wenn der Täter sich vergewissert hat, dass keine Gefahr für Menschen eintreten kann, er also mithin eine konkrete Gefahr ausgeschlossen hat.

Beispiel[130]
A steckt ein Gebäude mit Gastwirtschaft und Gästezimmer an, nachdem er sich vergewissert hat, dass sich niemand im Gebäude aufhält.

Nach einer Mindermeinung macht sich der Täter auch dann strafbar, wenn er sich vergewissert hat, dass keine konkrete Gefahr eintritt. Denn bei dem Delikt handele es sich um ein abstraktes Gefährdungsdelikt, bei dem der Nachweis unerheblich sei. Nach weit verbreiteter Ansicht bedarf es einer teleologischen Reduktion der Norm für die Fälle, bei denen der Täter die Gefährdung von Menschen durch Nachschau im Gebäude ausgeschlossen hat. Dies kann aber nach dem Bundesgerichtshof nur für kleine Tatobjekte, bei denen die Anwesenheit von Menschen mit an Sicherheit grenzender Wahrscheinlichkeit ausgeschlossen werden kann, bejaht werden. Ein Strafausschluss kommt bei größeren Gebäuden nicht in Betracht, da der Aufenthalt eines – wenn auch sich unberechtigt aufhaltenden – Menschen nicht mit absoluter Sicherheit ausgeschlossen werden kann.[131] Im Beispielsfall hat sich A deshalb gemäß § 306a Abs. 1 StGB strafbar gemacht.

- **Nr. 1: Gebäude, Schiff, Hütte oder andere Räumlichkeit, die der Wohnung von Menschen dient**
  Geschütztes Tatobjekt ist jede Räumlichkeit, die der Wohnung von Menschen dient; Gebäude, Schiff und Hütte werden nur exemplarisch genannt. Geschützt ist die „Wohnstätte“ des Menschen. Mit der in der Vorschrift genannten „andere(n) Räumlichkeit“ sollen auch Wohnungen erfasst werden, die kein „Gebäude“ sind, wie beispielsweise Wohn- oder Künstlerwagen. Wohnungen in Gebäuden sind Teile des Gebäudes und sind damit taugliche Tatobjekte.[132]

- **Nr. 2: Kirche oder ein anderes der Religionsausübung dienendes Gebäude**
  Wie bei Nr. 1 kommt es auch hier nicht darauf an, ob sich zur Tatzeit in der Kirche üblicherweise Menschen befinden oder nicht. Es genügt auch schon eine kleine Kapelle, wobei dann die o.g. Einschränkung des Tatbestandes zu beachten ist.

130 Nach BGHSt 26, 121.
131 BGHSt 26, 121.
132 BGHSt 48, 14.

- **Nr. 3: Räumlichkeit, die zeitweise dem Aufenthalt von Menschen dient, zur gewöhnlichen Aufenthaltszeit**

  Beispiele
  Büros, Museen, Werkstätten, Scheune, Eisenbahnwagen.

Tathandlungen des § 306a Abs. 1 StGB entsprechen denen des § 306 StGB, vgl. Rn. 652.

§ 306a Abs. 2 StGB 664
Die Vorschrift ist ein konkretes Gefährdungsdelikt. Es muss also zur konkreten Gefahr der Gesundheitsschädigung eines anderen Menschen kommen.

Tatobjekte und Tathandlung entsprechen denen des § 306 StGB mit der Einschränkung, dass auch tätereigene Objekte in den Tatbestand aufgenommen wurden. Denn nach h.M. bezieht sich der Verweis in § 306a StGB auf die Tatobjekte des § 306 StGB nicht auf das Merkmal „fremd". Damit ist die Vorschrift ein Grundtatbestand für § 306b StGB.

„Anderer Mensch" i.S.d. Vorschrift ist jedenfalls nicht der Täter selbst. Darin ist der Wortlaut eindeutig. Nach h.M. sind aber auch Mittäter und Gehilfen keine „andere Menschen", da sie nicht die Allgemeinheit repräsentieren, die vor den Gefahren einer Brandstiftung bewahrt werden soll. Nach a.A. liegt doch zumindest eine freiverantwortliche Selbstgefährdung vor.[133] 665

Subjektiver Tatbestand 666
Erforderlich ist mindestens Eventualvorsatz. Im Falle des § 306a Abs. 2 StGB muss der Vorsatz auch die Gefährdung eines anderen Menschen erfassen, Fahrlässigkeit ist nicht ausreichend, sie wird von § 306d StGB erfasst.

Versuch und Beteiligung 667
Da es sich bei der schweren Brandstiftung um ein Verbrechen handelt, ist der Versuch gemäß § 12 Abs. 1, 23 Abs. 1 StGB stets strafbar. Für Versuch und Beteiligung gelten die allgemeinen Regeln.

Tätige Reue 668
Nach § 306e StGB kann das Gericht die Strafe mildern oder von Strafe absehen, wenn der Täter freiwillig den Brand löscht, bevor ein erheblicher Schaden entsteht. Die Regelung entspricht der Rücktrittsregel des § 24 StGB beim Versuch. Sie ist damit der Sache nach ein „Rücktritt vom vollendeten Delikt".

Konkurrenzen 669
Tateinheit ist möglich mit §§ 211, 212, 223 StGB, auch aufgrund unterschiedlicher Schutzrichtung von § 306a Abs. 2 mit § 306 Abs. 1 StGB.

133 Schmidt/Priebe, Rn. 527; vgl. auch Sch/Sch-Heine § 306b, Rn. 21.

6.3 Besonders schwere Brandstiftung, § 306b StGB

670
- ***Aufsätze:*** *Rönnau JuS 2001, 328 (Das Verhältnis der besonders schweren Brandstiftung gem. § 306b II Nr. 2 StGB zum (versuchten) Betrug, BGHSt 45, 211).*
- ***Leitentscheidungen:*** *BGHSt 45, 211 (Zum Merkmal der Ermöglichungsabsicht); BGHSt 44, 175 (Zum Begriff „große Zahl von Menschen“).*
- ***Übungsfälle:*** *Stief JuS 2009, 716.*

671

Besonders schwere Brandstiftung, § 306b StGB

I. Tatbestandsmäßigkeit

Abs. 1:

1. Tatbestand des vorsätzlichen Grunddeliktes
   - §§ 306 Abs. 1 StGB, § 306a Abs. 1 StGB, § 306a Abs. 2 StGB
2. Verwirklichung der Erfolgsqualifikation, § 18
   a) Erfolgseintritt:
   - schwere Gesundheitsschädigung oder
   - Gesundheitsschädigung einer großen Zahl von Menschen

   b) Kausalität

   c) wenigsten Fahrlässigkeit hinsichtlich schwerer Folge
   - obj. Sorgfaltspflichtverletzung
   - obj. Vorhersehbarkeit

Abs. 2:

1. Objektiver Tatbestand
   a) Grundtatbestand des § 306a StGB

   b) Tathandlung
   - Verursachung einer Todesgefahr
   - Verhinderung oder Erschwerung der Löschung des Brandes
2. Subjektiver Tatbestand
   a) Vorsatz

   b) ggf. Absicht, eine andere Straftat zu ermöglichen oder zu verdecken.

II. Rechtswidrigkeit

III. Schuld
bei § 306b Abs. 1 StGB insbesondere:
Subj. Sorgfaltspflichtverletzung bei subj. Vorhersehbarkeit hinsichtlich der schweren Folge

IV. Ergebnis

Fahrlässig handelt, wer die Sorgfalt außer Acht lässt, zu der er nach den Umständen und seinen persönlichen Verhältnissen verpflichtet und fähig ist (vgl. La/Kü § 15, Rn. 35).

Sorgfaltswidrigkeit ist nach dem allgemeinen Maßstab der Anforderung zu bestimmen, die an einen einsichtigen und besonnenen Menschen in der konkreten Lage des Täters, namentlich in dem jeweiligen Verkehrskreis, zu stellen sind (stRspr., vgl. BGH NStZ 2005, 446 [447]).

Objektiv vorhersehbar ist die Tatbestandsverwirklichung, wenn der eingetretene Erfolg nach allgmeiner Lebenserfahrung, sei es auch nicht als regelmäßige, so doch als nicht ganz ungewöhnliche Folge erwartet werden konnte (BGHSt 49, 166).

Subjektiv sorgfaltswidrig handelt, wer aufgrund seiner individuellen Kenntnisse und Fähigkeiten in der Lage gewesen wäre, die objektive Sorgfaltspflicht einzuhalten.

Subjektiv vorhersehbar ist der Erfolg, wenn der Täter individuell in der Lage gewesen ist, die drohende Rechtsgutverletzung zu erkennen.

Kausal ist eine Handlung für den Erfolg, wenn sie nicht hinweggedacht werden kann, ohne dass der Erfolg entfiele (BGHSt 39, 195).

Gesundheitsschädigung ist das Hervorrufen oder die Steigerung eines pathologischen Zustandes.

Überblick 672

§ 306b Abs. 1 StGB ist ein erfolgsqualifiziertes Delikt. Das Verbrechen ist erfüllt, wenn zum vorsätzlich begangenen Grunddelikt eine wenigstens fahrlässig herbeigeführte schwere Folge tritt. Daraus folgt, dass § 306b Abs. 1 StGB auch erfüllt ist, wenn die Folge vorsätzlich herbeigeführt wurde.

§ 306b Abs. 2 StGB ist eine Vorsatzqualifikation für Brandstiftungen an Räumlichkeiten nach § 306a StGB.

§ 306b Abs. 1 StGB 673

Durch die Verwirklichung eines der Grunddelikte aus § 306 StGB oder § 306a StGB muss eine bestimmter, qualifizierender Erfolg eintreten:

- **Alt. 1: schwere Gesundheitsschädigung für einen anderen Menschen**
  Der Begriff der schweren Gesundheitsschädigung ist durch das 6. Strafrechtsreformgesetz 1998 in eine Vielzahl von Tatbeständen getreten. Dieser erfasst weiter als die schwere Körperverletzung auch langwierige ernsthafte Erkrankungen sowie den Verlust oder die erhebliche Einschränkung im Gebrauch der Sinne, des Körpers oder der Arbeitsfähigkeit.[134]
- **Alt. 2: Gesundheitsschädigung einer großen Zahl von Menschen**
  Die Gesundheitsschädigung muss nicht schwer, darf aber auch nicht gänzlich unbedeutend sein. Eine große Zahl von Menschen wird unterschiedlich bestimmt. Nach dem möglichen Wortsinn ist wohl eine zweistellige Zahl zu fordern.[135] Nach dem Bundesgerichtshof ist das Merkmal der „großen Zahl von Menschen" tatbestandsspezifisch auszulegen. Demnach ist es bereits bei 14 Personen gegeben, überwiegend werden 20 Personen gefordert.[136]

§ 306b Abs. 2 StGB 674

Bei § 306b Abs. 2 StGB handelt es sich nicht um eine Erfolgsqualifikation, sondern um eine Vorsatzqualifikation zu § 306a StGB, § 18 StGB ist nicht anwendbar. Daher muss sich der Vorsatz auch auf die eingetretene schwere Folge beziehen.

- **Nr. 1: Verursachung einer Todesgefahr für einen anderen Menschen**
  Gefordert wird ein konkrete Gefahr des Todes.
- **Nr. 2: Absicht, eine Straftat zu ermöglichen oder zu verdecken**
  Dieses Merkmal entspricht dem im Mordtatbestand.
  Fraglich ist, ob gerade die spezifischen Auswirkungen der Brandlegung (z.B. Panik, Unübersichtlichkeit der Lage) zur Tat ausgenutzt werden müssen; oder ob eine rein funktionale Beziehung ausreichend ist. Interessant ist also, ob insbesondere die Vorbereitung des Versicherungsbetruges vom Tatbestand erfasst ist.

  Beispiel
  A legt Feuer in seiner Gaststätte, um einen Versicherungsbetrug zu begehen (= rein funktionaler, kein spezifischer Zusammenhang zwischen Brandlegung und Tat).

---

134 Fischer § 306b, Rn. 4.
135 Schmidt-Priebe, Rn. 535.
136 BGHSt 44, 175; Fischer § 306b, Rn. 5.

Nach einer Mindermeinung muss ein spezifischer, enger raum-zeitlicher Zusammenhang zwischen der beabsichtigten Tat und der Brandlegung bestehen. Denn vor dem Hintergrund der erheblichen Strafandrohung bedürfe es einer restriktiven Auslegung.

Nach h.M. genügt es, dass der Täter die Brandstiftung begeht, um später eine andere Tat zu begehen. Ein spezifischer Zusammenhang zwischen Brandlegung und Tat in dem Sinne, dass gerade die durch die Brandstiftung geschaffene Gemeingefahr zur Tatbegehung ausgenutzt wird, ist nicht erforderlich, da insofern der Wortlaut diese Einschränkung nicht gebietet.[137]

A hat zwar nicht die spezifische Gefahr ausgenutzt, um eine Tat zu begehen. Er handelte aber, um später die Feuerversicherung zu betrügen. Er hat sich daher gemäß § 306b Abs. 2 Nr. 2 StGB strafbar gemacht.

Bei der Verdeckungsabsicht ist die Absicht des Täters darauf gerichtet, seiner Bestrafung zu entgehen oder eine fremde Bestrafung zu vereiteln. Die (Vor-)Tat muss also nicht die eigene sein. Es muss sich jedoch um eine andere Tat handeln.

Da diese Variante die Absicht des Täters betrifft, ist sie bei Gutachten im Rahmen des subjektiven Tatbestandes zu prüfen.

- **Nr. 3: Verhinderung oder Erschwerung der Löschung des Brandes**
  Die vom Vorsatz umfasste Tatfolge muss eintreten, allein die Bemühungen dazu reichen nicht.

675 **Subjektiver Tatbestand**

Nach § 306b Abs. 1 StGB reicht Fahrlässigkeit hinsichtlich der schweren Folge. § 306 Abs. 2 StGB erfordert Eventualvorsatz.

676 **Versuch und Beteiligung**

Versuch und Beteiligung sind nach den allgemeinen Regeln möglich.

677 **Tätige Reue**

Nach § 306e StGB kann das Gericht die Strafe mildern oder von Strafe absehen, wenn der Täter freiwillig den Brand löscht, bevor ein erheblicher Schaden entsteht. Die Regelung entspricht der Rücktrittsregel des § 24 StGB beim Versuch. Sie ist damit der Sache nach ein „Rücktritt vom vollendeten Delikt“.

678 **Konkurrenzen**

§ 306b StGB verdrängt §§ 306, 306a StGB. Tateinheit möglich mit §§ 223, 222 StGB.

137 BGHSt 45, 211.

6.4 Brandstiftung mit Todesfolge, § 306c StGB

- ***Aufsatz-Literatur:*** *Kudlich NStZ 2003, 458 (Identität der Gefährdungsobjekte innerhalb der §§ 306a ff. StGB);* 679
- ***Leitentscheidungen:*** *BGH NStZ-RR 2004, 367 (Konkurrenz zwischen schwerer Brandstiftung und Brandstiftung mit Todesfolge)*
- ***Übungsfälle:*** *Stief JuS 2009, 716 (Fortgeschrittenenklausur – verschiedene Brandstiftungsdelikte).*

Brandstiftung mit Todesfolge, § 306c StGB

I. Tatbestandsmäßigkeit
   1. Tatbestand des vorsätzlichen Grunddeliktes
      - § 306 *oder*
      - § 306a *oder*
      - § 306b StGB
   2. Verwirklichung der Erfolgsqualifikation, § 18
      a) Erfolgseintritt: Tod
      b) Kausalität zwischen Grunddelikt und Erfolg
      c) Tatbestandsspezifischer Gefahrzusammenhang zwischen Grunddelikt und schwerer Folge
      d) wenigstens Leichtfertigkeit hinsichtlich Tod

II. Rechtswidrigkeit

III. Schuld

insbesondere:
Subjektive Sorgfaltspflichtverletzung in besonders hohem Maße bei subjektiver Vorhersehbarkeit hinsichtlich des Todeseintritts

IV. Ergebnis

680

Leichtfertig handelt der Täter, wenn er die ihm obliegenden Sorgfaltspflichten in einem besonders hohen Maß missachtet oder sich in gleichgültiger Weise über die Möglichkeit der Todesfolge hinwegsetzt.

Subjektiv sorgfaltswidrig handelt, wer aufgrund seiner individuellen Kenntnisse und Fähigkeiten in der Lage gewesen wäre, die objektive Sorgfaltspflicht einzuhalten.

Subjektiv vorhersehbar ist der Erfolg, wenn der Täter individuell in der Lage gewesen ist, die drohende Rechtsgutverletzung zu erkennen.

Kausal ist eine Handlung für den Erfolg, wenn sie nicht hinweggedacht werden kann, ohne dass der Erfolg entfiele (BGHSt 39, 195).

Überblick 681

§ 306c StGB ist ein erfolgsqualifiziertes Delikt. Das Verbrechen ist erfüllt, wenn zum vorsätzlich begangenen Grunddelikt ein wenigstens leichtfertig herbeigeführter Tod eines anderen tritt. Daraus folgt, dass § 306c StGB auch erfüllt ist, wenn der Tod vorsätzlich herbeigeführt wurde.

Tatbestandlicher Gefahrzusammenhang 682

Bloße Kausalität zwischen Grunddelikt und Todesfolge reicht nach h.M. nicht aus. Vielmehr bedarf es eines besonderen Gefahrzusammenhanges. Der Tod muss sich als Folge des tatbestandsspezifischen Risikos darstellen. Dies kann geschehen durch Verbrennen, Ersticken oder durch einstürzende Gebäudeteile.

Problematisch ist, ob auch Schäden von Rettern noch im tatbestandlichen Gefahrzusammenhang stehen.

Beispiel
Berufsfeuerwehrmann B wird bei Löscharbeiten an einem durch Brandstiftung brennenden Haus von herabfallenden Balken erschlagen.

Ob der spezifische Zusammenhang zwischen Grunddelikt und Todeseintritt bejaht werden kann, bestimmt sich nach der Art des Todeseintritts. Der Täter haftet für den Erfolg, wenn rettendes Eingreifen der geschädigten Person typische Folge der Brandstiftung ist. Dies ist bei Feuerwehrleuten grundsätzlich gegeben. Eine Zurechnung schließt sich aus bei von vornherein sinnlosen oder mit offensichtlich sinnlosen Wagnissen verbundenen Rettungsbemühungen. Bei rettenden Privatleuten kommt es auch auf die Näheposition des Opfers zum bedrohten Rechtsgut an.[138] Vorliegend hat sich der Brandstifter wegen Brandstiftung mit Todesfolge strafbar gemacht.

683 **Leichtfertigkeit**
Der Tod muss wenigstens leichtfertig herbeigeführt worden sein, er kann also auch vorsätzlich herbeigeführt werden. Leichtfertigkeit ist eine besonders schwere Form der Fahrlässigkeit. Aufgrund des hohen Strafrahmens des § 306c StGB sind besondere Anforderungen an die Leichtfertigkeit zu stellen, die sich von denen der einfachen Fahrlässigkeit deutlich unterscheiden.

684 **Versuch**
Versuch des Deliktes ist in 2 Arten denkbar:

- **Erfolgsqualifizierter Versuch**[139]
  Todesherbeiführung bei der Tathandlung, aber keine Brandlegung.

  Beispiel
  Versehentlich explodiert bei der Installation ein Brandzünder, ohne dass es zu Schäden am Haus kommt.

  Rücktritt vom erfolgsqualifizierten Versuch ist nach h.M. möglich.[140]

- **Versuch der Erfolgsqualifikation**
  Die vom Vorsatz erfasste Todesherbeiführung tritt nicht ein.

  Beispiel
  Bei der Brandstiftung tritt die in Kauf genommene Todesfolge nicht ein.

685 **Beteiligung**
Mehrere Beteiligte sind nach § 306c StGB strafbar, auch wenn nur einer die direkte Todesursache gesetzt hat, wenn es sich nicht um einen Exzess handelt und den anderen Beteiligten auch Leichtfertigkeit vorgeworfen werden kann.

686 **Konkurrenzen**
§§ 306, 306a, 306b Abs. 1 StGB treten hinter § 306c StGB zurück. § 222 StGB wird ebenso im Wege der Gesetzeskonkurrenz verdrängt. Tateinheit ist möglich mit §§ 212, 211 StGB bei vorsätzlicher Herbeiführung der Todesfolge.[141]

---

138 Fischer § 306c, Rn. 4.
139 Siehe ausführlich dazu in Band 1, Rn. 280 ff.
140 Siehe Band 1, Rn. 285.
141 BGHSt GrSen 39, 100.

6.5 Fahrlässige Brandstiftung, § 306d StGB

- ***Aufsatz-Literatur:*** *Wirsch JuS 2006, 400 (Tatbeteiligte als Tatopfer); Immel StV 2001, 477 (Probleme der Fahrlässigkeitstatbestände des neuen Brandstiftungsstrafrechts).* 687
- ***Leitentscheidungen:*** *OLG Stuttgart NStZ 2008, 462 (Tödlicher Unfall bei Feuerwehreinsatz nach Brandstiftung – Grenzen der Erfolgszurechnung; siehe dazu auch Besprechung von Nagya GA 2010, 169); BGH NStZ-RR 2000, 209 (Verhältnis von 306d zu 306 StGB).*
- ***Übungsfälle:*** *Seiterle JURA 2016, 202 (Liebe, Tod und [Feuer-]Teufel); Hardtung JuS 2008, 623.*

688

Fahrlässige Brandstiftung, § 306d StGB

I. Tatbestandsmäßigkeit

Abs. 1, 1. HS

1. Tathandlung nach § 306 Abs. 1 StGB oder 306a Abs. 1 StGB
2. Fahrlässigkeit hinsichtlich dieser Tathandlung
   a) objektive Sorgfaltspflichtverletzung
   b) objektive Zurechnung
   insb. obj. Vorhersehbarkeit

Abs. 2, 2. HS

1. Tathandlung nach § 306a Abs. 2 StGB
2. Vorsatz auf die Tathandlung
3. Fahrlässigkeit hinsichtlich Gefahrverursachung
   a) objektive Sorgfaltspflichtverletzung
   b) objektive Zurechnung
   insb. obj. Vorhersehbarkeit

Abs. 2

1. Tathandlung und Gefahrverursachung nach § 306a Abs. 2 StGB
2. Fahrlässigkeit hinsichtlich Tathandlung und Gefahrverursachung
   a) objektive Sorgfaltspflichtverletzung
   b) objektive Zurechnung
   insb. obj. Vorhersehbarkeit

II. Rechtswidrigkeit

III. Schuld
Subj. Sorgfaltspflichtverletzung bei subj. Vorhersehbarkeit hinsichtlich der schweren Folge

IV. Tätige Reue gemäß § 306e Abs. 2 StGB

V. Ergebnis

Fahrlässig handelt, wer die Sorgfalt außer Acht lässt, zu der er nach den Umständen und seinen persönlichen Verhältnissen verpflichtet und fähig ist (vgl. La/Kü § 15, Rn. 35).

Sorgfaltswidrigkeit ist nach dem allgemeinen Maßstab der Anforderungen zu bestimmen, die an einen einsichtigen und besonnenen Menschen in der konkreten Lage des Täters, namentlich in dem jeweiligen Verkehrskreis, zu stellen sind (stRspr., vgl. BGH NStZ 2005, 446 [447]).

Objektiv vorhersehbar ist die Tatbestandsverwirklichung, wenn der eingetretene Erfolg nach allgemeiner Lebenserfahrung, sei es auch nicht als regelmäßige, so doch als nicht ganz ungewöhnliche Folge erwartet werden konnte (BGHSt 49, 166).

Subjektiv sorgfaltswidrig handelt, wer aufgrund seiner individuellen Kenntnisse und Fähigkeiten in der Lage gewesen wäre, die objektive Sorgfaltspflicht einzuhalten.

Subjektiv vorhersehbar ist der Erfolg, wenn der Täter individuell in der Lage gewesen ist, die drohende Rechtsgutverletzung zu erkennen.

689 **Überblick**

Die Fahrlässigkeitsstrafbarkeit spielt in der Praxis der Brandstiftungsdelikte die größere Rolle. Im Verhältnis der Vorschrift zu § 306 StGB führt die Rechtsfolge nach § 306d Abs. 1 2. HS StGB zu Wertungswidersprüchen mit absurden Ergebnissen:

> **Beispiel**
> A brennt ein Waldstück nieder. Dabei verkennt er fahrlässig, dass sich darin ein Förster befindet.

Die Tat wird nach § 306d Abs. 1, 2. HS, mit Freiheitsstrafe bis 5 Jahren bestraft. Wäre der Förster nicht im Wald, würde A nach § 306 Abs. 1 StGB mit Freiheitsstrafe nicht unter 1 Jahr bestraft. Für die leichtere Begehungsweise sieht das Gesetz damit schwerere Strafe vor.

Diesem Wertungswiderspruch begegnet die Rechtsprechung mit der Konkurrenzlösung: Beide Delikte stehen tateinheitlich nebeneinander, wegen der unterschiedlichen Schutzrichtung der Delikte habe der Täter beides erfüllt.[142]

690 **Fahrlässigkeit**

Kernelement des Fahrlässigkeitsvorwurfes ist der Sorgfaltspflichtverstoß. Der Täter muss die Sorgfalt außer Acht gelassen haben, zu der er nach den Umständen und seinen persönlichen Fähigkeiten verpflichtet war. Nach der Rechtsprechung ist entscheidend, ob der Täter die Sorgfalt angewandt hat, die von einem besonnenen und gewissenhaften Menschen in der konkreten Lage und sozialen Rolle des Handelnden zu erwarten ist.[143] Die erforderliche Sorgfaltspflichtverletzung ist insbesondere durch unbedachten Umgang mit offener Flamme, dem Außerachtlassen von Brandverhütungsvorschriften, beim sachwidrigen Einsatz von Heizquellen oder dem sorglosen Umgang mit Zigaretten gegeben.

691 **Objektive Zurechnung**

Der Erfolg muss dem Täter – wie beim vorsätzlichen Begehungsdelikt – auch zugerechnet werden können. Dies bedeutet zunächst, dass der Erfolg objektiv vorhersehbar sein muss. Dies ist immer dann der Fall, wenn die Brandfolge nach allgemeiner Lebenserfahrung, sei es auch nicht als regelmäßige, so doch als nicht ganz ungewöhnliche Folge erwartet werden konnte.

692 **Tätige Reue**

Nach § 306e Abs. 2 StGB wird nicht bestraft, wer freiwillig den Brand löscht, bevor ein erheblicher Schaden entsteht. Die Regelung entspricht der Rücktrittsregel des § 24 StGB beim Versuch. Sie ist damit der Sache nach ein „Rücktritt vom vollendeten Delikt“.

693 **Konkurrenzen**

Tateinheit insbesondere möglich mit vorsätzlicher Brandstiftung, wenn verschiedene Objekte betroffen sind. Ebenso Tateinheit mit § 222 StGB möglich.

---

142 BGH NStZ-RR 2000, 209.
143 BGH NStZ 1991, 30.

6.6 Klausur- und Praxishinweise: Brandstiftungsdelikte

§ 306 StGB 694

Die Vorschrift ist angesichts der Strafandrohung zu weit gefasst. Hier ist daher auf eine restriktive Auslegung zu achten.

§ 306a StGB 695

Nach h.M. ist auch hier eine restriktive Auslegung erforderlich für den Fall, dass der Täter sich bei kleinen Gebäuden davon versichert hat, dass keine Gefahr für Menschen besteht.

§ 306b StGB 696

Streitig und daher klausurrelevant ist insbesondere die Verknüpfung zwischen der beabsichtigten Tat bei § 306b Abs. 2 StGB und der Inbrandsetzung. Hier ist mit dem Bundesgerichtshof einer weiten Auslegung zu folgen, damit auch die „klassische" Vorbereitung des Versicherungsbetruges mittels Inbrandsetzen erfasst werden kann.

306d StGB 697

Durch die Einbeziehung von Kraftfahrzeugen in den Tatkatalog von § 306 StGB liegt bei Verkehrsunfällen, bei denen ein Kraftfahrzeug in Brand gerät, auch fahrlässige Brandstiftung gemäß § 306d Abs. 1 StGB vor.

Lernkontrolle „Brandstiftungsdelikte“

1	Geben Sie einen Überblick über die Systematik der Brandstiftungsdelikte.
2	Wieso bildet § 306 StGB nicht den Grundtatbestand der Brandstiftungsdelikte?
3	Nennen Sie die Tatobjekte des § 306 StGB.
4	Erläutern Sie das Rechtsproblem der Restriktion des Tatbestandes, wenn der Täter sich vorher davon überzeugte, niemanden zu gefährden.
5	Skizzieren Sie anhand des Gesetzestextes die Deliktsprüfung bei § 306b StGB.
6	Was ist unter einer „großen Zahl von Menschen“ i.S.v. § 306b StGB zu verstehen?
7	Erläutern Sie die Versuchsstrafbarkeit der Brandstiftung mit Todesfolge.
8	Bilden Sie ein Beispiel für die Brandstiftung mit Todesfolge.
9	Erklären Sie die Problematik des Wertungswiderspruches von § 306 StGB zu § 306f StGB bei vorsätzlicher Brandstiftung mit fahrlässiger Gefahrverursachung.
10	Unter welchen Voraussetzungen der Tätigen Reue bleibt der Täter straffrei?

7 Straßenverkehrsdelikte

- ***Aufsatz-Literatur:*** *Heß/Burmann NJW 2018, 1141 (Die aktuellen Entscheidungen im Straßenverkehrsrecht); Himmelreich/Halm NStZ 2013, 454 (Teil 1) und NStZ 2013, 514 (Teil 2) (Überblick über neue Entscheidungen in Verkehrsstraf- und -bußgeldsachen); Mitsch JuS 2013, 20 (Erfolgszurechnung bei tödlichen Wettrennen im Straßenverkehr).* 698
- **Leitentscheidungen:** *KG JuS 2009, 1046 (Zum Begriff des öffentlichen Verkehrsraums im Sinne von StVG, StVO, StVZO und StGB), BGH NStZ 2013, 530 (Privatgelände als öffentlicher Verkehrsraum).*
- **Übungsfälle:** *Bischoff/Janzen JA 2018, 57 (Ein Porsche zum Geburtstag); Bischoff/Braam JuS 2017, 1203 (Urteilsklausur – Das Ende einer Partynacht); Berndt/Serbest JURA 2017, 587 („Gute" Neujahrsvorsätze); Noak/Sengbusch JURA 2005, 494 („Probleme mit den Pferdestärken": §§ 315b, 315c, 316 StGB); Kühl/Hoffmann-Holland JURA 2013, 408 (Ausflug ins Grüne – Verkehrsdelikte, Anschlussdelikte, Urkundendelikte).*

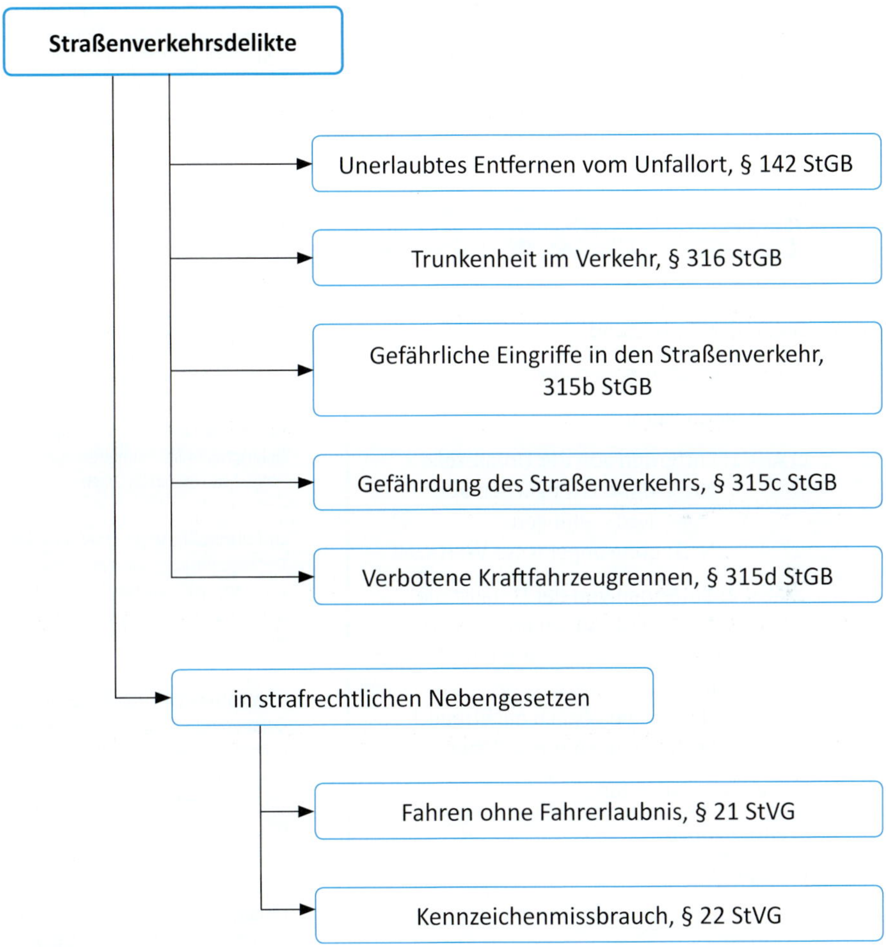

Überblick 699

Im 28. Abschnitt des Strafgesetzbuches sind im Bereich der Gemeingefährlichen Straftaten die wesentlichsten Straßenverkehrsdelikte verortet. Es handelt sich zum Teil um abstrakte, zum Teil um konkrete Gefährdungsdelikte. Zudem ist bei den Straftaten gegen die öffentliche Ordnung mit § 142 StGB ein Vermögensgefährdungsdelikt normiert.

7.1 Unerlaubtes Entfernen vom Unfallort, § 142 StGB

700 • ***Aufsatz-Literatur:*** *Fromm NZV 2018, 5 (Reformbedarf beim Straftatbestand des Unerlaubten Entfernens vom Unfallort?); Waszczynski JA 2015, 507 (§ 142 StGB: Struktur und Argumentation in der Falllösung); Mitsch Jus 2010, 303 (Vorsätzliches Entfernen vom Unfallort); Mitsch NZV 2009, 105 (Vollendung und Beendigung der „Unfallflucht"); Küper NStZ 2008, 597 (Verfassungswidrige und verfassungskonforme Auslegung des § 142 StGB); Mitsch NZV 2008, 217 (Die verfassungskonforme Anwendung des § 142 II Nr. 2 StGB); Krumm NZV 2008, 497 (Arbeitshilfe: Vorwurf der Unfallflucht nach erlaubtem Entfernen – § 142 II StGB); Laschewski NZV 2007, 444 (Vorsatzloses Entfernen vom Unfallort – weiterhin strafbar? Besprechung des Beschlusses des Bundesverfassungsgerichts vom 19.3.2007); Schultz ZRP 2006, 149 (Die zeitliche Ausdehnung der Unfallmeldung bei der Verkehrsunfallflucht); Schnabel NZV 2005, 281 (Der Unfallbegriff des § 142 I StGB und die „deliktische Planung"); Mitsch NZV 2005, 347 (§ 142 II StGB und Wartezeit-Irrtum [§ 142 I Nr. 2]); Schünemann, DAR 2003, 207 (Historie missglückter Reformversuche des § 142 StGB); Karl NZV 2003, 457 (Kriminologie der Verkehrsunfallflucht).*

• ***Leitentscheidungen:*** *BVerfG NJW 2007, 1666 (zum unvorsätzlichen Entfernen); BGHSt 29, 138 (Zum Unverzüglichkeitsgebot der nachträglichen Ermöglichung von Feststellungen); BVerfGE 16, 191 (§ 142 StGB ist verfassungsgemäß).*

• ***Übungsfälle:*** *Bischoff/Braam JuS 2017, 1203 (Das Ende einer Partynacht); Mitsch JuS 2009, 341 (Fortgeschrittenenklausur – Strafrecht: Rückkehr an den Ort des Unfalls); Fahl JuS 2003, 472 (§§ 315c, 315b, 142, 303, 240 StGB); Goeckenjan JuS 2008, 702 (Fortgeschrittenenklausur: Probleme im Straßenverkehr und vor Gericht).*

701

Unerlaubtes Entfernen vom Unfallort, § 142 StGB

I. Tatbestandsmäßigkeit
   1. Objektiver Tatbestand
      a) Unfall im Straßenverkehr
      b) Unfallbeteiligter
      c) **Abs.1:** Entfernen von der Unfallstelle
         Nr. 1: ohne Ermöglichen von Feststellungen
         Nr.2: ohne angemesse Wartezeit
      Abs. 2: Entfernen von der Unfallstelle
         Nr. 1: nach Ablauf der Wartezeit
         Nr. 2: berechtigt oder entschuldigt
         und
         Nicht unverzüglich nachträglich Feststellungen ermöglichen
   2. Subjektiver Tatbestand
      Eventualvorsatz
II. Rechtswidrigkeit
III. Schuld
IV. Tätige Reue gemäß § 142 Abs. 4 StGB
V. Ergebnis

Unfall im Straßenverkehr ist ein plötzliches, zumindest für einen Beteiligten ungewolltes Ereignis, das in ursächlichem Zusammenhang mit den Gefahren des öffentlichen Straßenverkehrs steht und den Tod oder die nicht unerhebliche Verletzung eines Menschen oder einen nicht völlig belanglosen Sachschaden zur Folge hat (BGHSt 8, 263).

Unfallbeteiligter ist jeder, dessen Verhalten nach den Umständen zur Verursachung des Unfalls beigetragen haben kann (§ 142 Abs. 5).

Sich-Entfernen erfordert eine Ortsveränderung, die eine für die Durchführung sofortiger Feststellungen beeinträchtigende räumliche Trennung des Unfallbeteiligten vom Unfallort bewirkt (La/Kü § 142, Rn. 10).

Unfallort ist die Stelle, an der sich der Unfall ereignet hat und die beteiligten Fahrzeuge zum Stehen gekommen sind, samt der unmittelbaren Umgebung (vgl. OLG Köln, NZV 89, 198).

Unverzüglich bedeutet ohne vorwerfbares Zögern.

Überblick 702

Die Vorschrift schützt das private Feststellungs- und Beweissicherungsinteresse der am Unfall Beteiligten zur Durchsetzung zivilrechtlichter Ansprüche. Ausdrücklich nicht geschützt ist das Interesse an der Strafverfolgung und der Ausgrenzung ungeeigneter Verkehrsteilnehmer.[144] Dies ergibt sich daraus, dass die notwendigen Feststellungen nicht durch die Polizei erfolgen müssen. Sie ist daher ein abstraktes Vermögensgefährdungsdelikt.

In Absatz 1 ist ein Tätigkeitsdelikt normiert, weil die Tathandlung das Entfernen ist. Bei Abs. 2 handelt es sich um ein echtes Unterlassungsdelikt: strafbar ist der Täter hier, wenn er die erforderlichen Feststellungen nicht nachträglich ermöglicht. Sobald der Unfallbeteiligte seine Pflicht aus § 142 Abs. 1 StGB erfüllt, ist er endgültig straflos. Hat er seine Pflicht aus § 142 Abs. 1 StGB nicht erfüllt, sich aber berechtigt/entschuldigt entfernt bzw. die Wartepflicht eingehalten, so hat er die Pflichten des § 142 Abs. 2 StGB zu erfüllen.

Täter kann nur ein Unfallbeteiligter sein, die Vorschrift ist also ein Sonderdelikt.

Unfall im Straßenverkehr 703

Voraussetzung dieses Straßenverkehrsdeliktes ist ein Unfall im Straßenverkehr. Dies ist nach allgemeiner Definition ein ist ein plötzliches, zumindest für einen Beteiligten ungewolltes Ereignis, das in ursächlichem Zusammenhang mit den Gefahren des öffentlichen Straßenverkehrs steht und den Tod oder die nicht unerhebliche Verletzung eines Menschen oder einen nicht völlig belanglosen Sachschaden zur Folge hat. Daher sind folgende 3 Merkmale zu berücksichtigen:

- **Plötzliches Ereignis**
  Unerheblich ist, wenn das Geschehen von einem der Beteiligten geplant war, etwa um einen Versicherungsfall herbeizuführen. Kein Unfall in diesem Sinne liegt aber vor, wenn alle Beteiligten das schädigende Ereignis zuvor abgesprochen haben. Dann wird nämlich ein Unfall nur vorgetäuscht. Es liegt auch kein Unfall vor, wenn das Fahrzeug nur zur Erwirkung eines außerhalb des Verkehrs liegenden Erfolges, mithin als Tatwerkzeug, eingesetzt wird, ohne dass sich die verkehrsspezifische Gefahr verwirklicht.

  Beispiel
  Beschädigen von geparkten Pkw durch Mitschleifen von Mülltonnen aus dem fahrenden Pkw aus jugendlichem Übermut. [145]

  Hierhin ist kein Unfall im Straßenverkehr zu sehen, weil sich durch die deliktische Verwendung des Pkw nicht dessen typische Gefahr verwirklichte.

- **Ursächlicher Zusammenhang mit den Gefahren des Straßenverkehrs**
  Die Gefahren, die sich mit dem fließenden oder ruhenden Verkehr verbinden, müssen sich in dem schädigenden Ereignis widerspiegeln.

- **Nicht belangloser Personen- oder Sachschaden**
  Folge des Geschehens muss ein nicht gänzlich belangloser Personen- oder Sachschaden sein. Einen belanglosen Körperschaden hat die Rechtsprechung bei Hautabschürfungen angenommen.[146] Ein Sachschaden ist belanglos, wenn üblicherweise Schaden-

144 BVerfGE 16, 191.
145 BGH NJW 2002, 626.
146 OLG Hamm DAR 58, 308.

ersatzanspruch nicht gestellt wird. Überwiegend wird die Grenze bei ca. 25 € angesehen.[147] Daher wird beim Überfahren von Kleintieren sehr häufig kein Unfall i.d.S. anzunehmen sein. Wenn bei einem Alleinunfall nur der Verursacher Schäden erleidet, liegt aufgrund des Schutzzwecks der Norm kein Unfall vor.

Der Unfall muss sich im öffentlichen Straßenverkehr ereignen. Dabei kommt es nicht auf die wegerechtliche Widmung an. Öffentlich ist der Straßenverkehr, wenn der Verkehrsraum allgemein zugänglich ist.

Beispiele
Supermarktparkplatz, Tankstellengelände, Waschanlage, öffentliches Parkhaus, Zufahrt zu einer Wohnanlage, die für unbestimmten Personenkreis offensteht; Parkplatz einer Gaststätte, selbst wenn ein Schild ein Parken nur für Gäste gestattet.
nicht: Krankenhaus-/Kasernen-/Parkplatzgelände, welches durch Schranke gesichert und nur für bestimmte Personen zugänglich ist; private Garagenzufahrt.

Erfasst ist auch ein Unfall unter Fußgängern.

704 **Unfallbeteiligter**

Täter nach § 142 StGB kann nur ein Unfallbeteiligter sein. Dieser Begriff ist in § 142 Abs. 5 StGB definiert. Demnach ist Unfallbeteiligter jede Person, deren Verhalten nach den Umständen zur Verursachung des Unfalls beigetragen haben kann. Es genügt insofern aber nicht jede fernliegende Möglichkeit der Mitverursachung. Der Beteiligte muss verständigerweise in dem nicht offensichtlich abwegigen Verdacht der Unfallmitverursachung stehen.[148] Beteiligt ist nicht in jedem Fall schon jeder nur entfernt mittelbare Mitverursacher, denn das würde die Strafbarkeit uferlos ausdehnen.[149]

Beispiel
A bremst sein Fahrzeug an einer Kreuzung ab, um einem mit Sonderrechten fahrenden Rettungswagen Vorfahrt zu gewähren. Infolgedessen kommt es drei Fahrzeuge hinter A zu einem Auffahrunfall.

A ist kein Unfallbeteiligter. Bei dieser mittelbaren Mitverursachung muss (anders als bei direkter Beteiligung) verkehrswidriges Verhalten oder eine über die normale Verkehrsteilnahme hinausgehende Einwirkung hinzukommen.[150] Daran fehlt es hier. Entfernt sich A vorsätzlich von der Unfallstelle, hat er sich nicht gemäß § 142 StGB strafbar gemacht.

Voraussetzung des Status als Unfallbeteiligter ist zudem stets, dass die Person am Unfallort anwesend ist. Daher ist ein Monteur, der bei der Reparatur einen Fehler gemacht hat, wodurch ein Unfall entstand, ebenso kein Unfallbeteiligter.

147 Fischer § 142, Rn. 11; bei 50 € nach Burmann/Heß/Hühnermann/Jahnke/Janker § 142, Rn. 5 mit Hinweis auf OLG Lüneburg NZV 2007, 536.
148 BGH NJW 60, 2060.
149 Henschel/König/Dauer-König § 142 Rn. 29.
150 Henschel/König/Dauer-König § 142 Rn. 29.

705

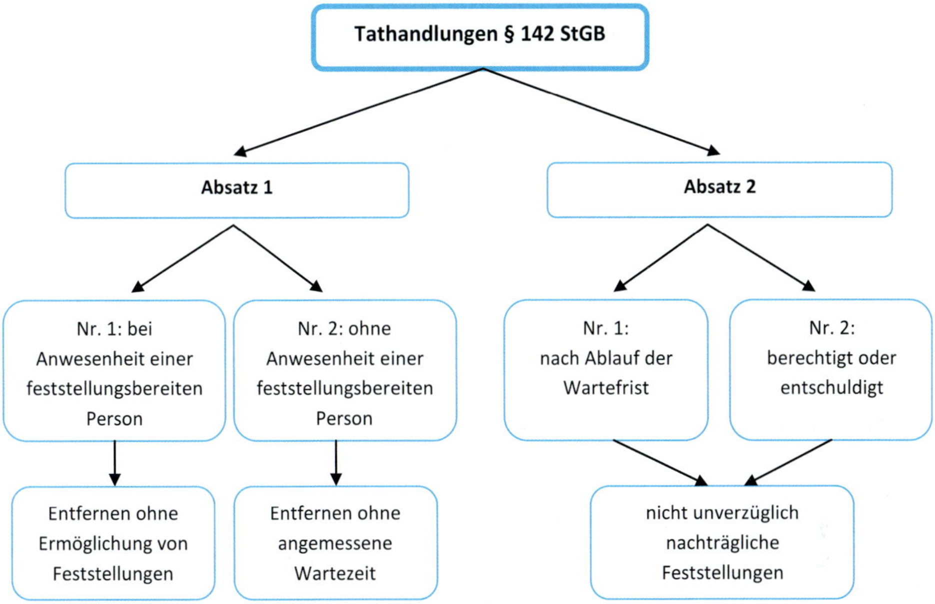

Tathandlungen 706

- **Abs. 1: Sich-Entfernen vom Unfallort**
  Die räumliche Abgrenzung des Unfallortes lässt sich schwer abstrakt beschreiben. Es kommt auf den Einzelfall an. Entscheidend ist, ob ein unmittelbar räumlicher Bezug zum Unfallgeschehen noch besteht. Der Unfallbeteiligte entfernt sich, wenn er den unmittelbaren Unfallbereich so weit verlässt, dass er seine Pflicht, einem Berechtigten seine Unfallbeteiligung zu offenbaren, nicht mehr erfüllen kann oder sich außerhalb des Bereichs befindet, in dem feststellungsbereite Personen den Wartepflichtigen vermuten und ggf. durch Befragen ermitteln würden.[151] Auch wenn die Überschrift der Regelung von einem „unerlaubten Entfernen" vom Unfallort spricht, besteht doch Einvernehmen, dass der Vorwurf nicht allein das Sich-Entfernen, sondern das Nicht-Ermöglichen bestimmter Feststellungen ist.[152]

  Nr. 1: Sich-Entfernen bei Anwesenheit einer feststellungsbereiten Person
  Feststellungsbereite Personen sind insbesondere der Geschädigte, ein anderer Unfallbeteiligter oder sonst jede Person, die bereit ist, die Feststellungen zu treffen. Das Feststellungsinteresse umfasst die Angaben zu seiner Person, des Fahrzeugs und die Art der Beteiligung. Der Betroffene hat eine Feststellungs-Duldungspflicht. Er muss nur eingeschränkt selbst aktiv tätig werden. Es reicht, dass er am Unfallort verbleibt und angibt, am Unfall beteiligt zu sein. Er hat somit eine Vorstellungspflicht, aber keine weitere aktive Mitwirkungspflicht.

151 Vgl. BGHSt 14, 89.
152 Joecks § 142, Rn. 25.

Der Tatbestand ist im Hinblick auf den Schutzzweck nicht erfüllt, wenn die Feststellungen im Interesse des Berechtigten, aber Feststellungen zur Verfolgung einer Ordnungswidrigkeit oder Straftat noch nicht getroffen wurden.

Nr. 2: Sich-Entfernen unter Verletzung der Wartepflicht
Ist keine feststellungsbereite Person vor Ort, besteht eine Wartepflicht auch dann, wenn mit einem alsbaldigen Erscheinen von Feststellungsinteressenten nicht zu rechnen ist.[153] Die Dauer der Wartepflicht hat sich an den konkreten Umständen des Einzelfalls zu orientieren. Maßgeblich sind dabei insbesondere

- erkennbare Schadenshöhe,
- Unfallzeit,
- Unfallort,
- Verkehrsdichte,
- Witterung.

Beispiele
Von der Rechtsprechung als ausreichend angesehen: 30 Minuten bei nächtlicher Schadensverursachung von 650 €;[154] u.U. 15 Minuten bei geringfügigem Unfall in der Stadt am Vormittag.[155]

Von der Rechtsprechung als nicht ausreichend angesehen: 20 Minuten bei Unfallzeit 18.30 Uhr und Schaden in Höhe von 300 €.[156]

Die Rechtsprechung ist hinsichtlich der Bestimmung ausreichender Wartezeiten uneinheitlich. Als Richtwerte für die Wartezeit können gelten: ca. 30 Minuten bei Unfällen mit kleinen und mittleren Sachschäden, ca. 60 Minuten bei Unfällen mit schwerem Sachschaden bzw. mit Personenschaden.

Die Wartepflicht kann nicht dadurch ersetzt werden, dass der Verursacher einen Zettel an die Scheibe des Geschädigten hinterlässt oder wegfährt und die Polizei verständigt. Allenfalls kann es bei Parkunfällen zu einer Strafmilderung oder Befreiung von Strafe nach § 142 Abs. 4 StGB kommen, vgl. Rn. 710.

- **Abs. 2 Feststellungen nicht unverzüglich nachträglich ermöglichen**

  § 142 Abs. 2 bestraft das Unterlassen nachträglicher Feststellung. Es ist ein echtes Unterlassungsdelikt. Eine Strafbarkeit kommt nur in Betracht, wenn der Täter nach § 142 Abs. 1 straflos ist, weil er sich berechtigt/entschuldigt oder nach Ablauf der Wartepflicht entfernt hat. § 142 Abs. 1 und 2 schließen also einander aus.

  Den Umfang der Pflichten, die sich auch § 142 Abs. 2 ergeben, bestimmt § 142 Abs. 3 StGB: der Betroffene hat dem Berechtigten oder einer nahe gelegenen Polizeidienststelle mitzuteilen, dass er an dem Unfall beteiligt gewesen ist und seine Anschrift, seinen Aufenthaltsort sowie das Kennzeichen und den Standort seines Fahrzeugs anzugeben. Zudem hat er das Fahrzeug für die Erhebung der Feststellungen zur Verfügung zu halten. Der Täter hat zwar grundsätzlich ein Wahlrecht zwischen der Information der Berechtigten und einer nahe gelegenen Polizeidienststelle. Dieses Wahlrecht wird aber nach h.M. durch das Unverzüglichkeitsgebot begrenzt. Der Täter hat immer den Weg

153 BGHSt 4, 144.
154 OLG Düsseldorf VRS 54, 41.
155 OLG Köln VRS 100, 302.
156 OLG Stuttgart VRS 73, 193.2.

zu wählen, bei dem die Feststellungen unverzüglich geschehen. Dies wird in aller Regel eine nahe gelegene Polizeidienststelle sein.[157]

Tatbestandlich handelt der Täter, wenn er in folgenden 2 Fällen seiner Pflichten nicht nachkommt:

Nr. 1: Unterlassen der Mitteilung nach Ablauf der Wartepflicht
Nr. 2: Unterlassen der Mitteilung bei berechtigtem oder entschuldigtem Entfernen

Berechtigt ist das Entfernen, wenn ein Rechtfertigungsgrund besteht.[158]

Beispiel
A verursacht einen Verkehrsunfall, indem er mit einem Fahrradfahrer auf einsamer Landstraße kollidiert. Da andere Hilfe in Kürze nicht zu erwarten ist, bringt er den verletzten Radfahrer sofort ins Krankenhaus.

A hat zwar den Tatbestand des § 142 Abs. 1 StGB erfüllt, sein Handeln ist aber aufgrund § 34 StGB (Rechtfertigender Notstand) gerechtfertigt.

Entschuldigt kann der Täter insbesondere durch § 20 StGB infolge eines Schockzustandes oder erheblicher Trunkenheit sein.[159]

Entfernt sich der Täter nicht vorsätzlich von der Unfallstelle, wird alsbald aber auf den Unfallort aufmerksam gemacht, hat er keine nachträgliche Feststellungspflicht. Er hat sich nämlich nicht berechtigt oder entschuldigt entfernt, sondern lediglich vorsatzlos.

Beispiel
A hatte mit seinem Pkw beim verbotswidrigen Überholen auf einem Baustellenabschnitt Rollsplitt aufgewirbelt, wodurch an dem überholten Fahrzeug Schäden in Höhe von knapp 1 900 Euro entstanden. Der Geschädigte folgte A, bis dieser auf das Gelände einer ca. 500 Meter entfernten Tankstelle einbog, wo er ihn auf den Unfall aufmerksam machte. A bestritt den Überholvorgang und entfernte sich, ohne dem Geschädigten die Feststellung der in § 142 Abs. 1 Nr. 1 StGB vorgesehenen Angaben zu ermöglichen. Es konnte nicht nachgewiesen werden, dass er den Unfall bemerkte.

Im Beispielsfall wurde A zunächst wegen Unerlaubten Entfernens vom Unfallort mit 40 Tagessätzen bestraft, die Fahrerlaubnis wurde ihm für 9 Monate entzogen. Diese bis dahin ständige Rechtsprechung hat das Bundesverfassungsgericht für verfassungswidrig erklärt: Es sei mit dem Analogieverbot des Art. 103 Abs. 2 GG nicht vereinbar, das unvorsätzliche Entfernen vom Unfallort dem berechtigten/entschuldigten gleichzusetzen.[160]

Tatbestandsausschließendes Einverständnis 707

Verzichtet der Berechtigte auf Feststellungen, dann ist der Tatbestand nicht erfüllt, es handelt sich um den Fall des tatbestandsausschließenden Einverständnisses, nach a.M. um einen Rechtfertigungsgrund. Dies ist letztlich aber nur ein dogmatischer Streit, die Voraussetzungen für die Straflosigkeit des Täters bleiben gleich.

Beispiel
Nach einem Unfall, den der Betrunkene B verursachte, fährt er mit Einverständnis des Geschädigten sofort weiter. Beide wollen nicht, dass B's Trunkenheitsfahrt bekannt wird. Sie einigen sich darauf, die Formalitäten am nächsten Tag zu regeln.

157 BGHSt 29, 138.
158 Vgl. zu den Rechtfertigungsgründen Band 1, Rn. 107 ff.
159 Vgl. zu den Schuldausschließungsgründen Band 1, Rn. 167 ff.
160 BVerfG NJW 2007, 1666.

Von einem mutmaßlichen Einverständnis ist auszugehen, wenn besondere Umstände vorliegen. Diese wären verwandtschaftliche oder freundschaftliche Beziehungen, bei eindeutigen Bagatellschäden oder wenn der neben dem Täter allein geschädigte Unfallbeteiligte sich selbst in Kenntnis des Unfallgeschehens vom Unfallort entfernt hat, weil darin häufig ein stillschweigender Verzicht auf sofortige Feststellungen liegt.[161]

708 **Subjektiver Tatbestand**

Ausreichend ist Eventualvorsatz, der sich insbesondere auch auf die Kenntnis des Unfalls beziehen muss. Erfasst ist auch nur vorsätzliches Entfernen.

Ein Irrtum über die verstrichene Wartezeit bei § 142 Abs. 1 Nr. 2 StGB ist ein Irrtum über Tatsachen, auf denen die Erfüllung des objektiven Tatbestandes beruht. Es handelt sich also um einen Tatbestandsirrtum i.S.d. § 16 Abs. 1 S. 1 StGB. Dagegen ist der Irrtum über das gesetzlich vorgeschriebene Mindestmaß der Wartezeit ein Irrtum über den Bedeutungsgehalt des Tatbestandsmerkmals „nach den Umständen angemessene Zeit". An dieses normative Tatbestandsmerkmal trägt der Unfallbeteiligte eine persönliche Auffassung vom Norminhalt heran, die mit der dem Gesetz zugrunde liegenden nicht übereinstimmt. Der Irrtum bezieht sich nicht auf die Umstände selbst, sondern auf die normative Relevanz, die diesen Umständen durch die Vorschrift zugemessen wird. Ein solcher Irrtum schließt den Vorsatz nicht aus, sondern kann allenfalls als Verbotsirrtum schuld- und strafbarkeitsausschließend Berücksichtigung finden, § 17 StGB.[162]

709 **Versuch und Beteiligung**

Versuch ist mangels ausdrücklicher Regelung nicht strafbar. Täter kann nur ein Unfallbeteiligter sein, § 142 StGB ist ein echtes Sonderdelikt. Mittäterschaft oder mittelbare Täterschaft für nicht am Unfall Beteiligte kommt daher nicht in Betracht. Für die Beteiligung gelten die allgemeinen Regeln, § 28 Abs. 1 StGB ist nach h.M. nicht anzuwenden, weil die Stellung als Unfallbeteiligter kein „besonderes persönliches Merkmal" i.S.v. § 28 StGB ist.

710 **Tätige Reue nach § 142 Abs. 4 StGB**

Die Vorschrift enthält eine Möglichkeit der Strafmilderung/-befreiung für den Täter, der zwar den § 142 Abs. 1 StGB verwirklichte, aber innerhalb von 24 Stunden nach dem Unfall die Feststellungen nachträglich ermöglichte. Dies gilt jedoch nur für Unfälle außerhalb des fließenden Verkehrs (Parkunfälle), die ausschließlich nicht bedeutende Sachschäden zur Folge haben. Dabei wird die Grenze bei ca. 1 300 € Fremdschaden anzunehmen sein.[163]

711 **Konkurrenzen**

§ 142 Abs. 1 und 2 StGB stehen in einem Exklusivitätsverhältnis, es kann nur das eine oder andere gegeben sein. Tateinheit ist möglich mit §§ 223, 113, 212, 211 StGB. Mit der Tat, die zum Unfall führte (z.B.: fahrlässige Körperverletzung oder Gefährdung des Straßenverkehrs), besteht in der Regel Tatmehrheit.

Verstöße des § 34 StVO (Pflichten des Verkehrsteilnehmers nach einem Unfall) treten gemäß § 21 OWiG hinter § 142 StGB zurück, soweit sich die Pflichten in den Normen decken. Darüber hinaus kann die Ordnungswidrigkeit aus § 34 StVO, z.B. das Nichtsichern des Verkehrs, selbstständig geahndet werden.

161 La/Kü § 142, Rn. 34a f. m.w.N.
162 Mitsch NZV 2005, 347 (348); zum Verbotsirrtum vgl. Band 1, Rn. 376 ff.
163 Fischer § 142, Rn. 64.

7.2 Trunkenheit im Verkehr, § 316 StGB

- ***Aufsatz-Literatur:*** *Gail SVR 2018, 17–20 (Der Zusammenhang von Cannabiskonsum und Fahreignung); Graw NZV 2018, 18 (Cannabis und Fahreignung aus verkehrsmedizinischer Sicht); Hafner/Graw NZV 2009, 209 (AAK-Messung und AAK-Grenzwerte aus naturwissenschaftlicher Sicht); Krumm NZV 2009, 215 (Drogenbedingte Fahruntüchtigkeit – 10 Fragen und 10 Antworten); Laschewski NZV 2009, 1 (Atemalkoholanalyse und Strafverfahren – unvereinbar? – Eine aktuelle Bestandsaufnahme); Blum/Weber NZV 2007, 228 („Wer ist Führer des Fahrschulwagens?"); Börner JURA 2006, 415 (Die sukzessive Anstiftung am Beispiel von Trunkenheitsfahrt, Insolvenzverschleppung und Körperverletzung); Bönke BA 2004, 4 (Die Sehnsucht nach Grenzwerten – nicht erfüllbar?); Bode BA 2002, 7 (Die Rechtsprechung zu drogenbeeinflusster Verkehrsteilnahme); Janker NZV 2001, 197 (Relative Fahrunsicherheit bei einer Blutalkoholkonzentration von weniger als 0,3 ‰); Wilske DAR 2000, 16 (Die „beweissichere Atemalkoholprobe" – Wie beweissicher ist sie); Artkämper BA 2000, 308 (Das Phänomen vorsätzlicher Trunkenheitsfahrten).* 712
- ***Leitentscheidungen:*** *BGHSt 14, 185 (zum Führen eines Fahrzeuges durch bloßes Ausnutzen einer Gefällstrecke), BGHSt 35, 390 (zum Führen eines Fahrzeuges); BGHSt 37, 89 (ab 1,1 ‰ liegt absolute Fahruntüchtigkeit vor); BGHSt 44, 219 (zu den Anforderungen an die Feststellungen der Fahruntüchtigkeit bei Drogen im Straßenverkehr).*
- **Übungsfälle:** *Goeckenjan JuS 2008, 702 (Fortgeschrittenenklausur: Probleme im Straßenverkehr und vor Gericht); Reinbacher JURA 2007, 382 (u.a. vorsätzliche und fahrlässige Trunkenheit im Verkehr).*

713

Vorsätzliche Trunkenheit im Verkehr, § 316 Abs. 1 StGB

I. Tatbestandsmäßigkeit

1. Objektiver Tatbestand

a) Bahn-, Schiffs-, Luft- oder öffentlicher Straßenverkehr

b) Tathandlung: Führen eines Fahrzeuges

c) Fahrunsicherheit infolge des Genusses
- alkoholischer Getränke *oder*
- anderer berauschender Mittel

d) Kausalzusammenhang zwischen Genuss von Rauschmittel und Fahr-Unsicherheit

2. Subjektiver Tatbestand
Eventualvorsatz

II. Rechtswidrigkeit
ggf. § 34 StGB

III. Schuld
ggf. § 20 StGB

IV. Ergebnis

Öffentlicher Straßenverkehr sind Verkehrsflächen, die jedermann oder allgemein bestimmten Gruppen von Verkehrsteilnehmern dauernd oder vorübergehend zur Benutzung offenstehen (BGHSt 16, 7).

Führen eines Fahrzeuges setzt voraus, dass jemand das Fahrzeug in Bewegung setzt oder es unter Handhabung seiner technischen Vorrichtungen während der Fahrbewegung lenkt (BGHSt 35, 390).

Andere berauschende Mittel sind zur Herbeiführung von Enthemmung oder zur Beseitigung von Unlustgefühlen geeignete Stoffe oder Zubereitungen (La/Kü § 315c, Rn. 5).

714

Fahrlässige Trunkenheit im Verkehr, § 316 Abs. 2 StGB

I. Tatbestandsmäßigkeit

1. Tatbestand

a) Bahn-, Schiffs-, Luft- oder öffentlicher Straßenverkehr

b) Tathandlung: Führen eines Fahrzeuges

c) Fahrunsicherheit infolge des Genusses
- alkoholischer Getränke *oder*
- anderer berauschender Mittel

d) Fahrlässigkeit
- Objektive Vorhersehbarkeit

e) Kausalzusammenhang zwischen Genuss von Rauschmittel und Fahrunsicherheit

II. Rechtswidrigkeit
ggf. § 34 StGB

III. Schuld
ggf. § 20 StGB
subjektive Vorhersehbarkeit

IV. Ergebnis

Fahrlässig handelt, wer die Sorgfalt außer Acht lässt, zu der er nach den Umständen und seinen persönlichen Verhältnissen verpflichtet und fähig ist (vgl. La/Kü § 15 Rn. 35).

Objektiv vorhersehbar ist eine Tatbestandsverwirklichung, wenn der eingetretene Erfolg nach allgemeiner Lebenserfahrung, sei es auch nicht als regelmäßige, so doch als nicht ganz ungewöhnliche Folge, erwartet werden konnte (BGHSt 49, 166 [174]).

Subjektiv vorhersehbar ist der Erfolg, wenn der Täter individuell in der Lage gewesen ist, die drohende Rechtsgutverletzung zu erkennen.

715 **Überblick**

Die Vorschrift schützt die Sicherheit des öffentlichen Verkehrs, sie ist damit ein abstraktes Gefährdungsdelikt. Eine praktisch wichtige Ergänzung ist § 24a StVG bei alkoholbedingter Fahrunsicherheit unter 1,1 ‰ ohne Ausfallerscheinungen. Verursacht der Täter bei rauschbedingter Fahrunsicherheit eine konkrete Gefährdung, liegt § 315c Abs. 1 Nr. 1 StGB vor.

Verkehr, insbesondere öffentlicher Straßenverkehr 716

Erfasst ist der Bahn-, Schiffs-, Luft- und öffentliche Straßenverkehr. Beim öffentlichen Straßenverkehr kommt es nicht auf die wegerechtliche Widmung an. Öffentlich ist der Straßenverkehr, wenn der Verkehrsraum allgemein zugänglich ist.

Beispiele
Supermarktparkplatz, Tankstellengelände, Waschanlage, öffentliches Parkhaus, Zufahrt zu einer Wohnanlage, die für unbestimmten Personenkreis offensteht.
nicht: Krankenhaus-/Kasernen-/Parkplatzgelände, welches durch Schranke gesichert und nur für bestimmte Personen zugänglich ist; private Garagenzufahrt.

Tathandlung: Fahrzeug führen 717

Führen erfordert, dass jemand das Fahrzeug unmittelbar in Bewegung setzt oder hält. Allein das Starten des Motors bei Kraftfahrzeugen reicht nicht aus. In Grenzfällen soll nach dem Bundesgerichtshof bereits ein Abrollenlassen auf einer Gefällstrecke ohne Motorkraft genügen. Von der Abwärtsfahrt eines Kraftfahrzeugs bei laufendem, ausgekuppeltem Motor unterscheidet sich nämlich weder dem äußeren Vorgang noch der Schwierigkeit der Lenkung noch der Gefährlichkeit nach nicht, dass der Motor überhaupt nicht eingeschaltet ist.[164]

In Grenzfällen des Führens eines Kraftfahrzeuges ist darauf zu achten, ob tatsächlich die Motorkraft ausgenutzt wird. Ist das nicht der Fall, kann zwar ein Führen vorliegen. Jedoch gelten dann für die Beurteilung der Fahrunsicherheit andere Grenzwerte.

Beispiel
E-Bike wird ohne Motorkraft durch Treten fortbewegt.

Damit wird ein Fahrzeug, kein Kraftfahrzeug geführt. Dadurch gelten andere Grenzwerte für die Beurteilung der Fahrunsicherheit, vgl. folgende Randnummern.

Fahrunsicherheit (= Fahruntüchtigkeit) 718

Voraussetzung für eine Strafbarkeit ist eine rauschbedingte Fahrunsicherheit. Fahrunsicherheit i.S.v. § 316 StGB setzt voraus, dass die Gesamtleistungsfähigkeit des Fahrzeugführers, namentlich infolge Enthemmung sowie geistig-seelischer und körperlicher Ausfälle, so weit herabgesetzt ist, dass er nicht mehr fähig ist, sein Fahrzeug im Straßenverkehr eine längere Strecke, und zwar auch bei plötzlichem Eintritt schwieriger Verkehrslagen, sicher zu steuern.[165] Der Rausch kann aufgrund des Konsums von Alkohol oder anderer berauschender Mittel entstehen.

- **alkoholbedingte Fahrunsicherheit**
  Für die Feststellung alkoholbedingter Fahrunsicherheit ist maßgeblich die Blutalkoholkonzentration. Aufgrund der besonderen Gefahren, die mit dem Führen von Kraftfahrzeugen verbunden sind, bedarf es einer differenzierten Betrachtung für Kraftfahrzeugführer und für die übrigen Fahrzeugführer. Für den Nachweis der Fahrunsicherheit wird unterschieden zwischen der sogenannten absoluten und der relativen Fahrunsicherheit. Folgende Werte sind auseinanderzuhalten, die in Promille bzw. in mg/l gemessen werden.

164 BGHSt 14, 185.
165 BGHSt 44, 219.

719

Promillegrad	Bezeichnung	rechtliche Relevanz
> 0 ‰	–	Owi für Führer von Taxen pp. gemäß § 8 Abs. 3 Nr. 1 BOKraft[166] Owi für Fahranfänger bei Führen von Kraftfahrzeugen gemaß § 24c Abs. 1 und 2 StVG
≥ 0,3-1,1 ‰ + Ausfallerscheinungen	relative Fahrunsicherheit	Straftat für Fahrzeugführer gemäß §§ 316, 315c Abs. 1 Nr. 1a StGB
≥0,5 – 1,09 ‰ ohne Ausfallerscheinungen	–	Owi für Kraftfahrzeugführer gemäß § 24a Abs. 1 StVG
≥ 1,1 ‰	absolute Fahrunsicherheit	Straftat für Kraftfahrzeugführer gemäß §§ 316, 315c Abs. 1 Nr. 1a StGB
≥ 1,6 ‰	absolute Fahrunsicherheit	Straftat für Fahrradfahrer gemäß §§ 316, 315c Abs. 1 Nr. 1a StGB

720 Fahrunsicherheit ist nach der Rechtsprechung bei einem Kraftfahrzeugführer ab einem Promillewert von 1,1 ‰, bei einem Fahrradfahrer ab 1,6 ‰ stets anzunehmen (absolute Fahrunsicherheit).[167] Ab 0,3 ‰ bis 1,09 ‰ kann bei Kraftfahrzeugführer wie auch Fahrradfahrer Fahrunsicherheit vorliegen (relative Fahrunsicherheit). Sie muss dann aber durch Umstände, die auf eine alkoholbedingte Ursächlichkeit schließen lassen, deutliche werden: Es müssen Ausfallerscheinungen vorliegen. Es muss sich um alkoholtypische Fehlleistungen beim Führen des Fahrzeuges handeln. Je höher die Blutalkoholkonzentration, desto geringere Anforderungen sind an die Ausfallerscheinungen zu stellen.

Beispiele
Ungewöhnliche Fahrfehler, leichtsinniges Fahren, auffällig risikoreiches Fahren, Schlangenlinien. Verneint wurde die Fahrunsicherheit: 1,03 ‰ + Fahren ohne Licht und Rotlichtverstoß;[168] 0,7 ‰ + Rotlichtverstoß;[169] 0,7 ‰ + Fahren mit Standlicht auf gut ausgeleuchteter Straße.[170]

- **Fahrunsicherheit aufgrund anderer berauschender Mittel**
  Andere Rauschmittel sind solche, die in ihren Auswirkungen denen des Alkohols vergleichbar sind und zu einer Beeinträchtigung des Hemmungsvermögens sowie der intellektuellen und motorischen Fähigkeiten führen.
  Es kann sich dabei um Drogen oder Medikamente handeln.

Beispiele
Drogen nach Anlagen I bis III zu § 1 BtMG: Amphetamine (Ecstasy), Haschisch, Kokain, LSD, Marihuana, Morphin, Opium.

166 Verordnung über den Betrieb von Kraftfahrunternehmen im Personenverkehr.
167 BGHSt 37, 89.
168 AG Frankfurt bei Himmelreich/Lessing NStZ 2000, 300.
169 LG Berlin BA 2007, 186.
170 LG Potsdam NZV 2005, 697.

Durch die Rechtsprechung entwickelte Grenzwerte, die Anhaltspunkte für die Beurteilung der Fahrunsicherheit infolge der Einnahme von berauschenden Substanzen liefern, gibt es nicht. Bestrebungen, im Bereich des Cannabis-Konsums über den Cannabis-Influence-Factor (CIF) zur Festlegung der absoluten Fahrunsicherheit zu kommen, sind bislang nicht erfolgreich. Die ständige Rechtsprechung lehnt mangels gesicherter wissenschaftlich belegter Erkenntnisse eine solche Klassifizierung ab. Es ist nicht als wissenschaftlich gesichert anzusehen, dass jeglicher Konsum jedenfalls sog. „harter" Drogen wie insbesondere Heroin und Kokain, der durch einen positiven Blut-Wirkstoff-Konzentrationsbefund belegt ist, nicht nur generell-abstrakt geeignet ist, die aktuelle Fahrtüchtigkeit aufzuheben, sondern dass eine solche Annahme auch individuell-konkret unter Ausschluss jeden vernünftigen Zweifels gerechtfertigt ist. Dies gilt unabhängig von der Höhe der festgestellten Blut-Wirkstoff-Konzentration. Um zu gesicherten Erkenntnissen zu gelangen, die unabhängig von rauschmittelbedingten Ausfallerscheinungen im Einzelfall den allgemeinen Grad der Gefährlichkeit einer toxischen Dosis in Bezug auf die Fahrtüchtigkeit belegen, bedürfte es verkehrsunfallstatistischer Untersuchungen über die dosisabhängige Steigerung des Unfallrisikos. Für derartige objektivierbare medizinisch- und verkehrsunfallstatistische Daten fehlt es aber gegenwärtig noch an einer ausreichenden Grundlage. Deshalb gestattet der positive Nachweis von psychotropen Substanzen im Blut – ungeachtet dessen, dass aus medizinisch-toxikologischer Sicht die Fahrsicherheit nach Konsum von Heroin und Kokain generell in Frage gestellt wird – für sich genommen nur eine Aussage über die aktive Wirkung eines Rauschmittels bei dem Betreffenden; der Nachweis akuten Missbrauchs ist aber nicht mit Fahruntüchtigkeit gleichzusetzen.[171] Es müssen vielmehr grundsätzlich Fahrfehler vorliegen. Im Übrigen ist zwar nicht unbedingt erforderlich, dass sich die rauschmittelbedingten Ausfallerscheinungen in Fahrfehlern ausgewirkt haben müssen; unter Umständen können auch Auffälligkeiten im Verhalten in der Anhaltesituation genügen, die Hinweise auf eine schwerwiegende Beeinträchtigung der Wahrnehmungs- und Reaktionsfähigkeit geben.

Beispiele
Stark benommener, apathischer Eindruck, Mühe bei der Beantwortung von Fragen, leicht unsicherer Gang; unbesonnenes Benehmen bei Polizeikontrolle, besondere Aggressivität.

Zur Feststellung der Fahrunsicherheit infolge berauschender Mittel reichen jedoch allgemeine Merkmale des Drogenkonsums, wie etwa erweiterte Pupillen, Teilnahmslosigkeit, starker Rededrang, nicht. Es muss immer deutlich werden, dass sich die drogenbedingten Auffälligkeiten auf die Fahrunsicherheit beziehen. Zu prüfen ist stets, ob das eingenommene Mittel in der konkreten Verkehrssituation eine Fahrunsicherheit bewirkt hat. Dies führt zu einem Problem des Kausalitätsnachweises. Denn gerade der Drogenkonsum muss zu dem Fahrfehler und damit zur Fahrunsicherheit geführt haben. Dies erfordert eine Würdigung der Gesamtumstände.

Subjektiver Tatbestand 721

§ 316 Abs. 1 StGB setzt Eventualvorsatz voraus. Der Täter muss zumindest billigend in Kauf nehmen, dass er fahrunsicher ist. Die Grenzwerte bei alkoholbedingter Fahrunsicherheit muss der Täter nicht kennen. Je höher die Blutalkoholkonzentration, desto eher kann auf den Eventualvorsatz geschlossen werden. Aufgrund der Enthemmung durch den Alkohol wird erst bei einer Blutalkoholkonzentration ab 2 ‰ von Eventualvorsatz auszugehen sein.

171 BGHSt 44, 225.

722 Nach § 316 Abs. 2 StGB wird auch fahrlässiges Verhalten bestraft. Dies liegt vor, wenn der Täter bewusst Alkohol zu sich nicht nimmt, sich aber noch für fahrtüchtig hält (bewusste Fahrlässigkeit) bzw. sich keine Gedanken über die Fahrtüchtigkeit macht (unbewusste Fahrlässigkeit). Da es sich bei § 316 Abs. 2 StGB um ein fahrlässiges Tätigkeitsdelikt handelt, ist die sorgfaltspflichtige Handlung schon im Gesetz umschrieben. Es muss dazu nur noch die Erkennbarkeit der Tatbestandsverwirklichung geprüft werden.[172] Der Fahrlässigkeitsvorwurf ist – im Hinblick auf die fortlaufende Aufklärung der Öffentlichkeit über die Gefahren der Trunkenheit im Verkehr – im Allgemeinen begründet, wenn objektiv Fahruntüchtigkeit vorliegt.[173] Auch der Einwand des Täters, Restalkohol nicht bedacht zu haben, lässt den Fahrlässigkeitsvorwurf nicht entfallen. Denn der sorgsame Autofahrer kennt die Bedeutung des Restalkohols und vergewissert sich vor Fahrtantritt davon, dass er keinen über dem Grenzwert liegenden Restalkohol mehr im Körper hat. Auch bei Fahrunsicherheit aufgrund Medikamenteneinnahme ist regelmäßig mindestens von Fahrlässigkeit auszugehen. Zu den allgemeinen Sorgfaltspflichten gehört es nämlich, sich über die bewusstseinstrübende Eigenschaft des Mittels zu informieren und ggf. dementsprechend kein Fahrzeug zu führen. Gleiches gilt für die Einnahme von Betäubungsmitteln.

723 **Versuch und Beteiligung**

Versuch ist nicht strafbar. § 316 StGB ist ein eigenhändiges Delikt, mittelbare Täterschaft ist ausgeschlossen. Mittäterschaft ist nur möglich, wenn jeder Mittäter das Fahrzeug führt. Teilnahme ist nach den allgemeinen Regeln möglich.

Beispiel

A überredet den erheblich alkoholisierten B dazu, mit dem Fahrrad zur nächsten Tankstelle zu fahren und Bier einzukaufen.

724 **Rechtswidrigkeit**

In Betracht kommt zur Rechtfertigung allenfalls rechtfertigender Notstand gemäß § 34 StGB, welcher jedoch regelmäßig an den tatbestandlichen Voraussetzungen scheitert. Denn in der Regel wird eine entsprechende Gefahrenlage anders abwendbar sein.

Beispiel

Der alkoholisierte A fährt sein verletztes Kind in ein Krankenhaus.

Die Gefahr für das Kind kann auch durch Alarmierung eines Rettungswagens/Notarztes abgewendet werden, sodass eine Rechtfertigung gemäß § 34 StGB ausscheidet.

725 **Schuld**

Im Bereich der Schuld kann die Schuldunfähigkeit gemäß § 20 StGB eine Rolle spielen. Sie ist ab einer Blutalkoholkonzentration von ca. 3 ‰ anzunehmen.[174] Dann bleibt nur die Bestrafung wegen Vollrausches, § 323a StGB. Die Anwendung der Rechtsfigur actio libera in causa kommt für Verkehrsdelikte nicht in Betracht.[175]

726 **Konkurrenzen**

Bei Fahrtunterbrechung endet auch die Tat, die Weiterfahrt begründet eine neue Tat. § 316 StGB tritt hinter §§ 315a Abs. 1 Nr. 1, 315c Abs. 1 Nr. 1 StGB zurück. Tateinheit ist möglich mit §§ 113, 223 ff, 212 ff StGB. Ordnungswidrigkeit nach § 24a StVG tritt gemäß § 21 OWiG zurück.

172 Vgl. Kühl § 17, Rn. 12.
173 La/Kü § 316, Rn. 4 m.w.N.
174 Vgl. dazu Band 1, Rn. 176.
175 BGHSt 42, 235; vgl. dazu im Einzelnen Band 1, Rn. 178.

7.3 Gefährdung des Straßenverkehrs, § 315c StGB

- ***Aufsatz-Literatur:*** *Zimmermann JuS 2010, 22 (Die Straßenverkehrsgefährdung [§ 315c StGB]); Eisele JA 2007, 168 (Der Tatbestand der Gefährdung des Straßenverkehrs); Pießkalla NZV 2007, 438 (Zur Fahrlässigkeitsstrafbarkeit nach §§ 223, 229, 222 und § 315c StGB bei Unfällen im Rahmen von Einsatzfahrten).* 727
- ***Leitentscheidungen:*** *BGHSt 5, 392 (Zum Merkmal der Rücksichtslosigkeit).*
- ***Übungsfälle:*** *Dreher JuS 2007, 456 (Referendarexamensklausur: §§ 315c, 315b, 258, 267, 153 StGB); Steffan JuS 2006, 723 (§§ 263, 315c, 315b StGB, § 21 StVG); Fahl JuS 2003, 472 (§§ 315c, 315b, 142, 303, 240 StGB).*

728

Gefährdung des Straßenverkehrs, § 315c Abs.1 StGB

I. Tatbestandsmäßigkeit

1. Objektiver Tatbestand

a) öffentlicher Straßenverkehr

Nr.1:
b) Tathandlung:
Führen eines Fahrzeuges

c) Fahrunsicherheit infolge des Genusses
- alkoholischer Getränke *oder*
- anderer berauschender Mittel *oder*
- körperlicher *oder*
- geistiger Mängel

Nr. 2:
b) grob verkehrswidrig

c) Tathandlung:
Verkehrsverstoß nach Nr. 2 a - g

d) Taterfolg:
konkrete Gefahr für
- Leib oder Leben eines anderen Menschen oder
- fremde Sachen von bedeutendem Wert

e) Zurechnungszusammenhang zwischen Genuss von Rauschmitteln/Verkehrsverstoß und Fahrunsicherheit und konkr. Gefahr

2. Subjektiver Tatbestand
Eventualvorsatz
bei Nr. 2: Rücksichtslosigkeit

II. Rechtswidrigkeit

III. Schuld

IV. Ergebnis

Öffentlicher Straßenverkehr sind Verkehrsflächen, die jedermann oder allgemein bestimmten Gruppen von Verkehrsteilnehmern dauernd oder vorübergehend zur Benutzung offenstehen (BGHSt 16, 7).

Führen eines Fahrzeuges setzt voraus, dass jemand das Fahrzeug in Bewegung setzt oder es unter Handhabung seiner technischen Vorrichtungen während der Fahrbewegung lenkt (BGHSt 35, 390).

Andere berauschende Mittel sind zur Herbeiführung von Enthemmung oder zur Beseitigung von Unlustgefühlen geeignete Stoffe oder Zubereitungen (La/Kü § 315c, Rn. 5).

Grob verkehrswidrig handelt, wer objektiv besonders gefährlich gegen eine Verkehrsvorschrift verstößt (BGHSt 5, 392).

Rücksichtslos handelt, wer sich im Straßenverkehr aus eigensüchtigen Gründen über seine Pflichten gegenüber anderen Verkehrsteilnehmern hinwegsetzt oder aus Gleichgültigkeit von vornherein Bedenken gegen sein Verhalten nicht aufkommen lässt (BGHSt 5, 392).

Konkrete Gefahr i.S.v. § 315c StGB ist gegeben, wenn die Möglichkeit eines Unfalls in bedrohliche oder nächste Nähe gerückt ist (vgl. BGHSt 22, 341).

729

Vorsätzliche/fahrlässige Gefährdung des Straßenverkehrs, § 315c Abs. 1, 3 Nr. 1 StGB

I. Tatbestandsmäßigkeit

1. Objektiver Tatbestand
   a) öffentlicher Straßenverkehr

Nr.1:
b) Tathandlung:
Führen eines Fahrzeuges
c) Fahrunsicherheit infolge des Genusses
- alkoholischer Getränke *oder*
- anderer berauschender Mittel *oder*
- körperlicher *oder*
- geistiger Mängel

Nr. 2:
b) grob verkehrswidrig
c) Tathandlung:
Verkehrsverstoß nach Nr. 2 a - g

2. Subjektiver Tatbestand
   Eventualvorsatz
   bei Nr. 2: Rücksichtslosigkeit
3. Taterfolg:
   konkrete Gefahr für
   - Leib oder Leben eines anderen Menschen oder
   - fremde Sachen von bedeutendem Wert
4. Fahrlässigkeit hinsichtlich des Gefahrerfolges
   - objektive Vorhersehbarkeit
5. Zurechnungszusammenhang zwischen Genuss von Rauschmitteln/Verkehrsverstoß und Fahrunsicherheit und konkr. Gefahr

II. Rechtswidrigkeit

III. Schuld
subjektive Vorhersehbarkeit

IV. Ergebnis

Fahrlässig handelt, wer die Sorgfalt außer Acht lässt, zu der er nach den Umständen und seinen persönlichen Verhältnissen verpflichtet und fähig ist (vgl. La/Kü § 15, Rn. 35).

Objektiv vorhersehbar ist eine Tatbestandsverwirklichung, wenn der eingetretene Erfolg nach allgemeiner Lebenserfahrung, sei es auch nicht als regelmäßige, so doch als nicht ganz ungewöhnliche Folge, erwartet werden konnte (BGHSt 49, 166 [174]).

Subjektiv vorhersehbar ist der Erfolg, wenn der Täter individuell in der Lage gewesen ist, die drohende Rechtsgutverletzung zu erkennen.

Fahrlässige Gefährdung des Straßenverkehrs, § 315c Abs. 1, 3 Nr. 2 StGB

I. Tatbestandsmäßigkeit

1. öffentlicher Straßenverkehr

Nr. 1:

2. Tathandlung:
   - Führen eines Fahrzeuges
3. Fahrunsicherheit infolge des Genusses
   - alkoholischer Getränke *oder*
   - anderer berauschender Mittel *oder*
   - körperlicher *oder*
   - geistiger Mängel

Nr. 2:

2. grob verkehrswidrig und rücksichtslos
3. Tathandlung:
   - Verkehrsverstoß nach Nr. 2 a - g

4. Gefahrerfolg
   konkrete Gefahr für
   - Leib oder Leben eines anderen Menschen oder
   - fremde Sachen von bedeutendem Wert
5. Zurechnungszusammenhang zwischen Genuss von Rauschmitteln/Verkehrsverstoß und Fahrunsicherheit und konkr. Gefahr
6. Fahrlässigkeit
   objektive Vorhersehbarkeit

II. Rechtswidrigkeit

III. Schuld
subjektive Vorhersehbarkeit

IV. Ergebnis

Fahrlässig handelt, wer die Sorgfalt außer Acht lässt, zu der er nach den Umständen und seinen persönlichen Verhältnissen verpflichtet und fähig ist (vgl. La/Kü § 15, Rn. 35). 730

Objektiv vorhersehbar ist eine Tatbestandsverwirklichung, wenn der eingetretene Erfolg nach allgemeiner Lebenserfahrung, sei es auch nicht als regelmäßige, so doch als nicht ganz ungewöhnliche Folge, erwartet werden konnte (BGHSt 49, 166 [174]).

Subjektiv vorhersehbar ist der Erfolg, wenn der Täter individuell in der Lage gewesen ist, die drohende Rechtsgutverletzung zu erkennen.

731 **Überblick**

Geschützte Rechtsgüter der Vorschrift sind zum einen die Sicherheit des Straßenverkehrs, daneben aber auch Leib und Leben und bedeutende Werte des Einzelnen. Die Vorschrift ist ein konkretes Gefährdungsdelikt. Es handelt sich auch hier – wie bei § 316 StGB – um ein eigenhändiges Delikt, sodass mittelbare Täterschaft und die zurechnende Mittäterschaft ausscheiden. In Abgrenzung zu § 315b StGB wird von § 315c Abs. 1 Nr. 2 StGB ausschließlich Fehlverhalten im Rahmen eines Verkehrsvorganges erfasst. Wird der Verkehrsvorgang durch verkehrsfremde Handlungen pervertiert, kann § 315b StGB einschlägig sein.

732 **Öffentlicher Straßenverkehr**

Von § 315c StGB erfasst wird nur der öffentliche Straßenverkehr. Öffentlicher Straßenverkehr sind Verkehrsflächen, die jedermann oder allgemein bestimmten Gruppen von Verkehrsteilnehmern dauernd oder vorübergehend zur Benutzung offenstehen.[176] Dabei kommt es nicht auf die wegerechtliche Widmung an. Öffentlich ist der Straßenverkehr, wenn der Verkehrsraum allgemein zugänglich ist.

Beispiele

Supermarktparkplatz, Tankstellengelände, Waschanlage, öffentliches Parkhaus, Zufahrt zu einer Wohnanlage, die für unbestimmten Personenkreis offen steht; Parkplatz einer Gaststätte, selbst wenn ein Schild ein Parken nur für Gäste gestattet.
nicht: Krankenhaus-/Kasernen-/Parkplatzgelände, welches durch Schranke gesichert und nur für bestimmte Personen zugänglich ist; private Garagenzufahrt.

733 **§ 315c Abs. 1 Nr. 1 StGB: Führen eines Fahrzeuges, Fahrunsicherheit**

Zum Führen eines Fahrzeuges siehe Rn. 717.

Zur rauschbedingten Fahrunsicherheit siehe Rn. 720.

In Ergänzung von § 316 StGB ist bei § 315c Abs. 1 Nr. 1b StGB auch die Fahruntüchtigkeit aufgrund geistiger oder körperlicher Mängel erfasst.

Beispiele

Epilepsie, Übermüdung, Diabetes mellitus.

734 **§ 315 c Abs. 1 Nr. 2 StGB: grob verkehrswidriger Verstoß**

Diese Variante erfasst eine Auswahl von Verkehrsverstößen, die zudem auch grob, d.h. objektiv besonders schwer verkehrswidrig begangen werden müssen. Ein grob verkehrswidriger Verstoß liegt vor, wenn besonders gefährlich gegen Verkehrsvorschriften verstoßen wird.

Beispiele

Zu schnelles Heranfahren an Fußgängerüberwegen, Überholen in unübersehbarer Kurve.

Nicht alle grob verkehrswidrigen Verstöße sind erfasst, sondern nur die folgenden 7 Fallgruppen:

- **a) Nichtbeachten der Vorfahrt**
  Erfasst sind insbesondere Vorfahrtsfälle nach § 8 StVO. Darüber hinaus sind aber andere Vorfahrtsverstöße im weiteren Sinne erfasst, etwa solche nach §§ 6, 9 Abs. 3 und 4, 10, 18, 19 Abs. 1–5, 36 Abs. 1, 37 StVO.

176 BGHSt 16, 7.

- **b) Überholen**

  Damit gemeint ist – wie in § 5 StVO – der gesamte Vorgang des Vorbeifahrens von hinten an einem Verkehrsteilnehmer, der sich auf derselben Fahrbahn in derselben Richtung bewegt oder nur mit Rücksicht auf die Verkehrslage anhält.[177] Falsches Überholen liegt nicht nur bei einem Verstoß gegen § 5 StVO vor, sondern auch darüber hinausgehendes verkehrswidriges Verhalten in jeder Phase des Überholvorganges.

  Beispiel
  Der Überholte erhöht seine Geschwindigkeit beim Überholvorgang.

- **c) an Fußgängerüberwegen falsch fahren**
  Gemeint sind nur die sogenannten Zebrastreifen (Zeichen 293), nach h.M. nicht die Überwege mit Lichtzeichenanlage. Verstöße i.S.v. § 26 StVO sind erfasst.

- **d) an unübersichtlicher Stelle zu schnell fahren**
  Verletzung der Geschwindigkeitsbegrenzung oder Geschwindigkeit der konkreten Verkehrssituation nicht anpassen, § 3 StVO.

  Beispiele
  Unübersichtlich durch parkende Fahrzeuge, Nebel, unzulängliche Straßenbeleuchtung.

- **e) an unübersichtlicher Stelle Verstoß gegen Rechtsfahrgebot**
  Erfasst ist der Verstoß im Sinne von § 2 Abs. 2 StVO.

- **f) auf Autobahnen und Kraftfahrstraßen wenden, rückwärts oder entgegen der Fahrtrichtung fahren**
  Gemeint sind die Straßen gemäß § 18 StVO, Verstoß gegen § 18 Abs. 7 StVO.

- **g) Unterlassen der Kenntlichmachung haltender oder liegengebliebener Fahrzeuge**
  Maßgeblich sind die Verhaltensvorschriften aus §§ 15 und 17 Abs. 4 StVO.
  Die Vorschrift ist in dieser Variante ein unechtes Unterlassungsdelikt. Täter kann nur sein, wer eine Sicherungspflicht gemäß § 15, 17 Abs. 4 StVO hat. Diese hat nicht nur der Fahrer, sondern auch z.B. der mitfahrende Halter des Fahrzeugs.

Konkrete Gefahr für Leib, Leben oder Sachen von bedeutendem Wert 735

Eine konkrete Gefährdung ist dann gegeben, wenn die Gefahr eines Unfalls in „bedrohliche" oder in „nächste" Nähe gerückt ist. In wesentlichem Maße unterliegt der Begriff der konkreten Gefährdung der tatsächlichen Beurteilung des Einzelfalls, für die sich kaum allgemeingültige Richtlinien aufstellen lassen.[178] Allgemein kann gesagt werden, dass eine Gefährdung gegeben ist, wenn es beinahe zu einem Unfall gekommen ist.

Die Gefährdung von Mitfahrern reicht aus, um das Merkmal zu bejahen, nicht aber das vom Täter geführte, ihm nicht gehörende Fahrzeug. Es scheidet als tatnotwendiges Mittel aus dem Schutzbereich der Norm aus.

Für die Beurteilung des bedeutenden Wertes kommt es auf den Verkehrswert an. Nicht nur die Sache als solche, sondern der ihr drohende Schaden muss bedeutend sein.

177 BGHSt 25, 293.
178 BGHSt 22,341.

Beispiel
Durch einen alkoholbedingten „Beinahe-Unfall" wird ein Pkw in der Weise gefährdet, dass es fast zu einer leichten Kollision am Heck gekommen wäre, bei der lediglich die Stoßstange beschädigt worden wäre (Reparaturkosten ca. 600 €).

Hier liegt eine konkrete Gefahr vor, die aber nicht für Sachen von bedeutendem Wert besteht. Eine Strafbarkeit nach § 315 c StGB ist damit ausgeschlossen.

Die Höhe eines bedeutenden Schadens wird unterschiedlich gesehen: 750 – 1 000 €[179], ab 1 000 €[180], nicht unter 1 300 €[181]. Im Hinblick auf die Strafandrohung und der damit verbundenen weiteren strafprozessualen Folgen ist letzter Ansicht zu folgen.

736 **Subjektiver Tatbestand: Vorsatz, Fahrlässigkeit und Rücksichtlosigkeit**
Es ist zu differenzieren:

- Nach § 315c Abs. 1 StGB ist Eventualvorsatz bezüglich aller Tatbestandsmerkmale erforderlich.
- Nach § 315c Abs. 3 Nr. 1 StGB ist eine Kombination zwischen vorsätzlicher Fahrt unter Fahrunsicherheit/bzw. Verkehrsverstoß mit fahrlässiger Gefährdung gemeint.
- Nach § 315c Abs. 3 Nr. 2 StGB wird ein rein fahrlässiges Verhalten bestraft.

Da es sich bei § 315c StGB um ein Tätigkeitsdelikt handelt, ist im Falle der Fahrlässigkeit lediglich die Vorhersehbarkeit zu prüfen. Die sorgfaltspflichtwidrige Handlung ist nämlich schon im Gesetz umschrieben.

Bei § 315c Abs. 1 Nr. 2 StGB muss immer das subjektive Merkmal „rücksichtslos" hinzutreten. Rücksichtslos handelt, wer sich im Straßenverkehr aus eigensüchtigen Gründen über seine Pflichten gegenüber anderen Verkehrsteilnehmern hinwegsetzt oder aus Gleichgültigkeit von vornherein Bedenken gegen sein Verhalten nicht aufkommen lässt.[182] Das äußere Tatgeschehen allein reicht für die Beurteilung nicht aus, vielmehr kommt es auf die konkrete Verkehrssituation unter Einschluss der Vorstellungs- und Motivlage des Täters an.[183]

Die Rücksichtslosigkeit kann nicht schon allein dem grob verkehrswidrigen Verhalten entnommen werden, vielmehr müssen beide Tatbestandsmerkmale nebeneinander vorliegen.[184]

Hinweise für eine Rücksichtslosigkeit des Täters ergeben sich insbesondere aus dem Nachtatgeschehen.

Beispiele
Nach einem riskanten Überholmanöver dem Überholten den ausgestreckten Mittelfinger zeigen; bei Ansprechen nach dem Verkehrsverstoß reagiert der Täter gleichgültig.

Bei dem Merkmal handelt es sich nach h.M. um ein besonderes persönliches Merkmal i.S.v. § 28 StGB mit der Konsequenz, dass die Strafe des Teilnehmers nach § 28 Abs. 1 StGB zwingend zu mildern ist.[185]

---

179 Joecks § 315c, Rn. 19.
180 Henschel/König/Dauer-König § 315c, Rn. 6.
181 Fischer § 315, Rn. 16a.
182 BGHSt 5, 392.
183 Fischer § 315c, Rn. 14a.
184 Lackner/Kühl § 315c, Rn. 19; wobei nach Fischer § 315c, Rn. 14 ein bewusster grober Verkehrsverstoß i.d.R. Rücksichtslosigkeit begründet.
185 BGHSt 1, 368.

Versuch 737

Versuch ist strafbar in den Fällen des § 315c Abs. 1 Nr. 1 StGB. Bei den Verkehrsverstößen im Rahmen des § 315c Abs. 1 Nr. 2 ist nur die Nr. 2f (Autobahnen und Kraftfahrstraßen) im Versuch strafbar.

Beteiligung 738

§ 315c StGB ist ein eigenhändiges Delikt, mittelbare Täterschaft ist ausgeschlossen. Mittäterschaft ist nur möglich, wenn jeder Mittäter das Fahrzeug führt. Teilnahme ist nach den allgemeinen Regeln möglich.

> **Beispiel**
> A überredet den erheblich alkoholisierten B dazu, ihn nach Hause zu fahren.

Bei dem Merkmal handelt es sich nach h.M. um ein besonderes persönliches Merkmal i.S.v. § 28 StGB mit der Konsequenz, dass die Strafe des Teilnehmers nach § 28 Abs. 1 StGB zwingend zu mildern ist.[186]

Rechtswidrigkeit 739

Einwilligung des Mittäters in seine Gefährdung ist nach h.M. unbeachtlich, da er in das von § 315c StGB geschützte Rechtsgut der Sicherheit des Straßenverkehrs nicht wirksam einwilligen kann.[187]

> **Beispiel**
> A fährt mit dem alkoholisierten Fahrer B von einer entlegenen Waldgastschänke nach Hause. Dabei weiß A, dass B fahrunsicher ist und dass die Fahrt für ihn gefährlich ist. In der Hoffnung, dass alles gut gehen wird, fährt er mit. Beinahe wäre B von der Straße abgekommen und gegen einen Baum gefahren, wobei A mit Sicherheit schwer verletzt worden wäre.

B hat sich nicht gemäß § 315c StGB strafbar gemacht. Denn eine in Betracht kommende Einwilligung des A ist unwirksam. Das Rechtsgut „Sicherheit des Straßenverkehrs" als Gemeinschaftsrechtsgut ist für A nicht disponibel. Nach a.A. soll bei § 315c StGB das Individualrechtsgut im Vordergrund stehen, welches disponibel sei.[188]

Schuld 740

Im Bereich der Schuld kann die Schuldunfähigkeit gemäß § 20 StGB eine Rolle spielen. Sie ist ab einer Blutalkoholkonzentration von ca. 3 ‰ anzunehmen.[189] Dann bleibt nur die Bestrafung wegen Vollrausches, § 323a StGB. Die Anwendung der Rechtsfigur actio libera in causa kommt für Verkehrsdelikte nicht in Betracht.[190]

Konkurrenzen 741

Innertatbestandlich ist Tateinheit zwischen den verschiedenen Begehungsformen möglich. Bei Gefährdung mehrerer im Rahmen einer einheitlichen Fahrt, etwa bei Flucht vor der Polizei, liegt nur eine Tat vor. Von 315b StGB wird § 315c StGB verdrängt, § 316 StGB im Falle der Fahrunsicherheit von § 315c StGB. § 24a StVG tritt als Ordnungswidrigkeit hinter § 315c StGB gemäß § 21 OWiG zurück, soweit es sich um eine rauschbedingte Fahrunsicherheit handelt.

186 BGHSt 1, 368.
187 BGHSt 23, 264; a.A. Joecks § 315c, Rn. 18.
188 Vgl. Otto JURA 2005, 419.
189 Vgl. dazu Band 1, Rn. 176.
190 BGHSt 42, 235; vgl. dazu im Einzelnen Band 1, Rn. 178.

7.4 Gefährliche Eingriffe in den Straßenverkehr, § 315b StGB

742
- ***Aufsatz-Literatur:*** *Hecker JuS 2017, 563 (Entscheidungsbesprechung – Handlungen eines Beifahrers); Grupp/Kinzig NStZ 2007, 132 (Der Griff ins Lenkrad); Freund NStZ 2004, 175 (Verkehrsfeindlicher Inneneingriff und Gefährdungsvorsatz); Freund JuS 2000, 754 (Äußerlich verkehrsgerechtes Verhalten als Straftat?).*
- ***Leitentscheidungen:*** *BGHSt 48, 233 (Schädigungsvorsatz erforderlich bei Eingriffen aus dem fließenden Verkehr); BGHSt 48 119 (Steinewerfer auf Autobahnbrücke).*
- ***Übungsfälle:*** *Dreher JuS 2007, 456 (Referendarexamensklausur: Verkehrserziehung als Eingriff, §§ 315c, 315b, 258, 267, 153 StGB); Steffan JuS 2006, 723 (§§ 263, 315c, 315b StGB, § 21 StVG); Fahl JuS 2003, 472 (§§ 315c, 315b, 142, 303, 240 StGB).*

743

Gefährliche Eingriffe in den Straßenverkehr, § 315b Abs. 1 StGB

I. Tatbestandsmäßigkeit

1. Objektiver Tatbestand

a) öffentlicher Straßenverkehr

b) Tathandlung:
Nr. 1: Anlagen/Fahrzeuge
- zerstören
- beschädigen
- beseitigen

Nr. 2: Hindernisse bereiten

Nr. 3: einen ähnlichen, ebenso gefährlichen Eingriff vornehmen

c) Beeinträchtigung der Sicherheit des Straßenverkehrs

d) konkrete Gefahr für
- Leib oder Leben eines anderen Menschen oder
- fremde Sachen von bedeutendem Wert

e) Zurechnungszusammenhang zwischen Eingriff und konkreter Gefahr

2. Subjektiver Tatbestand
Eventualvorsatz, bei Vorgängen im fließenden Verkehr zusätzlich Schädigungsvorsatz

ggf. Qualifikation nach § 315b Abs. 3 i.V.m. § 315

II. Rechtswidrigkeit

III. Schuld

IV. Ergebnis

Öffentlicher Straßenverkehr sind Verkehrsflächen, die jedermann oder allgemein bestimmten Gruppen von Verkehrsteilnehmern dauernd oder vorübergehend zur Benutzung offen stehen (BGHSt 16, 7).

Zerstören ist die Aufhebung der Gebrauchsfähigkeit.

Beschädigen ist jede nicht ganz unerhebliche körperliche Einwirkung auf die Sache, durch die ihre stoffliche Zusammensetzung verändert oder ihre Unversehrtheit derart aufgehoben wird, dass die Brauchbarkeit für ihre Zwecke gemindert ist (RGSt 74, 14).

Beseitigen ist die Verhinderung des bestimmungsmäßigen Gebrauchs durch örtliche Veränderung (Fi. § 315, Rn. 8).

Anlagen sind die dem öffentlichen Verkehr dienenden, festen und auf Dauer dienenden Einrichtungen.

Beeinträchtigt ist der Straßenverkehr, wenn die normale abstrakte Verkehrsgefahr gesteigert worden ist (Vgl. BGHSt 11, 164).

Konkrete Gefahr i.S.v. § 315b StGB ist gegeben, wenn die Möglichkeit eines Unfalls in bedrohliche oder nächste Nähe gerückt ist (vgl. BGHSt 22, 341).

Überblick 744

Während von § 315c Abs. 1 Nr. 2 StGB verkehrswidriges Verhalten erfasst wird, betrifft § 315b StGB verkehrsfremde Eingriffe. Dies sind i.d.R. Eingriffe von außen in den Straßenverkehr, grundsätzlich also kein Fehlverhalten im Rahmen des fließenden Verkehrs, zu Ausnahmen siehe Rn. 746. Geschützte Rechtsgüter der Vorschrift sind zum einen die Sicherheit des Straßenverkehrs, daneben aber auch Leib und Leben und bedeutende Werte des Einzelnen. Die Vorschrift ist ein konkretes Gefährdungsdelikt.

Öffentlicher Straßenverkehr 745

Von § 315c StGB erfasst wird nur der öffentliche Straßenverkehr. Öffentlicher Straßenverkehr sind Verkehrsflächen, die jedermann oder allgemein bestimmten Gruppen von Verkehrsteilnehmern dauernd oder vorübergehend zur Benutzung offenstehen.[191] Dabei kommt es nicht auf die wegerechtliche Widmung an. Öffentlich ist der Straßenverkehr, wenn der Verkehrsraum allgemein zugänglich ist.

Beispiele

Supermarktparkplatz, Tankstellengelände, Waschanlage, öffentliches Parkhaus, Zufahrt zu einer Wohnanlage, die für unbestimmten Personenkreis offensteht; Parkplatz einer Gaststätte, selbst wenn ein Schild ein Parken nur für Gäste gestattet.

nicht: Krankenhaus-/Kasernen-/Parkplatzgelände, welches durch Schranke gesichert und nur für bestimmte Personen zugänglich ist; private Garagenzufahrt.

Tathandlungen 746

- Nr. 1: Anlagen oder Fahrzeuge zerstören, beschädigen oder beseitigen

  Beispiele

  Steinwürfe auf Pkw, Bremsleitung eines Pkw durchtrennen.

- Nr. 2: Hindernisse bereiten

  Beispiele

  Fahrzeug auf die Fahrbahn schieben, Straßensperre errichten, Schafe auf die Fahrbahn treiben.

- Nr. 3: ähnlichen, ebenso gefährlichen Eingriff vornehmen

  Der Begriff ist im Hinblick auf den in Art. 103 Abs. 2 GG niedergelegten Bestimmtheitsgrundsatz problematisch. Vom Grundsatz sind auch hier nur verkehrsfremde Eingriffe „von außen" erfasst.

  Beispiele

  Zufahren auf einen Polizeibeamten mit Schädigungsvorsatz; Steine von Autobahnbrücke werfen; Anbringen eines Einbahnstraßenschildes in entgegengesetzter Richtung, Ins-Lenkrad-Greifen durch den Beifahrer, um einen Unfall zu bewirken; Abgabe eines gezielten Schusses auf ein Fahrzeug.

Die Tathandlungen bedürfen im Hinblick auf den Schutzzweck der Norm und dem Verhältnis zu § 315c StGB der einschränkenden Auslegung. Demnach sind von § 315b StGB nur Handlungen erfasst, die verkehrsfremd sind, verkehrswidrige Verstöße werden von § 315c StGB erfasst. Fehlverhalten aus dem fließenden Verkehr kann nach der Rechtsprechung des Bundesgerichtshofes nur dann eine Straftat nach § 315b StGB sein, wenn zu dem bewusst zweckwidrigen Einsatz eines Fahrzeugs in verkehrsfeindlicher Einstellung hinzukommt, dass das Fahrzeug mit (mindestens bedingtem) Schädigungsvorsatz – etwa als Waffe oder Schadenswerkzeug – missbraucht wird. Erst dann liegt eine – über den Tatbestand des § 315c StGB hinausgehende – verkehrsatypische „Pervertierung" des Ver-

191 BGHSt 16, 7.

kehrsvorgangs zu einem gefährlichen „Eingriff" in den Straßenverkehr im Sinne des § 315b Abs. 1 StGB vor; das gilt für alle Alternativen der Vorschrift. Mit dieser Einschränkung stellt der Bundesgerichtshof nicht infrage, dass für den subjektiven Tatbestand des § 315b Abs. 1 StGB Gefährdungsvorsatz ausreicht; er konkretisiert hierdurch lediglich die schon bisher geforderte „Absicht", den Verkehrsvorgang zu einem Eingriff in den Straßenverkehr zu „pervertieren" für die Fälle des fließenden Verkehrs.[192]

Beispiel
Zufahren auf einen zu Fall gekommenen Zweiradfahrer mit einem Traktor in Verletzungsabsicht.[193]

In Fällen, in denen der Täter sein Fahrzeug als Fluchtmittel – somit zu „Verkehrszwecken" – benutzt und er bei der Flucht (lediglich) verkehrswidrig fährt, scheidet ein verkehrsfremdes, verkehrsfeindliches Verhalten daher jedenfalls dann aus, wenn er nur mit Gefährdungsvorsatz handelt. Diese Fälle werden regelmäßig von § 315 c StGB (hier: § 315c Abs. 1 Nr. 2 Buchst. b StGB) erfasst.

747 **Beeinträchtigung der Sicherheit des Straßenverkehrs**
Durch die Tathandlungen muss die Sicherheit des Straßenverkehrs beeinträchtigt werden. Dies bedeutet, dass die normale abstrakte Gefahr gesteigert worden sein muss, sodass die konkreten Gefahren deutlich gesteigert wurden.

748 **Konkrete Gefahr für Leib, Leben und fremde Sachen von bedeutendem Wert**
Dazu siehe Rn. 735.

749 **Subjektiver Tatbestand: Vorsatz und Fahrlässigkeit**
Es ist zu differenzieren:

- Nach § 315b Abs. 1 StGB ist Eventualvorsatz bezüglich aller Tatbestandsmerkmale erforderlich.
  Nach der Rechtsprechung ist für Vorgänge im fließenden Verkehr Schädigungsvorsatz erforderlich, im Übrigen genügt auch bedingter Gefährdungsvorsatz.
- Nach § 315b Abs. 4 StGB ist eine Kombination zwischen vorsätzlicher Tathandlung mit fahrlässiger Gefährdung gemeint.
- Nach § 315b Abs. 5 StGB wird ein rein fahrlässiges Verhalten bestraft. Nach der einschränkenden Auslegung des Bundesgerichtshofes, nachdem Schädigungsvorsatz für Tathandlungen im fließenden Verkehr erforderlich ist (siehe Rn. 746), wird ein reines Fahrlässigkeitsdelikt in dieser Hinsicht ausscheiden.

  Zum Aufbau der Vorsatz-/Fahrlässigkeits-Kombinationen siehe entsprechend Rn. 729 f. und Rn. 736.

750 **Versuch und Beteiligung**
Versuch ist strafbar nach § 315b Abs. 2 StGB.

Beispiel
A hebt Gullydeckel aus und wirft sie in den Schacht. Solange noch kein Verkehrsteilnehmer zu Schaden kommt, liegt Versuch vor.[194]

Beteiligung ist nach den allgemeinen Grundsätzen möglich.

192 BGHSt 48, 233.
193 Nach Fischer § 315b, Rn. 12.
194 BGH NStZ 2002, 648.

Begehen durch Unterlassen 751

Nach h.M. kann die Tat durch Unterlassen auch dann begangen werden, wenn es sich lediglich um verkehrswidriges Verhalten handelt. Voraussetzung dieser unechten Unterlassung ist, dass der Täter eine Garantenpflicht hat.

Beispiel

Bauer B hat von seinem Anhänger Ladung verloren. Er lässt sie liegen, es kommt zu einem Unfall.

B hat sich nach h.M. gemäß §§ 315b Abs. 1 Nr. 2, 13 StGB strafbar gemacht.

Qualifikation § 315 Abs. 3 i.V.m. 315 Abs. 3 StGB 752

Zu einem Verbrechen wird die Tat, wenn der Täter eine der Qualifikationstatbestände des § 315 StGB verwirklicht.

- Nr. 1a: Absicht, einen Unglücksfall herbeizuführen
- Nr. 1b: Absicht, eine andere Straftat zu ermöglichen oder zu verdecken
  Dieses Merkmal entspricht dem im Mordtatbestand. Nach h.M. genügt es, dass der Täter die Tathandlung begeht, um später eine andere zu begehen. Ein spezifischer Zusammenhang zwischen dem gefährlichen Eingriff und Tat in dem Sinne, dass gerade die durch den Eingriff geschaffene Gemeingefahr zur Tatbegehung ausgenutzt wird, ist nicht erforderlich.[195]
- Nr. 2: schwere Gesundheitsschädigung oder eine Gesundheitsschädigung einer großen Zahl von Menschen verursachen
  Der Begriff der schweren Gesundheitsschädigung ist durch das 6. Strafrechtsreformgesetz 1998 in eine Vielzahl von Tatbeständen getreten. Dieser erfasst weiter als die schwere Körperverletzung auch langwierige ernsthafte Erkrankungen sowie den Verlust oder die erhebliche Einschränkung im Gebrauch der Sinne, des Körpers oder der Arbeitsfähigkeit.[196] Nach der Ansicht des Bundesgerichtshofs ist das Merkmal der „großen Zahl von Menschen" tatbestandsspezifisch auszulegen. Demnach ist es bereits bei 14 Personen gegeben, überwiegend werden 20 Personen gefordert.[197]

Tätige Reue-Regelung § 320 Abs. 2 Nr. 2, Abs. 3 Nr. 1b StGB 753

Bei vollendeter Tat kann unter den Voraussetzungen des § 320 StGB eine Bestrafung entfallen oder ein Strafmilderung erfolgen. Voraussetzungen sind, dass noch kein erheblicher Schaden (ca. 1 300 €) entstanden ist und der Täter die Gefahr freiwillig abgewendet hat. Der Sache nach handelt es sich um einen „Rücktritt" vom vollendeten Delikt entsprechend § 24 StGB.

Konkurrenzen 754

§ 315b StGB tritt hinter § 315 StGB zurück. Tateinheit möglich mit §§ 316, 316a, 113, 248b, 211, 22 StGB, 21 StVG, 29 Abs. 1 BtMG. Mit § 142 StGB besteht i.d.R. Tatmehrheit.

195 BGHSt 45, 211.
196 Fischer § 306b, Rn. 4.
197 BGHSt 44, 175; Fischer § 306b, Rn. 5.

7.5 Verbotene Kraftfahrzeugrennen, § 315d StGB

755 • **Aufsatz-Literatur:** *Blanke-Roeser JuS 2018, 18 (Kraftfahrzeugrennen i.S.d. neuen § 315d StGB); Neumann JURA 2017, 160 (Klassische und aktuelle Probleme der Strafbarkeit nicht genehmigter Kraftfahrzeugrennen); Piper NZV 2017, 70 (Strafbarkeit nicht genehmigter Kraftfahrzeugrennen); Franzke Kriminalistik 2017, 362 (Jung, männlich und im Geschwindigkeitsrausch?)*

• **Leitentscheidungen:** *BGH 4 StR 399/17 in juris (Bedingter Tötungsvorsatz bei illegalem Autorennen: Bedeutung der Eigengefährdung).*

756

Verbotene Kraftfahrzeugrennen, § 315d StGB

I. Tatbestandsmäßigkeit

1. Objektiver Tatbestand

   a) im Straßenverkehr

   b) nicht erlaubtes Kraftfahrzeugrennen

   Tathandlung:

   – ausrichtet oder durchführt (Abs. 1 Nr. 1)

   – als Kfz-Führer teilnehmen (Abs. 1 Nr. 2)

   oder

   – als Kraftfahrzeugführer fortbewegen

   – nicht angepasste Geschwindigkeit

   – grob verkehrswidrig (Abs. 1 Nr. 3)

2. Subjektiver Tatbestand

   Vorsatz

   – bei Nr. 3: rücksichtslos um höchstmögliche Geschwindigkeit zu erreichen

ggf. Qualifikation nach § 315d Abs. 2, 4 StGB:
Vorsätzliche/fahrlässige konkrete Gefahr für LoL eines anderen Menschen oder fremde Sachen von bedeutendem Wert

ggf. Qualifikationen nach § 315d Abs. 5 StGB:
– Tod oder schwere Gesundheitsschädigung anderer Menschen/
– Gesundheitsschädigung großer Zahl von Menschen

II. Rechtswidrigkeit

III. Schuld

IV. Ergebnis

Öffentlicher Straßenverkehr sind Verkehrsflächen, die jedermann oder allgemein bestimmten Gruppen von Verkehrsteilnehmern dauernd oder vorübergehend zur Benutzung offen stehen (BGHSt 16, 7).

Konkrete Gefahr i.S.v. § 315d StGB ist gegeben, wenn die Möglichkeit eines Unfalls in bedrohliche oder nächste Nähe gerückt ist, wenn mithin ein „Beinaheunfall" gegeben ist (vgl. BGHSt 22, 341).

Fahrlässig handelt, wer die Sorgfalt außer Acht lässt, zu der er nach den Umständen und seinen persönlichen Verhältnissen verpflichtet und fähig ist (vgl. La/Kü § 15 Rn. 35).

Rücksichtslos handelt, wer sich im Straßenverkehr aus eigensüchtigen Gründen über seine Pflichten gegenüber anderen Verkehrsteilnehmern hinwegsetzt oder aus Gleichgültigkeit von vornherein Bedenken gegen sein Verhalten nicht aufkommen lässt (BGHSt 5, 392).

Grob verkehrswidrig handelt, wer objektiv besonders gefährlich gegen eine Verkehrsvorschrift verstößt (BGHSt 5, 392).

Überblick 757

Die Vorschrift wurde durch das 56. Strafrechtsänderungsgesetz vom 30.09.2017 neu in das Strafgesetzbuch eingeführt. Zuvor war die Beteiligung an illegalen Kraftfahrzeugrennen lediglich nach §§ 29 I, 49 StVO als Ordnungswidrigkeit bußgeldbewährt. Aufgrund einiger Vorfälle mit Toten hat man erkannt, dass die Einstufung als Ordnungswidrigkeit dem Gewicht der durch illegale Rennen bedrohten Rechtsgüter nicht gerecht wird.

Nach § 315f StGB können Kraftfahrzeuge, auf die sich die Tat nach § 315d StGB beziehen, eingezogen werden. Die Beschlagnahme zur Einziehung richtet sich dann nach §§ 111b StPO i.V.m. § 315f StGB.

Kraftfahrzeugrennen 758

Nach der Gesetzesbegründung ist ein Rennen ein Wettbewerb oder Wettbewerbsteil zur Erzielung von Höchstgeschwindigkeiten mit Kraftfahrzeugen, bei denen zwischen mindestens zwei Teilnehmern ein Sieger durch Erzielung einer möglichst hohen Geschwindigkeit ermittelt wird, wobei es einer vorherigen Absprache aller Beteiligten nicht bedarf.[198] Auch die Art des Starts (gemeinsamer Start, Gruppenstart, Einzelstart) ist unerheblich. Das Rennen ist nicht erlaubt, wenn eine Genehmigung der zuständigen Behörde nach § 46 Abs. 2 S. 1, 3 StVO fehlt.

Tathandlungen 759

- **ausrichten oder durchführen (Nr. 1)**

  Ausrichten ist i.S.v. Veranstalten zu verstehen, d.h. geistiger Urheber zu sein. Damit soll der Organisator, der ggf. im Hintergrund bleibt, erfasst werden. Durchführen bedeutet, das Rennen praktisch vor Ort ins Werk zu setzen.

- **teilnehmen (Nr. 2)**

  Die Teilnahme in der Vorschrift entspricht nicht der strafrechtlichen Kategorie der Teilnahme nach §§ 26, 27 StGB (Anstiftung und Mittäterschaft). Vielmehr ist darunter die Tätigkeit der Personen zu verstehen, die das Rennen untereinander austragen. Dies sind in erster Linie die Fahrer der Fahrzeuge. Aber auch Mitfahrer können Teilnehmer sein, wenn sie aktiv ins Geschehen, etwa durch Hinweise, Ratschläge oder sonstiger Einflussnahme, intensiv eingreifen.

- **„rasen" (Nr. 3)**

  In dieser Variante ist das rücksichtslose Schnellfahren unter Strafe gestellt. Es ist als abstraktes Gefährdungsdelikt unterhalb der Schwelle zu § 315c Abs. 1 Nr. 2d StGB zu sehen, da dort nur das rücksichtslose Schnellfahren unter Strafe gestellt wird, welches zu einer konkreten Gefährdung führt.

  Es muss sich um eine nicht angepasste Geschwindigkeit handeln, welche anknüpft an die Formulierung des § 3 StVO. Diese Unangepasstheit bestimmt sich nach den Umständen des Einzelfalles, etwa den Lichtverhältnissen, den Witterungsverhältnisse, der Örtlichkeit, der Tageszeit, des Verkehrsaufkommens. Es muss also der konkreten Verkehrssituation zuwiderlaufen oder Geschwindigkeitsbegrenzungen verletzen.

198 BT-Drs. 18/10145, S. 9.

760 **Subjektiver Tatbestand**

Der Täter muss bei § 315d Abs. 1 StGB mindestens mit Eventualvorsatz handeln. Hinzutreten muss zudem bei § 315d Abs. 1 Nr. 3 StGB die Rücksichtslosigkeit und die Absicht, eine höchstmögliche Geschwindigkeit zu erreichen.

Rücksichtslos handelt, wer sich im Straßenverkehr aus eigensüchtigen Gründen über seine Pflichten gegenüber anderen Verkehrsteilnehmern hinwegsetzt oder aus Gleichgültigkeit von vornherein Bedenken gegen sein Verhalten nicht aufkommen lässt.[199] Das äußere Tatgeschehen allein reicht für die Beurteilung nicht aus, vielmehr kommt es auf die konkrete Verkehrssituation unter Einschluss der Vorstellungs- und Motivlage des Täters an.[200] Die Rücksichtslosigkeit kann nicht schon allein dem grob verkehrswidrigen Verhalten entnommen werden, vielmehr müssen beide Tatbestandsmerkmale nebeneinander vorliegen.[201] Hinweise für eine Rücksichtslosigkeit des Täters ergeben sich insbesondere aus dem Nachtatgeschehen.

Mit dem Erfordernis der Absicht, eine höchstmögliche Geschwindigkeit zu erreichen, wollte der Gesetzgeber den „Renncharakter ohne Rennen" deutlich machen. Daher reicht nicht allein die wenn auch erhebliche Geschwindigkeitsüberschreitung, es muss sich vielmehr um ein bewusstes Rasen handeln. Dies ist gegeben, wenn das Fahrzeug in der Absicht gebraucht wird, als Mittel zum Rasen und nicht als Fortbewegungsmittel zu dienen.

761 **Versuch**

Die Tat ist ein Erfolgsdelikt, d.h. Vollendung tritt ein, wenn das Rennen tatsächlich startet. Versuch ist nur im Fall von § 315d Abs. 1 Nr. 1 StGB strafbar, vgl. § 315d Abs. 3 StGB.

762 **Qualifikation § 315d Abs. 2, 4 StGB**

Die Tat ist qualifiziert, wenn es (vorsätzliche oder fahrlässig) zu einer konkreten Gefahr für Leib oder Leben oder Sachen von bedeutendem Wert kommt. Eine konkrete Gefährdung ist dann gegeben, wenn die Gefahr eines Unfalls in „bedrohliche" oder in „nächste" Nähe gerückt ist. In wesentlichem Maße unterliegt der Begriff der konkreten Gefährdung der tatsächlichen Beurteilung des Einzelfalls, für die sich kaum allgemeingültige Richtlinien aufstellen lassen.[202] Allgemein kann gesagt werden, dass eine Gefährdung gegeben ist, wenn es beinahe zu einem Unfall gekommen ist.

Die Gefährdung von Mitfahrern reicht aus, um das Merkmal zu bejahen, nicht aber das vom Täter geführte, ihm nicht gehörende Fahrzeug. Es scheidet als tatnotwendiges Mittel aus dem Schutzbereich der Norm aus. Für die Beurteilung des bedeutenden Wertes kommt es auf den Verkehrswert an. Nicht nur die Sache als solches, sondern der ihr drohende Schaden muss bedeutend sein. Der Begriff der Sache von bedeutendem Wert lehnt sich an § 315c StGB an. Die Höhe eines bedeutenden Schadens wird dort unterschiedlich gesehen: 750–1.000 €[203], ab 1.000 €[204], nicht unter 1.300 €[205]. Im Hinblick auf die Strafandrohung und der damit verbundenen weiteren strafprozessualen Folgen ist letzter Ansicht zu folgen.

199 BGHSt 5, 392.
200 Fischer § 315c Rn. 14a.
201 Lackner/Kühl § 315c Rn. 19; wobei nach Fischer § 315 Rn. 14 ein *bewusster* grober Verkehrsverstoß i.d.R. Rücksichtslosigkeit begründet.
202 BGHSt 22, 341.
203 Joecks StGB § 315c Rn. 19.
204 Henschel/König/Dauer-König § 315c Rn. 6.
205 Fischer § 315 Rn. 16a.

Wird die Gefahr nur fahrlässig herbeigeführt, so ist der gemilderte Strafrahmen des § 315d Abs. 4 StGB anzuwenden.

Qualifikation nach § 315d Abs. 5 StGB 763

Es handelt sich um eine Erfolgsqualifikation. Dies bedeutet, dass hinsichtlich der Herbeiführung der dort aufgeführten schweren Folgen Fahrlässigkeit ausreicht, vgl. § 18 StGB und Strafrecht für Polizeibeamte Band 1, Rn. 218 ff. Dann ist die Tat ein Verbrechen.

Konkurrenzen 764

Tateinheit kann gegeben sein mit §§ 315b, 315c, 316 StGB, mit Körperverletzungs- und Tötungsdelikten und mit Sachbeschädigung. Mit § 142 StGB besteht Tatmehrheit, da die Tat auf einem neuerlichen Entschluss beruht.

7.6 Fahren ohne Fahrerlaubnis, § 21 StVG

765 • ***Aufsatz-Literatur:*** *Blum SVR 2015, 130 (Führen eines [Kraft-]Fahrzeugs); Mitsch NZV 2007, 66 (Die Strafbarkeit der Fahrverbotsübertretung – ein Unikum); Trupp NZV 2004, 392 (Widersprüchliches zur Führerscheinbeschlagnahme durch die Staatsanwaltschaft und ihrer Hilfebeamten); Cramer DAR 98, 464 (Fahren trotz FV – Verfassungswidrigkeit von § 21 Abs. 1 Nr. 1 StVG im Falle des § 44 StGB?).*

- ***Leitentscheidungen:*** *BVerfG NJW 1979, 1981 (§ 21 Abs. 1 Nr. 1 StVG ist mit dem Grundgesetz vereinbar); BGHSt 24, 352 (Sorgfaltspflichten des Halters); BayObLG NZV 1996, 462 (Zu den Anforderungen an die Sorgfaltspflichten des Halters).*
- ***Übungsfall:*** *Steffan JuS 2006, 723 (§§ 263, 315c, 315b StGB, § 21 StVG).*

766

Fahren ohne Fahrerlaubnis, § 21 StVG

I. Tatbestandsmäßigkeit

1. Objektiver Tatbestand

   a) öffentlicher Straßenverkehr

   b) Fahrerlaubnispflicht, § 2 StVG, 4 ff. FeV

   c) Tathandlung:
      Nr. 1: Kraftfahrzeug führen ohne Fahrerlaubnis oder bei Verbot

      Nr. 2: als Halter Tat nach Nr. 1 anordnen oder zulassen

2. Subjektiver Tatbestand
   Eventualvorsatz

ggf.: Privilegierung: § 21 Abs. 2 StVG

II. Rechtswidrigkeit

III. Schuld

IV. Ergebnis

Anordnung ist die Aufforderung zum Führen eines Kraftfahrzeugs.

Zulassen ist das Dulden des Führens eines Kraftfahrzeuges.

Öffentlicher Straßenverkehr sind Verkehrsflächen, die jedermann oder allgemein bestimmten Gruppen von Verkehrsteilnehmern dauernd oder vorübergehend zur Benutzung offenstehen (BGHSt 16, 7).

Führen eines Fahrzeuges setzt voraus, dass jemand das Fahrzeug in Bewegung setzt oder es unter Handhabung seiner technischen Vorrichtungen während der Fahrbewegung lenkt (BGHSt 35, 390).

Kraftfahrzeuge sind Landfahrzeuge, die durch Maschinenkraft bewegt werden, ohne an Bahngleise gebunden zu sein (§ 1 Abs. 2 StVG).

Halter ist, wer das Kraftfahrzeug für eigene Rechnung gebraucht, nämlich die Kosten bestreitet und die Verwendungsnutzungen zieht (BGH NJW 1983, 1492).

767 **Überblick**

Gemäß § 2 Abs. 1 S. 1 StVG bedarf es zum Führen eines Kraftfahrzeuges auf öffentlichen Straßen einer Erlaubnis der zuständigen Behörde. Zustände Behörde sind die Straßenverkehrsbehörden. Die Fahrerlaubnis ist gemäß § 2 Abs. 1 S. 3 StVG durch eine amtliche Bescheinigung, dem Führerschein, nachzuweisen. Die Vorschrift dient dem Schutz der Verkehrssicherheit, indem diese Erlaubnispflicht durchgesetzt wird.

Öffentlicher Straßenverkehr 768

Von § 21 StVG erfasst wird nur das Führen eines Kraftfahrzeuges im öffentlichen Straßenverkehr. Öffentlicher Straßenverkehr sind Verkehrsflächen, die jedermann oder allgemein bestimmten Gruppen von Verkehrsteilnehmern dauernd oder vorübergehend zur Benutzung offenstehen.[206] Dabei kommt es nicht auf die wegerechtliche Widmung an. Öffentlich ist der Straßenverkehr, wenn der Verkehrsraum allgemein zugänglich ist.

Beispiele

Supermarktparkplatz, Tankstellengelände, Waschanlage, öffentliches Parkhaus, Zufahrt zu einer Wohnanlage, die für unbestimmten Personenkreis offensteht; Parkplatz einer Gaststätte, selbst wenn ein Schild ein Parken nur für Gäste gestattet.

nicht: Krankenhaus-/Kasernen-/Parkplatzgelände, welches durch Schranke gesichert und nur für bestimmte Personen zugänglich ist; private Garagenzufahrt.

Tathandlung: Kraftfahrzeug führen 769

Führen erfordert, dass jemand das Kraftfahrzeug unmittelbar in Bewegung setzt oder hält. In Grenzfällen soll nach der Ansicht des Bundesgerichtshofs bereits ein Abrollenlassen eines Pkw auf einer Gefällstrecke ohne Motorkraft für das Führen eines Fahrzeuges genügen.[207] Damit wird aber nur ein Fahrzeug, kein Kraftfahrzeug geführt. Ebenso wenig führt der Begleiter beim begleiteten Fahren ab 17 Jahren gemäß § 6e StVG das Fahrzeug. Ein Kraftrad wird nicht dadurch geführt, dass es mittels Abdrücken mit den Beinen bei ausgeschaltetem Motor fortbewegt wird. Anders ist der Fall wohl zu beurteilen, wenn der Motor dabei läuft.

§ 21 Abs. 1 Nr. 1, Abs. 2 Nr. 1 und 2 StVG: Ohne Fahrerlaubnis, bei Verbot 770

Gemäß § 2 Abs. 1 S. 1 StVG bedarf es zum Führen eines Kraftfahrzeuges auf öffentlichen Straßen einer Erlaubnis der zuständigen Behörde. Inwieweit diese Erlaubnispflicht besteht, regeln insbesondere die Ausführungsvorschriften §§ 4 ff. FeV. Liegt die Erlaubnis nicht (mehr) oder noch nicht vor, fährt der Täter ohne Fahrerlaubnis. Die Erteilung der Fahrerlaubnis ist ein begünstigender Verwaltungsakt gemäß § 35 VwVfG. Er ist gemäß § 22 Abs. 4 S. 7 FeV erst wirksam mit Aushändigung des Führerscheins.

Für Mofas und Leichtmofas bedarf es lediglich einer Prüfbescheinigung, sie ist der Fahrerlaubnis nicht gleichgestellt. Soweit es keine höhere Geschwindigkeit als zugelassen erreicht, ist das Führen nicht fahrerlaubnispflichtig. Sobald es die zulässige Geschwindigkeit jedoch überschreitet, wird das Führen fahrerlaubnispflichtig. Dies unabhängig davon, ob die höhere Geschwindigkeit durch technische Veränderung herbeigeführt wurde oder von der Bauart so vorgesehen ist.

Beschlagnahme im Sinne von § 21 Abs. 2 Nr. 2, 3 StVG setzt körperliche Wegnahme des Führerscheins voraus, Anordnung oder bloße Mitteilung der Beschlagnahme genügen nicht.[208]

Beispiel

A hat eine Verkehrsunfallflucht mit erheblichem Sachschaden begangen. Er wird zuhause angetroffen. Die Beamten wollen den Führerschein sicherstellen. A gibt an, den Führerschein verlegt zu haben.

Fährt A am nächsten Tag mit seinem Pkw, erfüllt er nicht den Tatbestand des § 21 Abs. 2 Nr. 2 StGB.

---

206 BGHSt 16,7.
207 BGHSt 14, 185.
208 Hentschel/König/Dauer-König § 21 StVG, Rn. 22 m.w.N.

Zusammenfassend sind folgende Verstöße von § 21 StVG erfasst:[209]

771 **„ohne Erlaubnis" i.S.v. § 21 StVG**

- Nichtbesitz der erforderlichen Erlaubnis
- Nichtbesitz der erforderlichen Fahrerlaubnisklasse
- Nichtbeachtung der Beschränkung der FE-Klasse
- Nichtbeachtung der Befristung der Fahrerlaubnis
- Nichtbeachtung des Mindestalters
- Nichtbeachtung des Fahrverbotes nach § 44 StGB
- Nichtbeachtung des Fahrverbotes nach § 25 StVG
- Fahren trotz Beschlagnahme des FS nach § 94 StPO

772 **§ 21 Abs. 1 Nr. 2, Abs. 2 Nr. 3 StVG: Strafbarkeit des Halters**

Als Halter kann sich der Täter strafbar machen, wenn er die Tathandlungen o.g. Tathandlungen im Sinne von § 21 Abs. 1 Nr. 1, Abs. 2 Nr. 1 und 2 StVG anordnet oder zulässt. Für die Halterstellung ist das Eigentum oder die Eintragung in der Zulassungsbescheinigung grundsätzlich unbeachtlich. Entscheidend ist vielmehr, wer das Kraftfahrzeug für eigene Rechnung gebraucht, wer die wesentliche Verfügungsgewalt hat.

Der Halter ist grundsätzlich verpflichtet, sich den Führerschein zeigen zu lassen. Dies gilt nicht, wenn er vorher sichere Kenntnis davon hatte, dass der andere über die erforderliche Fahrerlaubnis verfügt. Er darf dann vom Fortbestehen der Fahrerlaubnis ausgehen.[210]

209 Auflistung in Anlehnung an Hoja, S. 124; PP Frankfurt am Main, 2008.
210 KG NStZ-RR 2006, 249.

Subjektiver Tatbestand 773

§ 21 Abs. 1 StVG setzt Eventualvorsatz voraus. Nach § 21 Abs. 2 StVG wird auch fahrlässiges Handeln bestraft.

Zu den Sorgfaltspflichten des Halters gehört, dass er sich grundsätzlich den Führerschein zeigen lässt, vgl. vorherige Randnummer. Fahrlässiges Zulassen der Fahrt ist gegeben, wenn der Halter Fahrzeugschlüssel liegen lässt, obwohl Umstände die Fahrt befürchten lassen. Es reicht also das fahrlässige Ermöglichen der Fahrt.

> **Beispiel**
> Der 15-jährige S absolvierte bereits erfolgreich mehrere Fahrversuche mit Erlaubnis seines Vaters V auf dessen Privatgelände. S deutet beim Abendessen an, dass er jetzt doch „reif für den richtigen Straßenverkehr" sei. Unbemerkt nimmt er die Fahrzeugschlüssel von der Dielenkommode und fährt mit dem Pkw seines Vaters durch die Stadt.

S hat sich gemäß §§ 2, 21 Abs. 1 Nr. 1 StVG, V wegen seiner Nachlässigkeit gemäß § 21 Abs. 1 Nr. 2, Abs. 2 Nr. 1 StVG strafbar gemacht.[211]

Versuch und Beteiligung 774

Versuch ist nicht strafbar. § 21 Abs. 1 Nr. 1 StVG ist ein eigenhändiges Delikt, Täter kann nur der Führer eine Kraftfahrzeuges sein. Mittelbare Täterschaft ist daher ausgeschlossen. Anstiftung und Beihilfe sind nach den allgemeinen Regeln möglich.

Rechtswidrigkeit 775

In Betracht kommt zur Rechtfertigung allenfalls rechtfertigender Notstand gemäß § 34 StGB, welcher jedoch regelmäßig an den tatbestandlichen Voraussetzungen scheitert. Denn in der Regel wird eine entsprechende Gefahrenlage anders abwendbar sein.

> **Beispiel**
> Der A fährt sein verletztes Kind in ein Krankenhaus, ohne im Besitz der entsprechende Fahrerlaubnis zu sein.

Die Gefahr für das Kind kann auch durch Alarmierung eines Rettungswagens/Notarztes abgewendet werden, sodass eine Rechtfertigung gemäß § 34 StGB ausscheidet.

Konkurrenzen 776

Tateinheit möglich mit Körperverletzungs- und Tötungsdelikten, mit Diebstahl und auch Gefährdung des Straßenverkehrs. Bei einer zusammenhängenden Fahrt, auch bei Unterbrechungen, liegt nur eine Tat vor.

211 Vgl. dazu auch BayObLG NZV 1996, 462.

7.7 Kennzeichenmissbrauch, § 22 StVG

777
- ***Aufsatz-Literatur:*** *Jäger JA 2017, 231 (Mit falschen Schildern falsch gefahren und doch nichts richtig falsch gemacht); Trentmann NZV 2014, 298 (Die behördliche Stempelung von Kfz-Kennzeichen – „keine bloße Formsache"); Blum SVR 2009, 126 (Der Missbrauch von Kurzzeitkennzeichen); Thiemer NZV 2009, 587 (Strafrechtliche und praktische Probleme des Handels mit Kurzzeit- und roten Kennzeichen); Zopfs NZV 2008, 387 (Kennzeichenmissbrauch [§ 22 StVG] durch Nichtbeleuchtung des Kennzeichens?).*
- ***Leitentscheidungen:*** *BGH JuS 2000, 408 (keine Urkundenfälschung bei Auftragen von reflektierenden Mitteln).*
- ***Übungsfall:*** *Steffan JuS 2006, 723 (§§ 263, 315c, 315b StGB, § 21 StVG).*

778

Kennzeichenmissbrauch, § 22 StVG

I. Tatbestandsmäßigkeit

1. Objektiver Tatbestand

Abs. 1: a) Kraftfahrzeug oder -anhänger

b) amtliche Kennzeichnung vorgeschrieben, §§ 3, 4 Abs. 2 FZV

c) Tathandlung:

Nr. 1: amtliches Kennzeichen ist nicht ausgegeben: mit Anscheinszeichen versehen

Nr. 2: amtliches Kennzeichen ist ausgeben: mit anderen Kennzeichen versehen

Nr. 3: amtliches Kennzeichen
- verändern
- beseitigen
- verdecken
- sonst in Erkennbarkeit beeinträchtigen

Abs. 2: a) Kraftfahrzeug oder -anhänger mit nach Abs. 1 Nr. 1 – 3 veränderten Kennzeichen

b) öffentliche Wege und Plätzen

c) Tathandlung: Gebrauchen

2. Subjektiver Tatbestand
Eventualvorsatz

II. Rechtswidrigkeit

III. Schuld

IV. Ergebnis

Öffentlicher Straßenverkehr sind Verkehrsflächen, die jedermann oder allgemein bestimmten Gruppen von Verkehrsteilnehmern dauernd oder vorübergehend zur Benutzung offenstehen (BGHSt 16, 7).

Kraftfahrzeuge sind Landfahrzeuge, die durch Maschinenkraft bewegt werden, ohne an Bahngleise gebunden zu sein (§ 1 Abs. 2 StVG).

Gebrauch machen ist gegeben, wenn das Fahrzeug geführt wird oder wenn der Täter die Fahrt veranlasst oder zu ihr beiträgt.

Überblick 779

§ 22 StVG richtet sich dagegen, dass Halter- und Fahrerfeststellungen dadurch verhindert werden, indem amtliche Kennzeichen manipuliert oder gefälscht werden. Die Vorschrift ist nur anwendbar bei Kraftfahrzeugen, für die amtliche Kennzeichen nach §§ 3, 4 Abs. 2 FZV vorgeschrieben sind. Während 22 Abs. 1 StVG ein abstraktes Gefährdungsdelikt ist, normiert § 22 Abs. 2 StVG ein Verletzungsdelikt.

Amtliche Kennzeichen 780

Amtliche Kennzeichen im Sinne von § 22 StVG sind

- reguläre Kennzeichen (§ 8 FZV)
- Oldtimerkennzeichen (§ 9 As. 1 FZV)
- grüne Kennzeichen (§ 9 Abs. 2 FZV)
- Saisonkennzeichen (§ 9 Abs. 3 FZV)
- Kurzzeitkennzeichen, rote Kennzeichen (§ 16 FZV)
- rote Oldtimerkennzeichen (§ 17 FZV)
- Nationalitätszeichen „D" (§ 10 Abs. 10 FZV)
- Ausfuhrkennzeichen (§ 19 FZV)

Versicherungskennzeichen (§§ 26, 27 FZV) sind nicht amtlich, sie dienen lediglich dem Versicherungsnachweis. Sie sind daher vom Schutzbereich der Vorschrift nicht erfasst.

Tathandlung 781

- **Abs. 1 Nr. 1: amtliches Kennzeichen wurde nicht ausgegeben**
  Das Zeichen muss geeignet sein, den Anschein eines amtlichen Kennzeichens hervorzurufen. Einer festen Verbindung mit dem Fahrzeug bedarf es nicht, es genügt die hinreichende räumliche Zuordnungsmöglichkeit. Sie ist bereits gegeben, wenn das Anscheinszeichen hinter die Windschutzscheibe gelegt wird. Wer jedoch ein entstempeltes Kennzeichen am Fahrzeug belässt, versieht es nicht mit einem falschen Kennzeichen. Es liegt dann lediglich eine Ordnungswidrigkeit vor.

- **Abs. 1 Nr. 2: amtliches Kennzeichen wurde ausgegeben**
  Erfasst sind die Fälle, bei denen ein Kennzeichen für das Kraftfahrzeug ausgegeben wurde, dieses jedoch mit einem anderen Kennzeichen versehen wird.

  Beispiel
  Vertauschen von Kennzeichen, um bei einem Raub nicht ermittelt werden zu können.

- **Abs. 1 Nr. 3: amtliches Kennzeichen wurde ausgegeben**
  Tathandlungen sind das Verändern, Beseitigen oder allgemein die Beeinträchtigung der Erkennbarkeit angebrachter amtlicher Kennzeichen. Das Gesetz nennt als Spezialfall der Beeinträchtigung der Erkennbarkeit das Verdecken.

  Beispiele
  Überkleben des Kennzeichens mit einer „Antiblitzfolie", Hochbiegen eines Kradkennzeichens[212]

---

212 Vgl. BayObLG NZV 1999, 213; BGH JuS 2000, 408 mit Besprechung von Martin.

Die Beeinträchtigung der Erkennbarkeit liegt nach h.M. auch schon dann vor, wenn die Kennzeichenbeleuchtung nicht eingeschaltet ist.[213]

- **Abs. 2: Kfz/Anhänger mit falschen/manipulierten Kennzeichen gebrauchen**
  Gebrauch machen ist entsprechend der Definition weit zu verstehen, auch das Schieben eines Kraftfahrzeuges gehört dazu.

782 **Subjektiver Tatbestand**

Eventualvorsatz hinsichtlich der objektiven Merkmale ist ausreichend. Aus den Worten „Wer in rechtswidriger Absicht ..." in § 22 Abs. 1 StVG ist zu schließen, dass der Täter zudem in der Absicht handeln muss, die Feststellung und Erkennbarkeit des Kraftfahrzeugs zu erschweren, mithin einen falschen Beweis zu erbringen. Dieses zusätzliche Merkmal gilt auch für Absatz 2.

Für die Strafbarkeit nach § 22 Abs. 2 ist ausweislich des Wortlautes entgegen der wohl h.M. direkter Vorsatz hinsichtlich des unrichtigen Kennzeichens zu fordern.[214]

783 **Versuch und Beteiligung**

Versuch ist nicht strafbar. Beteiligung ist nach den allgemeinen Regeln möglich.

Vorbereitungshandlungen zum Kennzeichenmissbrauch sind in § 22a StVG unter Strafe gestellt.

784 **Konkurrenzen, Abgrenzung zu § 267 StGB**

Da das Fahrzeug mit einem gesiegelten Kennzeichen eine zusammengesetzte Urkunde darstellt, ist die Abgrenzung zur Urkundenfälschung nach § 267 StGB besonders zu beachten. Diese ist (vorrangig) gegeben, wenn das gesiegelte Kennzeichen ausgetauscht oder verändert wird. Wird hingegen ein Fahrzeug mit entsiegelten Kennzeichen geführt, ist § 267 StGB nicht erfüllt. Vgl. dazu im Einzelnen Rn. 344 ff. § 22 Abs. 1 StVG tritt hinter den Verletzungstatbestand § 22 Abs. 2 StVG zurück.

Beispiel

A biegt das Kennzeichen an seinem Kraftrad nach oben, damit es nicht abgelesen werden kann. Sodann fährt er mit seinem Krad durch die Stadt.

A hat sich strafbar gemacht nach § 22 Abs. 1 und 2 StGB. Er wird jedoch nur nach § 22 Abs. 2 StVG bestraft, das Anbringen des falschen Kennzeichens tritt im Wege der Gesetzeskonkurrenz zurück.

§ 22 StVG ist formell subsidiär. Dies bedeutet, dass die Vorschrift hinter anderen Delikten zurücktritt, die das verbotene Verhalten mit schwerer Strafe bedrohen. In Betracht kommt insbesondere Urkundenfälschung.

Tateinheit möglich mit § 21 StVG; §§ 222, 229, 316 StGB.

213 Hentschel/König/Dauer-König, § 22 StVG, Rn. 5 m.w.N., a.A. Zopfs NZV 2008, 387.

214 So auch Hentschel/König/Dauer-König § 22 StVG, Rn. 8; jedenfalls an der h.M. zweifelnd: Burmann/Heß/Jahnke/Janker § 22 StVG, Rn. 7.

7.8 Klausur- und Praxishinweise: Straßenverkehrsdelikte

§ 142 StGB 785

Der Tatbestand ist komplex. Es besteht die Gefahr, dass man sich im „Dschungel" oft divergierenden Entscheidungen der Rechtsprechung zu einzelnen Tatbestandsmerkmalen verrennt. Daher ist es wichtig, die verschiedenen Tatalternativen genau auseinanderzuhalten. Sichere Systemkenntnis geht gerade bei § 142 StGB vor Detailkenntnis.

Oft erhebt der Täter den Einwand, er habe den Verkehrsunfall nicht bemerkt. Dies kann i.d.R. durch sorgfältige Aufnahme des objektiven Befundes, erforderlichenfalls mittels eines technischen Gutachtens, widerlegt werden.

§ 316 StGB 786

Bei Trunkenheitsfahrten ist von der hohen Dunkelziffer von 1:300 auszugehen.[215]

Problematisch ist oft die Feststellung der relativen Fahrunsicherheit. Gerötete Augen, nervöses Verhalten, Kaugummi kauen und Fahren mit geöffnetem Fenster bei kalter Jahreszeit mögen den Verdacht einer Fahrunsicherheit erregen, begründen aber für sich alleine nicht die relative Fahrunsicherheit. Zwar können auch Auffälligkeiten im Verhalten einer Person eine Fahrunsicherheit begründen, jedoch insbesondere bei Fahrten unter BtM-Einfluss hat der Bundesgerichtshof wiederholt darauf hingewiesen, dass insbesondere Fahrfehler vorliegen müssen. Dabei ist immer kritisch zu fragen, ob auch ein fahrtüchtiger Fahrzeugführer in dieser Verkehrssituation versagt hätte. Je höher der Wert beim Atemalkoholtest, desto weniger Anforderungen sind an die Ausfallerscheinungen zu stellen. Die Ausfallerscheinungen sind in jeden Fall genau zu protokollieren.

§ 315c StGB 787

Da der Gefährdungsvorsatz kaum nachweisbar ist, erheben die Staatsanwaltschaften regelmäßig Anklage wegen fahrlässiger Begehungsweise gemäß § 315c Abs. 1 i.V.m. Abs. 3 Nr. 1 StGB.[216]

In der gerichtlichen Praxis bildet § 315c Abs. 1 Nr. 2 StGB eher eine untergeordnete Rolle. Dies liegt vor allem daran, dass das subjektive Merkmal der Rücksichtslosigkeit schwer nachzuweisen ist. Hier bedarf es bei Anzeigenaufnahme besonderer Sorgfalt. Formelhafte Bezeichnungen der Motivation können konkrete Feststellungen subjektiver Rücksichtslosigkeit nicht ersetzen.[217]

§ 315b StGB 788

Problematisch ist vor allem die Abgrenzung zu § 315c StGB bei Tathandlungen aus dem fließenden Verkehr. Daher muss die Rechtsprechung des Bundesgerichtshofs zum Schädigungsvorsatz sicher beherrscht werden.

Nicht zu vergessen ist die Verweisung von § 315b Abs. 3 StGB zu § 315 Abs. 3 StGB. Die Tat wird dann zum Verbrechen.

§ 22 StVG 789

Die Vorschrift sollte immer im Kontext zu § 267 StGB gesehen werden. Die Abgrenzung sollte sicher beherrscht werden.

215 Fischer § 316, Rn. 48.
216 Vgl. auch Schmidt/Priebe m.w.N.
217 Vgl. Fischer § 315c, Rn. 14a.

Lernkontrolle „Straßenverkehrsdelikte“

1	Erläutern Sie die Abgrenzung zwischen § 142 Abs. 1 Nr. 1 und 2 StGB.
2	Bilden Sie für die Tatalternativen von § 142 Abs. 1, 2 und 4 StGB jeweils einen Beispielsfall.
3	Erklären Sie die Begriffe relative und absolute Fahrunsicherheit.
4	Erklären Sie anhand von Praxisbeispielen, worauf sich die Fahrunsicherheit bei § 315c StGB begründen kann.
5	Definieren Sie „grob verkehrswidrig“ und „rücksichtslos“.
6	Skizzieren Sie den Deliktsaufbau für § 315c StGB, wenn die Gefahr fahrlässig verursacht wurde.
7	Grenzen Sie § 315c StGB von § 315b StGB ab.
8	Nennen Sie jeweils 3 Beispiele für die Tatalternativen des § 315b Abs. 1 StGB.
9	Nennen Sie die Fallgruppen, bei denen der Täter ohne Erlaubnis i.S.v. § 21 StVG handelt.
10	Erläutern Sie die Tathandlungen von § 22 StGB.

8 Unterlassene Hilfeleistung; Behinderung von hilfeleistenden Personen, § 323c StGB

- ***Aufsatz-Literatur:*** *Lenk JuS 2018, 229 (Die Strafbarkeit des „Gaffers" gem. § 323c II StGB); Havliza DRiZ 2018, 86 (Auch Tote verdienen Schutz vor Gaffern); Schiemann NJW 2017, 1846 (Das Gesetz zur Stärkung des Schutzes von Vollstreckungsbeamten und Rettungskräften); Robles Planas GA 2008, 18 (Zwischen Beihilfe zu Tat und unterlassener Hilfeleistung [usw.]); Geppert JURA 2005, 39 (Die unterlassene Hilfeleistung).* 790
- ***Leitentscheidungen:*** *BGHSt-GrSen 6, 147 (Gefahrenlage durch Suizidversuch ist ein Unglücksfall); BGHSt 11, 136 („Allgemeines Sittengesetz" zur Konkretisierung der Zumutbarkeit).*
- ***Übungsfall:*** *Schöder ZJS 2018, 76 („Tod auf Rezept?"); Ellbogen/Stage JA 2005, 353 („Die S-Bahn-Fahrt: Körperverletzungs- und Tötungsdelikte, § 323c StGB).*

791

Unterlassene Hilfeleistung, § 323c StGB

I. Tatbestandsmäßigkeit
   1. Objektiver Tatbestand
      a) Gefahrensituation
         - Unglücksfall
         - gemeine Gefahr
         - gemeine Not
      b) Tathandlung
         - Unterlassen der Hilfeleistung bei Möglichkeit, Erforderlichkeit und Zumutbarkeit (Abs. 1)
         - Behindern von Hilfeleistenden (Abs. 2)
   2. Subjektiver Tatbestand
      Eventualvorsatz
II. Rechtswidrigkeit
III. Schuld
IV. Ergebnis

Unglücksfall ist ein plötzliches äußeres Ereignis, das eine erhebliche Gefahr für Personen oder Sachen bringt (BGHSt-GrSen 6, 147 [152]).

Gemeine Gefahr ist ein Zustand, bei dem die Möglichkeit eines erheblichen Schadens an Leib oder Leben oder an bedeutenden Sachwerten für bestimmt viele Personen naheliegt (La/Kü § 323c, Rn. 3).

Gemeine Not ist eine die Allgemeinheit betreffende Notlage (Fischer § 323c, Rn. 3d).

Erforderlich ist die Hilfeleistung, wenn sie nach dem Urteil eines verständigen Beobachters geeignet und notwendig ist, um drohende weitere Schäden abzuwenden (SK-Rudolphi/Stein § 323c, Rn. 17).

Behindern ist die spürbare, nicht unerhebliche Störung der Rettungstätigkeit.

792 **Überblick**

§ 323c StGB konstituiert in Absatz 1 als echte Unterlassungspflicht Handlungspflichten bei bestimmten Gefahrenlagen. Dies ist von dem Gedanken getragen, dass ein Mindestmaß an mitmenschlicher Solidarität im Allgemeininteresse liegt. Zudem sind Individualrechtsgüter der in Not Geratenen geschützt. Täter kann – im Gegensatz zu unechten Unterlassungsdelikten – jeder sein, eine Garantenpflicht ist nicht vorausgesetzt.

§ 323c Abs. 2 StGB wurde mit dem Gesetz zur Stärkung des Schutzes von Vollstreckungsbeamten und Rettungskräften vom 23.5.2017 eingefügt. Die Norm erweitert den Schutz aus § 323c Abs. 1 StGB auf das Behindern bei der Hilfeleistung. Damit soll insbesondere dem „Gafferunwesen" bei Unglücksfällen begegnet werden.

793 **Gefahrenlage**

Die Vorschrift unterscheidet 3 Gefahrenlagen:

- **Unglücksfall**
  Ausreichend ist die Gefahr bloßer Sachgefahr, in der Regel wird es aber um Gefahren für Leib oder Leben handeln.

  Beispiele
  Betriebsunfall, Verkehrsunfall, drohende Gewalttaten, Suizidversuch[218].

- **Gemeine Gefahr**

  Beispiele
  Erdbeben, Überschwemmungen, Brände.

- **Gemeine Not**
  Der Begriff überschneidet sich zum Großteil mit dem der gemeinen Gefahr.

  Beispiel
  Strom-, Wasserausfall in einer Gemeinde.

794 **Möglichkeit der Hilfeleistung**

Art und Maß der Hilfeleistung richten sich nach den Fähigkeiten und Möglichkeiten des Hilfepflichtigen. Dies wird bei einem in dieser Hinsicht Unerfahrenen anders zu werten sein als bei einem Bereitschaftsarzt.

Der Tatbestand setzt nach dem Wortlaut nicht voraus, dass sich der Hilfspflichtige am Gefahrenort befindet. Somit macht sich auch strafbar, wer keine Maßnahmen zur Hilfe einleitet, aber sich selbst nicht vor Ort befindet.

> **Beispiel**
> O ist Opfer eines Raubdeliktes und dabei verletzt worden. In seiner Aufregung wählt er die erste Nummer der Adressbuchfunktion seines Handys. Es ist die Nummer seines Nachbarn N, der aber keine weiteren Maßnahmen unternimmt, da er den O nicht mehr leiden kann.

N hat sich gemäß § 323c StGB strafbar gemacht. Unerheblich ist, dass er sich nicht selbst vor Ort befand.

---

218 BGHSt-GrSen 6, 147.

Erforderlichkeit der Hilfeleistung 795

Die Hilfeleistung muss erforderlich, mithin notwendig sein. Die Erforderlichkeit entfällt, wenn bereits andere Personen helfen oder wenn sie von vornherein nutzlos ist. Maßgebend ist das Ex-ante-Urteil (lat.: „aus vorher") eines verständigen Beobachters. Daher kann auch die Hilfeleistung bei einem Schwerstverletzten erforderlich sein, wenn sich erst nachher herausstellt, dass das Leben nicht mehr zu retten war, dies aber an der Unglücksstelle nicht abzusehen war.[219]

Zumutbarkeit der Hilfeleistung 796

Nach h.M. ist die individuelle Zumutbarkeit bereits Tatbestandsmerkmal. Die Zumutbarkeit ist namentlich ausgeschlossen, wenn der Täter sich durch die Hilfeleistung in erhebliche Gefahr bringen würde.

Beispiel
A wird von drei Tätern angegriffen. B hilft nicht aus Angst, selbst Opfer eines Gewaltdeliktes zu werden.

Zudem ist die Zumutbarkeit ausgeschlossen, wenn andere wichtige Pflichten vorrangig sind. Dies bestimmt sich nach einer Abwägung widerstreitender Interessen.

Beispiel
A ist guter Schwimmer, unterlässt aber die Rettung eines Ertrinkenden, um seine Kleinkinder mangels Überwachung nicht zu gefährden.[220]

Nach der Rechtsprechung ist es einem Ehemann nicht zuzumuten, die Bilanzselbsttötung seiner schwer kranken Frau zu verhindern.[221] Die Gefahr der Strafverfolgung lässt die Zumutbarkeit grundsätzlich nicht entfallen, denn jedenfalls ist eine anonyme Unterrichtung Hilfswilliger regelmäßig zumutbar. Die Zumutbarkeit entfällt auch nicht für das Opfer, das sich in Notwehr verteidigt hat.[222]

Behinderung von Hilfeleistenden, § 323c Abs. 2 StGB 797

Die Norm wurde im Mai 2017 um den Absatz 2 erweitert. Nunmehr ist nicht nur das Nichthelfen (Unterlassungsdelikt), sondern auch das Behindern (Begehungsdelikt) bei der Hilfe strafbewährt. Es kommt nicht darauf an, ob die Behinderung tatsächlich negative Auswirkung auf die Hilfeleistung hatte, allein der Erfolg des Behinderns erfüllt den Tatbestand. Diese muss aber von einigem Gewicht sein.

Beispiele
Versperren des Weges, Nichtbeiseitetreten, Blockieren von Notfallgassen, Beeinträchtigung von Ärzten und Krankenhauspersonal in der Notaufnahme.

Die Tat muss sich gegen einen Hilfeleistenden richten. Dies kann jede Person sein, die anderen helfen möchte, eine Zugehörigkeit zu einer Organisation ist nicht erforderlich.

---

219 BGH NStZ 1985, 501.
220 Nach Sch/Sch-Cramer/Sternberg-Lieben § 323c, Rn. 21.
221 BGHSt 32, 367; insofern aber bereits ein Problem beim unechten Unterlassungsdelikt.
222 BGH NStZ 1985, 501.

798 **Subjektiver Tatbestand**

Eventualvorsatz ist ausreichend. Er muss sich insbesondere auf die Gefahrenlage, die Erforderlichkeit und die Zumutbarkeit der Hilfeleistung beziehen. Irrt der Täter in dieser Hinsicht, schließt dieser Irrtum gemäß § 16 StGB den Vorsatz aus.

Im Hinblick auf § 323c Abs. 2 StGB muss sich der Vorsatz auch auf das Behindern beziehen. Der Täter muss also mindestens billigend in Kauf nehmen, dass durch seine Handlung die erforderliche Hilfeleistung verhindert, verzögert oder in ihrer Wirkung verringert wird.[223]

799 **Versuch**

Versuch ist nicht strafbar. Dies lässt die Bedeutung des Vollendungszeitpunktes des Deliktes in den Vordergrund rücken. Streitig ist dies insbesondere in den Fällen, bei denen der Täter nach anfänglichem Zögern schließlich doch zur Unglücksstelle zurückkehrt und hilft. Zum Teil wird angenommen, dass nur dann die vollendete Tat vorliegt, wenn der Täter durch Zögern die Chance einer möglichst erfolgreichen Schadensabwehr endgültig versäumt hat. Nach h.M. ist die Tat jedoch bereits vollendet, wenn der Täter die von ihm erkannte Hilfsmöglichkeit verstreichen lässt.[224] Damit ist die Tat bereits vollendet, wenn der Täter an der Unfallstelle vorbeifährt, auch wenn er kurze Zeit später zurückkehrt. Strafbefreiung durch analoge Anwendung der Grundsätze der tätigen Reue kommt mangels ausdrücklicher Regelung nicht in Betracht.[225]

800 **Beteiligung**

Täterschaft und Teilnahme sind nach den allgemeinen Regeln möglich, wird jedoch nur in engen Grenzen zum Tragen kommen. Denn derjenige, dem Hilfe möglich und zuzumuten ist, ist bereits potentieller Täter des § 323c StGB. Aber denkbar ist Anstiftung durch denjenigen, der zur Hilfe nicht imstande und daher nicht hilfspflichtig ist.

801 **Konkurrenzen**

Gesetzeskonkurrenz liegt vor mit einer den Unglücksfall herbeiführenden Begehungstat, welche den Vorrang hat. Daher bedarf es bei der Prüfung von Gewaltdelikten nicht der Prüfung des § 323c StGB. Ebenso ist ein unechtes Unterlassungsdelikt vorrangig.

Tateinheit möglich mit §§ 142, 315b StGB.

Hinsichtlich des Zusammentreffens mit Ordnungswidrigkeiten, die Hilfeleistungspflichten begründen, gilt § 21 OWiG. Demnach geht die Straftat vor.

Bei § 323c Abs. 2 StGB können Handlungen, die die Behinderung bewirken, tateinheitlich erfüllt werden, so z.B. §§ 240, 303 StGB.

---

223 Fischer § 323c, Rn. 31.
224 BGHSt 14, 213.
225 H.M., a.A. La/Kü § 323c, Rn. 11 m.w.N.

9 Betäubungsmitteldelikte

- ***Aufsatz-Literatur:*** *Bechtel JR 2017, 197 (Zur Reichweite des strafrechtlichen Eigentumsschutzes bei Betäubungsmitteln); Patzak/Goldhausen NStZ 2014, 384 (Rechtsprobleme im Zusammenhang mit Cannabisplantagen); Schmidt NJW 2009, 2999 (Die Entwicklung des Betäubungsmittelstrafrechts bis Mitte 2009); Deiters JuS 2006, 302 (Straflosigkeit des agent provocateur?); Winkler NStZ 2009, 433 und 2008, 444 (Verbrechen und Vergehen gegen das Betäubungsmittelgesetz); Endriß/Kinzig NJW 2001, 3217 (Neuralgische Punkte des Betäubungsmittelstrafrechts); Sobota NStZ 2013, 509 („Bandenmäßiger Anbau" zum Eigenkonsum – Zur Notwendigkeit einer teleologischen Reduktion des Bandenbegriffs im BtMG).* 802
- ***Leitentscheidungen:*** *BVerfGE 90. 145 (Strafbarkeit des unerlaubten Umgangs mit Cannabisprodukten verstößt nicht gegen das Grundgesetz, es gibt kein Recht auf Rausch); BGHSt 45, 321 (Lockspitzeleinsatz) siehe auch Kotz/Rahlf NStZ 2009, 193 (Betäubungsmittelrechtliche Entscheidungen des BVerfG sowie der Ober- und Instanzgerichte – 2008); Oğlakcioğlu StV 2013, 720 („Keine Ahnung was das ist, aber es macht high" – Der Irrtum über die Eigenschaft eines Stoffes als Betäubungsmittel), Hillenbrand StRR 2018, 5 (Entscheidungen des BGH im Betäubungsmittelrecht 2017).*

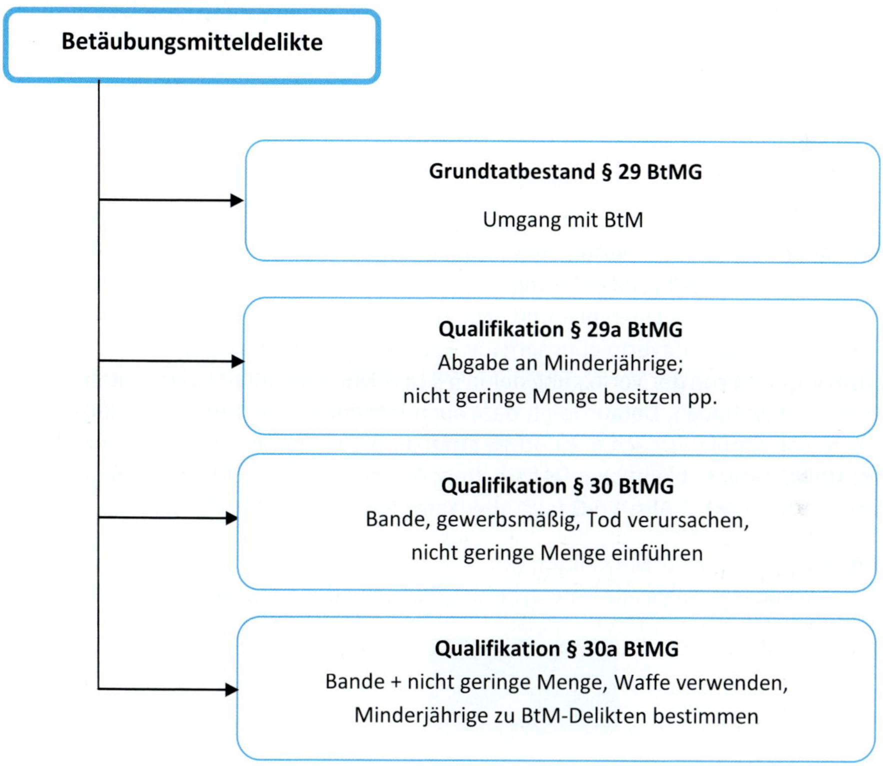

Überblick 803

Die Betäubungsmitteldelikte sind wichtigster Teil der strafrechtlichen Nebengesetze. Betäubungsmittel sind gemäß § 1 BtMG die in Anlage I bis III des BtMG genannten Stoffe.

Beispiele
Heroin („H" oder „Aitsch"), Cannabis (Haschisch [„Shit", „Peace", „Dope"] und Marihuana [„Gras", „Pott", „Weed"]), Kokain („Koks", „Schnee"), Amphetamin („Speed", „Pep"), Methamphetamin („Yaba"), Codein, Opium, Morphin, Dextromethadon, Ecstasy („E", „love-drug"), LSD („Acid").

Das Betäubungsmittelgesetz regelt als gefahrenabwehrendes Gesetz den Umgang mit Betäubungsmitteln, Regeln zum Erlaubnisverfahren, Pflichten bei Betäubungsmittelverkehr sowie die Überwachung. Im sechsten Abschnitt sind die Straftaten normiert.

804 **Strafbarkeit von Gelegenheitskonsumenten**

Nach der Grundsatzentscheidung des Bundesverfassungsgerichts[226] ist es mit dem Grundgesetz vereinbar, die gelegentliche Einnahme von Cannabisprodukten zu bestrafen, während die Einnahme von Alkohol nicht bestraft wird. Denn bei der vom Verhältnismäßigkeitsgrundsatz geforderten Beurteilung der Eignung und Erforderlichkeit des gewählten gesetzlichen Mittels zur Erreichung des erstrebten Zwecks steht dem Gesetzgeber ein Beurteilungsspielraum zu. Dies gilt auch bei der in diesem Zusammenhang vorzunehmenden Einschätzung und Prognose der dem Einzelnen oder der Allgemeinheit drohenden Gefahren. Daher ist es zulässig, den Alkoholkonsum rechtlich anders zu werten als den BtM-Konsum. Soweit jedoch Strafvorschriften des Betäubungsmittelgesetzes Verhaltensweisen mit Strafe bedrohen, die ausschließlich den

- gelegentlichen Eigenverbrauch,
- geringer Mengen,
- von Cannabisprodukten,
- der nicht mit einer Fremdgefährdung verbunden ist,

zum Gegenstand haben, verstoßen sie deshalb nicht gegen das Übermaßverbot, weil der Gesetzgeber es den Strafverfolgungsorganen ermöglicht, durch das Absehen von Strafe (vgl. § 29 Abs. 5 BtMG) oder Strafverfolgung (vgl. §§ 153 ff StPO, § 31a BtMG) einem geringen individuellen Unrechts- und Schuldgehalt der Tat Rechnung zu tragen. In diesen Fällen werden die Strafverfolgungsorgane – so das Bundesverfassungsgericht – nach dem Übermaßverbot von der Verfolgung der in § 31a BtMG bezeichneten Straftaten grundsätzlich abzusehen haben. Daraus folgt, dass auch Tathandlungen zum gelegentlichen Eigenkonsum von Cannabis nach § 29 BtMG strafbar, jedoch bei fehlender Fremdgefährdung einzustellen sind. Es bleibt aber festzuhalten: Aus dem Grundrecht der allgemeinen Handlungsfreiheit in Art. 2 Abs. 1 GG folgt aber kein „Recht auf Rausch".

805 **Mengenangaben bei BtM-Delikten**

Das Betäubungsmittelgesetz unterscheidet 3 verschiedene Mengenangaben:

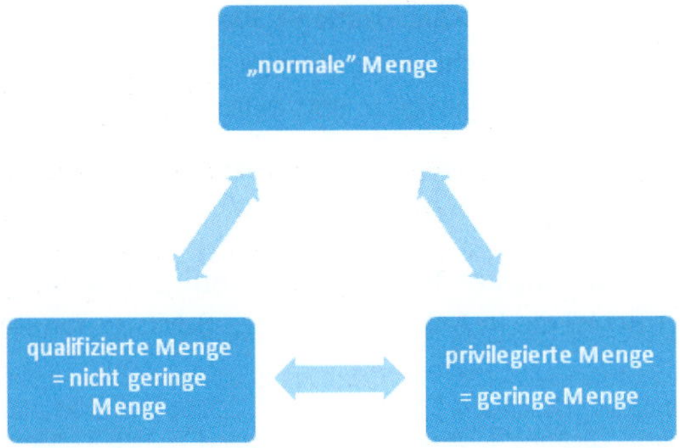

226 BVerfGE 90, 145.

Die normale Menge ist relevant für die Tatbestände, die keine qualifizierte Menge fordern, somit insbesondere für alle Tathandlungen nach § 29 BtMG. Er bezeichnet die Menge, die für die Tatbestandsmäßigkeit ausreicht. Dies ist bereits ab einer messbaren BtM-Menge der Fall. 806

Die qualifizierte Menge ist in den Tatbeständen der §§ 29a Abs. 1 Nr. 2; 30 Abs. 1 Nr. 4; 30a Abs. 1, Abs. 2 Nr. 1 BtMG als „nicht geringe Menge" bezeichnet. Sie begründet eine Strafbarkeit der genannten Deliktsvarianten und bestimmt sich nach dem Wirkungstoffgehalt des Betäubungsmittels, vgl. Rn. 820.

Die privilegierte Menge wird in §§ 29 Abs. 5, 31a BtMG als geringe Menge bezeichnet. Sie ist nicht für die Tatbestandsmäßigkeit, sondern für eine mögliche Einstellung des Verfahrens relevant. Sie ist abhängig von der Gesamtmenge und bestimmt sich nach den dazu erlassenen Landesvorschriften. Nach den nordrheinwestfälischen „Richtlinien zur Anwendung des § 31a Abs. 1 BtMG"[227] sind die priviligierten Mengen (= geringe Menge zum Eigenverbrauch) festgelegt auf:

– Cannabisprdukte = 10 Gramm

– Heroin, Kokain, Amphetamin = 10 Gramm

– andere BtM = mehr als 3 Konsumeinheiten

Zur möglichen Einstellung des Verfahrens muss neben einer priviligierten Menge die geringe Schuld des Täters und mangelndes öffentliches Interesse an der Strafverfolgung hinzukommen. Geringe Schuld ist regelmäßig bei Betäubungsmittelabhängigkeit anzunehmen. Ein öffentliches Interesse an der Strafverfolgung ist gegeben, wenn der Rechtsfrieden über den Lebenskreis des Betroffenen hinaus gestört und die Strafverfolgung ein gegenwärtiges Anliegen der Allgemeinheit ist. Dies kann der Fall sein, wenn die Tat nachhaltige Auswirkungen auf die Sicherheit des öffentlichen Straßenverkehrs befürchten lässt.

Problematik der Tatprovokation durch Lockspitzel (Agent Provocateur) 807

Lockspitzel ist eine Person, die einen anderen zu einer Tat provoziert. Der Erfolg der Verbrechensbekämpfung gerade im BtM-Bereich hängt letztlich davon ab, inwieweit die hauptverantwortlichen Straftäter, die Organisatoren, Finanziers und im Hintergrund agierenden Drahtzieher der Begehung von Straftaten überführt werden können. Um diesem Ziel näher zu kommen, werden verdeckt operierende Polizeibeamte in die Organisationen eingeschleust und V-Leute eingesetzt. Der Begriff des V-Mannes ist nicht fest umgrenzt. Im Allgemeinen handelt es sich um eine Person, die der Polizei nicht nur im Einzelfall aus unterschiedlichen Motiven bei der Aufklärung von Straftaten behilflich ist, die Hinweise gibt, die zur Verhinderung und Aufklärung von Straftaten dienlich sind, und deren Identität nach Möglichkeit von der Ermittlungsbehörde geheim gehalten wird. Der Begriff des V-Mannes umfasst sowohl den gelegentlichen Hinweisgeber, der berufsbedingt (z.B. als Taxifahrer oder Gastwirt) Erkenntnisse erlangt, als auch Personen, die entweder dem kriminellen Milieu angehören oder angehört haben oder die mit der Absicht in dieses Milieu eingedrungen sind (z.B. Undercover-Agent), Erkenntnisse zu erlangen, und die ihr Wissen der Polizei preisgeben.[228] Der Einsatz von V-Personen (VP) und verdeckt ermittelnden Poli-

227 Gemeinsamer Runderlass des Justizministeriums und des Ministeriums für Inneres und Kommunales vom 19.5.2011; IMBl. NRW S. 106.

228 BGHSt-GrSen 32, 115.

zeibeamten (VE) ist zur Bekämpfung besonders gefährlicher und schwer aufklärbarer Kriminalität, zu der insbesondere auch der Rauschgifthandel gehört, grundsätzlich zulässig. Dies gilt auch dann, wenn diese Personen als Lockspitzel tätig werden.[229] Wird eine unverdächtige und zunächst nicht tatgeneigte Person durch die von einem Amtsträger geführte VP in einer dem Staat zuzurechnenden Weise zu einer Straftat verleitet und führt dies zu einem Strafverfahren, liegt darin ein Verstoß gegen den Grundsatz des fairen Verfahrens gemäß Art. 6 Abs. 1 S. 1 MRK. Er führt nicht zu einem Verfahrenshindernis, sondern ist bei der Festsetzung der Rechtsfolgen zu kompensieren.[230] Wegen Anstiftung ist der VE/die VP nicht zu bestrafen, weil es insofern an dem gemäß § 26 StGB erforderlichen Doppelvorsatz fehlt – er will nicht die Beendigung der Tat.

808 **Polizeiliche Kriminalstatistik**

Bei den Rauschgiftdelikten hat sich der Trend der Zunahme auch 2017 fortgesetzt. Insgesamt wurden rund 330.000 Fälle registriert, 9,2 % mehr als zuvor.[231] Dies könnte mit der ständig erhöhten Polizeipräsenz und verstärkten Kontrollintensität, aber auch mit der steigenden Verfügbarkeit vieler Rauschgiftarten in Deutschland und Europa sowie der ausweitenden Vertriebswege über das Internet zusammenhängen. Die meisten Verfahren wurden wegen Cannabis eingeleitet. Weiter an Bedeutung gewinnen aber auch Amphetamin und Derivate (inkl. Ecstasy) sowie Kokain einschließlich Crack.

229 BGHSt 45, 321.
230 BGHSt 45, 321.
231 BMI, Bericht zur PKS 2017, S. 18.

9.1 Umgang mit Betäubungsmitteln in einfacher Menge, § 29 BtMG

- ***Aufsatz-Literatur:*** *Kudlich JA 2017, 71 (Das Zeug ist nur zur Schmeztherapie... mhmm, ja klar"); Becker NJW 2018, 963 (Anmerkung zum Urteil des BGH zum fahrlässigen Handeltreiben); Pratzak/Marcus/Goldhausen NStZ 2006, 259 (Cannabis – wirklich eine harmlose Droge?)* 809
- ***Leitentscheidungen:*** *BGH NJW 2018, 961 (zum fahrlässigen Handeltreiben); BVerfGE 90, 145 (Strafbarkeit des unerlaubten Umgangs mit Cannabisprodukten verstößt nicht gegen das Grundgesetz, es gibt kein Recht auf Rausch.); BGHSt-GrSen 50, 252 (grundsätzlich zum Begriff des Handeltreibens); BGHSt 30, 277 (Diebstahl von BtM mit Veräußerungsabsicht ist kein Handeltreiben); BGH StV 2013, 153 (Handeltreiben mit BtM bei Anbau von Cannabis).*

§ 29 BtMG

I. Tatbestandsmäßigkeit
   1. Objektiver Tatbestand
      a) Betäubungsmittel, Anlage I - III BtMG
      b) Tathandlung nach § 29 Abs. 1 Nr. 1 - 14 BtMG
   2. Subjektiver Tatbestand
      Vorsatz/Fahrlässigkeit (§ 29 Abs. 4 BtMG)

II. Rechtswidrigkeit

III. Schuld

IV. Besonderheit

   gff. besonders schwerer Fall nach § 29 Abs. 3 BtMG

V. Ergebnis

810

Betäubungsmittel sind die in Anlage I - III zum BtMG genannten Stoffe.

Handelt treiben ist jede eigennützige, auf Güterumsatz gerichtete Tätigkeit, auch wenn sich diese als ein einmaliges, gelegentliches oder vermittelndes Tätigwerden darstellt (BGHSt-GrSen 50, 252).

Besitzen ist gegeben, wenn die tatsächliche Verfügungsgewalt über Betäubungsmittel zu eigenen Zwecken ausgeübt wird, welche über den unmittelbaren Konsum hinausgeht.

Überblick 811

§ 29 BtMG ist die zentrale Strafvorschrift des Betäubungsmittelgesetzes. Dabei wird – bis auf den Konsum – jeglicher unerlaubter Umgang mit Betäubungsmitteln in einfacher Menge bestraft. Einfache Menge meint damit die Menge, die unterhalb der nicht geringen Menge i.S.v. § 29a StGB liegt.

Straflos ist lediglich der Konsum von Betäubungsmitteln.

Die Vorschrift ist ein abstraktes Gefährdungsdelikt.

Tathandlungen 812

Strafbar macht sich, wer unerlaubt/ohne Erlaubnis i.S.v. § 3 – 9 BtMG einer der folgenden Tathandlungen hinsichtlich Betäubungsmittel begeht:

- **anbauen**

- **herstellen**
  Herstellen ist nach der Legaldefinition des § 2 Abs. 4 BtMG das Gewinnen, Anfertigen, Zubereiten, Be- oder Verarbeiten, Reinigen und Umwandeln von Betäubungsmitteln.
- **Handel treiben**
  Darunter versteht die ständige Rechtsprechung jede eigennützige, auf Güterumsatz gerichtete Tätigkeit, auch wenn sich diese als ein einmaliges, gelegentliches oder vermittelndes Tätigwerden darstellt. Sie muss die einverständliche Übertragung von BtM von einer Person auf die andere zum Endziel haben.[232] Diese weite Auslegung wird in der Literatur kritisiert, vom großen Senat in Strafsachen aber bestätigt.[233] Für die Annahme vollendeten Handeltreibens reicht es demnach aus, dass der Täter bei einem beabsichtigten Ankauf von zum gewinnbringenden Weiterverkauf bestimmten Betäubungsmitteln in ernsthafte Verhandlungen mit dem potenziellen Verkäufer eintritt. Es reichen auch Dienste des Kuriers aus, der entgeltlich die zum Verkauf bestimmten Waren transportiert.
- **einführen**
  Einfuhr ist das Verbringen von Betäubungsmitteln aus dem Ausland über die Grenze in das Hoheitsgebiet der Bundesrepublik Deutschland.[234]
- **ausführen**
- **abgeben**
  Sich verschaffen oder sonst in den Verkehr bringen.
  Dies sind Auffangtatbestände, die weitere Formen der Erlangung oder Verschaffung tatsächlicher Verfügungsgewalt erfasst.
- **erwerben**
  Damit ist die Erlangung einer tatsächlichen Verfügungsmacht über das Betäubungsmittel auf abgeleitetem Wege gemeint.[235]
- **eine Zubereitung i.S.v. § 2 Abs. 1 Nr. 3 BtMG herstellen**
- **besitzen**

  Damit ist nicht lediglich die Verfügungsgewalt gemeint. Vielmehr ist in Abgrenzung zum straflosen Konsum an ein kausales Verhalten anzuknüpfen, nämlich an die Herbeiführung oder Aufrechterhaltung des Zustandes.[236] Lediglich strafloser Konsum liegt vor, wenn ein Konsument Betäubungsmittel in verbrauchsgerechter Menge zum sofortigen Konsum an Ort und Stelle zur Verfügung gestellt bekommt; hier hat der Konsument noch keine tatsächliche Sachherrschaft erhalten, da die Zugriffsmöglichkeit nach juristischer Betrachtung noch bei der Person verbleibt, die die Betäubungsmittel bereitstellt, während der Konsument nur zwischen Konsum und Nichtkonsum entscheiden kann.[237]

  Steckt der Betreffende das Betäubungsmittel jedoch ein, um es später zu konsumieren, besitzt er es.

232 BGHSt 30, 277.
233 BGHSt-GrSen 50, 252.
234 BGHSt 31, 252.
235 BGHSt 40, 208.
236 BGHSt 27, 380.
237 MüKo/Kotz § 29, Rn. 931 nach Patzak/Bohnen Kapitel 2, Rn. 66.

- **durchführen**
- **verschreiben**
- **verabreichen**
- **zum unmittelbaren Gebrauch überlassen**
- **in einer Apotheke abgeben**
- **werben**
- **unrichtige Angaben machen**
- **einem anderen Gelegenheit zum Erwerb/zur Abgabe geben, andern verleiten**
- **öffentliche, in Versammlungen oder durch Schriften auffordern, BtM zu verbrauchen**
- **Geldmittel o.ä. für ausgewählte Tathandlungen bereitstellen**
- **Verstoß gegen Sicherheits- und Kontrollpflichten**

Subjektiver Tatbestand 813

Eventualvorsatz ist für alle Tatalternativen ausreichend.

Fahrlässiges Handeln ist gemäß § 29 Abs. 4 BtMG in den Fällen des § 29 Abs. 1 Nr. 1, 2, 5, 6b und 10 BtMG strafbar.

Versuch und Beteiligung 814

Versuch ist nach § 29 Abs. 2 BtMG in den Fällen der § 29 Abs. 1 Nr. 1, 2, 3 oder 6b BtMG strafbar. Damit sind die praxiswichtigen Fälle erfasst. Beteiligung ist nach den allgemeinen Regeln möglich.

Konkurrenzen 815

Betreffen mehrere Handlungen die gleiche Menge an Betäubungsmitteln, so werden sie zu einer Bewertungseinheit zusammengefasst.

Beispiel
Der Täter kauft 10 g Haschisch, verkauft diese zu je 2 g an andere weiter.

Die insgesamt 6 Einzelhandlungen werden zu einer Tat (Handel treiben) zusammengefasst.

9.2 § 29a BtMG

816
- ***Aufsatz-Literatur:*** *Patzak/Goldhausen NStZ 2007, 195 (Die aktuellen Wirkstoffgehalte von Cannabis)*
- ***Leitentscheidungen:*** *BGHSt 32, 162 (Nicht geringe Menge von Heroin), BGHSt 33, 8 (Nicht geringe Menge bei Cannabis); BGHSt 35, 43 (Nicht geringe Menge bei LSD); BGHSt 33, 133 (Nicht geringe Menge bei Kokain); BGHSt 42, 255 (Nicht geringe Menge bei Ecstasy); BGHSt 35, 179 (Nicht geringe Menge bei Morphin).*

817

§ 29a BtMG

I. **Tatbestandsmäßigkeit**

1. Objektiver Tatbestand

a) Betäubungsmittel, Anlage I-III BtMG

Nr. 1:

b) als Täter über 21 Jahre

c) Tathandlung:
unerlaubt an Personen unter 18 Jahre
- abgeben
- verabreicht
- zum unmittelbaren Verbrauch überlassen

Nr. 2:
b) nicht geringe Menge
c) unerlaubt
- Handel treiben
- herstellen
- abgeben
- besitzen

2. Subjektiver Tatbestand

Vorsatz

II. **Rechtswidrigkeit**

III. **Schuld**

IV. **Ergebnis**

Betäubungsmittel sind die in Anlage I - III zum BtMG genannten Stoffe.

Handel treiben ist jede eigennützige, auf Güterumsatz gerichtete Tätigkeit, auch wenn sich diese als ein einmaliges, gelegentliches oder vermittelndes Tätigwerden darstellt (BGHSt-GrSen 50, 252).

Besitzen ist gegeben, wenn die tatsächliche Verfügungsgewalt über BtM zu eigenen Zwecken ausgeübt wird, welche über den unmittelbaren Konsum hinausgeht.

Abgeben ist jede Gewahrsamsübertragung an einen anderen zu dessen freier Verfügungsgewalt, entgeltlich oder unentgeltlich.

Zum unmittelbaren Verbrauch überlassen ist die Hingabe zum sofortigen Verbrauch an Ort und Stelle.

818 **Überblick**

Die Vorschrift trägt der besonderen Schutzbedürftigkeit Minderjähriger Rechnung. Zudem wird die erhöhte Gefährlichkeit nicht geringer Mengen von Betäubungsmitteln qualifiziert bestraft. Die Tat ist ein Verbrechen.

Tatalternativen 819

- **Abs. 1 Nr. 1**

Täter kann nur eine Person über 21 Jahre sein.

- **Abs. 1 Nr. 2**

  Maßstab für die Bestimmung der nicht geringen Menge ist nicht die Gesamtmenge, sondern die Wirkstoffmenge. Die gefestigte Rechtsprechung hat dazu Grenzwerte ermittelt:

820

Rauschmittel	Wirkstoff-Grenzwert für „nicht geringe Menge"
Heroin	> 1,5 g Heroinhydrochlorid
Kokain	> 5 g Kokainhydrochlorid
LSD	> 6 mg Lysergsäurediäthylamid
Morphin	> 4,5 g Morphinhydrochlorid
Ecstasy	> 30 g MDE/MDMA-Base
Cannabis (Marihuana, Haschisch, Haschischöl)	> 7,5 g Tetrahydrocannabinol (THC)

Die Feststellung der Strafbarkeit hängt also von der Reinheit des Rauschmittels ab und ist letztlich nur durch chemische Untersuchung zu ermitteln. 821

Sind Gegenstand der Tat verschiedene Betäubungsmittel, die jede für sich die nicht geringe Menge nicht überschreiten, so kann § 29 Abs. 1 Nr. 2 trotzdem gegeben sein. Es kommt dann nämlich zu einer Addition der einzelnen Wirkstoffmengen.

Subjektiver Tatbestand 822

Der Täter muss mit Eventualvorsatz handeln. Insbesondere muss dieser sich auf das Alter der anderen Person (Nr. 1) bzw. auf die Menge (Nr. 2) beziehen.

Versuch und Beteiligung 823

Der Versuch des Verbrechens ist stets strafbar, § 23 Abs. 1 StGB. Beteiligung ist nach den allgemeinen Regeln möglich.

9.3 § 30 BtMG

824
- ***Aufsatz-Literatur**: siehe Rn. 802.*
- ***Leitentscheidungen:** BVerfG NJW 1997, 1910 (Vorschrift ist verfassungsgemäß); BGHSt-GrSen 46, 321 (Bande umfasst mindestens 3 Personen).*

825

§ 30 BtMG

I. **Tatbestandsmäßigkeit**

1. Objektiver Tatbestand

a) Betäubungsmittel, Anlage I - III BtMG

Nr. 1:

b) als Bandenmitglied

c) Tathandlung:
unerlaubt
- anbauen
- herstellen
- Handel treiben

Nr. 2:
b) gewerbsmäßig
c) Tathandlung nach § 29a Abs. 1 Nr. 1

Nr. 3:
b) Tathandlung
- abgeben
- einem anderen verabreichen
- zum unmittelbaren Verbrauch überlassen

c) Erfolgsqualifikation, § 18 StGB
- Tod
- Kausalität
- mindestens leichtfertig
  obj. Sorgfaltspflichtverletzung
  obj. Vorhersehbarkeit

Nr. 4:
b) nicht geringe Menge
c) Tathandlung: einführen

2. Subjektiver Tatbestand

Vorsatz

II. **Rechtswidrigkeit**

III. **Schuld**

IV. **Ergebnis**

Betäubungsmittel sind die in Anlage I - III zum BtMG genannten Stoffe.

Handel treiben ist jede eigennützige, auf Güterumsatz gerichtete Tätigkeit, auch wenn sich diese als ein einmaliges, gelegentliches oder vermittelndes Tätigwerden darstellt (BGHSt-GrSen 50, 252).

Abgeben ist jede Gewahrsamsübertragung an einen anderen zu dessen freier Verfügungsgewalt, entgeltlich oder unentgeltlich.

Zum unmittelbaren Verbrauch überlassen ist die Hingabe zum sofortigen Verbrauch an Ort und Stelle.

Bande ist eine Gruppe von mindestens 3 Personen, die sich ausdrücklich oder stillschweigend zur Verübung fortgesetzter Taten verbunden hat (vgl. Fi § 244, Rn. 34).

Gewerbsmäßig stiehlt, wer in der Absicht handelt, sich durch die Delikte eine regelmäßige Einnahmequelle zu verschaffen.

Leichtfertig handelt der Täter, wenn er die ihm obliegenden Sorgfaltspflichten in einem besonders hohen Maß missachtet oder sich in gleichgültiger Weise über die Möglichkeit der Todesfolge hinwegsetzt.

Überblick 826

Besonders gefährliche Angriffe auf die Volksgesundheit sollen bei dieser Qualifikation erfasst werden. Ziel der Vorschrift ist im Wesentlichen, die Abschreckungswirkung zu erhöhen und mit der Mindeststrafe von 2 Jahren eine angemessen Bestrafung herbeizuführen.

Tatalternativen 827

- **Nr. 1**
  Der Bandenbegriff entspricht dem bei § 244 StGB.
- **Nr. 2**
  Die Gewerbsmäßigkeit entspricht dem Begriff in §243 StGB. Qualifiziert wird die Abgabe an Minderjährige, soweit sie gewerbsmäßig geschieht.
- **Nr. 3**
  Hierbei handelt es sich um eine Erfolgsqualifikation.[238] Die Tatalternative ist erfüllt, wenn zum vorsätzlich begangenen Grunddelikt ein wenigstens leichtfertig herbeigeführter Tod eines anderen tritt. Daraus folgt, dass § 30 Abs. 1 Nr. BtMG auch erfüllt ist, wenn der Tod vorsätzlich herbeigeführt wurde. Dann wird die Vorschrift allerdings durch das Tötungsdelikte verdrängt.
  Der Tod muss wenigstens leichtfertig herbeigeführt worden sein, er kann also auch vorsätzlich herbeigeführt werden. Leichtfertigkeit ist eine besonders schwere Form der Fahrlässigkeit. Aufgrund des hohen Strafrahmens des § 30 BtMG sind besondere Anforderungen an die Leichtfertigkeit zu stellen, die sich von denen der einfachen Fahrlässigkeit deutlich unterscheiden.[239] Die Begehung des Grunddeliktes reicht für sich alleine noch nicht aus, um Leichtfertigkeit zu bejahen. Problematisch ist in diesem Zusammenhang oftmals, wie sich der Aspekt der freiwilligen Selbstgefährdung des Opfers auf die Strafbarkeit auswirkt. Nach h.M. ist die freiwillige Selbstgefährdung als Ausschluss der Fahrlässigkeit unrelevant, solange der Täter Tatherrschaft über das Geschehen hat.[240]

  Beispiel
  A gibt dem O auf dessen Verlangen Rauschmittel, irrt sich jedoch völlig unbedarft dabei: anstatt Kokain übergibt er reines Heroin.

  Da die Tatherrschaft hinsichtlich des schädigenden Ereignisses nicht allein bei O lag, ist der Aspekt der freiwilligenden Selbstschädigung zu vernachlässigen. A hat sich nach § 30 Abs. 1 Nr. 3 BtMG strafbar gemacht.
- **Nr. 4**
  Zur nicht geringen Menge siehe Rn. 819 ff.

Subjektiver Tatbestand 828

Eventualvorsatz ist ausreichend.

Versuch und Beteiligung 829

Der Versuch des Verbrechens ist stets strafbar, § 23 Abs. 1 StGB. Beteiligung ist nach den allgemeinen Regeln möglich. Eine Beteiligter, der nicht gewerbsmäßig handelt, kann nur nach dem Grunddelikt bestraft werden. Die Bandenmitgliedschaft ist besonderes persönliches Merkmal im Sinne von § 28 StGB.

---

238 Vgl. dazu allgemein Band 1, Rn. 218.
239 So auch Fischer § 251, Rn. 7.
240 Vgl. BGH NStZ 2009, 148.

9.4 § 30a BtMG

830 • ***Aufsatz-Literatur:*** *siehe Rn. 802.*

• ***Leitentscheidungen:*** *BVerfG NJW 1997, 1910 (Vorschrift ist auch bei Umgang mit Cannabisprodukten verfassungsgemäß); BGHSt-GrSen 48, 197 (Mittäterschaftliche Zurechnung des Führens einer Schusswaffe möglich); BGHSt-GrSen 48, 197 (Schreckschusswaffen sind geladenen Gaswaffen gleichzusetzen.)*

831

§ 30a BtMG

I. **Tatbestandsmäßigkeit**

1. Objektiver Tatbestand

a) Betäubungsmittel, Anlage I - III BtMG

Abs. 1:

b) nicht geringe Menge

c) als Bandenmitglied

d) Tathandlung:
unerlaubt
- anbauen, - herstellen
- Handel treiben, - ein-/ausführen

Abs. 2 Nr. 1

b) Täter über 21 Jahre
c) Tathandlung
Minderjährigen bestimmen
- Handel zu treiben, - ein-/auszuführen
- zu veräußern, - abzugeben
- sonst in den Verkehr zu bringen - eine dieser Handlungen zu fördern

Abs. 2 Nr. 2

b) nicht geringe Menge
c) (Schuss-)Waffe mit sich führen
d) Tathandlung
- Handel treiben, - ein-/ausführen
- sich verschaffen

2. Subjektiver Tatbestand
Vorsatz

II. **Rechtswidrigkeit**

III. **Schuld**

IV. **Ergebnis**

Betäubungsmittel sind die in Anlage I - III zum BtMG genannten Stoffe.

Handel treiben ist jede eigennützige, auf Güterumsatz gerichtete Tätigkeit, auch wenn sich diese als ein einmaliges, gelegentliches oder vermittelndes Tätigwerden darstellt (BGHSt-GrSen 50, 252).

Bande ist eine Gruppe von mindestens 3 Personen, die sich ausdrücklich oder stillschweigend zur Verübung fortgesetzter Taten verbunden hat (vgl. Fi § 244, Rn. 34).

Bestimmen bedeutet Hervorrufen des Tatentschlusses.

Schusswaffen sind Angriffs- oder Verteidigungsgegenstände, bei denen Geschosse durch einen Lauf getrieben werden.

Mitsichführen bedeutet, dass der Täter den Gegenstand bei Begehung der Tat derart bei sich haben muss, dass er ihn jederzeit, ohne nennenswerten Zeitaufwand, zum Einsatz bringen könnte (vgl. Sch/Sch § 244, Rn. 6).

Überblick 832

Die Vorschrift ist mit einer Mindestfreiheitsstrafe von 5 Jahren die schärfste Qualifizierung der Betäubungsmittelstraftaten.

Tatalternativen 833

- **Abs. 1 (Bandendelikte)**
  Die Variante kombiniert die Qualifikationsmerkmale der nicht geringen Menge und des Bandenmitgliedes mit ausgewählten Tathandlungen des Grundtatbestandes.
- **Abs. 2 Nr. 1 (Minderjährige zu BtM-Delikten bestimmen)**
  Die Grundsätze, die bei § 26 StGB für das Bestimmen entwickelt wurden, gelten auch hier. Demnach liegt das Bestimmen vor, wenn der Täter beim Minderjährigen den Tatentschluss für ausgewählte Tathandlungen weckt.
- **Abs. 2 Nr. 2 (Umgang mit Betäubungsmitteln unter Mitführen von Waffen)**
  Schusswaffen entsprechend § 1 Waffengesetz Angriffs- und Verteidigungswaffen, bei denen Geschosse durch einen Lauf getrieben werden.

  Beispiele
  Pistolen, Revolver, Gewehre, Luftdruckwaffen, Gaswaffen (soweit das Gas nach vorne entweicht).

  Nach der Grundsatzentscheidung des Großen Senats für Strafsachen am Bundesgerichtshof sind geladene Schreckschusswaffen den Gaswaffen gleichgestellt. Sie sind also auch Schusswaffen i.S.d. Gesetzes, soweit der Explosionsdruck nach vorne austritt. Für alle Schusswaffen gilt, dass sie gebrauchsfähig sein müssen, um die Variante zu erfüllen.

  Beispiele
  Ungeladene Schusswaffe im Hosenbund, dabei geladenes Magazin in der Hosentasche.
  Nicht: Messer im Rucksack.[241]

  Die sonstigen Gegenstände sind solche, die bestimmt und geeignet sind, Menschen zu verletzen.

  Beispiele
  Schlagring, Tonfa, Messer, Baseballschläger (bei entsprechender Zweckbestimmung).

  Der Gegenstand muss während der Tatbegehung, als mindestens zeitweise im Zeitraum vom unmittelbaren Ansetzen bis zur Beendigung, mitgeführt werden. Das Merkmal ist inhaltlich zu verstehen wie in das „Beisichführen" in § 250 StGB.

Subjektiver Tatbestand 834

Eventualvorsatz ausreichend.

Versuch und Beteiligung 835

Der Versuch des Verbrechens ist stets strafbar, § 23 Abs. 1 StGB. Beteiligung ist nach den allgemeinen Regeln möglich. Eine Beteiligter, der nicht gewerbsmäßig handelt, kann nur nach dem Grunddelikt bestraft werden. Die Bandenmitgliedschaft ist besonderes persönliches Merkmal im Sinne von § 28 StGB. Führt nur einer der Täter eine Schusswaffe mit sich, kann eine Zurechnung für die Mittäter nach den allgemeinen Regeln erfolgen.

241 BayObLG NJW 1999, 2535.

9.5 Klausur- und Praxishinweise: Betäubungsmitteldelikte

836 Betäubungsmitteldelikte sind auf den ersten Blick übersichtlich, da es sich lediglich um vier Tatbestände handelt. Dabei ist jedoch zu bedenken, dass schon der Grundtatbestand eine Vielzahl von verschiedenen Tatalternativen beinhaltet, wobei jedoch auch nur einige davon praxisrelevant sind.

Gut beherrscht werden sollten die praxisrelevanten Varianten von § 29 BtMG sowie § 29a BtMG. Dabei ist von besonderer Bedeutung, was unter einer nicht geringen Menge von Betäubungsmitteln zu verstehen ist.

Die übrigen Delikte erklären sich im Wesentlichen selbst. Mit Grundkenntnissen über erfolgsqualifizierte Delikte und der auch bei Raub bedeutsamen Merkmale Bande und Schuss-(Waffe) sind die Prüfungen anhand des Gesetzestextes gut zu bewerkstelligen.

837 Nach RiStBV Nr. 257 i.V.m. Nr 256 Abs. 2 ist ein besonderes Augenmerk auf die Erkennung überörtlicher Zusammenhänge zu richten.

838 § 33 Abs. 2 BtMG enthält eine spezielle Einziehungsvorschrift. In jeden Fall – auch bei kleinsten Mengen – sind Betäubungsmittel zur Einziehung zu beschlagnahmen.

Lernkontrolle „Betäubungsmitteldelikte“

1	Geben Sie einen Überblick über die BtM-Delikte und erläutern Sie dabei Deliktscharakter und Systematik der Delikte.
2	Erläutern Sie die polizeipraktischen Tatalternativen des § 29 StGB.
3	Was ist unter einer „nicht geringen Menge“ und einer „geringen Menge“ i.S.d. BtMG zu verstehen?
4	Definieren Sie die Begriffe „Besitz“ und „Handel treiben“.
5	Erläutern Sie die rechtliche Beurteilung von Konsumenten, die nur gelegentlich Cannabisprodukte zu sich nehmen.
6	Erklären Sie den Begriff und die rechtliche Problematik des „Agent Provocateur“.
7	Skizzieren Sie den Prüfungsaufbau von § 29a BtMG.
8	Nennen Sie je einen Beispielsfall für die Tatalternativen des § 30 BtMG.
9	Wie wirkt sich die freiwillige Selbstgefährdung des Opfers für den Täter bei § 30 BtMG aus?
10	Was versteht man unter einer Bande i.S.v. § 30a BtMG?

3. Teil

Übungsklausur

Übungsklausur: „Abkassieren ohne Schrott“

Die Klausur kombiniert ausgewählte Probleme des Betruges und der Anschlussdelikte mit Urkundenfälschung. Vom Allgemeinen Teil des Strafgesetzbuches werden Versuch, unechte Unterlassung sowie Teilnahme behandelt.

Die Klausur hat einen mittleren Schwierigkeitsgrad. Die Bearbeitungszeit beträgt 3 Stunden.

1 Sachverhalt

Die Bundesregierung hat zur Belebung der Konjunktur und zur Verringerung des CO_2-Ausstoßes durch Altfahrzeuge eine sogenannte „Abwrackprämie“ beschlossen. Danach erhält der Käufer eines Neu- oder Jahreswagens 2 500 €, wenn er seinen mindestens 9 Jahre alten Pkw verschrotten lässt.

A ist Besitzer eines 13 Jahre alten VW-Käfers. Es handelt sich um ein Liebhaberfahrzeug, das noch sehr gut erhalten ist. Er möchte seine Frau mit einem neuen Wagen überraschen, aber auch die Prämie kassieren, ohne seinen VW-Käfer verschrotten zu lassen.

Daher spricht er seinen Freund U an, der einen Autoverwertbetrieb unterhält. Dieser bestätigt ihm nach mehrmaligem Drängen wahrheitswidrig mit einem „Verwertungsnachweis“, dass der VW-Käfer verschrottet sei. Den Nachweis versieht U mit dem Firmenstempel und seiner Unterschrift. Für diesen „Freundschaftsdienst“ erhält er von A eine Kiste hochwertigen Rotwein. Auf Bitten der eingeweihten Freundin F bekommt diese eine Flasche davon, um sie ihrem Großvater zu schenken.

A erwirbt sodann beim Autohaus Vogel einen 6 Monate alten Mazda MX 5 zu dem marktüblichen Preis. Dabei verschweigt der Autoverkäufer V jedoch, dass der Wagen vor Kurzem einen – inzwischen wieder fachmännisch behobenen – Unfallschaden hatte. Zudem bietet er A ein CD-Radio zum angeblichen Sonderpreis von 600 € an, der Listenpreis betrage 1000 €. Tatsächlich beträgt der reguläre Verkaufspreis jedoch 600 €. In Anbetracht des „einmaligen Angebotes“ erwirbt A das CD-Radio.

Zu Hause füllt er den Antrag für die „Abwrackprämie“ aus, fügt die Kaufvertragskopie und den Verwertungsnachweis bei und reicht den Antrag beim zuständigen Bundesamt für Wirtschaft und Ausfuhrkontrolle ein. Der dortige Verwaltungsmitarbeiter schöpft jedoch Verdacht, zahlt die Prämie nicht aus und schaltet die Polizei ein, die die Ermittlungen aufnimmt.

Als U von der Aufnahme der Ermittlungen erfährt, bittet er F, die restlichen Weinflaschen im Jagdhaus seiner Eltern zu deponieren. F folgt dieser Bitte. Dadurch wird U erst mehrere Wochen später durch Zeugenaussagen der Tat überführt.

2 Aufgabe

Beurteilen Sie gutachterlich die Strafbarkeit von A, U, V und F!

3 Lösung

Die Methodik der Fallbearbeitung orientiert sich an folgenden 4 Schritten[1]:

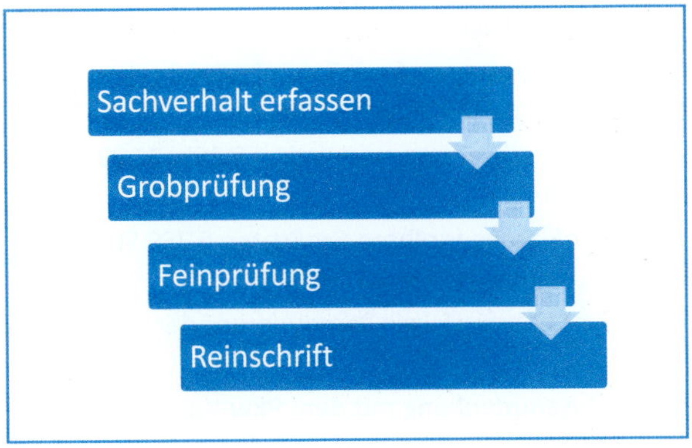

1. Schritt: Sachverhalt erfassen
Besondere Sorgfalt ist bei der Erfassung des Sachverhalts notwendig. Dabei kann der Aufgabentext direkt farblich markiert werden. Die Sachverhaltserfassung hat unter Beachtung der Aufgabenstellung nebst Bearbeitungshinweisen zu erfolgen, die sorgfältig am Anfang zu lesen ist. Die spätere Lösung hat sich strikt an der Fallfrage zu orientieren. Alle darüber hinausgehende Erörterungen sind überflüssig und damit ist das erstellte Gutachten fehlerbehaftet.

2. Schritt: Grobprüfung
Bei der Grobprüfung ist als Erstes eine Struktur durch Bildung von Handlungsabschnitten festzulegen, handelnde Personen darunter einzuordnen. Die Handlungsabschnitte sind grundsätzlich chronologisch abzuarbeiten. Es schließt sich dann das Herausfiltern von strafrechtlich relevantem Verhalten an. **Erst danach** erfolgt die Zuweisung zu etwaigen Delikten. In diesem Bearbeitungsstadium sollten alle Delikte notiert werden, die nicht ganz fern liegend in Betracht kommen könnten.

3. Schritt: Feinprüfung
Im Anschluss an die Grobprüfung erfolgt die genauere Feinprüfung. **Auf einem gesonderten Blatt** sollte nun die Reinschrift strukturell vorbereitet werden. Dazu bestimmt man die Reihenfolge der Deliktprüfungen, skizziert die Prüfungen und legt die Darstellungsschwerpunkte fest.

4. Schritt: Reinschrift
Mit der Vorlage der Feinprüfung erfolgt die Reinschrift. Dabei ist schon äußerlich auf einen ausreichenden Rand, eine klare Struktur, ein ordentliches Schriftbild und die Rechtschreibregeln zu achten. Absätze kennzeichnen neue Gedankengänge. Das Schreiben eines strafrechtlichen Gutachtens ist kein linearer Vorgang: Die geeignete Stilmischung mit inhaltlich richtiger Schwerpunktsetzung macht den Unterschied.

1 Vgl. dazu im Einzelnen schon Band 1, Rn. 69 ff.

3.1 Grobprüfung

A. Das Geschehen im Zusammenhang der Verschrottung und der Antragstellung

I. U durch Ausstellung Verschrottungsnachweis § 267 StGB (-)
→ nur schriftliche Lüge

II. A durch Abschicken des Antrages, §§ 263, 22, 23 StGB (+)
→ Versuch, weil kein Vermögensschaden

III. U durch Ausstellung Verschrottungsnachweis, §§ 263, 22,23, 27 StGB (+)
→ kein Problem

IV. F durch Annahme der Flasche für Ihren Großvater, § 259 StGB (-)
→ nicht aus „rechtswidriger Tat“ erlangt

Sinn des § 259 StGB nicht erfasst, kein Perpetuierung der rechtswidrigen Vermögenslage

B. Das Geschehen im Zusammenhang mit dem Pkw-Kauf

I. V durch Verschweigen Unfallschaden §§ 263, 13 StGB (+)
→ Garantenstellung aus besonderem Vertrauensverhältnis, liegt dem Grundsatz von Treu und Glauben zugrunde

II. V durch Verkauf des CD-Radios, § 263 StGB (-)
→ kein Vermögensschaden, Betrug schützt nicht das Dispositionsinteresse

C. Das Geschehen um das Wegbringen des Weines

I. F durch Wegbringen des Weines § 257 StGB (-)
→ kein Vorteil der rechtswidrigen Tat

II. F durch Wegbringen des Weines § 258 StGB (+)
→ Verzögerung der Ermittlungen hinreichend, daher schon Vollendung

III. U durch Bitte, Wein wegzubringen §§ 258, 26 StGB (-)
→ Strafbarkeit scheitert am persönlichem Strafausschließungsgrund § 258 Abs. 5 StGB

3.2 Feinprüfung

1. Tatkomplex: Das Geschehen im Zusammenhang mit der angeblichen Verschrottung und der Antragstellung
Strafbarkeit von U
§ 267 Abs. 1 Var. 1 StGB durch Ausstellung des Verschrottungsnachweises

I. Tatbestand

a) Urkunde (+)

b) Tathandlung: Unechte Urkunde herstellen (-)

Problem: schriftliche Lüge, keine Identitätstäuschung

II. Ergebnis (-)

Strafbarkeit von A
A. §§ 267, 26 StGB durch mehrmaliges Drängen, den Verschrottungsnachweis auszustellen

I. Tatbestand
rw. Haupttat (-) siehe oben

II. Ergebnis (-)

B. §§ 263, 22, 23 StGB z.N. des Bundesamtes durch Abschicken des Antrages

I. Vorprüfung
a) keine Vollendung (+), da kein Irrtum
b) Versuch strafbar (+) , 267 Abs. 2 StGB

II. Tatbestand
1. Tatentschluss
Vorsatz auf
– Irrtum (+)
– Vermögensverfügung (+)
– Vermögensschaden (+)
Problem: Ziel der Hingabe der Prämie durch Kauf eines Neuwagens z.T. erreicht

Problem: Dreiecksbetrug

– Zudem handelte A in der Absicht, sich einen – stoffgleichen – rechtswidrigen Vermögensvorteil zu verschaffen

2. Unmittelbares Ansetzen (+), durch Abschicken des Antrages

III. Rechtswidrigkeit und Schuld (+)

IV. Ergebnis (+)

(nochmals) Strafbarkeit des U
§§ 263, 22, 23, 27 StGB durch Ausstellen des Verschrottungsnachweises

I. Tatbestand
1. objektiver Tatbestand

a) Haupttat (+), durch versuchten Betrug, siehe oben
b) Hilfeleisten (+)

2. subjektiver Tatbestand
„doppelter Gehilfenvorsatz" (+)

II. Rechtswidrigkeit und Schuld (+)

III. Ergebnis (+)

Strafbarkeit der F
§ 259 Abs. 1 StGB durch Annahme der Flasche Wein

I. Tatbestand
a) Sache (+)
b) aus rechtswidriger Tat erlangt (-),
Problem: nicht unmittelbar erlangt, nur für ein rw. Tat erlangt

II. Ergebnis (-)

2. Tatkomplex: Das Geschehen im Zusammenhang mit dem Pkw-Kauf
Strafbarkeit von V

A. §§ 263, 13 StGB z.N. von A durch Verschweigen des Unfallschadens

I. Tatbestand
1. objektiver Tatbestand
a) Täuschungshandlung (+)
Problem: durch Unterlassen, Garantenstellung bei Gebrauchtwagenhandel durch Treu und Glauben
b) Irrtum (+)
c) Vermögensverfügung (+) , durch Zahlung Kaufpreis
d) Vermögensschaden (+), durch höheren Kaufpreis

2. subjektiver Tatbestand
a) Vorsatz (+)
b) Absicht rw. Bereicherung (+)

II. Rechtswidrigkeit und Schuld (+)

III. Ergebnis (+)

B. § 263 Abs. 1 StGB durch Verkauf des CD-Radios

I. Tatbestand
a) Täuschung (+), durch Angabe, es handele sich um einen Sonderpreis
b) Irrtum (+)
c) Vermögensverfügung (+)
d) Vermögensschaden (-)

Problem: Gesamtsaldierung ergibt keinen Vermögensschaden, Dispositionsinteresse nicht geschützt

II. Ergebnis (-)

3. Tatkomplex: Das Geschehen um das Wegbringen der Weinflaschen
Strafbarkeit von F

A. § 257 StGB durch Wegbringen der Weinflaschen

I. Tatbestand
1) Tatobjekt ist der Vorteil aus einer rechtswidrigen Tat (-)
Problem: Weinflaschen stammen nicht direkt aus rw. Tat, siehe oben bei Hehlerei

II. Ergebnis (-)

B. § 258 Abs.1 StGB durch Wegbringen der Weinflaschen

I. Tatbestand
1. objektiver Tatbestand
a) Vortat: Beihilfe des U zum versuchten Betrug des A (+)
b) Dadurch ist ein staatlicher Strafanspruch entstanden (+)
c) Taterfolg: Vereiteln (+)
Problem: geraume Zeitverzögerung = ca. 10 Tage = vollständiges Vereiteln,
a.A.: nur versuchte Strafvereitelung (abzulehnen)
2. subjektiver Tatbestand
a) Vorsatz (+)
b) Absicht, den Vereitelungserfolg herbeizuführen (+)

II. Rechtswidrigkeit und Schuld (+)

III. Ergebnis (+)

Strafbarkeit von U

§§ 258, 26 StGB durch Bitte an F, die Weinflaschen wegzubringen

I. Tatbestand
1. objektiver Tatbestand
a) vorsätzliche, rechtswidrige Tat eines anderen (+), siehe oben
b) bestimmen zur Tat (+)
2. subjektiver Tatbestand
„doppelter Anstiftervorsatz" (+)

II. Rechtswidrigkeit und Schuld (+)

III. Persönlicher Strafausschließungsgrund, § 258 Abs. 5 StGB (+)
F als Verlobte Angehörige gemäß § 11 Abs. 1 Nr. 1a StGB

IV. Ergebnis (-)

Gesamtergebnis

A : §§ 263, 22, 23 StGB

U : §§ 263, 22, 23, 27 StGB

V : §§ 263, 13 StGB

F : § 258 Abs. 1 StGB

3.3 Reinschrift

1. Tatkomplex: Das Geschehen im Zusammenhang mit der angeblichen Verschrottung und der Antragstellung
Strafbarkeit von U
U könnte sich durch Ausstellung des Verschrottungsnachweises gemäß § 267 Abs. 1 Var. 1 StGB strafbar gemacht haben.

I. Tatbestand
Voraussetzung ist zunächst, dass es sich bei diesem Nachweis um eine Urkunde handelt. Darunter sind verkörperte Gedankenerklärungen zu verstehen, die ihren Aussteller erkennen lassen sowie bestimmt und geeignet sind, im Rechtsverkehr Beweis zu erbringen. Der Nachweis lässt U als Aussteller erkennen, er dient als Voraussetzung zur Erlangen der Prämie und ist stofflich verkörpert, also eine Urkunde im Sinne des Gesetzes.

U müsste eine unechte Urkunde hergestellt haben. Eine Urkunde ist unecht, wenn aus ihr nicht der wahre Aussteller hervorgeht und nicht schon dann, wenn inhaltlich Falsches bekundet wird. Denn der Schutzzweck von § 267 StGB ist das Vertrauen in die Echtheit von Urkunden, nicht in deren sachlichen Richtigkeit. Aus der Urkunde geht U als Aussteller hervor. Es handelt sich damit nicht um eine unechte Urkunde. Da auch keine andere Tatvariante einschlägig ist, hat U den objektiven Tatbestand nicht erfüllt.

II. Ergebnis
U hat sich nicht wegen Urkundenfälschung strafbar gemacht.

Strafbarkeit von A
A. A könnte sich durch das Drängen gegenüber U, den Verschrottungsnachweis auszustellen, einer Anstiftung zur Urkundenfälschung gemäß §§ 267, 26 StGB schuldig gemacht haben.

Dafür bedarf es zunächst einer rechtswidrigen Haupttat eines anderen. Da sich jedoch U nicht wegen Urkundenfälschung strafbar gemacht hat, fehlt es an einer gemäß § 26 StGB vorausgesetzten rechtwidrigen Haupttat. Daher hat sich A durch mehrmaliges Drängen, den Verschrottungsnachweis auszustellen, nicht wegen Anstiftung zur Urkundenfälschung strafbar gemacht.

B. A könnte sich jedoch durch Abschicken des Antrages gemäß §§ 263, 22, 23 StGB z.N. des Bundesamtes strafbar gemacht haben.

I. Vorprüfung
Es ist nicht zu einem Irrtum des Verwaltungsmitarbeiters und auch nicht zu einem Schaden gekommen, das Delikt wurde also nicht vollendet.

Der Versuch ist strafbar gemäß § 263 Abs. 2 StGB.

II. Tatbestand
1. Tatentschluss
A müsste Tatenschluss hinsichtlich eines Betruges gehabt haben. Dies bedeutet zunächst, dass er Vorsatz auf die Erfüllung der objektiven Tatbestandsmerkmale des Betruges ge-

habt haben muss. Vorsatz hat der Täter, wenn er den Willen der Verwirklichung eines Straftatbestandes in Kenntnis aller seiner objektiven Tatumstände hat.

U hatte den Vorsatz, durch eine Täuschungshandlung einen Irrtum bei dem zuständigen Verwaltungsmitarbeiter zu erregen, der damit zur Auszahlung der Abwrackprämie veranlasst werden sollte.

Fraglich ist aber, ob auch Vorsatz auf einen Vermögensschaden bestand. Vermögensschaden ist gegeben, wenn der wirtschaftliche Gesamtwert des Vermögens gemindert wird. Der wirtschaftliche Wert wird mit Zahlung von Prämien per se gemildert, sodass allein dies nicht bestimmend sein kann, einen Vermögensschaden zu begründen. Zu klären ist also, inwiefern in diesen Fällen der bewussten Selbstschädigung überhaupt ein Vermögensschaden eintreten kann. Nach der Zweckverfehlungslehre ist ein Vermögensschaden in diesen Fällen gegeben, wenn der Zweck der Prämie mit der Auszahlung nicht erreicht wird. Vorsatz auf einen Vermögensschaden könnte daher verneint werden, da A letztlich einen Jahreswagen kauft, die Förderung der Automobilindustrie als Zweck der Prämienzahlung also erreicht wird. Da aber darüber hinaus mit der Prämie auch das Ziel verfolgt wird, den CO_2-Ausstoß durch Verschrottung von Altautos zu verringern, A aber bewusst und gewollt sein Altauto nicht verwertet, ist Vorsatz auf den Vermögensschaden zu bejahen.

Zudem ist aber fraglich, wie es sich auswirkt, dass Vorsatz auf Täuschung des Verwaltungsmitarbeiters bestand, der aber nicht identisch mit dem Geschädigten ist. Daher könnte A Vorsatz auf einen sogenannten Dreiecksbetrug gehabt haben. Dies setzt aber voraus, dass der Getäuschte rechtlich oder aufgrund der Nähebeziehung zum betroffenen Vermögen rein tatsächlich im Stande war, über das Vermögen des Dritten zu verfügen und dass trotz der Verfügung eines Vermögensfremden das Bild vom Selbstschädigungsdelikt erhalten bleibt. Der Mitarbeiter des Bundesamtes hat die Befugnis, über das Vermögen partiell durch Gewährung der Prämie zu verfügen, er steht auch durch seine Dienststellung in einem Näheverhältnis zum geschädigten Bundesamt. Vorsatz auf den Dreiecksbetrug liegt daher vor.

Zudem handelte A in der Absicht, sich einen – stoffgleichen – rechtswidrigen Vermögensvorteil zu verschaffen.

2. Unmittelbares Ansetzen
Unter unmittelbarem Ansetzen sind Handlungen des Täters zu verstehen, die nach dem Tatvorsatz der Verwirklichung eines Tatbestandsmerkmals unmittelbar vorgelagert sind und die im Falle ungestörten Fortgangs ohne Zwischenakte in die Tatbestandshandlung unmittelbar einmünden. Da A mit dem Abschicken des Antrags diesen aus seinem Machtbereich entlassen hat, ist dies zu bejahen.

III. A handelte überdies rechtswidrig und schuldhaft.

IV. Ergebnis
A hat sich gemäß §§ 263, 22 StGB strafbar gemacht.

(nochmals) Strafbarkeit des U

U könne sich durch Ausstellen des Verschrottungsnachweises gemäß §§ 263, 22, 23, 27 StGB strafbar gemacht haben.

I. Tatbestand

1. Objektiver Tatbestand

Die rechtswidrige vorsätzliche Haupttat liegt mit dem oben festgestellten versuchten Betrug des A vor.

Hilfeleisten liegt vor, wenn der Täter die Haupttat in physischer oder psychischer Art fördert. Durch die Ausstellung des Nachweises war die Tat des A überhaupt erst möglich. Damit liegt eine Hilfeleistung vor.

2. Subjektiver Tatbestand

U müsst zudem Vorsatz auf die Haupttat und auf die Hilfeleistung haben. Vorsatz hat der Täter, wenn er den Willen der Verwirklichung eines Straftatbestandes in Kenntnis aller seiner objektiven Tatumstände hat. U wusste, dass das Auto tatsächlich nicht verschrottet wurde und wozu der U den Nachweis benötigte, er wusste auch, dass er dazu behilflich ist. Da er den Taterfolg auch billigend in Kauf nahm, handelt er mit dem „doppelten" Gehilfenvorsatz.

II. U handelt überdies rechtswidrig und schuldhaft.

III. Ergebnis

U hat einer Beihilfe zum versuchten Betrug gemäß §§ 263, 22, 23, 27 StGB schuldig gemacht.

Strafbarkeit der F

F könnte sich durch die Annahme der Flasche Wein gemäß § 259 Abs. 1 StGB wegen Hehlerei strafbar gemacht haben.

I. Tatbestand

Bei der Flasche Wein handelt es sich um einen körperlichen Gegenstand, mithin eine Sache.

Diese müsste durch einen Diebstahl oder sonst durch eine gegen fremdes Vermögen gerichtete rechtswidrige Tat erlangt worden sein. Damit sind Taten gemeint, die unter Verletzung fremder Vermögensinteressen zu einem deliktischen Sacherwerb und unmittelbar dadurch zu einer rechtswidrigen Vermögenslage geführt haben. Da die Hehlerei sich nur auf Sachen bezieht, ist unter einer solchen Vermögenslage der rechtswidrige Sachbesitz zu verstehen. Die Flasche Wein stammt nicht direkt aus einer rechtswidrigen Tat, sondern war nur Lohn für eine rechtswidrige Tat. Daher ist sie nicht taugliches Tatobjekt einer Hehlerei.

II. Ergebnis

F hat sich nicht gemäß § 259 StGB strafbar gemacht.

2. Tatkomplex: Das Geschehen im Zusammenhang mit dem Pkw-Kauf
Strafbarkeit von V

A. V könnte sich dadurch, dass er den Unfallschaden verschwieg, gemäß §§ 263, 13 StGB z.N. von A wegen Betruges durch Unterlassen strafbar gemacht haben.

I. Tatbestand

1. Objektiver Tatbestand
V müsste zunächst über Tatsachen getäuscht haben. Täuschung ist ein zur Irreführung bestimmtes und damit der Einwirkung auf die Vorstellung eines anderen dienendes Gesamtverhalten. Die Unfallfreiheit ist ein dem Beweis zugänglicher Zustand der Gegenwart, mithin eine Tatsache. V hat aber nichts über die Eigenschaft als Unfallwagen gesagt. In Betracht kommt daher eine Täuschung durch Unterlassen. Dazu ist eine Garantenstellung erforderlich. Garantenstellung hat der Täter, wenn er rechtlich dafür einzustehen hat, dass der Erfolg nicht eintritt. Die Pflicht zur Aufklärung über den Unfallschaden könnte sich hier aus dem besonderen Vertrauensverhältnis bzw. aus auf gegenseitigem Vertrauen beruhender Verbindung ergeben, die dem Grundsatz von Treu und Glauben zugrunde liegen. Unter Berücksichtigung von Interessenlage, Verkehrsauffassung und Gepflogenheiten des Gebrauchtwagenhandels kann vorliegend bei einer Risikoabwägung angenommen werden, dass A auf die Ordnungsgemäßheit des Pkw vertrauen durfte. Damit hatte V als Garant die Pflicht, über den Unfallschaden zu informieren. Da er dies unterließ, liegt eine Täuschung durch Unterlassen vor.

Durch die Täuschung müsst A einem Irrtum unterlegen sein. Irrtum ist jeder Widerspruch zwischen Vorstellung und Wirklichkeit. Mangels der erforderlichen Angaben ging A davon aus, dass der Wagen unfallfrei sei. Dies war tatsächlich nicht der Fall. A unterlag einem Irrtum. Dieser Irrtum müsste zu einer Vermögensverfügung und schließlich zu einem Vermögensschaden geführt haben. Vermögensverfügung ist jedes Handeln, Dulden oder Unterlassen, welches sich unmittelbar vermögensmindernd auswirkt. Ein Vermögensschaden liegt vor, wenn der wirtschaftliche Gesamtwert gemindert ist. A verfügte durch Zahlung des überhöhten Kaufpreises und hatte dadurch auch einen Vermögensnachteil, mithin einen Vermögensschaden.

2. Subjektiver Tatbestand

V handelte vorsätzlich und in der Absicht, sich einen stoffgleichen rechtswidrigen Vermögensvorteil zu verschaffen.

II. V handelt überdies rechtswidrig und schuldhaft.

III. Ergebnis

U hat sich damit gemäß §§ 263, 13 StGB strafbar gemacht.

B. V könnte sich darüber hinaus durch den Verkauf des CD-Radios gemäß § 263 Abs. 1 StGB strafbar gemacht haben.

I. Tatbestand
Voraussetzung ist auch hier, dass V über Tatsachen getäuscht, also irreführend auf A eingewirkt hat. Mit der Angabe, es handele sich um einen Sonderpreis und der tatsächliche Listenpreis betrage 1 000 €, hat U über Tatsachen getäuscht, denn tatsächlich handelt es sich um den regulären Listenpreis.

Dadurch unterlag A dem Irrtum, dass er beim Kauf einen Sonderpreis bezahle.

Dieser Irrtum führte zu einer Vermögensverfügung, nämlich der Zahlung des Kaufpreises.

Fraglich ist aber, ob dadurch ein Vermögensschaden eingetreten ist. Ein Vermögensschaden liegt vor, wenn der wirtschaftliche Gesamtwert des Vermögens, der durch die Vermögensverfügung zunächst gemindert wird, nicht durch einen entsprechenden Wertzuwachs kompensiert wird. Für die Berechnung der Kompensation sind jeweils die Werte der beteiligten Vermögensstücke zu ermitteln. Einerseits hat A 600 € bezahlt, andererseits jedoch auch das Radio im regulären Verkehrswert von 600 € erhalten. Damit liegt nach der Gesamtsaldierung kein Vermögensschaden vor. Das reine Dispositionsinteresse des Vermögensinhabers wird nicht von § 263 StGB geschützt.

II. Ergebnis

V hat sich wegen des Verkaufs des Radios nicht gemäß § 263 StGB strafbar gemacht.

3. Tatkomplex: Das Geschehen um das Wegbringen der Weinflaschen
Strafbarkeit von F

A. F könnte sich durch das Wegbringen der Weinflaschen gemäß § 257 StGB strafbar gemacht haben.

I. Tatbestand

Voraussetzung ist zunächst eine rechtswidrige Tat eines anderen. Als taugliche Vortat kommt dabei die Tat des U, nämlich die Beihilfe zum versuchten Betrug, in Betracht.

Tathandlung ist die Hilfeleistung zur Sicherung des Vorteils aus der rechtwidrigen Vortat. Der Vorteil muss durch die Tat unmittelbar erlangt worden sein. Hierbei ist vorliegend zu berücksichtigen, dass die Weinflaschen jedoch nicht aus der rechtswidrigen Tat stammen, sondern vielmehr für die rechtswidrige Tat erlangt wurden. Daher gilt hier das Gleiche wie oben bei der möglichen Strafbarkeit gemäß § 259 StGB. Die Weinflaschen sind kein „Vorteil aus der Tat“ im Sinne von § 257 StGB. Damit liegt der objektive Tatbestand nicht vor.

II. Ergebnis

F hat sich nicht strafbar gemacht.

B. F könnte sich aber dadurch, dass sie die Weinflaschen wegbrachte, gemäß § 258 Abs. 1 StGB strafbar gemacht haben.

I. Tatbestand

1. Objektiver Tatbestand

Dafür bedarf es zunächst einer rechtswidrigen Vortat eines anderen. Diese ist durch die Beihilfe des U zum versuchten Betrug des A gegeben.

Taterfolg könnte das gänzliche Vereiteln sein. Dies ist aber vor dem Hintergrund problematisch, dass A tatsächlich einige Wochen später überführt wurde, daher könnte lediglich eine versuchte Strafvereitelung gegeben sein. Vereiteln i.S.d. § 258 StGB bedeutet jedoch jede Besserstellung des Täters hinsichtlich der Strafverfolgung. Gänzliche Vereitelung bedeutet damit nicht nur die endgültige tatsächliche Verzögerung der Verhängung der Strafe, sondern auch deren Verzögerung auf geraume Zeit, sogenannte Ahndungsverzögerung. Dabei wird der Begriff „geraume Zeit“ unterschiedlich bestimmt, nach herrschender

Meinung reichen 10 Tage aus. U wird durch Zeugenaussagen erst mehrere Wochen später der Tat überführt, sodass eine ausreichende Verzögerung und damit ein Vereitelungserfolg zu bejahen ist.

2. Subjektiver Tatbestand
F handelte vorsätzlich und mit der Absicht, den Vereitelungserfolg herbeizuführen.

II. F handelte rechtswidrig und schuldhaft.

III. Ergebnis
F hat sich gemäß § 258 Abs. 1 StGB strafbar gemacht.

Strafbarkeit von U
U könne sich durch die Bitte an F, die Weinflaschen im Jagdhaus seiner Eltern zu deponieren, gemäß §§ 258, 26 StGB strafbar gemacht haben.

I. Tatbestand
Die vorsätzliche Tat eines anderen liegt – wie geprüft – mit der Strafvereitelung der F vor.

U müsste F auch zur Tat bestimmt haben. Darunter versteht man jedwede Hervorrufung des Tatentschlusses beim Täter. Durch die Bitte hat F den Entschluss gefasst, die Flaschen wegzubringen. U hat sie dazu bestimmt.

Zudem handelte U mit Vorsatz auf die Tat und auf das Bestimmen, mithin mit „doppeltem" Anstiftervorsatz.

II. U handelt überdies rechtswidrig und schuldhaft.

III. Persönlicher Strafausschließungsgrund
Die Strafbarkeit könnte jedoch am persönlichen Strafausschließungsgrund § 258 Abs. 5 StGB scheitern, der insoweit auch für die Anstiftung des Vortäters zur Strafvereitelung zu eigenen Gunsten gilt. U hat von den Ermittlungen erfahren und dann die Bitte an F ausgesprochen. Daher war sein Handeln zumindest auch von dem Gedanken geprägt, Beweismittel beiseite zu schaffen, um selbst nicht der Tat überführt zu werden. Damit kommt ihm der persönliche Strafaufhebungsgrund zugute.

IV. Ergebnis
U hat sich nicht wegen §§ 258, 26 StGB strafbar gemacht.

Gesamtergebnis
A hat sich strafbar gemacht wegen versuchten Betruges gemäß §§ 263, 22, 23 StGB.

U hat sich strafbar gemacht wegen Beihilfe zum versuchten Betrug gemäß §§ 263, 22, 23, 27 StGB.

V hat sich strafbar gemacht wegen Betruges gemäß §§ 263, 13 StGB.

F hat sich strafbar gemacht wegen Strafvereitelung gemäß § 258 Abs. 1 StGB.

Stichwortverzeichnis